21世纪经济与管理精编教材
金融学系列

投资银行业务

（第二版）

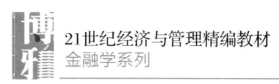

Investment Banking

2nd Edition

俞　姗◎主　编
张榕晖　谢八妹◎副主编

北京大学出版社
PEKING UNIVERSITY PRESS

图书在版编目(CIP)数据

投资银行业务/俞姗主编. —2 版. —北京：北京大学出版社，2018.4
(21 世纪经济与管理精编教材·金融学系列)
ISBN 978-7-301-29409-3

Ⅰ. ①投⋯　Ⅱ. ①俞⋯　Ⅲ. ①投资银行—银行业务—高等学校—教材　Ⅳ. ①F830.33

中国版本图书馆 CIP 数据核字(2018)第 051652 号

书　　　名	投资银行业务（第二版）
	TOUZI YINHANG YEWU(DI-ER BAN)
著作责任者	俞　姗　主编　张榕晖　谢八妹　副主编
责 任 编 辑	兰　慧　付海霞
标 准 书 号	ISBN 978-7-301-29409-3
出 版 发 行	北京大学出版社
地　　　址	北京市海淀区成府路 205 号　100871
网　　　址	http://www.pup.cn
微信公众号	北京大学经管书苑（pupembook）
电 子 邮 箱	编辑部 em@pup.cn　总编室 zpup@pup.cn
电　　　话	邮购部 62752015　发行部 62750672　编辑部 62752926
印 刷 者	北京虎彩文化传播有限公司
经 销 者	新华书店
	787 毫米×1092 毫米　16 开本　21.75 印张　537 千字
	2013 年 2 月第 1 版
	2018 年 4 月第 2 版　2024 年 6 月第 5 次印刷
定　　　价	43.00 元

未经许可，不得以任何方式复制或抄袭本书之部分或全部内容。
版权所有，侵权必究
举报电话：010-62752024　电子邮箱：fd@pup.cn
图书如有印装质量问题，请与出版部联系，电话：010-62756370

前 言

我们编写的《投资银行业务》(第一版)已出版四年有余。这四年多来,国内外投资银行业务的发展有了许多新的变化。特别是我国,伴随着监管转型与多层次资本市场建设的稳步推进,行业创新发展的步伐不断加快。从立法和制度建设的角度看,2014年和2015年,《中华人民共和国证券法》《中华人民共和国证券投资基金法》这两部根本大法分别进行了修正;2013年以来,《证券公司监督管理条例》《证券发行与承销管理办法》《证券公司融资融券业务管理办法》《证券公司客户资产管理业务管理办法》《证券公司及基金管理公司子公司资产证券化业务管理规定》等与新旧业务相关的行政法规和部门规章进行了修订。得益于制度的健全和优化,我国证券行业的基础功能进一步完善,治理水平不断提高。从业务发展角度看,尽管承销、自营、经纪等传统业务在证券公司的经营活动仍然占较大的比重,但资产证券化、客户资产管理等创新业务快速成长,成为行业盈利模式转型和业务结构优化的重要推动力,越来越多的机构通过资源和产业链的整合正在向综合性金融服务商转变。

正是在这样的背景下,为了更好地反映当前我国证券公司投资银行业务的发展变化,我们对第一版教材做了如下两个方面的调整:

第一,增加了"客户资产管理业务"这一章。2008年全球金融危机后,投资银行业加快了降杠杆的过程,大力推进业务结构从重资本向轻资本转型,具备较强抗周期能力的资产管理业务成为国际大型投资银行转型发展的重要方向。与此同时,我国证券公司资产管理业务的发展也随着金融市场的成长和监管政策的变迁而不断推进。2013年,新《中华人民共和国证券投资基金法》的修改和实施,以及与之相适应的《证券公司客户资产管理业务办法》《证券公司集合资产管理业务实施细则》等的修订完善了证券公司资产管理业务的基础制度。为此,本书增加了这一章,分别对集合、定向、专项三类业务进行了解读。

第二,根据近年来相关国家法律、行政法规、部门规章、行业自律规范的修正和修订就第一版中各章节的内容进行了修改和增补,更新了有关内容和数据,使本教材能够更加及时、规范地反映我国投资银行业务发展的实际情况。

第二版的修订工作由俞姗统筹,经原书各章节编者精修,新增第六章"客户资产管理业务"编写者为:第一、二节,俞姗;第三节,张榕晖;第四节,谢八妹。投资银行业务发展日新月异,虽然我们时刻保持高度关注,但由于水平有限,仍存在许多不足之处,敬请专家和读者批评指正。最后,十分感谢北京大学出版社在本书第一版发行中给予的大力支持并督促我们完成了第二版的修订。

2022年10月,中国共产党第二十次全国代表大会胜利召开。党的二十大报告指出,"高质量发展是全面建设社会主义现代化国家的首要任务"。高质量发展需要高质量的金融服务。报告明确指出要"健全资本市场功能,提高直接融资比重",这是以资本市场直接融资服务为核心业务的证券公司必须承担的责任与使命。2023年2月17日,全面实行股票发行注册制,标志着新一轮资本市场改革迈出了决定性的一步,为资本市场服务高质量发展打开更广阔的空间。中国特色现代资本市场正在快速成长,这也对专业教学提出了更高的要求。一方面,必须通过有计划的课程思政教学传递与投资银行业务相关的,体现社会主义市场经济特点的核心价值观;另一方面,要紧跟资本市场改革开放的重要进展,及时补充完善教学内容。我们也期待能够尽快对本教材进行改版完善,为专业课程的教材建设尽绵薄之力。

编 者

2023年6月补订于福建师范大学

首版前言

现代投资银行可以溯源到数百年前欧洲的商人银行。通过书籍和网络,我们可以很方便地了解众多关于投资银行历史沉浮的史料或轶事。2007年美国爆发的金融危机,又让我们近距离地观察到了投资银行业的剧变及其对现代金融和经济体系的重大影响。历史和现实的多姿为投资银行课程的教学提供了丰富的素材。

早期投资银行的本源业务主要是证券承销、财务顾问和交易经纪等。它们都是基于收费和佣金的业务,对资本金的需求较少,风险也相对较小。随着现代金融市场的发展和金融机构间竞争的加剧,传统的投资银行业务已经不能带来更快的收入和利润增长,现代投资银行迅速进入了新的领域——自营交易和投资业务。本金交易部门逐渐成为各大投资银行更多的收入和利润的新来源,同时,也将投资银行暴露在巨大的市场风险中,特别是高风险的金融衍生品交易。繁荣的市场掩盖了投资银行自身风险管理的缺陷以及监管的不足,因此当危机来临时,一切都显露无疑。

在2007年的金融危机中,美国几大投资银行迅速以倒闭、被收购和转型的方式"倒下"。现实令人震惊,但从资本市场和投资银行的发展历史来看,这只不过是它们自我调整的一个阶段。众多中小型独立投资银行仍在它们的专业领域中精耕细作,大型投资银行解体或转型后,其业务被吸纳进金融控股公司或银行控股公司的业务体系中。因应新的监管需要,被剥离的高风险衍生品交易业务仍由对冲基金经营着,而更多的投资公司、管理咨询公司、私募股权基金仍在从事一项或多项投资银行业务。投资银行业务仍然是资本市场上最活跃的部分。

与国外市场相比,我国的资本市场和证券经营机构从初创至今不过短短二十多年时间,其成熟度和规范化仍有待进一步提高。先行者的经验和教训,对于我们把握资本市场和证券行业的发展规律、探寻适应我国经济发展和全球化竞争需要的道路和模式具有重要的意义。

投资银行业务是大学本科金融学专业的专业课,本书即是按照本科教材的要求组织编写的。现实中,投资银行业务几乎涵盖了资本市场的全部活动,容量很大。在搜集资料的过程中,我们发现在国外很难找到以"投资银行"命名的教材,大学多以专题讲座的形式向高年级学生开设投资银行的相关课程。从我国的情况来看,投资银行课程的教学内容与金融学专业普遍开设的证券投资学、金融市场学、金融工程学等在知识模块上存在交叉。教学实践中,又考虑了课时安排等因素,通过不同课程之间的统筹协调,我们最终将讲授内容集中在十个知识模块上:前三篇参照美国主要投资银行的业务收入分类,分为核心的投资银行业务、证券投资服务业务、自营交易与投资业务,包含八个模块;第四篇投资银行经营与监管包含投资银行组织管理和监督管理两个模块。

从金融学专业本科高年级学生的特点来看,他们对专业知识已有了基本的概念,同时面临就业或考研的选择,自我发展和能力培养的需求比较突出,对与本专业有关的社会热点问题十分敏感。因此,本教材以对业务常规机理的说明为主,同时突出对业务发展进程及其趋势的介绍,并尽可能多地提供相关案例。由于篇幅的限制,许多概念和问题只能点到即止,希望同学们能在其中发现自己感兴趣的知识点,通过其他材料和途径作更为深入的学习和研究。

本书由俞姗主编,并负责全书的修改定稿。其中,各章节的编写者为:第一、二、三章,张榕晖;第五、六、七章,谢八妹;导论、第四、八、九、十章,俞姗。十分感谢北京大学出版社为我们提供了难得的机会,使本教材得以付梓。我校开设投资银行业务课程的十年,对授课教师来说,就是一个持续学习、积累、更新知识的过程。我们不断努力以使自己不落后于时代的变迁,但学识和能力仍是十分有限,教材中的不足和错误之处,敬请专家和读者批评指正,以使我们的教学能够得到不断的完善和提高。

编　者

2012 年 8 月于福建师范大学

目 录

导论 现代投资银行的发展概况 1

第一篇 核心的投资银行业务

第一章 证券发行与承销业务 15
 第一节 证券发行与承销概述 15
 第二节 股票公开发行与承销 21
 第三节 债券发行与承销 32

第二章 企业并购业务 45
 第一节 企业并购概述 45
 第二节 企业并购的运作 55
 第三节 反收购 65

第三章 资产证券化业务 77
 第一节 资产证券化概述 77
 第二节 资产证券化的运作 81
 第三节 资产证券化的类型 87
 第四节 资产证券化与投资银行 97

第二篇 投资服务与资产管理

第四章 证券经纪业务 107
 第一节 证券经纪业务概述 107
 第二节 证券经纪业务的流程 117
 第三节 我国证券经纪业务的发展 122

第五章 证券投资基金业务 131
 第一节 证券投资基金概述 131
 第二节 证券投资基金的参与主体 140
 第三节 证券投资基金的运作 145

第六章 客户资产管理业务 162
 第一节 客户资产管理业务概述 162

第二节　集合资产管理业务	170
第三节　定向资产管理业务	180
第四节　专项资产管理业务	190

第三篇　自营交易与直接投资

第七章　证券交易业务 201
　　第一节　证券自营业务 201
　　第二节　证券做市商业务 211

第八章　金融衍生工具业务 225
　　第一节　金融衍生工具概述 225
　　第二节　金融期货合约及其应用 230
　　第三节　金融期权合约及其应用 238
　　第四节　金融互换合约及其应用 245
　　第五节　金融衍生工具交易的风险 251

第九章　直接投资业务 257
　　第一节　直接投资业务概述 257
　　第二节　风险投资业务 262

第四篇　投资银行经营与监管

第十章　投资银行的组织管理 285
　　第一节　投资银行的组织结构 285
　　第二节　投资银行的经营管理 295

第十一章　投资银行的监督管理 314
　　第一节　金融监管概述 315
　　第二节　投资银行监管 322

主要参考文献 336

导论　现代投资银行的发展概况

2007年的美国金融危机之后,"投资银行"迅速成为众人皆知的名词,"华尔街五大投资银行全部消失"这样的标题充斥在各种媒体的报道中。除了作为时事新闻的"热点"外,在经济领域,大型投资银行的高杠杆经营、过度冒险的自营交易和无节制的金融衍生品创造受到了猛烈的批评,政府也大幅度地强化了对投资银行乃至整个金融行业的监管。那么,对世界金融和经济发展具有这么大影响力的投资银行是如何发展起来的?五大投资银行"消失"后的投资银行业又是什么格局?在开始本课程的全面学习之前,我们先来简要地了解一下现代投资银行的发展概况。

一、现代投资银行历史概览

要完整地描绘现代投资银行业的发展史,那将是一幅以数百年来各国经济格局变迁为背景的宏大图景,无法用简短的文字加以概括。所幸历史总会留给我们一些寻找"捷径"的工具——语言。"投资银行"(Investment Bank)这个称谓来自美国。早期美国的金融机构不仅经营今天我们所说的商业银行存贷款业务,还兼营证券承销、交易等投资业务,因而人们就自然地称其为"投资银行"。而在今天的英国,这一类从事证券和其他投资服务的专业机构,有着另一个传统的称谓——"商人银行"(Merchant Bank)。从投资银行追溯到商人银行,就勾勒出了一条现代投资银行发展的基本脉络。

(一) 英国商人银行的产生与发展

现代意义上的英国商人银行最早出现在16世纪末期。自从1588年打败西班牙的"无敌舰队"、确立了海上霸权之后,英国的海外贸易就迅速发展起来。伴随着海外贸易范围和交易额的扩大,客观上需要发展与海外贸易业务相适应的融资服务机构。于是,一些信誉好、资金丰裕的大商人便利用其积累的财富开办了许多金融商号,这就是商人银行的雏形。最初,商人银行只是商人家族的家庭式企业,主要以承兑汇票的方式为海外贸易提供资金融通服务,所以,当时的商人银行又被称为"承兑银行"(Accepting House)。随着海外贸易的发展,从事承兑业务的商人银行逐渐成为贸易商和海外私人客户的融资顾问。

拿破仑战争期间(1799—1815年),欧洲大陆的战乱使大批富有的商人来到伦敦,开办了不少商人银行,促进了英国商人银行业的充分发展。商人银行家们为各国政府和企业发行债券融资,伦敦因此成为主导外国债券发行的世界金融中心。例如,1803—1804年间,巴林银行为美国募集了从法国手中购买路易斯安那州的资金;1870—1913年,英国为外国筹集了约6亿英镑的铁路建设资金,其中40%由商人银行募得;1914年(第一次世界大战爆发)以前,欧美大陆铁路建设的资金主要来源于英国商人银行。

第一次世界大战爆发后，英国作为国际贸易中心的地位开始下降，欧洲各国政府转而依靠美国的投资银行发行债券，英国商人银行的地位随之下降。第二次世界大战结束后，英国在国际金融市场上的地位被美国取代，英镑作为国际通货已经无法实行自由兑换，一直是国际贸易支付和融资工具的伦敦票据的交易量也在萎缩。同时，英国政府对资本发行和外汇交易进行了严格的控制，也在客观上使伦敦不再成为世界其他国家发行债券的中心。这些都严重制约了英国商人银行的发展，使其逐渐失去了在世界金融市场上的主导地位。

20世纪70年代以来，在国有企业的民营化改革浪潮、大规模的企业兼并收购活动中，英国商人银行又获得了迅速发展壮大的契机。特别是1986年10月通过的《金融服务法案》，解除了对金融市场的许多管制，结束了证券业的固定佣金制度和许多其他限制，极大地降低了市场新进者(尤其是外国公司)的门槛。充分的市场竞争带来了金融业的"大爆炸"(Big Bang)，形成了今天英国商人银行和商业银行共同经营投资银行业务的格局。

(二) 美国投资银行的产生与发展

美国投资银行业的发展历程几乎是与美国经济发展史相重叠的。建国初期，美国需要大量的建设资金。然而，当时的美国既没有欧洲那些历史悠久的商人家族，本土居民也没有充足的资金能够从事股票或债券投资，甚至连政府财政也时常处于捉襟见肘的境地。早期的美国投资银行家们是从一般贸易商人中脱颖而出的佼佼者，他们敏锐地抓住了美国西部大开发、南北战争等契机，在协助发行铁路债券、政府债券的过程中，确立了自身对美国经济发展的长期影响力，其中的一些现在仍处于行业的领导地位，如 J. P. 摩根(J. P. Morgan)等。确切地说，当时这些机构是同时经营商业银行存贷款业务、证券业务和其他金融服务业务的综合性金融机构。

第一次世界大战给欧洲带来了沉重的打击，英国的世界经济中心地位开始衰落，但却给美国带来了历史性的机遇。第一次世界大战后的美国经济空前发展，资本市场迅速扩张，各种投资和投机活动日益活跃。20世纪20年代，纽约股票交易所已经成为世界上最大的股票交易所。这一时期，美国国民生产总值增长了不到50%，但作为资本市场成长性指标的道·琼斯指数却上涨了3倍。资本市场扩张的速度远远超过了实体经济。1929年10月，美国股市暴跌，经济进入大萧条时期。到1932年，股市市值仅剩下危机前的10%。1929—1933年，美国共有11 000多家金融机构倒闭，信用体系遭到毁灭性的破坏。当时，人们普遍认为，银行、证券的"合业经营"是引发经济危机的主要原因。

为了改变危机前资本市场的极端无序状态，政府加强了立法监管，多项具有历史意义的重要法律相继出台，如美国的《1933年证券法》《1933年银行法》(即著名的《格拉斯-斯蒂格尔法》)、《1934年证券交易法》《1940年投资公司法》《1940年投资顾问法》等。这些法律将证券业务置于联邦政府的严格监管之下，使原来法律法规一片空白的证券投资领域很快成为立法监管最为严厉的领域。

在这一系列立法中，对证券业务发展模式影响最大的是《格拉斯-斯蒂格尔法》。法案规定，任何以吸收存款为主要资金来源的金融机构，不能同时经营证券投资等长期性资产业务，而任何以经营证券业务为主的金融机构，也不能同时经营存款等商业银行业务。根据该法令，当时的综合性金融机构必须在商业银行业务和证券业务两者间作出选择。可以说，是《格拉斯-斯蒂格尔法》推动了美国独立投资银行的产生和发展，催生了一批现代著名的投资银行。

J.P.摩根保留了商业银行业务,而将证券业务剥离出去,交给原来机构中的一些高层管理者经营,组建了摩根士丹利(Morgan Stanley)。波士顿第一国民银行将其证券业务分离出来,和大通银行的证券机构合并组成第一波士顿公司(First Boston)。雷曼兄弟(Lehman Brothers)则放弃了商业银行业务,保留了证券业务。

然而,对利益的追求使商业银行从未放弃过进入证券业务领域的努力。20世纪80年代初到90年代初,是美国金融业的逐步融合阶段。《格拉斯-斯蒂格尔法》在严格限制商业银行业务和投资银行业务的同时,允许商业银行对美国政府及其他联邦政府机构发行的债券进行投资或买卖,也可以动用一定比例的自有资金进行股票、证券的投资和买卖,还可以代理客户的证券投资。随着金融国际化趋势的不断加强,外资银行大举进入美国的金融市场,一些发达国家的全能型"金融百货公司"以先进的技术手段、良好的经营信誉、优质的金融服务以及种类繁多的金融产品对美国金融市场产生了前所未有的冲击。为了保护本国银行业的利益,确保金融市场不出现大的动荡,美国政府在1980年和1982年先后通过了《取消存款机构管制和货币控制法案》《高恩-圣杰曼存款机构法案》等有关法律,放开了存款货币银行的利率上限,从法律上允许银行业和证券业的适当融合。1987年,J.P.摩根、花旗银行等金融控股集团获准成立证券子公司,开始开展证券承销业务。

20世纪90年代初,并购浪潮席卷国际金融业。这一时期的并购大大改变了国际银行业的整体格局,并表现出不同于以往的一些新特点:一是银行业并购的规模、金额不断扩大;二是跨行业合并成为新的热点;三是跨国界并购越来越多。在这种国际金融环境下,美联储于1997年年初修改了《银行持股公司法》中的个别条例,建立起更有效率的银行兼并和开展非银行业务的申请和审批程序,取消了许多对银行从事非银行业务的限制,商业银行能够更加自由地从事财务和投资顾问活动、证券经纪活动、证券私募发行以及其他一些非银行业务。更加重要的是,美联储扩大了银行持股公司附属机构可以承销和交易证券的范围,并大大减少了可能降低这些业务收益的限制。1999年,美国通过了自20世纪30年代大萧条以来最重要的金融改革法案——《格兰姆-里奇-布利雷金融服务现代化法案》(Gramm-Leach-Bliley Financial Services Modernization Act)。该法案允许商业银行、证券公司和保险公司互相渗入对方的业务领域。此后,金融控股集团下属的投资银行业务部门和独立的投资银行机构成为美国投资银行业务经营的两种模式。

2007年美国金融危机之后,五大独立投资银行中,雷曼兄弟倒闭,贝尔斯登(Bear Stearns)和美林(Merrill Lynch)分别被J.P.摩根和美国银行(Bank of America)收购,高盛(Goldman Sachs)和摩根士丹利转制为银行控股公司。2008年6月,美联储和美国证券交易委员会(SEC)两大监管机构开始共享投资银行结算、交易与持有头寸方面的数据。SEC通过美联储获得短期融资信息,美联储则通过SEC获得投资银行的交易头寸、杠杆比例、资本要求及其他信息,目的是监控投资银行对更广泛金融系统可能造成的潜在风险,并重组华尔街的监管格局。

2008年9月21日,美联储宣布:批准高盛和摩根士丹利的申请,两家公司将从传统的投资银行转变为银行控股公司(Bank Holding Company)。转变身份后,高盛和摩根士丹利将能够设立可吸收存款的商业银行,从而改善资金状况,并可永久性地获得从美联储申请紧急融资的资格。

二、现代投资银行的经营模式

(一)现代投资银行的业务范围

虽然我们已经约定俗成地接受了"投资银行"这个提法,但实际上在世界各国的相关法规中都从未对某一类型的金融机构给予如此明确的界定。如果我们查阅一些大型投资银行,如摩根士丹利、高盛等的利润表(Statement of Income),会看到其收入(Revenue)的第一项即为"投资银行业务"(Investment Banking),而该项收入通常在机构的全部收入中只占较小的比例。例如,在高盛2010年的年报中,该项收入为48.1亿美元,占其全部336.6亿美元非利息收入(Non-interest Revenue)的14.3%;而摩根士丹利同样也在其利润表中列出了"投资银行业务"收入51.2亿美元,占其全部307.6亿美元非利息收入的16.65%。那么,投资银行、投资银行业务、投资银行中的投资银行业务之间到底存在什么差别呢?

在年报中,高盛将自己描述为全球领先的经营投资银行业务、证券和投资管理的公司[1],并详细解释了其"投资银行业务"的主要服务对象是企业、金融机构、投资基金和政府,业务范围包括为并购、资产剥离、反收购、风险管理、重组、分拆等提供咨询服务,为债券和股票的公开和私募发行提供承销服务,以及与上述业务直接相关的衍生交易服务[2]。

让我们再来看一下美国著名的金融投资专家罗伯特·库恩(Robert L. Kuhn)提出的四类投资银行概念,也可以说是四个不同边界的投资银行业务范畴[3]:

最广义的定义:任何经营金融业务的机构,都可以称为投资银行。这一范畴不仅包括从事证券业务的金融机构,甚至还包括保险公司和不动产经营公司;业务包括从国际银团承销到分支机构的零售营销和散户投资服务,再到其他金融服务(例如房地产和保险)的所有内容。

较广义的定义:经营一部分或全部资本市场业务的金融机构。业务包括证券承销、公司理财、收购兼并和商人银行,还包括基金管理和风险资本管理,但不包括证券零售、消费者房地产经纪、抵押银行、保险产品及类似的业务。

较狭义的定义:经营某些资本市场业务的金融机构。业务包括证券承销和企业并购,不包括基金管理、风险资本管理、商品和风险管理等。

最狭义的定义:也是最传统的投资银行的定义,即在一级市场上提供证券承销服务以及在二级市场上提供证券交易服务的金融机构。[4]

对照高盛的年报可知,投资银行自身所认定的传统"投资银行业务"与库恩"较狭义的定义"比较吻合,即核心的投资银行业务主要包括证券承销和与之相关的延伸交易服务、企业并购重组服务等。这部分业务主要是为企业提供融资和大规模资产重组服务,突出体现了投资

---

[1] 原文为"a leading global investment banking, securities and investment management firm",节选自 *Goldman Sachs 2010 Annual Report*, p.97。

[2] 原文为:"The firm provides a broad range of investment banking services to a diverse group of corporations, financial institutions, investment funds and governments. Services include advisory assignments with respect to mergers and acquisitions, divestitures, corporate defense activities, risk management, restructurings and spin-offs, and debt and equity underwriting of public offerings and private placements, as well as derivative transactions directly related to these activities." 节选自 *Goldman Sachs 2010 Annual Report*, p.97。

[3] Kuhn, Robert L. *Investment Banking Library I-VI*. Illinois: Richard D. Irwin Press, 1990.

[4] 这里的证券交易服务不包括一般的证券经纪业务。库恩根据"为企业服务为准"的原则指出,那些业务范围仅限于帮助客户在二级市场上出售或买进证券的金融机构不能称做投资银行,而只能叫做"证券经纪公司"。而核心投资银行业务中的证券交易服务主要是指投资银行为创造市场而进行的二级市场交易活动。

银行作为企业等机构的直接融资中介的基本功能。

因此,我们认为英文"Investment Banking"的解释应为"投资银行业务",主营投资银行业务的机构就是"投资银行"(Investment Banking Firms)。目前,被普遍接受的投资银行的定义是上述"较广义的定义",即投资银行是主营业务为一部分或全部资本市场业务的金融机构。

参照主要投资银行年报中的业务收入分类,本教材将当代投资银行的主要业务分为核心的投资银行业务、证券投资服务业务、自营交易与投资业务三大部分。

(二) 现代投资银行的组织形式

1. 金融控股公司下属的投资银行业务部门

20世纪90年代以来,欧美发达国家的金融管制不断放松,催生了一批规模巨大的全能型金融机构——金融控股公司,在其内部发展起专门的投资银行业务部门。根据汤森路透公司(Thomson Reuters)对2011年度全球投资银行核心业务(证券承销和并购咨询)市场份额的调查,排名前十位的,除了高盛和摩根士丹利外,J.P.摩根公司、美国银行美林公司、瑞士信贷集团(Credit Suisse)、德意志银行(Deutsche Bank AG)、花旗集团(Citi)、巴克莱银行下属的巴克莱资本(Barclay Capital)、瑞银集团(UBS)、富国银行(Wells Fargo & Co.)全部都是金融控股集团及其下属的投资银行部门(见表0.1)。

表0.1　2011年全球投资银行核心业务市场份额前十名

排名	机构名称	市场份额(%)
1	J.P.摩根	6.8
2	美国银行美林公司	6.1
3	摩根士丹利	5.1
4	高盛	4.9
5	瑞士信贷集团	4.2
6	花旗集团	4.1
7	德意志银行	4.0
8	巴克莱资本	3.5
9	瑞银集团	2.9
10	富国银行	1.9

资料来源:GLOBAL INVESTMENT BANKING REVIEW Full Year 2011, http://dmi.thomsonreuters.com/DealsIntelligence/QuarterlyReviews。

在金融分业监管体制下,由控股公司通过收购、兼并或新设子公司的方式构建覆盖证券、银行、保险和其他领域的金融服务平台,建立全功能金融服务集团,能够使金融控股公司本身拥有巨大的协同效应优势,为客户提供集成式的金融服务。当然,我们也看到由于金融控股公司控制的金融资源规模巨大,对国际金融和经济活动的影响也很大,当系统性风险爆发时,就可能使整体经济暴露在风险之中,并可能使震荡更容易传播。

2. 大型综合性投资银行

在2007年金融危机爆发之前,能够与金融控股公司分庭抗礼的大型综合性投资银行以华尔街五大投资银行高盛、摩根士丹利、美林、雷曼兄弟、贝尔斯登为代表。这些机构有着较长的投资银行业经营历史,20世纪80年代以来,为适应业务大规模扩张的需要,纷纷由传统的合伙企业转制为股份公司并公开发行上市。它们主要以大型企业和机构为服务对象。

这类投资银行不经营商业银行业务,因而在监管上不受商业银行资本充足率的约束,经营杠杆率较高。在业务结构上,核心的投资银行业务所占比重不高,而以自营交易(Principal Trading)作为它们的主要利润来源。传统上,投资银行的自营交易业务主要延伸自证券发行后的造市交易,是一种辅助性的业务。随着证券交易规模的不断扩大,投资银行也越来越多地参与到证券,特别是金融衍生品的交易中。20世纪90年代末以来,自营交易收入在五大投资银行机构全部净收入中的占比越来越大。在危机爆发前的2006年,自营交易收入在扣除利息费用后的总收入中的占比,高盛为63.8%,雷曼兄弟为55.7%,贝尔斯登为54.1%,摩根士丹利为39.6%,美林为21.5%。然而,自营交易受市场波动的影响很大。2007年金融危机爆发,当年五大投资银行自营交易收入的占比就迅速下降,除了高盛仍维持64.6%的高比例外,雷曼兄弟、贝尔斯登、摩根士丹利分别下降为47.8%、22.3%和11.4%,美林更是报告了高达120亿美元的负收益。[①] 自营交易收入的大幅下降成为拖累机构总收入的主要原因。

在危机的持续剧烈影响下,金融资产的市场价值急剧缩水,导致各大投资银行自营交易的损失不断扩大。最终的结果是,贝尔斯登和美林分别被J.P.摩根和美国银行收购,成为金融控股公司的一部分;雷曼兄弟宣布破产;高盛和摩根士丹利转制为银行控股公司。

3. 专业型投资银行

除了我们耳熟能详的金融控股公司和大型综合性投资银行外,还有相当数量的投资银行仍然沿袭传统的业务经营模式,以证券承销、咨询和其他收费业务为主要收入来源,自营交易的占比很小。这类专业型投资银行有时又被称为精品店(Boutique)式的投资银行,它们的客户主要是中小企业。其中比较有代表性并且公开上市的美国投资银行有R.詹姆斯(Raymond James)、杰佛瑞(Jefferies & Co.)、格林希尔(Greenhill & Co.)、K.B.伍德(Keefe Bruyette & Woods)和P.派杰(Piper Jaffray)等。2006年,自营交易收入的占比,除杰佛瑞较高,为32%之外,P.派杰为2.7%,R.詹姆斯为4.8%,格林希尔为4.9%,K.B.伍德为8%。

这些专业型投资银行的特点是经营杠杆率低、系统性风险小、业务集中度高。例如格林希尔在其网站的介绍中就明确了自身的业务焦点:与那些大型、多元化经营的竞争者相比,格林希尔聚焦于咨询业务,为企业、机构和政府提供并购、重组、财务和融资建议。[②] 又如R.詹姆斯,其业务相对多元化,但也是围绕其核心业务向产品和业务深度而非广度扩展。在2007年的金融危机中,这些专业型投资银行受到了一定的冲击,拥有的自营交易也蒙受了不小的损失,但其他业务线(如承销、咨询等)的佣金和收费收入弥补了交易损失。在最艰难的2008年,它们的净收益只是比2007年略有下降,有些业务线还保持了增长。

危机过后,原有的五大独立投资银行或倒闭,或并入金融控股集团,或转型为银行控股公司,上述五家专业型投资银行已取代了原有的五大巨头成为目前美国最大的独立投资银行。这五家专业型投资银行的总市值仅有120亿美元,只是原有五大投资银行的4.8%。未来,这类机构将会继续维持低杠杆率,力争在特定的领域内建立核心竞争力,更加注重特定的业务线和客户,形成良好的专业知识和管理技能优势,成为集中于某一领域的专业化机构,并与全能银行化的投资银行并存。

---

① 以上数据根据各投资银行年报计算得出,年报来自各投资银行网站。
② 原文为:"Unlike the large, diversified financial institutions with which we compete, Greehill is focused on the advisory business. We provide important merger, acquisition, restructuring, financing and capital raising advice to leading corporations, partnerships, institutions and governments around the world."节选自公司网站:http://www.greenhill.com/homepage.php。

三、我国投资银行业的发展

在我国,经营投资银行业务的金融机构主要为证券公司。我国投资银行业的产生与发展是和经济体制改革与证券市场的成长密不可分的。改革开放之后,我国的企业制度改革,特别是国有企业改革成为国家经济生活中的一个重要问题。为适应发展市场经济的要求,大量的国有企业需要进行公司化改造和重组,改革旧的、完全依靠国家拨款或国有银行贷款的融资模式。这就需要有专门机构提供中介服务,协助企业完成融资结构的设计、股票债券的发行以及产权的流转和重组,专业的证券经营机构就应运而生了。

(一) 我国投资银行业的产生与发展

1985年1月,我国第一家专业的证券经营机构——深圳经济特区证券公司试运行,并于1987年7月开始正式运营。和我国大多数经济领域的改革路径相同,证券业的改革发展也是自上而下的。为了配合国债交易和证券交易市场的发展,中国人民银行陆续牵头组建了43家证券公司,同时批准部分信托投资公司、综合性银行开展证券业务,初步形成了证券专营和兼营机构并存的局面。1990年,中国人民银行颁布了《证券公司管理暂行办法》,初步确立了证券公司的监管制度;1991年,上海、深圳证券交易所成立;1992年,国务院证券委员会和证券监督管理委员会(中国证监会)成立,对证券经营机构进行业务监管,标志着中国的证券业进入新的发展阶段。此后,我国的证券业基本上经历了以下几个发展阶段:

1. 高速增长期(1992—1997年)

在我国证券市场发展初期,证券业是绝对供不应求的卖方市场。因没有严格的准入限制,市场迅速扩容。银行、信托公司等都可以从事证券业务。到1996年年底,全国共有各类证券专营和兼营机构430家,营业网点2 600多家,平均资本金仅为2 000万—3 000万元。一些证券公司开始从事实业投资、房地产投资,甚至违规融资,产生了大量的不良资产和违规负债。证券公司的违规经营活动给资本市场的发展带来了不利影响并累积了很大的风险。为此,监管部门加强了对证券业的监管。1996年,中国人民银行发布了《关于人民银行各级分行与所办证券公司脱钩的通知》,推动了银行、证券和保险的分业经营,这是我国证券业经营格局的第一次大规模调整。随后,国务院证券委员会和中国证监会先后发布了有关股票承销、自营、经纪、投资咨询等业务的管理办法,加强了对证券业务经营的监管。

2. 规范调整期(1998—2005年)

1998年年底《中华人民共和国证券法》(以下简称《证券法》)出台,并于1999年7月开始实施,标志着我国金融业分业经营、分业管理的格局正式形成。1998年,国务院决定由中国证监会集中监督管理全国证券市场,原属于中国人民银行的证券机构监管职责全部移交给中国证监会。中国证监会将证券公司分为综合类证券公司和经纪类证券公司进行分类管理。为引导证券公司规范经营,完善证券公司内部控制机制,增强证券公司的自我约束能力,推动证券公司现代企业制度建设,防范和化解金融风险,2001年,中国证监会发布《证券公司内部控制指引》。但处于成长期的我国证券业仍然存在大量经营不规范、系统性风险高的情况。为了从根本上解决证券机构违规经营,特别是挪用客户资金的问题,2003年8月,中国证监会召开"证券公司规范发展座谈会",会上对券商提出"三大铁律"——严禁挪用客户交易结算资金、严禁挪用客户委托管理的资产、严禁挪用客户托管的债券,开始了长达数年的"券商综合治理"。从2003年到2005年,多家证券公司因为严重违规行为被托管或关闭。其中,最典型的就是南方证券股份有限公司(南方证券)的关闭。

南方证券是经中国人民银行批准,由中国工商银行、中国农业银行、中国银行、中国建设银行、交通银行和中国人民保险公司联合发起,并由国内40多家著名企业出资组建的全国性大型证券公司,于1992年12月21日在深圳特区宣告成立。2000年年底,公司完成增资扩股,股本达到34.5亿元人民币。可以说,创立之后的南方证券位于国内证券行业金字塔的塔尖。从2001年年初开始,南方证券重点开拓委托理财业务。但由于2001年6月之后我国股市一直处于下跌趋势中,南方证券的自营业务和委托理财业务都遭受了很大损失。2003年10月,南方证券爆发大范围信用危机。2004年1月2日,由于挪用客户准备金高达80亿元以及自营业务的巨额亏损,中国证监会、深圳市政府宣布对南方证券实施行政接管。2005年5月10日,南方证券清算组发布公告,中国证监会下达《行政处罚决定书》,取消南方证券证券业务许可并关闭南方证券。

3. 稳定发展期(2005年至今)

我国的资本市场和证券业是伴随着经济体制改革的进程发展起来的,制度和监管的不完善是发展进程中的必经阶段。在强化监管的前提下,经过大规模调整,在处置高风险证券公司的同时,经过重组和整合,一批新型综合性证券经营机构又发展起来。2005年10月,我国首批7家规范类券商名单公布,包括中银国际证券有限责任公司、中原证券股份有限公司、兴业证券股份有限公司、广发华福证券有限责任公司、南京证券有限责任公司、西部证券股份有限公司、国海证券有限责任公司。2005年10月27日,十届全国人大常委会第十八次会议通过了新修订的《证券法》《中华人民共和国公司法》(以下简称《公司法》),自2006年1月1日起施行。2005年11月,中国证监会严令整肃券商自营业务,转发了中国证券业协会制定的《证券公司证券自营业务指引》,要求证券公司不得将自营业务与资产管理业务、经纪业务混合操作;不得以他人名义开立自营账户;不得使用非自营席位从事证券自营业务;不得超比例持仓或操纵市场。2006年7月,中国证监会颁布了《证券公司风险控制指标管理办法》,并于同年11月1日起施行,该办法成为证券业"常规监管期"的监管指针。

在规范发展的引导下,地方性的中小证券公司积极通过增资扩股等方式发展成为全国性的综合类证券经营机构;大型证券经营机构在保持国内领先的基础上,开始拓展国际业务,向真正的国际性投资银行发展。

(二) 我国投资银行业的发展趋势

如果对照罗伯特·库恩对投资银行的定义,我国证券经营机构中能够称得上现代投资银行的很少。特别是对大多数中小型证券机构来说,主要利润来源于经纪和自营业务,承销、并购咨询等传统意义上的投资银行核心业务收入占比很低。而且,伴随着我国金融市场开放程度的不断加深,许多外资投资银行已经进入国内市场。为应对全球化的影响、掌握发展的主动权,我国各类证券机构,特别是大型证券机构正向着多元化、规模化和国际化发展。

1. 业务多元化

随着我国经济的快速发展,我国企业上市和再融资的需求持续旺盛。在相当长的一段时间内,证券承销业务(包括首次公开发行、上市公司增发、可转换债券和公司债券的发行)将是国内投资银行主要的收入来源。同时,面对金融市场全面放开后强大的国外竞争对手,我国证券公司应积极创新业务品种,开展多元化经营。在防范风险的前提下,推进投资银行业务的多元化发展。特别是在当前经济增长方式转变和产业结构调整的重要转型期,我国的投资银行业应充分发挥自身在资本市场上的功能,为企业并购、资产重组、项目融资等提供多层次的专业咨询服务。中小型证券经营机构应采取差异化的发展战略,在某些专业领域形成核心竞争力。

2. 机构规模化

伴随着我国资本市场规模的不断扩大以及大型企业的海内外上市,我国目前也已经拥有了具备较强竞争力的金融控股集团和大型综合性投资银行。以中信集团为例,除了中信银行、信诚保险等提供银行和保险业务外,中信证券和中信建投提供证券承销、交易、并购咨询等服务,中信信托、中信基金和华夏基金等提供投资管理服务,中信集团已经成为一家颇具规模的金融控股集团。而作为中国第一家中外合资投资银行的中国国际金融有限公司,则是一家大型综合性投资银行,现有七个主要的业务部门:投资银行部、资本市场部、销售交易部、研究部、固定收益部、资产管理部和直接投资部,基本涵盖了现代投资银行的全部业务。

3. 竞争国际化

早在我国第一家证券公司成立之前,1982年,日本野村证券就成为第一家在我国设立代表处的海外投资银行。1995年5月,中国国际金融有限公司的成立打开了成立中外合资证券公司的大门。1998年,中国银行全资附属子公司中银国际在香港注册成立,迈出了我国本土投资银行国际化的第一步。目前,国外投资银行在我国从事的主要业务是A股、B股、H股、政府和公司债券的承销和交易,以及发起设立投资基金等。国内投资银行的国际业务主要是承接我国境内企业的海外上市业务。通过与跨国投资银行合作支持本土企业海外上市,我国的大型证券机构逐渐熟悉和掌握了国际市场的运作模式,积累了一定的国际市场经验。伴随着我国资本市场开放程度的不断加深,将有越来越多的中国企业利用海外市场融资,未来也会有其他国家的企业进入我国的资本市场融资。尽管金融危机造成了国际资本市场的动荡和调整,但并不会改变金融全球化的大方向。作为资本市场中坚力量的投资银行,其经营范围一定会超越地域和市场的限制。发展具有国际竞争力的全球化投资银行,是我国投资银行业的一个重要方向。

附录1 杰伊·库克与美国联邦战争债券

19世纪以来,美国银行业伴随着美利坚合众国一起成长,美国银行业的中心人物自然也成为美国的英雄。19世纪60年代,当时的美国父母都很喜欢给自己新生的儿子取名为杰伊(Jay),因为杰伊·库克(Jay Cooke,1821—1905)是当时知名的美国投资银行家,他成功地协助北方政府出售联邦战争债券筹集军费,确保了北方政府最终取得战争的胜利。

美国南北战争是人类进入工业化时代后第一次大的军事冲突,它对现代美国的发展意义十分重大。同样影响深远的是,它提供了进行大规模现代战争融资的范例。传统上,政府筹备战争费用主要依靠征税或大量印钞,这导致的必然结果就是巨额的财政赤字和极高的通货膨胀率。但当时华尔街上年轻的银行家杰伊·库克创造性地采用了向普通公众发行战争国债的模式。

从一开始,战争双方都面临着极度困难的财政状况。由于1857年开始的大萧条,此时华盛顿的联邦政府已经连续出现赤字,主要靠短期贷款来弥补赤字。1861年12月,当南方各州开始一个一个地宣布脱离联邦政府的时候,国库中甚至没有足够的钱来支付国会议员的薪水。

南北战争时期的杰伊·库克

1860年12月,联邦政府平均每天的费用支出只有17.2万美元,但是到了1861年的初夏,当战争打响的时候,每天的费用高达100万美元。到了这年年末,这一数字已经涨到150万美元。1861年2月,北方地区的大部分银行停止用黄金支付债务。几天后联邦政府也被迫如此。整个国家已经脱离金本位,华尔街一片恐慌。"国家的根基已经动摇,"林肯说,"我该怎么办?"

为大规模的战争融资有三种基本方法。第一,政府提高税收。到战争快结束的时候,联邦政府征税的范围几乎包含了任何可以征税的东西,个人所得也第一次被列为课税对象,大约21%的战争费用是通过税收支付的。第二,开动印钞机大量印钞。这也是独立战争时期所使用的主要手段。在南北战争时期,联邦政府总共发行了4.5亿美元所谓的"绿背纸钞"(简称"绿钞"),占了战争费用融资的13%,并引发了战时通货膨胀,使价格水平上涨到战前的180%。而南方政府拥有的融资手段远远少于北方政府,它被迫不断印钞以支付超过一半的战争费用,这使南方的经济完全失去控制,发生了恶性通货膨胀,到战争结束时,南方的通货膨胀率达到战前的9 000%!第三,借款。联邦政府也的确这样做了,结果十分惊人:1861年,美国国债总额只有6 480万美元,到1865年已经激增到27.55亿美元!当时,传统的国债销售采用的是定向募集的方式,由财政部直接向华尔街的银行家和证券交易商们发行。但随着国债总额的不断提高,金融机构的力量已经无法继续支持下去了。于是,库克被请来作为代理人协助发行一系列5—20年期的新债券,他改变了旧的国债发行模式。

库克通过报纸和传单广泛宣传要发行的债券,并说服财政部将这次发行的债券面值缩小到50美元。他在报纸上讲了很多故事,告诉美国普通的工薪阶层购买这些债券不仅是一种爱国的表现,也是一笔很好的投资。债券销售的成功远远超出了原先最乐观的估计。

在南北战争前,美国持有证券的人数远不到总人口的1%。除了富人以外,一般美国人还是习惯于把多余的现金藏在床垫之下,但库克使得5%的北方人口购买了国债。到战争结束时,库克卖国债的速度已经比政府战争部花钱的速度还快。

随着大量债券的流入和大量债券持有者加入到金融市场,华尔街发生了巨大的变化,几乎在一夜之间就成为世界第二大证券市场,仅次于伦敦证券市场。

资料来源:节选改编自约翰·S.戈登著,祁斌译.伟大的博弈[M].北京:中信出版社,2005:93—97.

附录2 美国大型投资银行转型后的两难选择

2007年美国金融危机后,美国五大独立投资银行中,除雷曼兄弟倒闭外,贝尔斯登和美林被并入J.P.摩根和美国银行两大金融控股集团,高盛和摩根士丹利转型为银行控股公司。这样一来,根据美国的《1913年联邦储备法》,在危机发生时它们都有获得美联储紧急贷款的权利。数据显示,高盛在金融危机期间,从美联储获得了150亿美元的短期紧急贷款,成为紧急救助的最大受益者。

与此同时,美国政府也加强了对金融机构的监管。2010年7月16日,美国国会参议院以60票赞成、39票反对的投票结果表决通过了统一版本的金融监管法案;7月21日,奥巴马签署了该项法案——《多德-弗兰克法案》,成为自1933年《格拉斯-斯蒂格尔法案》颁布以来美国金融监管领域的又一个里程碑。

奥巴马总统聘请了前任美联储主席保罗·沃尔克担任经济复苏顾问委员会主席,他提出的金融监管政策建议被归纳为"沃尔克规则",即要求监管者对银行及其附属机构、控股公司实施监管,禁止其开展自营交易、投资、设立对冲基金和私人股权基金,并且限制银行及其附属机构与对冲基金和私人股权基金之间的业务关联。受美联储监管的非银行金融机构在自营交易、对冲基金和私人股权基金方面的投资也将受到限制。这将极大地限制转型后的高盛、摩根士丹利等大型银行控股公司的利润来源。沃尔克曾表示,高盛等银行若想避开白宫提出的自营交易禁令,就应放弃银行身份。

根据J.P.摩根2011年1月份公布的研究报告,在极端情况下,"沃尔克规则"可能导致高盛、摩根士丹利、美林以及花旗集团等公司2011年的合计总收入减少500亿美元。其中,高盛所受的冲击最大,据估计年收入减少将超过37亿美元。有分析师认为,高盛和摩根士丹利可能会考虑放弃银行控股公司的身份,以避免因"沃尔克规则"而产生的大笔损失。

2011年10月,当"占领华尔街"抗议运动在美国进行得如火如荼时,美国联邦存款保险公司(FDIC)一致通过"沃克尔规则"草案,作为对《多德-弗兰克法案》的进一步补充,其加大了对华尔街交易范围的限制。根据该草案,如果要作为一家商业银行并享受美联储金融安全网的支持,就不得从事自营业务以及给对冲基金和私募基金提供支持等会给纳税人的资金带来巨大风险的业务。为了应对"沃克尔规则",高盛、J.P.摩根和美国银行均表示,已经关闭了旗下的自营业务。而摩根士丹利则表示,将在2012年年底之前关闭自营交易业务。

资料来源:根据相关媒体报道整理。

第一篇
核心的投资银行业务

第一章 证券发行与承销业务

本章概要

证券发行与承销业务是投资银行传统的收入来源。作为证券承销商,投资银行在证券发行过程中起着重要作用。本章将介绍证券发行和承销的一般流程,主要包括股票、政府债券和公司债券的发行与承销。

学习目标

- 掌握证券发行审核制度、证券发行和承销方式
- 熟悉股票公开发行的一般流程
- 了解政府债券发行和承销的特点
- 了解我国公司债券发展的情况

阳光是最好的防腐剂,电灯是最有效的警察。
(Sunlight is said to be the best of disinfectant, electric light the most efficient policeman.)
——〔美〕大法官路易斯·D.布兰代斯(Louis D. Brandeis,1856—1941)

第一节 证券发行与承销概述

证券是多种经济权益凭证的统称,是证明证券持有人有权按其券面所载内容取得应有权益的书面证明。广义证券的种类很多,但一般我们所说的"证券交易"中的"证券"仅指国家相关法令所规范的证券品种。《证券法》(2005年修订版)第一章第二条载明:"在中华人民共和国境内,股票、公司债券和国务院依法认定的其他证券的发行和交易,适用本法";"政府债券、证券投资基金份额的上市交易,适用本法"。本章仅涉及股票、政府债券、公司债券的发行与承销,有关资产支持证券和证券投资基金的内容,将在本书第三章和第五章介绍。

股票和债券是在资本市场上进行直接融资的基本工具,股票和债券的发行与承销是投资银行最本源、最核心的业务。证券发行与承销业务是传统投资银行的主要利润来源,是投资银行与实体经济部门和投资者之间建立长期稳定关系的基础。证券承销,顾名思义,包含"承

接"和"销售"两个过程,投资银行首先从发行者手中以一定的价格承接证券发行任务,然后通过自己的客户关系网络销售给广大投资者。投资银行在证券承销中起着桥梁的作用,将发行人和潜在投资者联系起来。通过投资银行的承销服务,发行者实现了融资目标,投资者则获得相应的投资机会。同时,投资银行也通过收取佣金以及买卖利差等途径实现了自身的盈利目标。

一、证券发行的审核制度

证券发行审核制度是证券公开发行制度的重要组成内容之一。由于证券发行对象大都是不确定的投资者,加之证券发行牵涉面广、影响大,可能存在着巨大的信用和投资风险,因此,为保护投资者利益,维护证券市场的健康发展,各国政府均十分重视对证券公开发行的监管,纷纷建立和完善证券发行上市的准入制度,即证券发行审核制度。建立一个公开、公正、富有效率的证券发行审核制度,对于保障投资者利益、维护资本市场健康发展具有十分重要的意义。

由于各国在经济、法律、文化等方面存在较大的差异,加之证券发行及上市所在的证券市场乃至金融市场的特殊性,各国在证券发行审核制度方面存在较大的差别。目前,世界各国对证券公开发行的监管一般可归纳为两种:一种是注册制,另一种是核准制。

(一)注册制

证券发行注册制度(注册制)以美国的《1933年证券法》与日本1948年的《证券交易法》为代表。这一监管制度的理论依据是:证券发行只受信息公开制度的约束,证券管理机构的职责是审查信息资料的全面性、真实性、准确性和及时性,政府并不对证券自身的价值作出任何判断。投资者根据公开的信息作出选择,风险自负。投资者要求发行人承担法律责任的前提是发行人违反了信息公开义务和注册制度。

注册制的核心是证券监管机构保证注册申请书、招股说明书等法律文件的披露,而不对发行申请作任何实质性审查。在证券监管机构未对申请提出任何异议的情况下,等待期(Waiting Period)满后,证券发行注册即生效。证券发行申请人必须按照监管要求向投资者提供据以作出证券投资判断所需的文件和资料。若证券发行人在信息披露时有虚假、不真实的信息导致投资者损失的,证券发行人需承担法律责任。因此,证券注册不能成为投资者免受损失的保护伞。注册制反映了市场经济的自由性、主体活动的自主性和政府管理经济的规范性与效率性价值取向。

(二)核准制

证券发行核准制(核准制)是指证券监管机构在审查证券发行人的发行申请时,不仅要求其充分公开披露企业的真实情况,而且必须符合有关法律和证券监管机构规定的必备条件;申请经过证券监管机构或其授权单位的审查并获批准后,发行人方可发行证券。证券发行的监管机构要对发行人及发行证券的实质内容加以审查,符合相关发行条件方准予发行。由此可见,核准制遵循的是信息公开披露和合规性管理相结合的原则,其理念是"买者自行小心"(Let the Buyer Beware)和"卖者自行小心"(Let the Seller Beware)并行。

从实践中看,发展中国家的证券市场往往存在市场机制不完善、中介机构发育不成熟的问题,核准制通过国家行使证券发行审核权,实行较为严格的实质性审查,有利于剔除不良证券,提高证券的整体质量水平,保持证券市场较高的品质信用,从而稳定证券市场秩序,维护投资者利益。当然,核准制也有着显而易见的缺点,如审核周期长,会增加证券监管成本、影响证券发行的运作效率;又如证券监管机构的质量把关使投资者过多地信赖监管机构,而不是靠自己的投资理念去判断证券的投资价值等。

(三) 我国证券发行制度的选择

一国的证券发行管理应采用何种制度、遵循何种原则,必须根据本国证券市场的具体条件而定。注册制适合证券市场发展历史较长、各项法律法规健全、行业自律性较好、投资者素质较高的国家和地区;核准制适合证券市场处于发展初期、法律法规的健全尚需一个相当长的过程、投资者结构不甚合理的国家和地区。从核准制向注册制过渡,是证券市场发展日益成熟的标志。

我国的证券市场属于新兴的、转轨时期的市场,因此,政府监管往往负有双重职能:一是制定各种法律规范,以保证证券市场发行过程中的良好秩序;二是在投资者的投资心理、投资技能、自我保护意识和风险意识尚未成熟时期,通过政府对证券发行申请的审核,维护投资者的合法权益。因而,我国的实际情况决定了证券发行审核制度的首选是核准制而非注册制。我国自2001年3月起对股票发行实行核准制。《证券法》(2005年修订版)第二章第十条规定:"公开发行证券,必须符合法律、行政法规规定的条件,并依法报经国务院证券监督管理机构或者国务院授权的部门核准;未经依法核准,任何单位和个人不得公开发行证券。"

2013年11月15日,《中共中央关于全面深化改革若干重大问题的决定》提出要"推进股票发行注册制改革"。2014年,作为注册制改革的起步元年,中国证监会从基础制度建设入手,大力强化信息披露监管,严厉查处证券违法犯罪行为,并确立了反欺诈上市的"先行赔付"制度、强制回购股本机制,以及重大违法强制退市的制度等。2015年12月27日,全国人大常委会表决通过了《关于授权国务院在实施股票发行注册制改革中调整适用〈中华人民共和国证券法〉有关规定的决定》,授权期为两年,决定自2016年3月1日起施行。

二、证券发行的一般方式

政府、金融机构、工商企业等在发行证券时,可以选择不同的投资者作为发行对象,由此,证券发行可分为公募发行和私募发行两种形式。

(一) 公募发行

公募发行又称公开发行,是指发行人通过中介机构向不特定的社会公众广泛地发售证券。在公募发行情况下,所有合法的社会投资者都可以参加认购。为了保障广大投资者的利益,各国对公募发行都有严格的要求,如发行人要有较高的信用,并符合证券主管部门规定的各项发行条件,经批准后方可发行。

采用公募方式发行证券的有利之处在于:① 公募发行以众多的投资者为发行对象,筹集资金的潜力大,适合证券发行数量较多、筹资额较大的发行人;② 公募发行投资者范围大,可避免囤积证券或被少数人操纵;③ 只有公开发行的证券方可申请在交易所上市,因此这种发行方式可增强证券的流动性,有利于提高发行人的社会声誉。然而,公募发行也存在某些缺点,如发行过程比较复杂,登记核准所需时间较长,发行费用较高等。

(二) 私募发行

私募发行又称不公开发行或内部发行,是指面向少数特定的投资人发行证券的方式。私募发行的对象大致有两类,一类是个人投资者,如公司老股东或发行机构自己的员工;另一类是机构投资者,如大的金融机构或与发行人有密切往来关系的企业等。私募发行有明确的投资人,发行手续简单,可以节省发行时间和费用。私募发行的不足之处是投资者数量有限,发行后的证券流通性较低,而且也不利于提高发行人的社会知名度。

我国《证券法》(2005年修订版)第二章第十条规定,有下列情形之一的,为公开发行:向不特定对象发行证券的;向特定对象发行证券累计超过二百人的;法律、行政法规规定的其他发行行为。非公开发行证券,不得采用广告、公开劝诱和变相公开方式。

三、证券承销的主要模式

作为协助证券发行的中介机构,投资银行在承销过程中承担的责任和风险可能不同,这与机构所选择的承销方式有关。一般来说,证券的承销方式有代销、包销两种。我国《证券法》(2005年修订版)第二章第二十八条也规定,证券承销业务采取代销或者包销方式。

(一) 代销

在代销模式下,承销商按照规定的发行条件,在约定的期限内尽力推销(Best Efforts),到销售截止日期,如果没有将计划发行的证券全部售出,则未售出部分退还给发行人。在代销过程中,承销机构与发行人之间是委托代理关系,承销机构不承担销售风险,因此代销佣金较低。代销方式比较适合那些信誉好、知名度高的大中型企业发行人,它们的证券容易被社会公众所接受,用代销方式可以降低发行成本。

(二) 包销

包销是指承销商将发行人的证券按照协议全部购入或者在承销期结束时将售后剩余证券全部自行购入的承销方式。包销在实际操作中有全额包销和余额包销之分。

1. 全额包销

全额包销是指发行人与承销机构签订承购合同,由承销机构按一定价格买下全部证券,并按合同规定的时间将价款一次性支付给发行人,然后承销机构再以略高的价格向投资者出售。在全额包销过程中,承销机构与发行人之间并非委托代理关系,而是买卖关系,即承销机构将证券低价买进然后高价卖出,赚取中间的差额。对发行人来说,采用全额包销方式既能保证如期得到所需要的资金,又无须承担发行过程中价格变动的风险。对于承销商而言,虽然必须承担发行的全部风险,但发行人通常要对承销商支付高于采用其他承销方式的费用,或者给予承销商较大的承销折扣。全额包销是西方成熟证券市场中最常见、使用最广泛的发行承销模式。

2. 余额包销

余额包销是指发行人委托承销机构在约定期限内发行证券,到销售截止日期,未售出的余额由承销商按协议价格认购。余额包销实际上是先代理发行,后全额包销,是代销和全额包销的结合。这种承销方式可以保证发行人按发行计划如数筹措资金,但所筹资金需在承销期届满才能获得,而证券发行风险由发行人和承销商共同承担,相应地,承销商获得的承销费用也比代销的佣金高,但比全额包销略低。

时事链接 1.1

我国证券公司的"包销门"事件

2007年美国金融危机爆发以后,受外围市场波动和国内宏观政策调整的影响,我国资本市场也进入了持续的调整期。在缺乏投资者积极响应的情况下,普遍采取余额包销方式承销证券的我国证券公司面临着大比例包销未发行证券的局面。以下即为几例:

2008年7月31日,特变电工公开增发8 800万股,由于申购机构较少,作为承销商的东北证券被迫出资11亿元,包销了其中的6 158.53万股,占发行总量的约70%,成为特变电工第三大股东,持股比例达到5.14%,创下当年券商包销的新纪录。

2011年3月,长江证券公开增发不超过6亿股A股,由于认购不足,主承销商东方证券被迫包销其中的1.1亿股。

2011年7月20日,中天科技增发A股,由于投资者认购不积极,海通证券作为主承销商也包销了4 113.42万股,占发行总量的58.27%。2011年8月1日,威海广泰公开增发结果发布,海通证券作为主承销商再一次包销了其中的46.21%,占用资金超过2亿元。

对于实力雄厚的大型证券公司而言,它们的资金比较充裕,包销不会使其陷入太大的资金流动性困境,但对于中小型证券公司来说,大比例包销将严重影响其流动性,若再面临包销股票破发的损失,其经营业绩将遭受十分不利的影响。

资料来源:根据相关新闻资料整理。

四、证券发行与承销的参与者

(一)证券发行人

证券发行人是资金需求者,一般为发行债券、股票等证券的政府及其机构、金融机构、股份公司和其他企业。证券发行人是证券发行的主体,如果没有证券发行人,证券发行及其后的证券交易就无从展开,证券市场也就不可能存在。一般而言,证券发行人主要包括以下四大类:

(1) 政府。中央政府为弥补财政赤字或筹措经济建设所需资金,在证券市场上发行国库券、财政债券、国家重点建设债券等获取资金,这些债券统称为国债。在一些国家,地方政府也可通过发行地方政府债券为本地公用事业建设融资,即市政债券。

(2) 金融机构。商业银行、政策性银行和非银行金融机构为筹措资金,经过批准可公开发行金融债券、次级债券,成为证券市场的资金需求方。

(3) 股份公司。对筹设中的股份有限公司而言,发行股票是为了达到法定注册资本从而成功设立公司;对已经成立的股份有限公司而言,发行股票和债券是为了扩大资金来源,满足经营发展的需要。

(4) 其他企业。非股份制的企业经过批准,可在证券市场上发行企业债券筹集资金,以满足生产经营发展的需要。

(二)证券投资者

证券投资者是资金供给者,也是金融工具的购买者。投资者的种类较多,既有个人投资者,也有机构(集团)投资者。各类投资者的投资目的也不相同,有些为了通过长期投资获取高于银行利息的收益;有些希望通过拥有适当比例的股权参与股份公司的经营管理;有些则意在投机,通过对买卖证券时机的选择,赚取市场价差。

(三)证券承销商

证券承销商是指与发行人签订证券承销协议、协助公开发行证券、借此获取相应比例承销费用的证券经营机构。承销商作为证券发行者和投资人之间的桥梁,一方面在综合评估市场环境、发行人的筹资能力的基础上,协助发行人进行拟发行证券的设计和发行时机的选择;另一方面通过全面审查发行人的营运状况和财务指标,预测其未来发展趋势,提供市场投资风险的第一道防火墙,承担着稳定资本市场的社会责任。图 1.1 对承销商所扮演的市场角色作了简要的概括。

图 1.1　证券承销商的市场角色

一般而言,在单一证券发行规模较大的情况下,会由多个证券承销商组成承销团来共同承担发行业务,承销团的成员包括主承销商、承销商和分销商等。主承销商是指在证券发行中牵头组织承销团的证券经营机构。国际上,主承销商一般由信誉卓著、实力雄厚的大型证券机构来担任。在我国,一般由具有资格的证券公司或兼营证券的信托投资公司来担任。我国《证券法》(2005 年修订版)第二章第三十二条规定:向不特定对象发行的证券票面总值超过人民币 5 000 万元的,应当由承销团承销。承销团应当由主承销和参与承销的证券公司组成。

历史细节 1.1

承销辛迪加(Underwriting Syndicate)的出现

1870 年,在安排美国财政部债券的新债换旧债的融资事宜中,杰伊·库克邀请了欧洲和美国的多家金融机构共同参与发行方案的制订和债券的销售,由此诞生了一个崭新的术语——辛迪加。同时,他采取了一种全新的方式,公布了所有参与此次债券转换事宜的金融机构名单。这是有史以来第一次以这样的一种方式公布证券承销商的名单。很快,更大金额的发行项目接踵而来,辛迪加成为一种标准的证券发行分销模式。当一笔发行项目涉及金额过大,仅凭单家银行的实力难以完全应付时,通常都会沿用辛迪加模式。

资料来源:节选改编自查尔斯·R.盖斯特著,向桢译.华尔街投资银行史[M].北京:中国财政经济出版社,2005:30—31.

(四) 证券监管机构

证券监管机构是指依法设置的对证券发行与交易实施监督管理的机构,如中国证监会、美国的 SEC 等。我国的证监会是国务院直属的证券监督管理机构,按照国务院的授权和依照相关法律法规对证券市场进行集中、统一监管。它的主要职责是:依法制定有关证券市场监督管理的规章、规则,负责监督有关法律法规的执行,负责保护投资者的合法权益,对全国的证券发行、证券交易、中介机构的行为等依法实施全面监管,维持公平而有序的证券市场。

（五）其他中介机构

证券承销还包括如下当事人：会计师事务所、评估事务所、财务顾问公司、律师事务所、公关公司等，它们分别为证券发行人提供财务审计、资产评估、财务顾问、法律审查、公关关系等服务。

第二节　股票公开发行与承销

股票的公开发行包括首次公开发行（Initial Public Offering，IPO）和二次发行（Secondary Offering）。一般来说，IPO 和二次发行的基本过程是相似的，本节主要以股票首次公开发行的流程为模板来介绍股票发行与承销（图 1.2）。

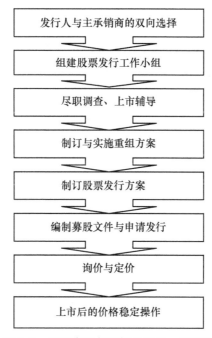

图 1.2　股票发行与承销业务的一般流程

一、发行人与承销商的双向选择

作为有着丰富资本市场业务经验的证券承销商，不会被动等待发行人上门洽接发行承销业务，而会从自身业务发展的需要出发，积极主动地寻找发掘潜在的客户。而拟发行股票的企业也会在长期沟通比较的基础上，选择最能协助自身顺利实现股票发行目标的承销商，这是一个双向选择的过程。

（一）承销商对发行人的选择

从根本上说，拟上市企业的股票发行是否能够顺利实现预期目标，与企业的发展历史和未来增长潜力密切相关。承销商作为股票发行方案的主要设计者、股票发行的主要推动者，股票发行成功与否不仅关系到其是否能够获得承销业务收入，更是关系到其行业声誉。从承销商承担的市场责任来看，如果发行企业在各类信息披露中存在缺陷，误导投资者并致其损失的，承销商也要承担法律上的连带责任。因此,承销商必须审慎选择发行人客户。

以亚信科技(中国)有限公司(NASDAQ:ASIA)在纳斯达克(NASDAQ)市场的成功上市为例。该公司正式成立于1995年,是一家通信软件和服务提供商,主要为中国电信运营商提供IT解决方案和服务。公司于2000年3月3日在纳斯达克正式上市。摩根士丹利是此次发行的主承销商。摩根士丹利在IT产业领域具有丰富的市场经验,曾是苹果公司(Apple Inc.,NASDAQ:AAPL)、思科公司(Cisco Systems Inc., NASDAQ:CSCO)发行上市的主承销商。作为有着国际声誉的大型综合性投资银行,摩根士丹利十分重视对发行企业的选择,从1998年下半年就开始了与亚信公司的接触。经过一段时间的沟通,他们发现亚信公司具备了世界上其他新兴经济体中成功的新公司所具备的很多要素,不但所从事的行业市场前景广阔,业务策略正确,而且管理和技术团队也具有很好的创新发展潜力。1999年9月,在摩根士丹利的帮助下,亚信开始启动上市运作,并于1999年12月21日正式向美国SEC递交了上市申请,计划在纳斯达克初始发行400万股,融资5 000万美元。

亚信公司的情况虽属个案,但我们可以一斑窥豹,了解承销商在选择发行人时,通常会考虑的几个方面。

1. 公司是否符合股票发行上市资格

世界各国的证券法规和证券交易所的相关制度都对公开发行上市的企业提出了资格要求。目前,我国《公司法》《证券法》《首次公开发行股票并上市管理办法》等法律法规对企业在国内证券市场发行上市的主体资格、独立性、规范运行、财务与会计、募集资金运用等都有较为明确的规定。

2. 公司是否具备优秀的管理团队

公司管理层的管理能力直接影响到整个公司的运作方式、路线和目标,是公司发行上市之后能够给投资者带来持续稳定回报的重要影响因素。承销商在与企业管理层沟通交流后,会根据主要管理人员的目标、经验履历、管理方式以及管理团队之间的协作情况作出判断,评估其是否具有领导上市公司的能力。

3. 公司是否具备未来的发展潜力

发行人在过去的经营历史中所取得的业绩并不能成为其具有持续成长性的全部决定因素。承销商在选择发行人时,会详细考虑发行人的业务状况、商业模式及所处行业的特点。在关注发行人过去经营成果的同时,承销商会更聚焦于发行企业及其所在行业未来的成长性。

(二) 发行人对承销商的选择

承销商的声誉和经验、证券分销能力等对投资者的投资行为影响重大,因而各国都对承销商的资格和行为有严格的法律约束和监管。发行人选择承销商首先要符合法规的要求。在我国,承销商必须由取得承销资格的证券公司担任,包括在中国境内注册、依法获得批准可经营证券业务的、具有独立法人资格的证券公司和信托投资公司及在中国境外注册、依照注册地法律可经营证券业务的、具有独立法人资格的投资银行、证券公司或者其他金融机构。在满足法规要求的承销商资格的基础上,为保障企业的股票发行能够在合适的市场时机、以合理的价格、向准确定位的投资者足额发行,发行人在选择承销商时,还需着重考虑以下几个方面。

1. 承销商的行业声誉和专业能力

承销商的行业声誉实际上是对发行人信誉的一个有力背书,因此,在国际资本市场上,具有较长行业发展历史和较高市场地位的投资银行通常会成为发行人的首选。发行人必须依靠承销商的专业人才提供证券设计和市场分析等前期服务,在此基础上针对公司股票的拟发行额度、发行价格、发行时机等作出正确的选择,因此,承销商的专业能力也是发行人必须考虑的首要因素。

2. 承销商的承销经验和分销能力

尽管大型综合性投资银行的业务领域和客户关系网络十分广泛,但在业务实践中,仍会表现出不同承销商在不同行业领域的相对优势。因此,发行人往往会从自身所处行业、拟发行上市的资本市场所在国等条件出发,选择在该行业、该市场最具承销经验的承销商。这同时也意味着该承销商拥有的分销渠道能够指向对该行业企业最具投资意愿的投资人群体。

3. 承销商的造市能力

股票公开发行后就会上市交易,在上市交易初期,通常会面临价格剧烈波动的情况。出于稳定市场的目的,一般而言世界上各大证券交易所都会允许或要求承销商在符合规定的条件下,进行价格稳定操作。因此,是否具有较强的资金实力和操作能力,能否在交易清淡、股价持续下跌的情况下活跃市场,或在股价急速上涨的条件下抛出证券抑制过度活跃的交易,也是发行人选择承销商需考虑的一个主要因素。

4. 承销商的承销费用

最后,承销费用也是发行人选择承销商的一个条件,这主要涉及发行人的融资成本问题。承销费用一般根据证券发行规模确定,发行的规模越大,承销费用总额越高。此外,发行人的信用越好,承销的风险越低,收取的承销费用就越低。承销商在不同的承销方式下承担的责任和风险有所不同,通常包销方式的承销费用要高于代销方式。当然,一般而言,具有较高行业声誉和市场地位的承销商,其收费水平也会较高,这时就需要发行人综合考虑各种因素,在各种可能的利益和成本之间进行权衡。

二、组建股票发行工作小组

一旦企业决定公开发行上市,接下来的关键步骤就是组建一个经验丰富并值得信赖的发行工作团队,即通常所说的IPO小组。该团队包括承销商、公司管理层、律师、会计师、行业专家、印刷商及公关顾问等。

选择承销商是组建股票发行工作团队的重要步骤之一。很多大型企业的股票发行都会由多个承销商协同管理。通常某一个(也可能是2—3个)大型综合性投资银行会接受委托成为牵头承销商(Lead Manager),其他承销商通常被称为联席承销商(Co-underwriters)。牵头承销商通常负责设计发行架构、协调上市时间表、分配销售任务、准备证券分析师演讲、参与撰写上市文件、组织路演与询价及对发行定价提供建议等。在大型证券发行中,牵头承销商还会组织另外一组机构来协助推销股票,称为分销团(Selling Group)。

公司管理人员是股票发行过程中最为重要的参与者,负责协调沟通发行人的融资目标与承销商的咨询建议。

律师,包括发行人的律师和承销商的律师,他们的工作任务是确保证券发行文件、申请和推广程序、承销协议等合法合规,同时解决发行过程中遭遇的相关法律问题。

会计师,包括企业内部的会计人员和外聘的第三方独立会计师,他们的职责通常包括提供拟上市公司的财务报告;向承销商和发行公司的董事会出具专业意见以确保上市文件中的财务信息符合适用标准和报告规范;协助应对证券监管机构关于会计事务的质询并说明财务报表符合证券发行资格的审查要求。

此外,发行工作小组中还会有行业专家加盟,如资深的证券分析师等,以便更好地了解发行企业所处的行业状况、行业前景以及发行公司在行业中所处的位置,拟订最适合发行人的证券发行计划。发行工作小组一般会聘用专业的印刷商负责申请文件、招股说明书以及其他相关文书的标准化印刷工作。发行小组中的公关顾问主要负责协助发行人应对发行过程中的一些公共关系问题,如媒体关系、突发的产品质量、人事管理问题等,为股票发行营造一个较为良好的外部环境。

三、尽职调查与上市辅导

(一) 尽职调查

参与股票发行的中介机构,除了协助发行人顺利募集资金外,还有一个重要的任务就是承担资本市场自我监督的公共责任,切实保障投资者能够在信息真实、充分披露的条件下进行决策。尽职调查(Due Diligence)就是对他们履行这一责任的必然要求。尽职调查是指承销商、会计师、律师、评估机构等在股票承销前,以本行业公认的业务标准和道德规范,对股票发行人和市场的有关情况进行客观研判,对所提交的文件资料的真实性、准确性、完整性进行核查、验证等专业调查,是股票发行工作小组在发行准备阶段中的一项重要的基础性工作。

除了保证与发行相关的真实信息能够被充分披露外,尽职调查也能让承销商、会计师、律师等更深入地了解发行人的业务、技术、财务、法律、人力资源等多方面的信息,以便协助其起草招股说明书及其他有关法律文件,并依据全面审计后的财务数据对企业进行合理估值,完成发行项目的研究报告,为后续的路演和推介做好准备。

(二) 上市辅导

上市辅导是指有关机构对拟发行股票并上市的股份有限公司进行的规范化培训、辅导与监督。上市辅导的目的是要保证公开发行股票的企业按照相关法律法规建立规范的法人治理结构和完善的内部管理机制,提高上市企业的质量。

上市公司能够最大限度地利用公开市场的信息优势,进行大规模融资。为了保证上市公司合理有效地利用资金,维护投资者的利益,世界各国的监管机构都对上市公司的治理机制有严格的规范,要求拟上市公司及其关联方对它们未来所承担的市场责任有明确的认知,并建立起完善的内部控制制度。因此,上市辅导就成为发行前必不可少的工作程序。

我国的《证券发行上市保荐业务管理办法》(2009年修订版)规定,首次公开发行股票并上市,上市公司发行新股、可转换公司债券或中国证监会认定的其他情形下,发行人应当聘请具有保荐机构资格的证券公司履行保荐职责。保荐机构在推荐发行人首次公开发行股票并上市前,应当对发行人进行辅导,对发行人的董事、监事和高级管理人员、持有5%以上股份的股东和实际控制人(或者其法定代表人)进行系统的法规知识、证券市场知识培训,使其全面掌握发行上市、规范运作等方面的有关法律法规和规则,知悉信息披露和履行承诺等方面的责任和义务,树立进入证券市场的诚信意识、自律意识和法制意识。

证券发行的主承销商可以由该保荐机构担任,也可以由其他具有保荐机构资格的证券公司与该保荐机构共同担任。

小知识 1.1

保荐人制度(Sponsor System / Nomad System)

保荐人(Sponsor),是指按照法律规定为公司申请上市承担推荐责任,并为公司上市后一段时间内的信息披露行为向投资者承担担保责任的证券公司。保荐人制度就是由保荐人负责发行人的上市推荐和辅导,协助发行人建立严格的信息披露制度,并承担风险防范责任,在公司上市后的规定时间内继续协助发行人建立规范的法人治理结构,督促公司遵守上市规定,完成招股说明书中的承诺,并对上市公司的信息披露负连带责任。

保荐人制度起源于英国伦敦证券交易所(LSE)的另类投资市场(AIM),是一种优选上市公司、防范二板市场高风险的机制。加拿大多伦多证券交易所(TSX)、中国香港联合交易所的创业板市场(GEM)也采纳了这一制度。我国的证券保荐人制度将其应用范围加以拓宽。依据《证券法》(2005年修订版),我国的保荐人制度适用于发行人申请公开发行股票、可转换为股票的公司债券,依法采取承销方式的,或者公开发行法律、行政法规规定实行保荐人制度的其他证券。

四、制订与实施重组方案

企业上市的根本目标是筹集增量资本,但在此之前要对企业的存量资产进行合理调整及有效整合,使其符合上市发行的规范要求。因此,改制重组是企业发行上市的重要基础和关键环节之一。按照中国证监会发布的《首次公开发行股票并上市管理办法》(2006年)及《首次公开发行股票并在创业板上市管理暂行办法》(2009年)对发行主体资格的要求,发行人应当是依法设立且持续经营时间在3年以上的股份有限公司,或者按原账面净资产值折股整体变更为股份有限公司的有限责任公司;发行人最近3年内主营业务和董事、高级管理人员没有发生重大变化,实际控制人没有发生变更;发行人应当股权清晰,股份不存在重大权属纠纷。

无论是采用发起方式设立还是采取募集方式设立,无论是通过整体改制还是部分改制或者是由有限公司整体变更设立的股份公司,其目的都是设立一个合格规范的上市发行主体。在我国,改制重组后拟上市公司应该达到以下一些基本标准:

(1)股权关系清晰,不存在法律障碍,不存在股权纠纷隐患。公司不允许委托持股、信托持股,不允许工会、职工持股会作为拟上市公司的股东,它们也不能间接持有公司股份。

(2)主营业务突出,通过整合主营业务形成完整的产、供、销体系,最大限度地提高资本利用效率,形成核心竞争力和持续发展能力,避免同业竞争,减少和规范关联交易。

(3)建立公司治理的基础,股东大会、董事会、监事会以及经理层规范运作。

(4)形成完整的业务体系和直接面向市场独立经营的能力,公司改制时将主要经营业务并入股份公司时,与其对应的土地、房产、商标及其他工业产权和非专利技术必须同时进入股份公司,做到资产完整、业务独立、人员独立、财务独立、机构独立。

(5)建立健全财务会计制度,会计核算符合《企业财务会计报告条例》《企业会计制度》《企业会计准则》等法规的要求。

(6) 建立健全有效的内部控制制度,能够保证财务报告的可靠性、生产经营的合法性和营运的效率与效果。

五、制订股票发行方案

股票发行方案是指向投资者发售股票的具体安排。在我国,股票发行方案由企业和保荐机构协商制订,经中国证监会核准后方可实施。为了保证股票发行方案的时效性,根据中国证监会的规定,发行人及其保荐机构应在招股意向书公告之前,向中国证监会提交股票发行方案,同时填报发行方案基本情况表。

目前,我国公司的股票发行方案主要包括下列内容:

(1) 承销方式。即本章第一节中介绍的代销和包销两种方式。

(2) 发行方式。根据我国现行制度,新股的公开发行一般采取网上申购与网下配售同时进行的方式。① 对于通过初步询价确定股票发行价格的,网下配售和网上申购均按照定价发行方式进行。对于通过网下累计投标询价确定股票发行价格的,参与网上申购的投资者按询价区间的上限进行申购。网下累计投标询价确定发行价格后,资金解冻日网上申购资金解冻,中签投资者将获得申购价格与发行价格之间的差额部分及未中签部分的申购余款。

(3) 发行定价。根据询价制度的规定,发行人及其保荐机构应通过向询价对象询价的方式确定股票发行价格,发行方案中应包括询价工作的组织情况以及询价安排。

(4) 发行对象。发行对象是指有资格参加股票认购的投资者。发行方案中需说明本次股票发行所面向的投资者群体,如一般投资者、法人投资者和战略投资者等。

(5) 股票锁定安排。在我国的股票公开发行过程中,以网上申购方式发行的股票,一般没有股份锁定期,发行的股票在挂牌交易时一起上市流通。当网上申购和网下配售的中签率存在较大差异时,为了保证公平,对网下向法人配售的股票设定锁定期,该部分股票在其他股票挂牌交易一段时间(多数为3个月至1年)后方可上市流通。中国证监会和证券交易所对股票锁定有明确规定,比如,询价对象网下获配的股份自发行人股票上市3个月后方可流通,公开发行前一年通过增资扩股方式持有发行人股份的投资者,所增持的股份自发行人工商登记注册变更生效之日起要锁定3年。股份锁定期的设定使发行的股票能够分批流通,有利于股票的二级市场表现,但一定程度上也会影响股票的流动性。

(6) 发行时间。发行方案应说明投资者申购新股的具体日程。选择发行时间要考虑市场状况、其他证券的竞争性发行等因素。

(7) 发行程序。发行方案应详细说明发行程序和操作细节(如日程安排、申购上下限、申购程序、发行费用等),增加发行的透明度,指导投资者申购,促进发行工作的有序开展。

六、编制募股文件与申请股票发行

股票发行准备阶段的实质性工作是准备招股说明书、专业中介机构的结论性审查意见以及其他申请发行所需的书面资料,这些文件统称为募股文件。从我国目前的相关法规来看,募

---

① 这里的网上和网下中的"网"指的是证券交易所的公开交易系统。网上申购是利用证券交易所的交易系统,新股发行的主承销商在证券交易所挂牌销售,投资者通过证券营业部的交易系统进行申购的发行方式。网下配售是指不通过证券交易所的公开交易系统直接向一些机构投资者配售股票。

股文件主要包括以下八种：

(一) 招股说明书

招股说明书是股份有限公司发行股票时就发行中的有关事项向公众作出披露，并向特定或非特定投资人提出购买或销售其股票的要约或要约邀请的法律文件。

招股说明书是发行人向中国证监会申请公开发行股票申报材料的必备部分。招股说明书必须对法律、法规、上市规则要求的各项内容进行披露。招股说明书由发行人在主承销商及其他中介机构的辅助下完成，由公司董事会或筹备工作委员会表决通过。审核通过的招股说明书应当依法向社会公众披露。招股说明书的有效期是6个月，自招股说明书签署完毕之日起计算。在招股说明书上签章的人员(全体发起人或者董事以及主承销商)必须保证招股说明书的内容真实、准确、完整，并保证对其承担连带责任。招股说明书应包括封面、目录、正文、附录和备查文件等五个方面的内容。

(二) 招股说明书摘要

招股说明书摘要是对招股说明书内容的概括，由发行人编制，随招股说明书一起报送。证券发行申请得到中国证监会的批准后，在承销期开始前的2—5个工作日，在至少一种由中国证监会指定的全国性报刊上及发行人选择的其他报刊上，刊登招股说明书摘要以供公众投资者参考。

(三) 资产评估报告

资产评估报告是评估机构完成评估工作后出具的具有公证性的结论报告。从法律上说，资产评估报告仅为投资人以净资产认股或者以净资产从事交易的实施依据，因此，如果股份有限公司发起人以净资产投资折股的行为距本次股票发行的时间过长的话，该资产评估报告的内容可能已不能适当地反映评估范围内的净资产数值。在此种情况下，招股说明书对于发行人本次募股前资产负债状况的反映通常以经过审计的资产负债表为准。

(四) 审计报告

审计报告是审计人员向发行人及利益相关者报告其审计结论的书面文件，也是审计人员在股票发行准备中尽责调查的结论性文件。审计报告的内容包括以下几部分：审计概况、审计发现问题的情况说明、审计意见、审计人员的签章及审计报告日期。

(五) 盈利预测的审核函

招股说明书及其附件中的盈利预测报告应切合实际，并需由具有证券从业资格的会计师事务所和注册会计师出具审核报告。盈利预测审核函即经注册会计师对发行人的盈利预测进行审核后出具的审核确认函。

(六) 发行人法律意见书和律师工作报告

1. 法律意见书

法律意见书是律师对股份有限公司发行准备阶段的审查工作依法出具的结论性意见。发行人聘请的律师(发行人律师)参与企业的重组及改制工作，并对发行人各种法律行为及各项法律文件的合法性进行审核，在完成发行准备工作后，律师应当就其审核工作出具结论性意见和法律意见书。

2. 律师工作报告

律师工作报告是对股份有限公司发行阶段律师的工作过程、法律意见书所涉及的事实及其发展过程、每一法律意见所依据的事实和有关法律规定作出的详尽、完整的阐述，并就疑难问题展开讨论和说明。

（七）验证笔录

验证笔录是发行人向中国证监会申请公开发行 A 股所必须具备的法定文件之一,是主承销商律师对招股说明书所述内容进行验证的记录,其目的在于保证招股说明书的真实性、准确性。

（八）辅导报告

辅导报告是保荐机构对发行公司辅导工作结束以后就辅导情况、效果及意见向有关主管单位出具的书面报告。

募股文件除了上述几种之外,还包括公司章程、发行方案、资金运用可行性报告及项目批文等,有兼并收购行为的还应提供被兼并收购公司或项目的情况、收购兼并可行性报告、兼并收购协议、兼并收购配套政策落实情况、被兼并收购企业的资产评估报告、被兼并收购企业前一年和最近一期的资产负债表及损益表、审计报告。

七、询价与定价

股票发行价格关系到发行人、投资者和承销商三方利益。若发行价格过低,发行人的筹资额会低于预期,并且会增大发行成本,制约企业发展战略的实施;若发行价格过高,又会增大承销商的发行责任和承销风险,抑制投资者的认购需求和股票上市后的流动性。此外,无论定价过高或过低,都会使股票上市后的交易价格过度波动,影响市场的稳定。因此,合理的发行定价无论是对发行参与人,还是对整体市场都具有积极作用。

（一）询价制

股票发行是否能够顺利实现计划的募资目标,最终是由参与发行的投资者意愿决定的。如果在定价过程中就能够充分掌握潜在投资者的意愿支付信息,将十分有利于股票的发行。因此,在确定股票发行价格前,发行人和承销商首先要对企业股票的内在价值进行评估,在此基础上确定股票发行价格的初步价格区间,作为向潜在投资者询价的基础。

从各国的实践看,累计订单询价法是美国证券市场中股票发行定价的一般方法。承销商会先与发行人商定一个定价区间,再通过路演(Road Show)等推介模式向一定数量的机构投资者征集在每个价位上的意愿购买量,达成预售协议。在整合这些潜在"订单"的基础上,由主承销商与发行人在股票正式发售的前一天确定最终发行价格。

与美国略有不同,我国采取的是初步询价和累计投标询价相结合的方式。根据我国《首次公开发行股票并上市管理办理》(2006 年)的要求,提交给发行审核委员会的预先披露的招股说明书(申报稿)不是发行人发行股票的正式文件,不含有价格信息。根据《证券发行与承销管理办法》(2015 年)的规定①,首次公开发行股票招股意向书刊登后,发行人和主承销商可以向网下投资者进行推介和询价,并通过互联网等方式向公众投资者进行推介。

询价对象是指符合规定条件的基金公司、证券公司、信托投资公司、财务公司、保险机构投资者、合格境外机构投资者、主承销商自主推荐的具有较高定价能力和长期投资取向的机构投资者,以及经中国证监会认可的其他机构投资者。发行人及其主承销商应当通过初步询价确

---

① 该管理办法规定,首次公开发行股票,可以通过向网下投资者询价的方式确定股票发行价格,也可以通过发行人与主承销商自主协商直接定价等其他合法可行的方式确定发行价格。首次公开发行股票采用直接定价方式的,全部向网上投资者发行,不进行网下询价和配售。

定发行价格区间,在发行价格区间内通过累计投标询价确定发行价格。主承销商应当在询价时向询价对象提供投资价值研究报告。

（二）固定价格法

与中国、美国不同,英国、日本和中国香港特别行政区等证券市场通常采用固定价格的方式确定股票发行价格。其基本做法是承销商与发行人在公开发行前商定一个固定的价格,然后根据此价格进行公开发售,由投资者进行申购。在这种定价机制下,承销商和发行人是在未充分获取相关定价信息和市场需求信息的条件下决策的。

（三）拍卖定价法

这一股票发行定价方法常见于日本、法国和中国台湾地区等国家和地区。它的具体做法是发行人将其股票发行计划和招股文件向一定范围内的所有承销商公告,各承销商根据各自的情况拟定各自的标书,以投标方式相互竞争承销业务,中标标书中的价格就是股票发行价格。拍卖定价法多适用于热门股票,它对发行人较为有利,可以从中获得较高的发行价格。与其他经济事务活动的招投标一样,股票发行的招标也要坚持公开原则,即公开招标、投标、议标和决标,一般不允许私下议标和决标,各国对发行公司的招标条件和投标单位的投标定额分别有详细规定和审查制度。

（四）混合定价法

混合定价法由前三种基本定价机制结合而来,在一次股票发行过程中分别对不同的份额采用不同的定价发售机制。其中累计订单询价和固定价格法结合的使用最为广泛。累计订单和固定价格相结合的方式主要适用于跨国发行,一般是在进行拟上市公司股票的国际推介时,在主要发行地进行公开募集,投资者的认购价格为推荐价格区间的上限,待国际推介结束、最终价格确定之后,再将多余的认购款退还给投资者。除了国际发行的份额外,另一部分额度则以固定价格发售给本地小投资者,他们并不参与股票发行价格的形成过程。

小知识 1.2

路演（Road Show）

路演,在英文中的本意是指巡回演出会或是小贩在路边展示自己的商品,后被证券界广泛借用,特指股票发行推介会,是承销商帮助发行人安排的发行前的调研活动。一般来说,承销商会先根据自己的客户关系网络进行筛选,选定若干地区的潜在投资者,主要是机构投资者,然后带领发行人在相关地点召开会议,介绍发行人的情况,了解投资人的投资意向。大多数情况下,一些基金经理人会作为机构投资者参加这一活动。另外,会计师和投资顾问有时也参加这一活动。承销商和发行人通过路演,可以比较客观地选择发行量、发行价格以及发行时机等。

（五）股票发行定价的风险

尽管股票发行定价普遍采用了市场化的定价模式,是发行人和承销商在综合考虑各方因素的条件下审慎决策的,但由于资本市场具有显著的动态变化特性,发行人和承销商往往会面临巨大的市场风险。1987年,英国石油公司(British Petroleum,BP)的股票发行承销就是一个典型的案例。

20世纪80年代,撒切尔政府上台后,为提高英国企业的竞争力和合理配置资源,推行了一系列国有企业私有化措施,1984年到1997年被视为英国私有化的14年。1987年,政府决定出售所持有的英国石油公司股票。此次股票出售是截至1987年世界上最大的股票出售计划,融资额高达125亿美元,包括英国政府出售的100亿美元国有股,还同时发行25亿美元的新股。此次承销的机构为欧美的主要投资银行,发行地集中在欧洲和美国,美国的主要承销商包括高盛、摩根士丹利、所罗门兄弟和雷曼兄弟。按照美国投资银行的惯例,发行时间一般为两天,目的是尽量减少期间股票价格波动造成的风险。但由于发行人在英国,且金额巨大,当地习惯的发行时间也比美国长。因此,最后发行期定为1987年10月15日至10月30日,长达15天,真正达成交易的日期在最后一天。10月15日,发行价被最后确定为固定价格3.30英镑/股。支付方式为分期支付:发行结束后马上支付1.2英镑,第二年8月支付1.05英镑,第三年4月支付1.05英镑,首款支付后即可上市流通。

然而,意外发生了。1987年10月19日是著名的一个全球股市"黑色星期一",道·琼斯工业平均指数暴跌508点,跌幅22.6%,跌潮遍及世界主要的金融市场。英国石油公司的股票从3.48英镑/股跌到2.83英镑/股,跌幅高达18.7%。随着最后成交日的到来,股票价格还在下跌,承销机构将面临巨大的损失,不得不动用政府力量来进行国际协调。时任财政部长詹姆斯·贝克代表美国承销团找到英国证监会主席,表示此项交易将打击美国的金融市场,加拿大政府更是要求取消此项交易以保护该国的承销商。协商的结果是,为了支持国内的私有化进程,英国作出了一些让步,以便交易可以继续下去。英国的中央银行——英格兰银行同意在接下来的两个半月内以0.70英镑/股的价格赎回承销商和投资者已支付的1.2英镑/股。这实际上是向投资人提供了一个卖方期权,根据当时的市场状况,该期权的价值约为0.25英镑/股。按交易日当日英国石油公司股票的收盘价2.58英镑/股和分期支付的条件计算,投资人和承销机构还是损失了0.30英镑/股,约10%。

从这个例子可以看出,即使是在一个相对有效和完善的市场中,发行人、承销商和投资者也面临着很大的风险,需要各方随时根据市场的变化对风险进行合理的评估,并采取适当的措施最大限度地控制并降低风险。

八、上市后的价格稳定操作

价格稳定(Price Stabilization)操作主要是指新股上市后承销商为了防止或延缓股价的过分波动而有意识地介入股票交易的行为。一般来说,各国的市场监管制度都禁止证券经营机构出于某种特定目标而操控股票价格。但对于初次发行上市的股票来说,在一级市场投资者的套利动机影响下,容易发生上市后价格剧烈波动的情况。为了在发行上市后的一段时间内维持新公司股票价格的稳定,美国在《1934年证券交易法》中就已经赋予承销商合法的权力来通过特定的交易手段稳定IPO后的股票价格。当然,要采取这一后市交易手段,必须在招股说明书中提前进行相关信息的披露。2001年9月13日,中国证监会也发布了《超额配售选择权试点意见》,开始了境内上市企业采取超额配售选择权稳定上市后交易价格的尝试。

在规范成熟的发行市场上,股票上市后的交易价格与发行价格的价差幅度也是衡量承销商定价能力和销售成功与否的重要指标,直接影响发行公司和承销商的市场声誉。因此承销商一般都会在新股上市后的一段时期内,通过参与二级市场的交易,采取稳定市场的措施,维持所承销股票的市场流动性并保持股票价格的稳定。常用的价格稳定手段有以下三种。

(一) 稳定报价

稳定报价(Stabilizing Bids)是最简单的一种价格稳定手段,即由承销商在二级市场上给出一个股票收购价格,通常是发行价格,承诺在这个价位上回购上市公司的股票。显然,这一报价就限定了该股票价格波动的下限,最直接地应对了上市交易后由"flippers"①制造的卖压(Selling Pressure)。

(二) 惩罚性价格支持

与稳定报价不同,惩罚性价格支持(Penalty Bids)带有惩罚性色彩。由于众多的投资者主要来自各承销商的客户关系网络,如果承销团中某一承销商的客户(投资者)有迅速抛售行为,则主承销商将收回该承销商的承销费收入,以惩罚其对客户的不当选择,以此约束承销商谨慎选择投资者,争取将新发行的股票配售给那些能够购买并稳定持有的投资者。

(三) 辛迪加联合做空/超额配售选择权

与前两种价格稳定手段的被动应对不同,辛迪加联合做空和超额配售选择权的联袂出击能够创造出买方力量来主动对抗卖方的抛压。这种做法一般要分两步走。

第一步,主承销商和其他承销商通过协议承诺配售给投资者的股票总额要大于拟发行的总量,制造出一定数量的空头头寸,称为辛迪加联合做空(Syndicate Short Positions)。这样,在发行后的交易阶段如果出现投资者快速抛售使股价低于发行价时,承销商就可以在市场上回购股票对冲其空头头寸。

第二步,发行人事先会承诺出售给做空的承销商5%—15%的超额新股,以供其履行配售协议,称为超额配售选择权(Over-allotment Option)。当上市交易后股价位于发行价之上时,主承销商即以发行价行使超额配售权,从发行人处购得超额股票以对冲配售协议中的空头头寸,并收取超额发售的费用。当然,如果存在超过15%的空头头寸,即裸空头头寸(Naked Short Position),主承销商将面临一定的承销风险。

超额配售选择权又俗称为"绿鞋期权"(Green Shoe Option),因美国波士顿绿鞋制造公司1963年首次公开发行股票时率先使用而得名。"绿鞋期权"主要在市场气氛不佳、对发行结果不乐观或难以预料的情况下使用。其目的是防止发行的新股上市后股价下跌至发行价或发行价以下,增强参与一级市场认购的投资者的信心,实现新股股价由一级市场向二级市场的平稳过渡。同时,采用"绿鞋期权"可根据市场情况调节融资规模,使供求平衡。

在国际市场上,新股发行一般都附有超额配售选择权。在实际操作中,超额发售的数量由发行人与主承销商协商确定,并可以部分行使。行使超额配售选择权,对于上市公司来说有可能超额融资,对于承销商来说,则可以按比例得到更多的承销费,对投资者来说,也保证了一定水平上的投资收益。

我国《证券发行与承销管理办法》(2010年修订版)第四十八条规定,首次公开发行股票

---

① 英文中专门以"flip"来形容初次发行股票上市交易后的迅速抛售行为,而迅速抛出股票的投资者则被称为"flipper"。

数量在4亿股以上的,发行人及其主承销商可以在发行方案中采用超额配售选择权。这是我国证券发行市场化发展到一定阶段,为适应迅速变化的市场状况而产生的、为减少新股上市价格波动而建立的一种技术安排,对我国证券发行与承销制度的不断完善具有一定的积极意义。

小知识1.3

"墓碑广告"(Tomb Stone)

在美国,新股发行结束后,发行人通常会在金融类报纸或者其他报纸杂志的金融版或商业版上,对此次新股发行予以介绍,内容包含发行的细节及承销团成员的名称等,作为新股发行结束的一个形式上的标志。由于此种广告发布时被加以黑框,形似墓碑,因此又被称为"墓碑广告"。在墓碑广告中,各投资银行在承销团中的排名体现了其在业界所处的地位,是投资银行市场声誉的一个象征,因而颇受业内关注。

有时,人们也会真的做一个实物铭座、铭牌等,也称为"墓碑",来纪念一个融资项目顺利完成,比如IPO、债券发行、再融资或并购等,彰显参与者如投资银行、保荐机构、券商等的实力与业绩。在华尔街,这种纪念品正是古老格言的一种体现:"谁拥有最多的纪念品,谁就是最后的赢家。"作为一个经验法则,拥有越多的纪念品,意味着你有越多不平凡的经历,也意味着你可能吸引更多的客户。这也是几乎在每一个大型金融机构里,银行家都喜欢骄傲地把那些纪念品摆放在他们的客户和竞争对手最容易看到的办公桌上的原因。

第三节 债券发行与承销

债券是指债务人为筹措资金,依照合法程序向社会发行,承诺按照约定的利率和日期支付利息,并在特定的日期偿还本金的书面债权凭证。作为一种直接融资工具,债券与股票相比最大的特点就是在合约中载明了所支付的现金流的确定时间和数额,能够使投资者更确切地估计投资回报。

一、债券的分类

按发行主体划分,债券有政府债券、金融债券和公司债券三种基本类型。

(一)政府债券

政府债券中由中央政府发行的也称国债、公债或国库券,发行目的一般是弥补财政赤字或投资于大型建设项目;由各级地方政府机构如市、县、镇等发行的称为地方政府债券,发行目的主要是为地方建设筹集资金,一般都是一些期限较长的债券。

政府债券中还有一类称为政府保证债券的,它主要是为一些市政项目及公共设施的建设筹集资金而由一些与政府有直接关系的企业、公司或金融机构发行的债券,这些债券的发行均由政府担保,但不享受中央和地方政府债券的利息免税待遇。

我国的国债分为记账式国债、凭证式国债和储蓄国债三类。

记账式国债是一种无纸化国债,通过银行间的债券市场向具备全国银行间债券市场国债承购包销团资格的商业银行、证券公司、保险公司、信托投资公司等机构,以及通过证券交易所的交易系统向具备交易所国债承购包销团资格的证券公司、保险公司和信托投资公司及其他投资者发行。记账式国债采取公开招标方式进行销售。

凭证式国债,是指国家采取不印刷实物券,而是用填制国库券收款凭证的方式发行的国债。凭证式国债是一种不可上市流通的储蓄型债券,由具备凭证式国债承购包销团资格的机构承销,采取包销的方式。

储蓄国债,也称电子式国债,是我国财政部和中国人民银行组织部分商业银行面向境内个人投资者发行的、以电子方式记录债权的不可流通人民币债券。我国从2006年开始正式发行储蓄国债。储蓄国债由承办银行采取包销及代销两种模式进行销售。

(二) 金融债券

金融债券是由银行或其他金融机构发行的债券,发行目的一般是筹措稳定且期限灵活的资金以优化资产结构,扩大长期投资业务。由于银行等金融机构在一国经济中占有较特殊的地位,政府对它们的运营又有严格的监管,因此,金融债券的信用等级通常高于其他非金融机构债券,违约风险相对较小,具有较高的安全性。故而金融债券的利率通常低于一般的企业债券,但高于风险更小的国债和银行储蓄存款利率。在欧美国家,金融机构发行的债券归类于公司债券。在我国及日本等国家,金融机构发行的债券称为金融债券。我国的金融债券采用市场化招标方式通过全国银行间债券市场发行。

(三) 公司债券

公司债券是股份有限公司依照法定程序发行的、约定在一定期限内还本付息的债券,发行目的是筹集长期建设资金。公司债券的发行需要满足一系列条件:发行主体必须通过严格的资格审查或有财产抵押;债券必须由专业信用评级机构进行信用评级;发行人必须找到为债券发行提供担保的保证人。我国公司债券的发行则必须通过额度申请和发行申报并符合我国债券上市交易的资格审查方可由承销商向债券市场的投资者发售。由于一般公司运营的不确定性要高于金融机构和政府,因此,投资公司债券的风险相对较大,需要以较高的收益率来补偿投资者所承担的风险。

投资银行在公司债券承销中所做的工作包括:提供公司债券融资咨询、方案策划和组织实施、产品设计和定价分析服务;协助公司申请债券发行规模、寻找担保单位、进行信用评级;组织债券销售、推荐上市和兑付工作;代理登记、保管债券等。

二、债券的信用评级

由于债券的投资收益与债券发行人能否按照合约规定按时足额支付债券利息和本金密切相关,发行人的到期支付能力就成为影响债券投资风险的决定性因素。因此,为了在市场上公开发行债券,除了具有稳定公共信誉的政府发行人以外,其他债券发行人都必须取得专门机构给予的债券信用等级评定。债券信用等级会影响到债券的发行价格和收益率。

(一) 债券信用评级的目的

债券信用评级是信用评级机构根据独立、公正、客观的原则,对公开发行债券筹资的发行人的整体信用状况进行综合分析,据此判断发行人到期偿付债务本息的能力,进而对其违约可能性进行科学评估。债券评级信息对投资者来说就是持有债券的风险评价,有利于投资者合理地选择投资对象,提高投资的安全性和收益性。对于发行人来说,较高的信用等级有利于提高其社会知名度,增加对投资者的吸引力,从而降低发行企业的筹资成本。当然,如果债券发行人经评估被认定具有较高的违约风险,就会获得较低的等级评定,为了吸引投资者,发行人就必须给出更高的风险溢价,即提供更高的收益率。

(二) 影响债券信用评级的因素

对债券的信用评级并不是评价该债券的市场价格、市场销路和债券投资收益,而是评价它的发行质量、发行人的资信状况和投资者所承担的投资风险。影响债券信用评级的因素主要有以下两方面:

1. 发行人的发展前景

通过分析债券发行人所处行业的状况、发展前景、竞争能力、资源供应的可靠性等,可以判断发行人未来是否具有稳定的盈利来源,保证有到期支付能力,具体又包括两个方面。一是行业风险评估,即评估公司所处行业的现状及发展趋势、宏观经济景气周期、国家产业政策、行业和产品市场所受的季节性与周期性影响以及行业进入门槛、技术更新速度等,通过这些指标评估企业未来经营的稳定性、资产质量、盈利能力和现金流等。一般说来,垄断程度较高的行业比自由竞争的行业盈利性更有保障、风险相对较低。二是业务风险评估,即分析特定企业的市场竞争地位,如市场占有率、专利、研究与开发实力、业务多元化程度等,判断其是否具有应对市场波动、原料供应不稳定和技术进步等因素影响的能力。此外,还要考察企业管理层素质的高低及稳定性、行业发展战略和经营理念是否明确、稳健,企业的治理结构是否合理等。

2. 发行人的财务状况

对发行人财务状况的评估包括分析评价发行人的债务状况、偿债能力、盈利能力、周转能力、财务弹性及持续的稳定性和发展变化趋势。如果发行人的到期债务过于集中,到期不能偿付的风险就会明显加大,而过分依赖短期借款,有可能加剧再融资风险。较强的盈利能力及其稳定性是企业获得足够现金以偿还到期债务的关键因素,评级机构要对盈利的来源和构成进行深入分析,在此基础上对影响企业未来盈利能力的主要因素及其变化趋势作出判断。现金流量也是衡量发行人偿债能力的核心指标,一般不同行业现金流量充足性的标准是不同的,评级机构通常会将受评企业与同类企业相对照,以对受评企业现金流量的充足性作出客观、公正的判断。

小知识 1.4

垃圾债券(Junk Bonds)

垃圾债券一词译自英文"Junk Bonds"。Junk 意指旧货、假货、废品、哄骗等,之所以将其作为债券的一个形容词,是因为这种债券的利息高(一般较国债高 4 个百分点)、风险大,对投资人本金的保障较弱。一般而言,信用评级低的企业所发行的债券的投资风险较高,需以较高的利率吸引投资者认购。因此,垃圾债券同时也有一个更吸引人的称谓:高收益债券(High-yield Bonds)。

自 1977 年高收益债券市场形成以来,美国高收益债券的实际收益率一直高于美国国库券和其他高信用等级债券的收益率。研究表明,只要收益率足够高,足以弥补违约所造成的损失,同时只要能够保证违约债券的持有人能够获得30%左右的本金,人们还是乐于对这类债券进行投资的。在美国,按年度统计的高收益债券违约率大致在3%—4%。

(三) 主要的国际评级机构

证券评级机构是指专门从事证券投资研究、统计咨询和质量评估的公司。由于金融市场规模的扩大和金融产品结构的复杂化使信息不对称问题日趋严重,在金融产品不断创新的过程中,发行人、投资者和监管者越来越难以清晰地了解金融产品的风险所在。信用评级机构通过风险评价,引导金融资本决策和投资,制定金融产品的定价标准,是现代资本市场不可或缺的角色。

证券评级行业最初产生于20世纪初的美国。目前世界上最具影响力的证券评级公司主要有美国的穆迪(Moody's)、标准普尔(Standard & Poor's)和惠誉国际(Fitch)。它们都有着悠久的历史,通过长期的发展确立了在证券分析和评估市场上的权威地位。其中,普尔出版公司于1860年创立,1941年与标准统计公司合并为标准普尔;穆迪和惠誉国际分别创立于1900年和1913年。

自1975年美国SEC认定穆迪、标准普尔和惠誉国际三家公司为"全国认定的评级组织"(Nationally Recognized Statistical Rating Organization,NRSRO)后,这三家公司就垄断了国际证券评级行业。据国际清算银行(BIS)的报告,在世界上所有接受信用评级的银行和公司中,穆迪涵盖了80%的银行和78%的公司,标准普尔涵盖了37%的银行和66%的公司,惠誉国际涵盖了27%的银行和8%的公司。

三、政府债券的发行与承销

(一) 国债

国债是一个国家中央政府的债务凭证,国债的本息支付得到国家信用的担保。因此,国债被视为资本市场上信用最高、风险最小的投资工具,对投资者具有很强的吸引力,在二级市场上的流动性也很强。中央政府发行国债的主要目的有弥补财政赤字、实现宏观调控目标、筹集大型基础设施建设资金等。大多数国家都规定,投资国债的收益可以享受优惠的税收待遇,甚至免税。

1. 国债的发行定价

国债的发行一般有两种形式,短期国债一般是附息债券(Coupon Securities),中长期国债一般是贴现债券(Discount Securities)。国债作为市场上信用等级最高、风险最小的金融产品,它的收益率往往成为一国资本市场上其他金融产品收益率的基准。因此,为规范国债的发行,确保其定价能够充分反映资本市场的资金供求情况,成为市场利率水平的一个重要参考指标,公开招标发行是各国普遍采取的国债发行定价方式。

以美国为例,国债的招标发行通常分为两部分,即竞争性招标(Competitive Bidding)和非竞争性招标(Non-competitive Bidding)。前者主要面向机构投资者和那些熟悉债券市场运作模式的投资者,参与竞标者要分别报出他们的竞标价格和数量,每个竞标者的竞标数量不超过该次发行总量的35%;后者主要面向绝大多数的个人投资者,只需报出申购的数量,成交价格将以竞争性招标确定的发行价格为准,单个投资者的申购数量不超过 100 万美元。

在竞争性招标中,竞标的标的主要有价格和收益率两种。价格招标主要适用于贴现国债的发行。投标人按照所报价格从高到低排序,报价高者依次中标,直到预设的发行额被全部满足为止。收益率招标主要适用于附息国债的发行。投标人按照所报收益率从低到高排序,收益率低者依次中标,直到满足预设的发行额为止。1998 年之前,所有的中标者均按各自的投标报价与发行人成交,即采用美式招标(American Auction);1998 年之后,所有的中标者均以最低中标价格或最高中标收益率为成交价,即单一价格的荷兰式招标(Dutch Auction)。荷兰式招标方式可以避免大型机构联手操纵市场,有利于一级市场和二级市场价格的统一,降低中介机构进行投机的可能性。当然也存在一些机构由于资金头寸较大,长债短炒,恶意压低中标价格,使得所有中标者都背负了低利率国债的利率风险。

2. 国债的一级自营商制度

国债发行是否顺利关系到中央政府预算目标能否实现的问题,因此,为避免发行失败,各国政府都普遍建立起国债一级自营商制度(Primary Government Dealers)。国债一级自营商指满足一定资格要求的大型商业银行、证券公司和其他金融机构,是直接参与国债发行的中坚力量,并能有效组织发行后的分销、零售和二级市场交易,保证国债发行和交易的顺利进行。同时,国债一级自营商还有义务与货币政策执行机构进行公开市场交易,协助其实现货币政策目标。

在美国,美联储负责审定国债一级自营商资格。截至 2011 年 10 月 31 日,列入国债一级自营商名单的共有 21 家,其中包括巴克莱资本、花旗集团、瑞士信贷、德意志银行、高盛、杰佛瑞、J.P.摩根、美林、摩根士丹利、苏格兰皇家银行、瑞士银行等我们熟悉的金融机构。[①] 美联储将根据实际情况随时调整入选的机构。1991 年之前,只有一级自营商才能直接参与国债招标,并代理其他客户投标;1991 年之后,除了一级自营商,其他的合格自营经纪商也可以直接参与招标并代理客户投标。

我国于 1993 年颁发了《国债一级自营商管理办法(试行)》《国债一级自营商资格审查与确认实施办法》,开始实施国债一级自营商制度。2006 年 7 月,中国财政部、中国人民银行和中国证监会联合下发了《国债承销团成员资格审批办法》(以下简称《审批办法》),同时废止了前述两部法规。《审批办法》第一章第四条指出:国债承销团成员,是指中国境内具备一定资格条件并经批准从事国债承销业务的商业银行、证券公司、保险公司和信托投资公司等金融机构。第一章第五条载明:国债承销团按照国债品种组建,包括凭证式国债承销团、记账式国债承销团和其他国债承销团。记账式国债承销团成员分为甲类成员和乙类成员。第一章第六条对承销团成员的基本资格作出了规定:中国境内商业银行等存款类金融机构和国家邮政局邮政储汇局可以申请成为凭证式国债承销团成员。中国境内商业银行等存款类金融机构以及证券公司、保险公司、信托投资公司等非存款类金融机构,可以申请成为记账式国债承销团成员。第一章第八条和第九条载明:凭证式国债承销团成员原则上不超过 40 家;记账式国债承销团成员原则上不超过 60 家,其中甲类成员不超过 20 家。国债承销团成员资格有效期为 3 年。

《审批办法》第二章第十一条、第十二条列出了申请承销团成员资格的具体条件:申请凭证式国债承销团成员资格的申请人应为注册资本不低于人民币 3 亿元或者总资产在人民币 100 亿元以上的存款类金融机构;营业网点在 40 个以上。申请记账式国债承销团乙类成员资

---

① 纽约联储银行网站,http://newyorkfed.org/markets/pridealers_current.html。

格的申请人应为注册资本不低于人民币3亿元或者总资产在人民币100亿元以上的存款类金融机构,或者注册资本不低于人民币8亿元的非存款类金融机构。申请记账式国债承销团甲类成员资格的申请人除应具有乙类成员资格条件外,上一年度记账式国债业务综合排名还应当位于前25名以内。

3. 我国国债的发行

改革开放以来,我国国债的发行方式经历了20世纪80年代的行政分配,90年代初的承购包销,到目前的定向发售、承购包销和招标发行并存的发展过程,总的变化趋势是不断趋向低成本、高效率的发行方式,逐步走向规范化与市场化。

(1) 定向发售。定向发售是指定向养老保险基金、失业保险基金、金融机构等特定机构发行国债的方式,主要用于国家重点建设债券、财政债券、特种国债等品种。

(2) 承购包销。承购包销始于1991年,主要适用于不可流通的凭证式国债,它由各地的国债承销机构组成承销团,通过与中国财政部签订承销协议来决定发行条件、承销费用和承销商的义务,因而是带有一定市场因素的发行方式。

(3) 招标发行。招标发行是指通过招标的方式来确定国债的承销商和发行条件,是市场化程度最高的一种发行方式。根据发行对象的不同,招标发行又可分为缴款期招标、价格招标、收益率招标三种形式。

(二) 市政债券

除了中央政府外,地方政府也有相对独立的财政系统。市政债券是指由地方政府及其代理机构或授权机构发行的债券,其主要的筹资目的是投向本地区的基础设施和公用设施等明确由政府筹建的项目。目前,美国、德国、日本等发达国家已经形成了较为完善的市政债券市场,成为地方政府融资的主要途径。以美国为例,在联邦制的政体架构下,地方政府财政具有很大的独立性,19世纪20年代就已经开始发行市政债券,在第二次世界大战以后迅速发展起来。2005年以来,每年市政债券的发行规模都在4 000亿美元左右。截止到2011年第二季度,流通中的市政债券总量达到了28 860亿美元,占全美债券流通总量的8.2%。[①]

我国在20世纪80年代末也有不少地方政府曾大量自主发行地方债券,但由于发行机制不完善、风险控制不当等问题导致地方债券管理混乱,于1993年被中央政府明令禁止。1994年,我国颁布了《中华人民共和国预算法》(以下简称《预算法》),其中第二十八条规定:除法律和国务院另有规定外,地方政府不得发行地方政府债券。同年,我国开始实施分税制改革。分税制改革在客观上加强了中央政府的财力,削弱了地方政府的财力,而且在转移支付制度不完善、地方政府又要承担大量公共事务支出的情况下,地方政府的支出压力不断增大。近年来,随着地方经济社会建设规模的不断扩大,为弥补建设资金的缺口,地方政府不断寻求替代融资方式,产生了"准市政债券"的运作模式。"准市政债券"的发行方主要为承担地方基础设施和重点项目建设的企业,它们一般都有国有资本参与或是与地方政府有着紧密的关系,典型的形式是地方城市建设投资公司(简称"城投公司")。这些企业发行的债券从其资金使用目标上看,是投入地方基础设施建设,具有明显的市政债券的特点,但其发行人又是企业,从而规避了《预算法》的制约。

2008年以来,为了应对国际金融危机的冲击,中央政府实施了宽松的货币政策和积极的财政政策,地方基础设施建设投资规模急剧扩大,相关企业的融资规模也不断扩大。2010年

---

① 美国证券业与金融市场协会(SIFMA),http://www.sifma.org/research/statistics.aspx。

开始,此类"地方政府融资平台"庞大的负债规模引起了社会的广泛关注。除了加强对"地方政府融资平台"的管理外,中央政府也开始试行地方政府直接融资。2011年10月20日,上海、浙江、广东、深圳四地获国务院批准开展地方政府自行发债试点。中国财政部同时发布了《2011年地方政府自行发债试点办法》(以下简称《办法》)。《办法》规定,2011年试点省(市)发行的政府债券期限结构分为3年期和5年期,其中3年期债券发行额和5年期债券发行额分别占国务院批准的发债规模的50%。试点省(市)在国务院批准的发债规模限额内,自行组织本省(市)政府债券的发行,由中国财政部代办还本付息。

《办法》对试点省(市)地方政府债券的发行定价与承销也做了规定:债券承销商应当是2009—2011年记账式国债承销团成员,原则上不得超过20家。发债定价机制有承销和招标两类,试点省(市)可自行选择。承销是指试点省(市)与主承销商商定债券承销利率(或利率区间),要求各承销商(包括主承销商)在规定时间报送债券承销额(或承销利率及承销额),按市场化原则确定债券发行利率及各承销商的债券承销额。承销总额小于发债额的差额部分,主承销商予以包销。招标是指试点省(市)要求各承销商在规定时间报送债券投标额及投标利率,按利率从低到高原则确定债券发行利率及各承销商债券中标额。

事实上,为应对1997年的亚洲金融危机和2007年以来的国际金融危机,中国财政部曾代理地方政府通过国债发行渠道发行过地方政府债券,以解决地方政府公共投资筹资难问题。《办法》将发债模式从中央代理变为自行发债,可以看做为今后地方债券的自主发债积累经验。自行发债和自主发债的区别在于:前者是总的指标由中央分配,例如发行规模、资金使用和偿债资金来源等;后者是地方政府发债规模自主、项目自主、发债用途自定、偿债部分自负。自行发债是中央代发与自主发债之间的一种过渡,也是一种准备。

2013年,国务院批准新增江苏和山东成为"自发代还"地方政府债券试点地区,发行和还本模式仍采用之前规定,并首次提出"试点省(市)应当加强自行发债试点宣传工作,并积极创造条件,逐步推进建立信用评级制度"。2014年5月22日,中国财政部印发《2014年地方政府债券自发自还试点办法》,继续推进地方政府债券改革:第一,在前期自行发行的基础上,由中国财政部代行还本付息突破至发债地区自行还本付息;第二,在前期6个试点地区的基础上,再次增加直辖市北京、计划单列市青岛以及中西部省份江西、宁夏为试点地区;第三,将债券期限由2013年的3年、5年和7年拉长至5年、7年和10年;第四,明确提出"试点地区按照有关规定开展债券信用评级"。此外,在《预算法》尚未修订的情况下,试点地区发行政府债券仍"实行年度发行额管理,全年发行债券总量不得超过国务院批准的当年发债规模限额"。2015年,中国财政部又出台了《地方政府一般债券发行管理暂行办法》《地方政府专项债券发行管理暂行办法》等规范文件,对两类地方政府债券进行了具体规范。2015年5月8日,中国财政部、中国人民银行和中国银监会等三部委联合下发了《关于2015年采用定向承销方式发行地方政府债有关事宜的通知》,明确允许地方政府债券可采取定向发行方式,这有利于减少商业银行参与置换债券的成本,保证地方政府债券的平稳、顺利发行。

四、公司债券的发行与承销

(一) 公司债券的发行与承销

一般来说,公司发行的债权型证券主要包括商业票据(Commercial Papers)、中期票据(Medium-term Notes, MTN)和各种类型的公司债券(Corporate Bonds)。商业票据是面向货币市场发行的短期无担保票据,企业使用商业票据作为银行短期借款的一种替代。最常见的商业票据期限一般在30天以内。由于商业票据的最长期限也在270天之内,因此,在美国,商业票据得到SEC的注册豁免。中期票据的期限一般为9个月到30年。证券公司一般以代销方式为企业向自己的投资者客户发售中期票据。中期票据的特点是发行销售的持续性。因此,根据美国SEC规则415(Rule 415)的橱架注册发行制度(Shelf Registration),发行企业可以一次性在SEC注册其拟发行的总量,之后可在不超过两年的时间内陆续发行。

公司债券是股份有限公司除发行股票融资外的一个重要的直接融资工具。公司债券是期限超过1年的长期债务工具。有些企业发行的债券期限非常长,例如,20世纪90年代中期,美国的可口可乐、迪士尼、IBM等公司都曾发行了期限为100年的债券。公司债券的发行过程与股票发行类似,一般从筹划发行方案开始,核心是确定一个合适的总体融资方案,主要涉及发行金额、资金用途、债券的期限及利率、发行范围、发行方式、公司现有资产、收益分配状况、筹资项目的可行性研究或经济效益预测、还本付息的资金来源等。公司债券的承销方式与程序也和股票有许多相似之处,通常由承销辛迪加来组织,按照监管部门规定的程序进行发行申请和注册。

但公司债券的发行定价与股票存在一定的差异。债券属于固定收益产品,影响其发行价格的主要因素是同期限其他固定收益产品的收益率。实践中,公司债券的发行价格一般以同期限的国债利率为基础上浮一定的利差,或者在某个特定的债券利率水平上溢价或贴现。由于固定收益类产品的价格对市场利率的波动极为敏感,因此,公司债券的发行定价对承销商而言存在较大的市场风险。1979年10月,IBM公司总额为10亿美元的公司债券发行案就是教科书中常常引用的典型案例。

1979年10月,当时以所罗门兄弟、美林为首的债券承销团共同承销发行IBM公司的债券。按照美国公司债券发行的惯例,承销商与发行人签订承销协议时即确定债券的发行利率。如果在承销商将债券分销给投资者之前市场利率上升导致了债券价格下跌,那么承销商将承担价格波动的损失,即债券包销风险。IBM公司的公司债券包括收益率为9.62%的7年期债券和收益率为9.41%的25年期债券两个品种,发行面值均为5亿美元。这两种债券的收益率仅比同期美国国债的收益率高4个基点(Basis Point),这反映了当时IBM公司很高的信用等级和较小的发行人违约风险。10月4日,星期四,当各承销商开始在市场上分销债券时,市场利率有了轻微上升,IBM公司债券收益率的吸引力开始减弱。到10月5日星期五下午为止只向投资者转售了70%的债券,承销团手中仍然持有2.5亿美元到3亿美元的债券。

然而,当时的美国政府正在考虑如何控制国内通货膨胀的问题。1978年和1979年,美国的通货膨胀率分别达到9%和12%。通货膨胀率的激增,使得美联储下决心要采取进一步的行动。10月6日晚上,美联储宣布将贴现率调升1个百分点。承销商们已无法再将未出售的债券按原价销售给投资者,只能将其投放到公开市场上。此时,由于基准利率的大幅上涨,公开市场上该债券的价格已跌去5%。最终,承销商在未出售债券上的损失约1 200万美元,扣除已出售债券的收益500万美元,此次承销共损失700万美元。①

---

① 从本次公司债券发行承销发生的历史背景来看,当时海湾国家的政局波动导致国际石油价格高涨,引起了第二轮石油危机。欧美发达国家作为石油进口国,经济出现滞胀,产出增长放慢,失业率上升。1979年年初,英国、加拿大等国已经出现了经济危机,美国的通胀率也持续高位运行。为应对这一局面,新任美联储主席保罗·沃尔克提出了新的货币政策目标,通过大幅拉升联储基准利率的严厉手段来控制通货膨胀。市场利率的上升对整个资本市场具有重大影响,承销商和投资者都面临很大的市场风险。为应对承销风险,投资银行开始普遍采用金融衍生工具进行风险对冲。

公司债券的承销价差(Underwriting Spreads)是投资银行作为承销商的主要收入之一。承销价差是指承销商与发行人确定的发行价格与它们向投资者客户的销售价格之间的差额。一般来说,高等级债券的承销价差少于1%,而垃圾债券则高达3%。在承销价差中,一般主承销商可以得到其中的20%作为管理费,其他承销团成员和非承销团成员的分销商获得余下的80%。主承销商除了获得管理费外,还与其他承销团成员共同按比例分享承销折扣,并根据各自的销售份额获得销售佣金。主承销商负责发行簿记工作(Runs the Book),支付所有各项金额。

(二) 我国企业/公司债券的发行

按照一般的国际通行标准,只有股份有限公司才能发行公司债券。因为股份有限公司具有规范的现代公司治理结构,其相关信息披露能够符合证券监管机构的标准要求。但从我国的实际情况看,很长一段时间内,一些大中型国有企业并未采取股份公司制,但又需要面向公开市场发行债券融资。因此,我国《公司法》(1999年修订版)第五章第一百五十九条规定:股份有限公司、国有独资公司和两个以上的国有企业或者其他两个以上的国有投资主体投资设立的有限责任公司,为筹集生产经营资金,可以依照本法发行公司债券。为了区别国际上通用的称谓,我国一般将未经股份制改造的国有企业发行的股票统称为企业债券。这些企业通常是国有大型企业,发行债券主要是为经由国家或地方政府批准的大型建设项目融资。

在2005年修订后的《公司法》中,上述条款已被取消。目前,我国《证券法》(2005年修订版)第二章第十六条规定,公开发行企业债券的主体应是净资产不低于人民币3 000万元的股份有限公司和净资产不低于人民币6 000万元的有限责任公司。

从我国企业债券的发展历程来看,监管制度的不断完善标识出了几个重要的时间点。1987年3月,由国务院颁布实施的《企业债券管理暂行条例》出台,标志着我国企业债券的发行管理进入起步阶段。1993年8月,《企业债券管理条例》正式颁布。此后,伴随着资本市场的迅速发展,我国企业债券的发行进入一个波动期。从1999年开始,企业债券的发行由当时的国家计委接受各省市和部门的申报后集中审核,报送国务院批准。这一阶段企业债券的发行条件实际上发生了变化,主要是为国家批准的大中型项目筹集建设资金,其申报的发行额度至少在人民币10亿元以上,符合标准的发行人净资产不能少于人民币25亿元,这实际上已将一般大型和中小型企业排斥在发债行列之外。

截至2006年年底,中国企业债券余额为2 831亿元人民币,仅占当年债券市场余额的5%,占GDP的比例不到1.4%。而同期美国公司债券在流通中的余额为53 442亿美元,占债券市场余额的18.8%,占GDP的比例为42.8%。与股票市场相比,我国的公司债券市场显然是整个资本市场的短板。事实上,与股票融资相比,债券融资对发行人的预算约束更强,更加有利于推动企业完善符合现代资本市场要求的信用机制。

为了促进和完善我国公司债券市场的发展,2007年8月14日,中国证监会正式颁布实施《公司债券发行试点办法》(以下简称《试点办法》)。《试点办法》规定了一系列公司债券发行市场化的制度安排,如采用核准制、实行保荐人制度、建立信用评级管理制度等。同时,《试点办法》还确立了若干市场化的改革内容,如不强制要求提供发行担保;募集资金用途不再与固定资产投资项目挂钩;发行价格由发行人与保荐人通过市场询价确定;采用橱架发行(Shelf Offering)制度,允许上市公司一次核准、分次发行等。该办法体现了建立市场化导向的公司债券发行监管体制的指导思想,即放松行政管制,建立以发债主体的信用责任机制为核心的公司债券市场体系以及信用评级、信息披露、债券受托管理人等市场化的配套制度,充分发挥中介机构和投资机构识别风险、分散风险和化解风险的功能,更好地发挥市场机制在公司债券市场发展中的基础作用。

2015年,为推动债券市场监管转型,提升债券市场服务实体经济的能力,中国证监会发布了新版《公司债券发行与交易管理办法》,主要修订内容包括:发行主体为所有公司制法人,但不包含地方政府融资平台公司;对非公开发行以专门章节作出规定,全面建立非公开发行制度;非公开发行公司债券的交易场所拓展至全国中小企业股份转让系统、机构间私募产品报价与服务系统和证券公司柜台;取消保荐制和发审委制度;进一步强化了信息披露、承销、评级、募集资金使用等重点环节监管要求,并对私募债的行政监管作出安排。

本章要点

- 证券发行与承销业务是传统投资银行的主要利润来源,通过投资银行的承销服务,发行者实现了融资目标,投资者则获得相应的投资机会,投资银行也通过收取佣金以及买卖价差等途径实现了自身的盈利目标。
- 在单一证券发行规模较大的情况下,会由多个证券承销商组成承销团来共同承担发行业务,承销团的成员包括主承销商、承销商和分销商等。
- 证券承销商和发行人分别从自身业务发展和融资目标实现的需要出发,在有效的沟通比较基础上,确定双方的合作关系,这是一个双向选择的过程。
- 我国相关法规规定,股票发行人应当聘请具有保荐机构资格的证券公司履行保荐职责;主承销商可以由该保荐机构担任,也可以由其他具有保荐机构资格的证券公司与该保荐机构共同担任;采取初步询价和累计投标询价相结合的方式确定股票发行价格;发行人及其主承销商可以在发行方案中采用超额配售选择权稳定上市交易后的股票价格。
- 国债发行一般采用招标发行,国债一级自营商是承接国债发行业务的主要中介机构。
- 我国公司债券发行的市场化改革正在不断深化。

关键概念

- 发行核准制
- 全额包销
- 余额包销
- 证券承销商
- 尽职调查

- 上市辅导
- 招股说明书
- 询价制
- 债券信用评级
- 国债一级自营商

思考题

请仔细阅读以下资料并回答问题。

案例资料

中国工商银行IPO历程

中国工商银行股份有限公司(Industrial and Commercial Bank of China Limited, ICBC)(以

下简称"工行"),上海证券交易所 A 股上市公司,代码 601398;香港联合交易所上市公司(H股),代码 01398。

● 改制与重组

2005 年 4 月 18 日,国务院正式批准了工行改制方案。按照国务院的要求,工行要全面推进各项改革,以建立现代产权制度和现代公司治理结构为核心,成为一个资本充足、内控严密、运营安全、服务与效益良好、主要经营管理指标达到国际水准、具有较强国际竞争力的现代化大型商业银行。

2005 年 4 月 21 日晚,中央汇金投资有限责任公司(汇金公司)运用外汇储备向工行注资 150 亿美元补充资本金,使其核心资本充足率达到 6%;通过发行次级债补充附属资本,使其资本充足率超过 8%。2005 年 5 月,工行完成了 2 460 亿元人民币损失类资产的剥离工作。2005 年 6 月 27 日,工行与华融、信达、东方、长城四家资产管理公司分别签订了《可疑类信贷资产转让协议》,将总额 4 590 亿元人民币的可疑类贷款按账面价值置换为金融债券(央行票据),通过招标方式转卖给四家公司。工行的损失类贷款绝大部分划归工行和中国财政部共管基金账户,置换成等价优质债权。

2005 年 7 月 13 日,工行宣布完成财务重组计划。截至 2005 年 6 月底,工行资本总额达到 2 806 亿元人民币,资本充足率为 9.12%,其中核心资本充足率为 8.07%。

重组后工商银行的财务状况大致如下(单位:人民币):

不良资产总额	1600 亿元左右	拨备总额	不少于 776 亿元
其中:次级类贷款	1300 亿元左右	其中:一般准备金	可计提 400 亿元,完全覆盖风险
可疑类贷款	160 亿元左右	专项准备金	可计提 300 多亿元,基本覆盖风险
损失类贷款	0	核心资本充足率	至少为 6%,甚至更高
非信贷风险资产	190 亿元左右	资本充足率	达到 8%
不良资产比例	3%左右		

2005 年 10 月 28 日,中国工商银行股份有限公司宣布成立,注册资本金为 2 480 亿元人民币,汇金公司和中国财政部分别持有该公司 50%的股权。中国工商银行股份有限公司的成立,标志着工商银行进行了整体的彻底改制。全行的全部业务、资产、负债和机构网点、员工,全部纳入股份制改造的范围,整体重组后全部进入中国工商银行股份有限公司。在实施股份制改造的过程中,工行构建了由股东大会、董事会、监事会和高级管理层组成的现代公司治理架构,并引入独立董事制度,在董事会下设立相关专门委员会,实现"三会分设、三权分离"。同时建立一套全新的经营绩效考评制度、财务会计制度和风险管理内控体系。为强化公司的治理结构,工行在全国范围内还新设 10 个内审局,分布于各主要省会城市和直辖市,负责监督和审查各分行的合规经营情况、财务报表和经营效率。

2006 年 1 月,工行公布了 2005 年的主要财务指标:截至 2005 年年底,工行境内外机构实现经营利润 902 亿元人民币,资本充足率为 10.26%,其中核心资本充足率达到 9.23%;拨备覆盖率保持在 100%。

● 引进战略投资者

2006 年 1 月 27 日,工行宣布引进战略投资者。由高盛、美国运通和德国安联组成的国际财团将出资 37 亿美元,收购工行约 10%的股份。高盛是全球最大的投资银行之一;美国运通则是全球最大的信用卡发卡机构之一;德国安联则在国际保险市场享有盛誉。

- 承销商招标

2006年2月28日,上市招标启动,工行向多家投资银行发出邀请。瑞信集团、德意志银行、高盛、汇丰、美林、摩根大通及中金公司等都在竞标团之列。市场预计工行IPO项目将筹集资金高达100亿美元(780亿港元),而相应投资银行所获得的佣金将达2.5亿美元(19.5亿港元)。由于佣金丰厚,以及工行举足轻重的地位,所有大型投资银行均对这一项目虎视眈眈。

面对A股和H股同发和庞大的IPO规模,工行遴选主承销商的标准是老牌、老练。2006年3月11日,工行选定上市承销商,其中A股承销团包括中金公司、中信证券、国泰君安和申银万国;H股承销团包括美林、中金公司投资银行团、瑞士信贷、德意志银行和工商东亚。其中H股承销商已经向李嘉诚等香港富豪初步推介,他们也已初步认购了约10亿美元。

- 战略投资者交割

2006年4月28日,工行分别与三家境外战略投资者完成总计约38亿美元的资金交割,这是截至当日境外投资者对中国金融业最大的单次投资。境外战略投资者入股工商银行,不仅可以增强工商银行的资本实力,改善资本结构,优化公司治理结构,更重要的意义在于随着双方战略合作项目的顺利实施,有助于促进工商银行的管理模式和经营理念与国际先进银行接轨,从而提升工商银行的核心竞争力和综合实力。

2006年6月20日,工行与全国社会保障基金理事会签署战略投资与合作协议,全国社会保障基金理事会将向工行投资180.28亿元人民币。

- 组织结构重组

2006年6月1日,工行宣布在6月份展开总行层面的组织机构改革,主要涉及对公业务、财务资金和资金交易等三个模块的调整。在加强营销职能部门设置的同时,工行根据风险集中全面管理和前中后台业务有效分离的原则,新组建了风险管理部,负责全行的全面风险管理。同时,工行将原来资金营运部的人民币资金交易职能与国际业务部的外汇资金交易职能进行了整合,新组建了金融市场部,负责在国内外金融市场上进行本外币资金的投融资运作与交易管理。

- 批准上市

2006年7月,工行A股和H股同时上市方案获批,H股、A股将于10月27日同时挂牌上市。上市申请中的招股价定为2.76港元。两股同发将使A股、H股的价格趋同,境内投资者购买工行A股与境外投资者购买工行H股的成本亦将趋同。工行A股和H股发行前总股本约2865亿股。不考虑A股、H股发行的超额配售选择权影响,本次拟发行A股130亿股、H股353.91亿股。A股和H股发行完成后,工行总股本约为3278亿股。

9月26日,中国证监会发行审核委员会通过工行的IPO申请。2006年9月27日,工行A股招股。据招股意向书摘要,工行A股发行初始发行规模为130亿股,发行人授予A股联席保荐人不超过A股初始发行规模15%的超额配售选择权("绿鞋期权"),若A股"绿鞋期权"全额行使,则A股发行总股数将扩大至149.5亿股。A股的发行价格经港元与人民币汇率差异调整后,将与H股发行价格一致。同时,工行H股初始发行规模约353.9亿股,发行人授予H股联席簿记管理人不超过H股初始发行规模15%的超额配售选择权,若全额行使则发行总股数将扩大至约407亿股。

招股说明书显示,在股票上市交易后的30个自然日内,受权实施"绿鞋期权"的主承销商中金公司可使用超额配售股票所获得的资金从二级市场买入股票,以稳定股价,但买入价不得高于发行价,累计买入股数不得超过超额配售股数。中金公司将在绿鞋操作结束后2个工作日内,把相应的股票划转给延期交付的战略投资者。

- 全球路演

2006年10月9日,工行开始全球路演。工行管理层与A股、H股承销团就沪港两个证券市场的预路演反应作了仔细的审查,招股价同时考虑了两地投资者的需求。中资银行股走势强劲,显示境外投资者愿意以较高的估值投资内地的银行业,而本次H股的发行规模远高出A股规模,说明境外投资者的议价能力强于A股投资者。

- 发行上市

2006年10月16日,工行A股、H股发售。其中,A股发行价格区间为每股2.60—3.12元人民币,H股价格区间为每股2.56—3.07港元,经汇率差价调整后,二者的发售价格一致。

2006年10月19日,工行A股申购。

2006年10月27日,工行在香港和上海两地同时挂牌上市。

思考并回答以下问题:

1. 简要列出并解释公开上市对公司发展的有利之处。
2. 分别从拟发行上市公司与投资银行的视角,讨论发行人与主承销商相互选择的标准是什么。
3. 工行上市前重组的目标是什么?
4. 以工行IPO为例,分析应如何确定股票发行价格。
5. 发行方案中的"绿鞋期权"对股票发行上市有何意义?

第二章 企业并购业务

本章概要

随着企业并购的蓬勃发展,并购业务收入已经成为现代投资银行的一大收入来源。投资银行在企业并购中主要扮演财务顾问的角色,协助策划并实施并购计划。本章将介绍企业并购的基本情况、并购的一般流程以及投资银行在其中发挥的作用,探讨投资银行在企业收购战中的角色。

学习目标
- 熟悉并购的概念、动因和主要形式
- 了解企业并购的一般流程
- 掌握投资银行担任并购财务顾问的主要任务
- 了解企业反收购的主要策略

我们没有永恒的敌人,也没有永恒的朋友,我们的使命就是为我们的利益而奋斗。
(There are no everlasting friends nor everlasting enemies in the world. There are only friends with the same interest.)

——〔英〕温斯顿·丘吉尔爵士(Sir Winston Churchill,1874—1965)

第一节 企业并购概述

一、企业并购的概念

并购是兼并与收购(Mergers and Acquisitions,M&A)的统称,是最常见的企业产权重组模式,其实质就是企业间通过产权交易实现控制权的变更。

(一)兼并

兼并(Mergers)是指通过产权的有偿转让,把其他企业并入本企业或企业集团中,使被兼并的企业失去法人资格或改变法人实体的经济行为。广义上,兼并包括吸收合并、新设合并和控股等形式。

在吸收合并方式下,被吸收的企业被解散,失去原有的法人资格,其资产全部并入吸收方企业,其债务也要由吸收方企业来承担。而吸收方往往会保留企业的原有名称、机构、品牌等,以充分发挥无形资产的作用。例如,1996年年底,世界最大的航空器制造企业——美国波音公司宣布兼并世界第三大航空器制造企业——美国麦道公司。兼并后,已有76年飞机制造历史的麦道公司不复存在了。

在新设合并方式下,参与合并的各方企业均被解散,失去原有法人资格,它们共同组成一个新的法人实体。新设企业无偿地接收了原来各企业的资产,同时也承担原来各企业的债务,全面接管原来各企业的权利、责任与业务关系。在新企业设立后,原有各企业股东的股份折算为新设企业的股份后换发新股。例如,1998年德国戴姆勒-奔驰公司与美国克莱斯勒公司通过换股合并成为一家新的企业——戴姆勒-克莱斯勒公司。

(二) 收购

收购(Acquisitions)是指对企业资产和股权的购买行为,即一家企业收购另一家企业的股份达到控股百分比的合并形式。收购涵盖的内容较广,其结果可能是拥有目标企业几乎全部的股份或资产,从而将其吞并;也可能是获得企业较大一部分的股份或资产,从而控制该企业。收购包括股份收购和资产收购两种类型。

1. 股份收购

股份收购是指收购方企业通过收购被收购方企业(目标企业)的部分股份,从而获得目标企业控制权的行为。股份收购的前提是产权股份化或证券化。股份收购一般又包括接管(Takeover)和标购(Tender Offer)两种方式。接管是指某企业原来居于控股地位的股东因出售或转让股权,或者因股权持有数量被其他人超过而被取代,控股权发生转移。标购又称公开收购,一般是指收购方企业为了获得目标企业的控制权,而向目标企业股东提出购买他们持有股份的要约。

2. 资产收购

资产收购是指收购方企业通过购买目标企业的部分资产,从而取得目标企业部分业务或某一方面业务的收购行为。资产作为产权的载体是资产收购的前提。在购买资产的并购交易中,目标企业的全部资产都被收购后,将导致目标企业自行解散;若收购方企业只购买某些特定资产,则目标企业在出售部分资产后仍保持其独立的法人资格,但企业规模缩小了。由于资产收购方式是一种资产买卖行为,因此收购企业通常并不承担目标企业的债务。

二、企业并购的动因

企业实行并购行为往往是由于竞争的需要,或者是出于扩大市场份额、资产多元化、企业的长远发展等动机。促使企业开展并购活动的最根本的动机就是获得协同效应(Synergy),即并购后双方企业资源之间的共享和互补,使新企业的整体价值大于各自独立经营时价值的简单加总。并购产生的协同效应主要包括经营协同效应、财务协同效应、管理协同效应、技术协同效应、品牌协同效应和文化协同效应。

(一) 经营协同效应

经营协同效应主要来自双方企业在经营上的互补性,主要表现在以下三个方面:

1. 规模经济效应

通过并购,企业规模得到扩大,能够形成有效的规模效应。规模效应一方面能够带来资源的充分整合,降低采购、生产等各个环节的成本,提高收益率;另一方面,伴随着生产力的提高、销售网络的完善,企业的市场份额将会有比较大的提高,对价格、生产技术、资金筹集、客户行为等各方面的市场控制能力也将相应增强。追求规模经济在横向并购中体现得最为充分。

2. 纵向一体化效应

纵向一体化效应主要是针对纵向并购而言的。将同一行业处于不同产业链环节的企业合并在一起,一方面可以减少商品流转的中间环节,节约交易成本,另一方面可以加强生产过程中各环节的配合,有利于协作化生产。

3. 经营优势互补

企业通过并购来实现产品线的优势互补,并分享彼此的营销网络及研发成果,是经营协同效应的一个很重要的来源。例如,1998年,戴姆勒-奔驰公司和克莱斯勒公司合并,最主要的动因就是实现产品线和市场的互补整合。当时,戴姆勒-奔驰公司的优势产品是高级轿车,而克莱斯勒则长于制造低成本的卡车、微型面包车和跑车,同时它在汽车新产品的设计、开发方面具有强大的优势。在市场方面,戴姆勒-奔驰公司90%以上的市场都在北美,而克莱斯勒公司在欧洲市场上具有重要地位。这两家企业的合并使新企业拥有了几乎包括所有车型的产品线,同时业务也扩展到全球。

(二) 财务协同效应

财务协同效应是指企业通过并购活动,实现内部财务资源的整体协调,促使联合企业财务能力增强,从而带来企业价值的增加。它不仅包括税法、证券交易等因素所带来的纯货币收益,还包括由于资金集中使用和资金结算等金融活动的内部化、对外投资的内部化等活动带来的财务运作能力和效果的提升。

企业并购中的财务协同效应主要体现在:并购会改善企业薄弱的分销网络和不平衡的产品系列,让企业获得技术和行业的战略优势,增强对市场的控制能力,从而增加企业利润;并购可以通过实现生产、管理的规模经济来降低产品成本,通过技术转移来降低技术开发成本,通过对资源的统筹利用来降低单位存贮成本;并购中合理的税收筹划可以减轻企业税负,提高企业整体价值;等等。此外,并购还能够使企业增强融资能力、拓宽融资渠道、降低负债成本、提高偿债能力。

(三) 管理协同效应

管理协同效应主要指的是并购给企业管理活动在效率方面带来的变化及其所产生的效益。企业并购后,必定要对新企业的整体资源进行整合,一方面可以降低管理成本,提高资源的利用效率,另一方面通过建立新的组织结构和管理体系,能够加强管理的现代化和信息化,提高管理能力,为企业带来新的规模效益。

例如,2009年3月,浙江吉利控股集团有限公司(以下称"吉利公司")并购澳大利亚DSI自动变速器公司(以下称"DSI公司"),其主要目的之一就是为了获得管理协同效应。吉利公司以汽车及汽车零部件生产经营为主要产业,DSI公司是全球第二大自动变速器企业。两家公司合并后的管理协同效应主要表现在:第一,吉利公司可以更充分地利用产能,提高产出效率;第二,吉利公司的规模扩大,增加了生产设备和劳动力,细化专业分工,提高了生产效率;第三,吉利公司获得了DSI公司的部分优秀管理资源,实现了学习效应。

(四) 技术协同效应

技术协同效应是指通过专利技术、专有技术的低成本研发和扩散,使技术创新获得规模经济并增加企业收益。并购的技术协同效应,一方面体现在通过并购拥有专有技术的目标企业,可以获得该企业尖端的技术能力,从而形成研发上的规模经济,提高抵御技术风险的能力,实现技术的创新;另一方面,企业并购可以在短时间内引进所需技术、熟练的劳动力和配套设备,大大缩短了技术开发周期,加快了企业技术扩散速度。同时,并购后两个企业的外部交易"内部化",技术转移的壁垒得以全部消除,双方的先进技术在并购后的企业中迅速传播,提高了技术的利用率。

例如,2005年8月11日,在阿里巴巴宣布收购雅虎中国的新闻发布会上,阿里巴巴CEO(首席执行官)马云在说明并购意图时就称:"合作的主要目的是电子商务和搜索引擎,未来的电子商务离不开搜索引擎,今天获得的整个权利使我们把雅虎作为一个强大的后方研发中心。"可见,核心技术是阿里巴巴收购雅虎中国的重要动因。

(五) 品牌协同效应

品牌是企业在长期经营活动中建立起来的一种无形资产,品牌一旦形成,就会在顾客心中树立起良好的企业形象,并为企业带来高于同行业平均利润水平的回报。通过企业并购,首先可以依托收购方企业已经建立起来的品牌和销售及售后服务网络,在短时间内提高目标企业产品的市场竞争力和销售业绩;其次,向目标企业灌输品牌文化,可以提高企业员工的凝聚力和吸引力;最后,随着企业规模的扩张,企业可以有更加雄厚的实力进行广告宣传,建立更为完善的销售和服务网络,而这将进一步扩大品牌的市场影响,并极大地增强品牌的价值和企业的竞争优势,形成良性循环。

例如,2001年1月,北京三元公司以930万美元的价格获得卡夫国际和菲利普·莫里斯(中国)投资公司拥有的北京卡夫的全部股权,其动因之一即是看中卡夫国际所属的美国菲利普·莫里斯集团是世界消费品行业中最大的集团公司,希望以"卡夫"商标的高知名度开拓国际市场。

(六) 文化协同效应

文化协同效应是基于积极的企业文化对目标企业的松散文化具有可输出性,从而产生一种强劲的推动力,通过文化扩散、渗透和同化,可以提高目标企业的整体素质和效率。文化协同效应的实质就是建立共同的价值取向和行为标准,从而形成对内的凝聚力和对外的辐射力。虽然这种力量是无形的,其形成的过程可能也比较漫长,但是一个企业的文化氛围、员工的精神与士气对生产效率、管理效率以及企业呈现在顾客与投资者面前的整体形象的影响却是巨大的、难以估量的。

三、企业并购的主要形式

并购是企业进行快速扩张的有效途径,在企业发展过程中十分常见。从不同的角度看,企业并购可作如下分类。

(一) 根据企业的成长目标分类

1. 横向并购

横向并购(Horizontal Merger)是指同行业或从事同类业务活动的两个企业的并购。这种并购方式是企业获取自身不具备的优势资产、削减成本、扩大市场份额、进入新的市场领域的一种快捷方式。横向并购可以发挥企业经营管理上的协同效应,便于在更大的范围内进行专业分工,采用先进的技术,形成集约化经营,产生规模效益。采用横向并购需要有一定的条件,即并购企业和目标企业的经营资源、产品以及产品的生产和销售上有相同或相似之处;并购企业有能力把并购企业和目标企业的经营资源融合在一起,扩大自己的产品和销售。在美国,横向并购是早期最主要的并购形式。在英国、德国、法国等国家,横向并购一直是流行的并购形式。

时事链接 2.1

英博集团在我国啤酒行业的横向并购

近年来,由于全球性的行业重组浪潮,加之经济发展的需要,我国的横向并购发展十分迅速,特别是外资企业在其中十分活跃。

2004年8月成立的英博啤酒集团(InBev),是由全球第三大啤酒酿造商比利时英特布鲁(Interbrew)与全球第五大啤酒酿造商美洲饮料(AmBev)合并而成的。2004年,该集团占全球的市场份额达到14%,是全球销量最大的啤酒酿造商。

早在1984年,英特布鲁就与我国的珠江啤酒厂签订了技术转让协议,开始建立与我国啤酒行业的联系。从1997年开始,合并前的英特布鲁和合并后的英博集团,先后入股或控股了金陵啤酒、珠江啤酒、浙江KK啤酒、温州双鹿啤酒、福建雪津啤酒等多家啤酒厂。目前,英博集团已在中国拥有33家啤酒酿造厂,分布于福建、江西、浙江、广东等八个省份,成为中国最大的啤酒生产商之一。

资料来源:根据相关新闻资料整理。

2. 纵向并购

纵向并购(Vertical Merger)是指从事相关行业或某一项生产活动但处于生产经营不同阶段的企业之间的并购。纵向并购通常发生在生产过程或经营环节相互衔接、密切联系的企业之间,或者具有纵向协作关系的专业化企业之间。纵向并购的企业之间不是直接的竞争关系,而是供应商和需求商之间的关系。纵向并购有利于原材料供应和加工以及产品销售等环节的配合,便于协作化生产,节约交易费用;有利于改善生产经营流程,缩短生产周期;有利于通过对原材料和销售渠道的控制,控制竞争对手的活动或防止被竞争对手所控制。纵向并购是现代大企业发展的必经阶段。

时事链接 2.2

中国石油化工集团的纵向并购

从1998年开始,我国上市企业的纵向并购事件不断增多,主要集中在电信、计算机、汽车制造、公用事业、医药、造纸、石化等领域,尤其是在钢铁、石油等能源与基础工业行业,因为这些行业的原料成本对行业效益有很大影响。

由于上游油气产业发展相对薄弱,对下游炼化和石油化工板块的支撑力度不够,原油自给率有逐年下降趋势,近年来中国石油化工集团在海外市场上以石油勘探、开发为投资重点,通过参股、控股、购买储量油田或企业等多种形式,争取更多的优质资产,以拓展中国石油化工集团在海外的油气业务:

2006年,联手印度国家石油天然气公司海外分公司共同出资8亿美元收购哥伦比亚石油公司Omimex de Colombia 50%的股份,进入拉美市场;同年,与俄罗斯国有石油公司合作从英国石油公司(BP)在俄罗斯的合资公司TNKBP手中收购乌德穆尔特石油公司96.86%的股份,进入俄罗斯石油市场。

2008年,收购加拿大Tanganyika公司,曲线进入中东上游资源市场。

2009年,收购瑞士Addax石油公司,获得其在伊朗库尔德斯坦和西非的石油业务。

2010年,收购西班牙Repsol石油公司在巴西的业务。

2011年,通过认购增发股份和债权的方式,获得葡萄牙Galp能源公司巴西分公司及对应的荷兰服务公司30%的股权。

资料来源:根据相关新闻资料整理。

3. 混合并购

混合并购(Conglomerate Merger)是指从事不相关业务类型经营活动的企业之间的并购。当收购方企业与目标企业分别处于不同的产业部门、不同的市场,且这些产业部门的产品没有密切的替代关系,并购双方企业也没有显著的投入产出关系时,这种并购即为混合并购。通过混合并购,企业可以生产经营一系列不同的产品和服务,从而实现多元化经营战略。例如,1998年,以服装、木业和贸易为主的综艺股份收购了北京连邦软件公司,一方面为企业进军高科技领域找到了一个良好的切入点,另一方面也与连邦软件公司实现了优势互补,利用连邦软件公司的网络优势和企业的贸易资源开发网上销售业务,同时发展网上教育培训业务,从而在电子商务领域取得了一定的发展。

(二) 根据申购方式分类

1. 直接并购

直接并购(Direct M&A)就是由收购方直接向目标企业提出所有权要求,双方通过一定的程序进行磋商,共同商定完成收购的各项条件。直接并购又可分为前向(Forward)并购与反向(Reverse)并购两类。

前向并购是指目标企业被收购后,收购方为存续企业,目标企业的资产和负债均由收购方承担。

反向并购又称买壳上市,是指非上市企业收购一些业绩较差、盈利能力弱化的上市企业的股份控制该企业,然后再通过资产置换及新股定向发行的方式进行资产转移,实现非上市企业进入资本市场的目的。反向并购分为两个环节:一是收购股权交易,非上市企业股东以收购上市企业控股股东股份的形式,绝对或相对地控制一家已经上市的股份制企业;二是资产转让交易,上市企业收购非上市企业的资产而控制非上市企业的优质资产并运营该资产。例如,2000年4月,深圳明华集团以极低的价格(不到40万美元)收购了泛亚达国际公司70%的股份,取得了该企业的绝对控股权,然后由董事会决定将明华集团国际控股(香港)有限公司并入泛亚达国际公司。这一反向并购使得其控股的深圳明华环保汽车有限公司得以间接在纳斯达克上市,获得发展环保汽车项目所需的巨额资金。

2. 间接并购

间接并购(Indirect M&A)是指收购方企业并不直接向目标企业提出并购要求,而是在证券市场上以高于目标企业股票市价的价格大量收购其股票,从而达到控制该企业的目的。间接并购往往是在证券市场上收购目标企业已发行和流通的、具有表决权的普通股票。收购方并非只满足于取得部分所有权,而是要取得目标企业董事会的多数股权,强行完成对整个目标企业的收购。多数情况下,由于间接收购不是建立在共同意愿的基础上,这一行为极有可能引起目标企业的激烈对抗。

(三)根据并购的支付方式分类

1. 现金并购

现金并购是指收购方以现金为支付工具,通过支付给目标企业股东一定数额的现金来达到并购目标公司的目的。现金并购是企业并购活动中最明确而又最迅速的一种支付方式,在各种支付方式中占有很高的比例。现金并购的一个特点是:一旦目标企业的股东收到其所拥有股份的现金支付,就失去了对原企业的任何权益。对于收购方来说,以现金支付,对原有股东的权益不会有任何稀释,但却有一项沉重的即时现金负担。并购公司在决定是否采用现金支付时,应围绕并购公司的资产流动性、资本结构、货币储备和融资能力等方面进行考虑。

例如,2004年,美国米高梅公司宣布与以索尼为首的收购方针对收购案达成原则性协议。根据该协议,以索尼为首的投资人将以每股12美元的价格现金收购米高梅公司的股票,总计29.3亿美元,另外将承接米高梅公司约20亿美元的负债。在此次竞购过程中,以索尼为首的收购方集团以每股12美元的报价击退了以时代华纳为首的竞争对手。

2. 股票并购

股票并购是指通过换股的方式达到获得目标企业财产权或控制权目的的并购支付方式。一种情况是由收购方向目标企业股东支付自己的股权。例如,2000年,瑞典沃尔沃公司并购法国雷诺汽车的卡车制造公司,组建世界第二大载重卡车制造集团。沃尔沃公司以该公司15%的股份来支付这笔高达140亿瑞典克朗的并购费用。另一种情况是双方企业股东均将自己的股权按协定比例转换为合并后的新企业股权。例如,2004年,上海华联商厦和上海第一百货公司实现吸收合并。合并后的存续公司更名为上海百联集团股份有限公司。本次合并方案针对非流通股和流通股分别设定两个折股比例。其中,非流通股折股比例以每股净资产为基准,流通股折股比例以合并双方董事会召开前30个交易日的每日加权平均价格算术平均值为基准。在此基础上,合并双方主要考虑了商用房地产的潜在价值、盈利能力及业务成长性等因素对折股比例进行加成计算。最终,华联商厦和第一百货公司非流通股折股比例为1:1.273,流通股折股比例为1:1.114。

股票支付的优点主要表现在:不受获现能力制约,股票并购交易规模相对较大;并购后的公司由收购方和目标企业双方股东共同控制,但是大多数原收购方股东仍握有经营的主导控制权;与现金并购相比较,股票并购无须过多地考虑当地的税务准则及其对出价安排上的制约;采用股票并购可使原目标企业股东与收购方共同承担股价下降风险。其不足主要表现在:收购方现有的股权结构会发生变化,老股东面临着失去公司控制权的风险;增发新股可能会使每股权益下降、每股净资产值减少,会使收购方老股东的原有收益稀释;上市公司的股票并购受交易所规则制约,处理程序相对复杂,可能会延误并购时机。

(四) 根据并购动机的不同分类

1. 战略并购

战略并购(Strategic Merger)是指出于企业发展战略利益的考虑,以获取协同效应为目标的并购。这类并购涉及协同效应和成长战略目标,主要是通过并购实现资源、业务等方面优势的整合。战略并购受企业长期战略目标影响,其根本目的在于追求竞争上的长期战略优势,使企业适应不断变化的环境,而并非单纯追求规模扩大的财务上的短期盈利。战略并购面临的风险主要是企业资源整合后带来的产业产品结构调整、企业管理资源和管理能力协调以及企业文化的冲突等。战略并购不仅要考虑收购方的发展战略与自身条件,还要考虑目标企业的状态以及国家产业政策、金融政策、法律环境、制度环境与市场竞争结构等外部环境的变化。

2. 财务并购

财务并购(Financial Merger)也称为金融并购,一般是指主要受到筹资动机的驱动而发生的并购。并购后,收购方对目标企业进行大规模甚至整体资产置换,通过改变目标企业主营业务或将收购方自身利润注入目标企业的方式来改善目标企业业绩,提高目标企业的资信等级以拓宽其融资渠道,在短期内造成目标企业利润的迅速提高,进而大幅增加目标企业的市场价值。收购方再将价格大幅上扬后的目标企业股权出售以获取财务收益。因此,财务并购,特别是针对上市公司的财务并购常常伴随着市场操纵和内幕交易行为,具有一定的投机性。在选择并购目标时,财务并购者注重的是股权出让难度、收购资金来源和资金回流速度等因素。

四、企业并购的发展

企业并购的大规模出现与现代企业生产力的迅速提高和产业快速整合密切相关。从历史上看,企业并购的热潮有一定的周期性。在历次企业并购浪潮中,以投资银行为代表的金融机构发挥了重要的推动作用。

(一) 以横向并购为特征的第一次并购浪潮(19世纪末至20世纪初)

19世纪下半叶,科学技术取得巨大进步,大大促进了社会生产力的发展。美国在铁路、冶金、石化、机械和公用事业等部门,率先开始了第一次并购浪潮,并迅速波及了其他行业。在工业革命发源地英国,并购活动也大幅增加,中小型企业通过兼并组成的大型企业垄断着主要的工业部门。德国的工业革命完成得比较晚,但企业并购重组的发展也很快。1875年,德国出现第一个卡特尔,到1911年就增加到550—600个,控制了德国国民经济的主要部门。

在这股并购浪潮中,横向并购是主要形式,大企业在各行各业的市场份额迅速提高,形成了比较大规模的垄断。例如美国的杜邦公司、英美烟草公司、洛克菲勒石油公司、帝国烟草公司、美国钢铁公司等。到20世纪初,资产价值在1亿美元以上的美国大企业已有近百个。这一时期的并购活动加快了美国工业化的进程,而以J. P. 摩根为代表的投资银行家们通过推动并购整合在控制大量产业部门的同时,也在交易中获得了高额的佣金收入。

(二) 以纵向并购为特征的第二次并购浪潮(20世纪20年代)

1916年,美国出现了第二次并购浪潮,高峰期为1925年至1929年。其后的经济大萧条导致了第二次并购浪潮的终结。这一时期的并购主要发生在汽车制造业、石油工业、冶金工业及食品加工业,其典型特征是以纵向并购为主,即在生产和经营方面互为上下游关系的企业间的并购。追求规模经济和寡头垄断地位是此轮并购的主要目的。研究表明,在20世纪20年代的并购浪潮中,有85%的企业并购属于企业由生产到流通分配等环节的结合,在美国最大的

278家企业中有236家企业是把原料、生产、运输和销售等环节结合在一起的。例如,美国钢铁公司通过大量纵向并购形成了一个集采掘、炼铁、炼钢、铸钢、轧钢、运输、销售于一体的庞大的联合钢铁企业。

在此次并购浪潮中,投资银行、经纪公司等中介机构空前活跃,一些大企业或金融集团更是直接以收购方的身份参与并购。产业资本与金融资本相互融合,出现了一批金融寡头。美国的中西部财团、西部财团和南部财团等地方性财团就通过其控制的一些大银行、大企业作为"母企业",收购并控制了许多"子企业",如此逐级参与、层层控制,形成了纵向一体化的企业组织。据统计,当时摩根财团控制了包括金融、工矿、铁路、公用事业在内的大企业53家,资产总额高达127亿美元。

(三) 以混合并购为特征的第三次并购浪潮(20世纪50年代、60年代)

20世纪50年代中期,各主要工业国出现了第三次并购浪潮。第二次世界大战后,各国经济经过逐步恢复,在60年代迎来了经济发展的黄金时期,主要发达国家都进行了大规模的固定资产投资。随着第三次科技革命的兴起,一系列新的科技成就得到广泛应用,社会生产力迅猛发展。这一时期,以混合并购为特征的第三次并购浪潮来临,其规模、速度均超过了前两次并购浪潮。

第三次并购浪潮最直接的结果是产生了一批跨行业、跨部门的巨型企业。大型企业除垄断本行业外,还向其他行业渗透。虽然工业部门仍是并购活动最为集中的领域,但金融业的并购也开始快速发展。截至1970年,资产在10亿美元以上的美国银行已增加到80家,其中有7家资产超过了100亿美元。大通曼哈顿银行和第一花旗银行等金融巨头都是在这个时期诞生的。

在这一阶段,企业并购的蓬勃兴起大大拓宽了投资银行的业务范围,国内企业的大规模并购成为投资银行迅速发展的推进器。投资银行逐步突破传统业务范围的限制,充当企业的并购财务顾问,从中获得可观的收益。同时投资银行为双方企业提供多样化的中介服务,对促进企业并购顺利进行起着至关重要的作用。

(四) 以金融杠杆并购为特征的第四次并购浪潮(20世纪80年代)

20世纪80年代兴起的第四次并购浪潮的显著特点是以融资并购为主,规模巨大、数量繁多。1980—1988年间企业并购总数达到20 000起。这一阶段并购形式也呈现多样化的趋势,横向、纵向、混合三种形式交替出现,并出现了"小鱼吃大鱼,弱者打败强者"的杠杆并购形式,并购的目标也逐渐拓展到国际市场。

这一阶段投资银行的并购业务量越来越大,与并购和反并购相关的、各种专业性很强的运作技巧迅速发展起来。杠杆收购(Leveraged Buyout)、垃圾债券(Junk Bond)、过桥贷款(Bridge Loan)等创新型并购融资工具都是在这个阶段被创造出来或成熟起来的。同时,从80年代中期开始,美国各大投资银行也频繁参与"收购企业—整合重组—转手卖出"的产权交易业务。例如,美林公司仿效KKR集团的手法进军杠杆收购市场,雷曼兄弟公司下属的福斯特曼利特尔公司买下多克达胡椒公司,第一波士顿银行买下英国的BTR(复合企业集团)以及邓禄普轮胎公司,等等。投资银行不仅为收购方服务,也为出售方服务,还为目标企业及其大股东提供反收购服务;不仅为客户提供并购咨询服务,还为客户提供并购融资服务,甚至直接进行产权交易。

小知识 2.1

杠杆收购

杠杆收购是指收购者仅以少量的自有资金,而主要以被收购企业的资产和将来的收益能力作抵押,从投资银行或其他金融机构筹集大量的资金进行的收购活动。收购后企业的收入(包括拍卖资产的营业利益)刚好支付因收购而产生的高比例负债,这样能达到以很少的资金赚取高额利润的目的。

这种方式也有人称为高度负债的收购方式,收购者往往在作出精确的计算以后,使收购后企业的收支处于杠杆的平衡点。他们头脑灵活,对市场熟悉,人际关系处理恰当,最善于运用别人的钱,被称为"收购艺术家"。

(五)第五次全球跨国并购浪潮(20世纪90年代)

进入20世纪90年代,经济全球化、一体化发展日益深入。在此背景下,跨国并购作为对外直接投资(FDI)的方式之一逐渐替代跨国创建企业而成为跨国直接投资的主导方式。从统计数据看,1987年全球跨国并购额仅有745亿美元,1990年就达到1510亿美元,2000年全球跨国并购额达到11438亿美元。从2001年开始,由于受欧美等国经济增长速度停滞和下降以及"9·11"事件的影响,全球跨国并购浪潮出现了减缓的迹象,但从中长期的发展趋势来看,跨国并购还将得到继续发展。

这一时期的跨国并购具有以下特点:

一是强强联手盛行,跨国并购规模巨大,涉及范围广泛。20世纪90年代以来,发达国家企业的并购规模日益增大,并购金额连创新高,诞生了许多超大型跨国企业。

二是横向战略并购多,跨行业并购少。跨国企业的并购动机已不再局限于传统意义上的规模扩张,对战略资源的掌控和全球创新能力整合成为跨国并购的主要动因。并购所涉及的行业几乎遍布传统产业的各个领域,包括汽车、医药、石油、化学、食品、饮料、烟草、航空航天等制造业和电信、金融及能源等服务业,在资本和技术密集型的行业尤为突出。西南贝尔通信公司与美国科技公司合并,贝尔大西洋公司与通用电话公司合并;美国银行与国民银行合并,东京银行与三菱银行合并;波音并购麦道并立刻引起奥地利三家航空公司合并;英国石油与美国阿莫科合并等,都是规模巨大的横向并购。

三是股本互换成为并购特别是大型并购普遍采用的支付方式。20世纪80年代流行一时的以大量发行垃圾债券、追求短期利益最大化为目标的杠杆收购给企业长期发展带来了严重的不良后果。这些不良后果在90年代完全暴露出来,不少企业由于难以承受沉重的债务负担而走向衰退,甚至破产倒闭。而换股方式对于收购方来说,既可以解决并购融资问题,又可以避免由于债务过多、利息负担过重而对企业财务状况造成不良影响。对于被收购企业的股东来说,换股交易可以避免现金交易造成的纳税问题,又可以分享新企业继续成长的好处,还可以享受股市走强带来的股价上涨的收益。

四是投资银行等中介机构在跨国并购中发挥了重大作用。在90年代的跨国并购中,投资银行等金融中介机构起了重要的支持和推动作用。同时,它们自身也在大规模的跨国企业并购中获得了巨大的业务收益。

(六)第六次全球并购浪潮(2005年至今)

随着全球经济的复苏,2005年全球并购总额达到2.9万亿美元,较2004年增长40%,成为2000年以来并购交易额最高的一年。2007年,全球并购总额达到4.5万亿美元的历史新高。金融危机之后,并购总额虽然有较大幅度的下降,但从2007年到2011年,全球并购案的数量分别为4.2万件、4.1万件、3.8万件、4.3万件和4.0万件,并无明显的减少。这表明,在经济调整期,企业并购活动仍十分活跃。与之相对应,全球投资银行业2007年的并购业务收入也达到创纪录的477亿美元。金融危机之后,2011年,投资银行业的并购业务收入达301亿美元,其中居首位的高盛公司达17.8亿美元。

第二节 企业并购的运作

企业并购流程一般包含制定并购战略、筛选并购目标、尽职调查、并购估值、确定交易方案、并购整合等主要步骤。参与并购的企业往往都会聘请投资银行、管理咨询公司、资产评估机构、会计师事务所和律师事务所等专业中介机构协助,制定并实施合理、高效、可行的并购流程,完成并购活动。

一、企业并购流程

(一)制定并购战略

无论对收购方而言还是对被收购方而言,并购都是企业战略的一项重要内容。企业在开始并购运作之前,必须从整体战略规划出发,准确分析自身所具备的资源和能力,在此基础上进行清晰的战略定位,并制订详细的行动计划。一般而言,企业需要拟定商业计划书,将自身的能力、资源、目标、计划等进行详细的描述,并使之成为企业并购运作的纲领性文件和指南。并购的商业计划书主要回答为什么要并购、并购产生的增加值有哪些、如何在并购中实现增值等问题。

制定并购战略是确保并购顺利实施的第一步,它所包含的不仅仅是通常意义上的企业长期战略规划,还包括并购整合、企业联盟等战略目标。并购战略为企业下一步选择何种类型的并购交易提供了基础和指导。一般来说,在制定并购战略时不容忽视的几个问题包括:

(1)并购是否会对企业自身所处的商业环境,包括监管者、客户和竞争对手等产生影响,比如引致监管部门的反垄断调查或是引起竞争对手的反击等?

(2)并购后是否能够实现协同效应,或者说并购是否是实现增长的唯一途径?

(3)如何处理并购后的管理整合问题,如企业文化冲突、人才流失或裁员等问题?

(4)完成并购和整合的财务资源是否充足,有哪些可选择的融资方式?

为制定完整有效的并购战略,企业需要成立内部并购小组并选择专业中介机构担任并购顾问。内部并购小组应由具有并购相关法律、会计、金融、行业、政策等各方面知识和经验的人员组成,并保证工作小组的快速决策和应变以及对外联络的畅通。同时,有并购意愿的企业一般会选择知名的投资银行、咨询公司、会计师或律师事务所担任并购总顾问(Lead Advisor)。

（二）筛选并购目标

企业在确定并购战略框架并建立并购对象标准之后，就要开始寻找并筛选目标，并建立属于每个目标对象的专门信息追踪系统，持续关注目标对象的变化。在这个阶段要完成对潜在并购交易对象的识别及筛选。为此，企业需要建立良好的识别及评估指标体系和流程。这个机制一般包括以下部分：并购对象信息收集、整理及记录系统；并购对象信息跟踪及更新系统；并购对象初步筛选及评估、定级管理体系。一般来说，企业会委托并购总顾问及其团队寻找目标企业，并与其讨论、筛选3—5家较为理想的并购目标企业，随后向这一范围内的目标企业股东发出正式的接洽邀请。

（三）尽职调查

在与目标对象进行接洽并达成初步交易意向之后，企业会委托并购顾问、会计师、律师、评估师等对目标对象进行全面的调查。同时，企业的管理人员参与调查也是非常重要的。一般来说，兼并与收购中的调查主要应包括目标对象的营运、规章制度及有关契约、财务等方面的内容，具体的调查内容则取决于管理人员对信息的需求、目标对象的规模和相对重要性、已审计的内部财务信息的可靠性、内在风险的大小、所允许的时间等多方面的因素。尽职调查的主要内容包括：

（1）对目标对象营运状况的调查，主要依据企业并购战略的需要，调查并衡量目标对象是否符合并购的战略标准。

（2）对目标对象规章制度、有关契约及法律方面的调查，主要包括以下内容：目标企业组织章程中的各项条款，尤其是其对重大事项的决策机制是否可能对并购形成阻碍；目标企业的主要资产清单，了解其所有权归属情况；目标企业的全部对外书面契约，包括商标及专利权、租赁、代理、借贷、技术授权等重要契约，要特别注意在控制权改变后这些契约是否继续有效；目标企业的一切债务关系，其偿还期限、利率及债权人对其是否有限制；其他如企业与供应商、代理销售商之间的契约，企业与员工之间的雇佣合同等；目标企业所涉及的诉讼、仲裁、政府调查和其他纠纷，以及它们是否会影响其未来利益。

（3）对目标对象财务和会计问题的调查。资产方面，主要了解目标企业的资产是否账实相符，了解其资产估值、产权抵押情况，以及是否存在产权归属不清等问题；负债方面，主要了解到期未付债务的债权人追索问题，是否存在延迟纳税情况，还应尽可能查明任何未记录的债务以及企业为第三方提供的债务担保等。此外，还需了解企业的收支状况、内部控制、或有负债、关联交易、财务前景等。

（四）并购估值

为了给出合理的并购定价，首先必须对目标企业进行估值。对企业价值进行评估是一个技术含量非常高的阶段。一般而言，会运用现金流模型（Cash Flow Model）或其他计量模型来进行企业价值评估。例如，麦肯锡公司通常运用折现现金流量模型（Discount Cash Flow）进行企业价值评估，斯特恩斯图尔特管理咨询公司常采用EVA（经济增加值）模型来进行企业价值评估。在此阶段，主要由专门的咨询公司或财务咨询顾问来进行并购对象的价值评估。目前，一般可见的估值方法有：

1. 市值法

市值法（Market Capitalization Method）假设，市场价格在大部分情况下都是合理的，是对公司独立价值（不包括协同效应）的准确反映，所以完全可以以市场价值来估计公司的内在价值，这通常也是收购方对目标企业股东提出收购建议的底价。

2. 分部加总式比较法

分部加总式比较法(Sum-of-parts Method)是指对不同的业务根据不同的参数进行同类公司或交易的比较估值,然后加总得出整个企业的价值。

3. 贴现现金流法

这是所有估值方法中最为灵活的。它假设企业的价值取决于所有期望的未来自由现金流量的贴现值。贴现现金流法(Discount Cash Flow Method)的重点在于对于未来的假设的合理性。通过设置多种假设,可以检验估值结果对不同假设的敏感性。

除了对并购对象进行财务估值外,并购估值一般还要加入并购带来的战略价值,即协同效应的价值,包括预期的收入增长、成本节约等。同时,如果存在交易的竞争者,竞争越激烈,收购方的出价可能越高。

(五)确定交易方案

在完成尽职调查和初步定价的基础上,企业即可拟定并购意向书(Letter of Intent, LOI)。并购意向书主要是为后面的并购活动提供一个合作框架,以保证后续活动的顺利开展,内容包含并购标的、保密条款、提供资料与信息条款、费用分摊条款、对价条款、进度安排条款、排他协商条款、终止条款等。随后,交易双方将就并购的形式、交易价格、支付方式与期限、交接时间与方式、并购后的股权结构、人员的处理、有关手续的办理与配合、整个并购活动进程的安排、各方的工作与义务等内容进行复杂的谈判,谈判结果将落实在最终的并购协议中。经双方企业股东大会通过并授权签订的最终并购协议还需根据所在国的相关法律进行公证或审批,有些收购项目还需经由所在国或地区反垄断机构的审批。

(六)并购整合

并购整合是指并购协议经各有关机构批准生效后,收购方通过调整目标企业的组成要素,使双方企业融为一体的过程。企业的并购整合一般主要从经营战略、人力资源、组织与制度、资产债务、财务以及文化等几方面展开。

1. 经营战略整合

经营战略整合是并购整合的根本前提,衡量并购成败的关键因素之一就是要看并购是否使企业的战略意图得以实现。并购过程中的经营战略整合,就是对并购企业和被并购企业的优势战略环节进行整合,目的是提高企业整体的盈利能力和核心竞争力,赋予核心业务以新要素和新活力,是企业在并购过程中需始终考虑的战略性问题。

2. 人力资源整合

人力资源整合的目的是要通过各种手段做到让双方员工接受这次并购,并能相互了解、相互理解,接受各自的差异,达成对未来共同的期望。人力资源整合涉及管理层整合、员工整合以及薪酬计划与薪酬制度的改革。其中,留住目标企业的关键性人员是一项重要内容,他们是企业的战略性资产,如果关键人员大量流失,并购成效就会大打折扣。

3. 组织与制度整合

组织是战略得以实施的基础,组织整合可以从两个方面着手:一是在战略牵引下重塑组织愿景和使命,使企业内外股东、管理者和员工增强大局意识,增强使命感和责任感;二是重构组织结构,改组董事会和调整管理层,进行职位分析、职能调整、部门设置、流程再造和人员调配,其目标是在企业并购后形成一个规范性和效率性的组织体系,使整合后的各事业部、战略业务单元和职能部门的责、权、利更加清晰。

制度整合体现为并购双方人事、财务、营销和开发等职能制度的优势互补过程。通常,并购方会将本企业优秀的管理制度移植到目标企业,以改善其内部管理效率。同时并购方还会充分利用目标企业优良的制度弥补自身的不足。对于那些组织健全、制度完善、管理规范、财务状况良好的企业,并购方可继续沿用其管理制度,以便保持制度的稳定性和连续性。

4. 资产债务整合

资产整合主要采取出售、购买、置换、托管、回购、承包经营等多种形式。对目标企业长期不能产生效益的资产,或者不适应并购后总体发展战略的资产进行剥离出售。对经营业绩和财务状况均欠佳的企业,并购后应果断处置不必要的资产,迅速停止获利能力低的生产线。对盈利稳定、原控股股东或原经营管理人员有经营管理优势但不符合产业发展战略要求的资产,可考虑由原控股股东经营或原经营管理人员承包经营。对于符合并购方确定的产业发展战略,同时又能很快改善企业资产质量、提高收益水平的资产,可以考虑直接购入。对并购双方有着很强互补性的资产,可以进行资产置换。对专有技术、商标权、专营权及土地使用权等无形资产,并购后要继续充分发挥其作用。

债务整合主要是将债务人的负债责任转移或债权转换为股权。虽然债务整合没有从总体上减少或增加企业的资产总额,但通过调整债务结构可以在一定程度上改善企业的偿债能力。

5. 财务整合

财务整合是指并购方对被并购企业的财务制度体系、会计核算体系实施统一管理和监控,使被并购企业按并购方的财务制度运营,最终达到对被并购企业经营、投资、融资等财务活动实施有效管理。通过财务整合,企业得以建立健全高效的财务制度体系,实现一体化管理,从而使各种财务信息与数据得到最大限度的共享和高效利用。

6. 文化整合

文化整合是并购整合的一个难点。企业文化塑造了企业的经营方式和经营理念,影响着企业员工的价值观和思维方式。企业并购是不同企业组织的一次大调整、大变革,必然会对固有的思维方式和价值观形成强大的冲击,给企业员工带来很大的不适感,这是企业文化碰撞的必然结果。这种碰撞经常给企业并购整合工作带来诸多问题,如果不能妥善处理这些问题,就可能导致并购的失败。在文化整合的具体操作中,应重视双方企业文化的价值,加强沟通,促进相互适应。并购整合中出现的许多误解和对抗,都是由于沟通不畅造成的。收购方应采取多种形式建立沟通渠道,向员工解释清楚并购的各方面影响,特别是与员工的福利待遇有关的问题。

二、企业并购中投资银行的作用

企业并购是一项复杂且专业性极强的工作,需要专业中介机构来为其承担咨询、策划、运营和并购后的整合等一系列工作。投资银行有着丰富的并购经验,并因其方案设计能力、金融创新能力、信息沟通能力和融通资金能力,成为企业并购工作中不可缺少的角色。美国学者Bowers和Miller曾以114宗收购案例为样本,将投资银行分为一流和二流顾问,研究发现,在收购行动给股东带来更高回报的公司中,有50%以上都选择了一流的投资银行。[①] 表2.1列出了2016年全球大型投资银行在并购咨询市场所占份额的排名。

---

① Robert E. Miller, Helen M. Bowers, "Choice of Investment Banker and Shareholders' Wealth of Firms Involved in Acquisitions", *Financial Management*, 1991, pp.34—44.

表2.1 2016年全球投资银行并购咨询市场份额前十名

排名	机构名称	并购案价值(亿美元)	市场份额(%)
1	高盛	9 867.7	26.9
2	摩根士丹利	8 499.9	23.2
3	J.P.摩根	7 327.8	20.0
4	美国银行美林	6 565.0	17.9
5	花旗	5 226.7	14.3
6	瑞士信贷	4 995.8	13.6
7	巴克莱资本	4 843.5	13.2
8	拉扎德	3 467.2	9.5
9	瑞银	3 436.8	9.4
10	德意志银行	3 108.0	8.5

资料来源：MERGERS & ACQUISITIONS REVIEW：FINANCIAL ADVISORS Full Year 2016，http://dmi.thomsonreuters.com/Content/Files/4Q2016_MA_Financial_Advisory_Review.pdf。

总的来说，投资银行作为财务顾问在并购活动中提供的增值服务主要起以下几个方面的作用：

- 投资银行拥有各种专业能力和资源，能够协助企业完成交易估值、交易结构设计、并购融资安排等关键环节，提高企业资本运作的效率；
- 投资银行拥有广泛而深入的资本市场消息来源，具有很强的市场和行业研究能力，能够减少信息不对称的不利影响；
- 投资银行有着庞大的企业关系网络和投资者资源，可以快速地从中筛选潜在的购买方或出售方；
- 投资银行在交易方案商定的过程中具有较强的谈判能力，有助于降低企业的交易成本；
- 投资银行的专业组织与协调，能够大大减少企业实施并购所耗费的内部人力、物力和时间。

在企业并购案中，投资银行一般均会全流程参与。担任收购方或出售方财务顾问的投资银行，其角色侧重点略有不同。

(一) 担任收购方的财务顾问

担任收购方财务顾问的投资银行主要协助企业完成以下工作内容：制定收购标准；锁定目标企业；对目标企业进行估值和定价；制定目标企业名单并与潜在目标接触；准备并购要约；与目标企业谈判；制订并购融资方案；接管和整合目标企业。如果目标企业是上市公司，投资银行则必须协助策划并实施二级市场操作方案，与交易所和监管部门沟通协调，准备利润预测、股东通知和通讯稿等。其中，目标企业定价和制订并购融资方案是两项尤为重要的工作。

1. 准确把握目标企业定价的构成要素

目标企业定价将直接影响并购交易给收购方企业股东带来的价值，与并购整合的成败密切相关。构成目标企业并购定价的因素主要有三个方面：

一是企业的内在价值，即财务估值。这是形成并购定价的基础，也是投资银行作为收购方财务顾问进行尽职调查的重要内容，需要综合运用经济、财务、法律和税务方面的知识和技能，在大量调查、掌握资料的基础上，对目标企业进行详尽的分析和评估。目前，常用的财务估值方法通常分为两类：相对估值方法(如市盈率估值法、市净率估值法、EV/EBITDA估值法等)

和绝对估值方法(如股利折现模型估值、自由现金流折现模型估值等)。在财务估值模型的应用中,主要关注现金流、贴现率、可比企业等因素。实践中,估值受企业所处微观、中观、宏观环境共同影响,还要考虑以下因素:企业的基本面,即企业规模、市场占有率、盈利能力、现金流量、资本结构、公司治理等;行业因素,包括行业类型、行业生命周期、行业竞争态势等;宏观经济因素,包括利率、通胀率、汇率等。总的来说,使用不同方法得到的企业财务估值可能不尽相同,因此一般采用区间估计来表达。

二是并购的协同效应价值。协同效应既是评断并购可行性的基础,也是影响交易价格的重要因素,甚至决定着并购的成败。不少研究表明,收购方过于乐观地估计了并购所带来的协同效应,从而在交易中支付了过高的溢价,但实施并购后预期的协同效应无法实现是并购失败的主要原因。评估协同效应价值需考虑以下三方面因素:

(1) 协同效应的大小。根据协同效应带来的营业收入增加、产品成本的降低、税收的减少和资金成本的降低等因素对净现金流预测的影响来评估。

(2) 取得协同效应的可能性。企业并购预期会产生多项协同效应,有些很可能成功,另一些则不然。例如,与目标企业董事会有关的管理成本,被削减的可能性几乎是100%;而在激烈的竞争中达到一定的销售目标是具有很大不确定性的,有时甚至不能将其列入产生协同效应的因素,或者将其作为"有弹性的协同效应",采用较高的贴现率来贴现。

(3) 取得协同效应的时间。协同效应的取得可能需要数年时间,并购是否成功与能否根据预期时间表取得现金流密切相关。任何整合措施的延迟都可能推迟现金流的取得,从而降低并购的净现值。取得协同效应的时间与取得协同效应的可能性一样,具有较大的不确定性。

三是并购的外部竞价因素。目标企业的竞价涉及参与并购交易各方的利益。收购方企业股东希望自身的股权不会被过度稀释,并能有所升值;目标企业股东会尽力争取获得较高的股权转让收入。双方对企业估值的预期可能存在差异。此外,还会存在其他的潜在竞购者,为取得目标企业的控股权展开激烈的并购战,抬高收购价格。因此,在并购定价和竞价的过程中,投资银行必须协助收购方制定有效的竞价策略,包括:合理确定目标企业的价格边界,有效控制并购成本;合理确定首次要约价格,有效控制并购溢价;充分运用诱导性出价策略,与目标企业大股东形成友好的交易关系;根据目标企业流通股市价的变化情况以及竞购者的竞价策略实施灵活多变的定价策略等。

时事链接2.3

乐购公司收购威廉·罗的定价问题

1994年7月,英国大型零售企业集团乐购(Tesco)公司向苏格兰零售集团威廉·罗(William Low)公开出价1.54亿英镑。乐购公司的财务顾问巴林兄弟银行认为这个出价是"公平和合理的"。但这一价格却引起另一家连锁超市集团萨斯伯利(Sainsbury)的竞争性出价。最终,乐购被迫加价60%,以2.474亿英镑取得竞价成功。对此,1994年8月4日《金融时报》的伦敦证券交易所专栏评价说:"如果顾问们想维护自己的信誉,他们应三思而行,不要让自己的名字使用过滥。"

资料来源:根据相关新闻资料整理。

2. 合理制订并购融资方案

对收购方企业来说,融资问题是决定并购成功与否的关键因素之一。除收购方内部有充足的现金可以支持并购外,都需要制订并购融资计划。常见的并购融资工具有三类:

(1) 债务性融资工具。企业可以选择向商业贷款人或其他贷款人申请贷款,或是发行债券或票据,或是通过拍卖、售后回租等方式进行融资。由于债务融资会增加并购后企业的债务负担,因此要求收购方必须具备较高的债务承受能力和安全还债的能力。并购的债务融资适用于收购方意图保持其独立性、避免原股东股权被稀释的情况。

(2) 权益性融资工具。主要包括公开发行融资、换股并购和以权益为基础的融资。采取公开发行融资,应考虑股东认购资金的成本,增资扩股对其股东控制权的影响,对每股收益、净资产收益率、每股净资产等财务指标产生的不利影响等;换股并购可避免大量现金短期流出的压力,降低收购风险,还可以取得税收方面的好处,但可能会受到所在国证券法规的限制;以权益为基础的融资主要包括反向回购、股权划出、员工持股计划等。

(3) 混合性融资工具。混合性融资在并购中的运用分为混合性融资安排和混合性融资工具的运用。混合型融资安排是指在一项并购交易中,既有银行贷款资金、发行股票和债券筹集的资金,也包括收购方与目标公司之间的股票互换,发行可转换债券、优先股、认股权证等多种融资工具的综合运用,以杠杆收购为代表。杠杆收购的资金来源主要是不代表企业控制权的债务性融资,以目标企业资产为抵押或以其经营收入来偿还,具有相当大的风险。混合性融资工具是指兼具债务和权益两者特征的融资工具,包括可转换债券、认股权证等。

小知识 2.2

过桥贷款(Bridge Loan)

从一般意义上讲,过桥贷款是一种短期贷款,一种过渡性的贷款。过桥贷款是使购买时机直接资本化的一种有效工具。过桥贷款的期限较短,最长不超过一年,利率相对较高,以一些抵押品诸如房地产或存货来作抵押。因此,过桥贷款也被称为"过桥融资"(Bridge Financing)、"过渡期融资"(Interim Financing)、"缺口融资"(Gap Financing)或"回转贷款"(Swing Loan)。

过桥贷款在国外通常是指中介机构在安排较为复杂的中长期贷款前,为满足其客户正常运营的资金需要而提供的短期融资。作为企业并购的外源融资方式之一,过桥贷款是由投资银行向并购企业提供的以自有资本支持的、高利率的短期融资,以促使并购交易顺利完成,条件是以后并购企业采用发行垃圾债券的方式来取代这种过渡性的贷款融资。

在为收购方设计合理的融资方案时,投资银行需要考虑以下几方面的影响因素:

(1) 收购方的并购动机。若收购方有意长期持有目标公司,形成一种紧密的生产经营上的协作关系,则可选择稳健性的融资方案,更多地利用长期资金;若收购方只是为了利用并购中的某些财务效应而向目标企业注入资金,那么企业可能会倾向于采取更为激进的融资政策,更多地利用短期资金。

(2) 收购方的资本结构。若收购方自有资金充裕,使用自有资金无疑是最佳选择;若收购方负债率已经较高,则应尽量采取股权式融资而不宜增加负债;如果企业的未来前景好,为了不稀释股东权益,也可以增加负债或用优先股进行融资,以保证未来的收益全部由现有股东享有。收购方如果短期资金充裕,而长期负债较多,则应相应地在并购中尽量避免长期性的债务安排,尽量采取可获取长期资金的融资安排;相反,如果收购方在将来有较多的现金流入,则可采取相反的做法。

(3) 融资环境。融资环境包括资本市场发育程度、利率、汇率、有关并购融资的法律政策等。完善而成熟的资本市场能够提供多样化的融资工具,并且能够为较大规模的融资提供支持,若资本市场不完善,企业就需要更多地依靠内部筹资和金融机构信贷。为应对利率和汇率波动带来的融资风险,投资银行可能需要在并购融资方案之外选用金融衍生工具来加以防范。

时事链接 2.4

波士顿科学公司的并购融资新方式

2006 年 4 月,美国医疗设备巨头波士顿科学公司(Boston Scientific Corporation)通过艰苦的拉锯战,战胜强生公司(Johnson & Johnson),以 270 亿美元的价格收购了盖丹特公司(Guidant),成为全球最大的心血管器材制造商。

早在 2004 年 12 月,强生公司就与盖丹特公司达成了并购意向,收购价为每股 76 美元。之后,盖丹特公司由于产品质量出现问题业绩大幅下滑,强生公司在 2005 年 11 月将收购价格调低至每股 63.08 美元。不料波士顿科学公司突然出现,与强生公司展开了激烈的竞购战。强生公司被迫加码,先后将收购价提高至 232 亿美元和 242 亿美元,但在波士顿科学公司报出 270 亿美元的"天价"后,强生公司不得不宣布退出,理由是"进一步提高报价不符合股东利益"。

在此次收购战中,波士顿科学公司与雅培制药公司(Abbott Laboratories)联手。首先,雅培制药公司向波士顿科学公司提供 9 亿美元用于收购盖丹特公司的低息贷款;其次,在波士顿科学公司成功收购盖丹特公司后,雅培制药公司再从前者手中以 41 亿美元的价格收购盖丹特公司的两项业务;最后,雅培制药公司将拿出 14 亿美元购买新合并企业的股票。尽管之前也有一些企业在并购中提供过某种形式的融资支持,但企业直接贷款在全球并购交易中起重要作用的情况还是第一次出现。《欧洲货币》杂志对此的评价是:波士顿科学公司与雅培制药公司在并购交易中开创了融资新方式。

资料来源:根据相关新闻资料整理。

(二) 担任出售方的财务顾问

为实现战略重组,有些企业会主动安排出售交易。担任出售方财务顾问的投资银行主要协助企业完成以下工作内容:对出售方企业自身进行估值;选择出售战略;确定潜在收购方;与潜在收购方联系;评估收购要约并作出反馈;与潜在收购方谈判;达成交易合约;实施并购整合。其中,为出售方选择合理有效的出售战略是一项重要的基础工作。

投资银行在协助出售方拟定潜在收购者名单后,就要决定采取何种方式与它们接洽商谈,

即采取何种"促销"策略。一般来说,有三种方式:

(1) 一对一逐个谈判。首先按照一定的标准列出潜在收购者的优先顺序,然后依次与它们展开一对一的磋商。在与前一家企业谈判无果而终后,才开始与后一家企业接触。这种策略的好处是有较好的保密性,对于出售方来说,能够有效控制并购案的进程,可根据环境和条件的变化随时终止。其不利的一面是由于信息不对称,可能错失了最具有收购意愿的买方。另外,由于缺少竞购者,可能使企业在谈判中处于弱势。一对一的逐个谈判还会消耗掉大量的时间。

(2) 同时与两家潜在收购者谈判。即筛选出最有收购意愿的两家企业,同时与它们展开谈判。由于潜在收购方之间存在竞争,出售方仍然掌握谈判的主动权和控制权,也能保持交易的保密性。但这种方式同样可能错失了其他更有竞争力的买方,交易的时间可能由于其中一方较晚作出决定而延迟。

(3) 公开竞拍。出售方企业股东公开表明出售意愿,由投资银行协助其制定招标文件,并对外公布。有意愿的购买方可购买招标文件并发出投标书参与竞标,财务顾问将根据事先拟定的标准选择适合的竞拍者进入交易谈判阶段。与前面两种方式相比,公开竞拍能够将信息传递给所有潜在收购者,因此可能获得最高的出售价格。拍卖的进程将根据出售方制定的时间表推进。公开竞拍一般出现在企业主要股东因为投资战略调整而有较为强烈的意图出售企业控制权的情况下。如果市场对此反应并不积极,或是投标者的报价未达到预期水平,竞拍可能会失败。

时事链接 2.5

沃达丰等出售波兰移动运营商 Polkomtel

波兰移动运营商 Polkomtel 由多家公司共同持股,包括沃达丰(24.4%)、PKN Orlen (24.4%)、KGHM Polska Miedz'(24.4%)、Polska Grupa Energetyczna(21.85%)和 Weglokoks (4.98%)。其中,沃达丰具有买断其他股东股权的优先权。但在 2010 年,沃达丰表示将清理非核心资产,出售所持非控股公司的股份,其中包括 Polkomtel。Polkomtel 的其他股东也表示将联合出售所持股份。2011 年 1 月,Polkomtel 发布了招标文。随后,包括私募股权公司 TPG Capital、Blackstone Group、瑞典电信公司 TeliaSonera 等在内的多家公司向其发出了收购要约。2011 年 7 月 1 日,沃达丰宣布,已经同意以 9.20 亿欧元(13.4 亿美元)的价格向 Spartan Capital Holdings SP 出售所持 24.4% 的 Polkomtel 股权,同时,Spartan Capital Holdings SP 已经同其他少数股东达成了股权出售协议,预计到同年 9 月份获得 Polkomtel 的完全控股权。

资料来源:根据相关新闻资料整理。

如果出售方尚无明确的出售意愿,而又面临被收购的可能性,受聘的投资银行的主要职能包括:
- 监视企业股票价格(上市公司),追踪潜在的收购者,提供预警信息。
- 协助企业策划和制定有效的收购防御策略。

- 协助企业拟定反收购策略,策划反收购融资,协助企业及其控股股东以尽可能小的代价实现反收购。当然亦不排除在个别情况下,投资银行认为接受收购更为有利从而说服目标企业及其控股股东放弃反收购。

三、投资银行的并购业务收入

（一）并购顾问佣金

就收费方式来说,投资银行的并购顾问收入主要有两种情况。一种情况是先向客户收取一笔包干费,然后随时向客户提供咨询服务,这类似于常年顾问。另一种情况是投资银行就某一特定的并购业务收取顾问费,一般在并购成交后收费,因此,又称做"成交费"（Success Fee）。并购顾问佣金的计收方法主要有以下三种：

1. 固定比例佣金

无论并购交易金额是多少,投资银行都按照一定比例收取佣金。固定比例的确定一般由投资银行和客户谈判确定,并购交易的金额越大,佣金的比例越低。

2. 累退比例佣金

投资银行的佣金随着交易金额的上升而按比例下降。累退比例佣金一般可以通过雷曼公式（Lehman Formula）计算,即第一个100万美元的佣金比例为5%,第二个100万美元为4%,第三个100万美元为3%,第四个100万美元为2%,超过400万美元的部分为1%。

3. 累进比例佣金

投资银行与客户事先对并购交易所需金额作出估计预测,除按此估计交易金额收取固定比例佣金外,如果实际发生金额低于估计额则给予累进比例佣金作为奖励;如果实际发生金额高于估计额则以累进比例方式扣减佣金作为对投资银行的惩罚。此种收费公式被称为"逆雷曼公式"（Reverse Lehman Formula）。

（二）并购融资服务的收入

投资银行的并购融资服务对客户来说十分重要,尤其是在杠杆收购中,并购融资往往是整个收购行动成败的关键。与此同时,并购融资也给投资银行带来大量的并购融资服务收入。投资银行提供并购融资服务的收入主要包括并购融资策划的顾问费、以证券方式融资时的发行承销费和直接向客户提供并购资金包括过桥贷款等的利息收入。随着并购交易规模的日趋大型化,并购融资中投资银行的佣金也大幅增加。例如,在1988年KKR集团杠杆收购雷诺纳比斯科（RJR）公司的著名收购案中,投资银行协助筹资的佣金高达3.5亿美元。

（三）并购自营业务（产权投资）的差价收益

投资银行除了从事传统的并购策划和财务顾问业务,还可以成为并购交易的主体,将产权（企业）买卖当做一种投资行为。作为财务投资者,投资银行通过收购企业股权,然后直接整体转让或分拆卖出,又或者整合经营一段时间再包装上市后抛售股权套现从中赚取差价收益。投资银行的产权交易收入规模主要取决于三方面因素：

（1）投资银行的资金实力和融资能力。投资银行首先需要支付收购资金,之后又需要大量的资金对目标企业进行注资整改。如果没有足够的资金实力和融资能力,目标企业的重组增值就无法顺利实现。

（2）投资银行的企业管理能力。投资银行需要在研究、分析目标企业经营现状的基础上对其进行管理和运营重组,使目标企业增值,对潜在买家产生吸引力。因此,投资银行必须拥有一批熟悉企业产权重组和运营再造的管理专家。

（3）投资银行的市场把握能力。为获得产权交易收益，投资银行必须十分了解产权交易市场的供求态势，关注宏观经济形势的变化趋势，善于把握买进与卖出的时机。

第三节 反 收 购

收购方向目标企业发出收购要约后，目标企业的反应有两种，即同意和反对。20世纪70年代以前，收购方及其财务顾问会尽力说服目标企业同意，而不采取强制收购的手段。1974年，并购市场上出现了第一起恶意收购事件，由此激发了反收购策略的发展。投资银行作为并购顾问，在收购和反收购活动中扮演了重要的角色。

一、恶意收购与反收购

（一）恶意收购的出现

恶意收购（Hostile Takeover）是指收购方在未经目标企业董事会和管理层同意的情况下进行的收购活动。相对地，由收购方和目标企业友好协商达成的收购就被称为善意收购（Friendly Takeover）。一般认为，世界上第一例典型的恶意收购出现在1974年。恶意收购方是加拿大国际镍业公司（INCO）。1974年7月18日，该公司的董事长突然宣布要以每股28美元的价格收购当时世界上最大的电池制造商——美国的电储电池公司（ESB）。在该消息公开发布前3个小时，国际镍业公司才知会了电储电池公司。电储电池公司的CEO公开表示这是一起来自外国公司的恶意收购，并呼吁股东加以抵制。7月23日，美国联合航空器公司（United Aircraft Corp.）以每股34美元的现金收购价加入竞购，以此支持电储电池公司。国际镍业公司随即将收购价提高到每股36美元。此后，经过多轮竞价，国际镍业公司的最终收购价达到每股41美元。该并购案之后，"恶意收购"就成为华尔街的常用语了。

恶意收购一般有两种比较典型的形式。第一种称为"狗熊拥抱"（Bear Bug），即收购方给出一个很高的收购价格，借此分化董事会成员和股东，促成收购。第二种是狙击式的收购，即对目标企业发动突然袭击，大量收购其股票，该方法多用于股权比较分散、股价被低估的目标公司。

由于恶意收购方缺少与目标企业董事会和管理层的有效沟通，考虑到并购后董事会和企业管理层将被重组，企业的经营方针可能会大幅变化，甚至解雇大量员工，因此，企业的管理层和员工往往是恶意收购的反对者。但对股东而言，由于能在短期内获得较高的股权转让收益而同意该收购计划的可能性很大。按照传统的公司法原则，管理层必须并且仅仅对股东价值最大化负有信托责任，那么管理层就有义务接受合理报价的恶意收购。

然而，20世纪80年代，许多恶意收购方大量使用垃圾债券等杠杆收购工具在短期内迅速筹集资金完成收购。收购后，则采取出售资产等短期行为来偿还并购债务，破坏了企业的长期稳定发展。股东的短期获利动机已经影响到企业的生产效率。在这一背景下，美国许多州从80年代末开始修改公司法，允许管理层对比股东更大范畴的"利益相关者"负责，给予了他们拒绝恶意收购的法律依据。收购和反收购的各种攻防策略也得以迅速发展起来。

（二）反收购策略

为对抗恶意收购，目标企业可以采取防御型和进攻型两种反收购策略。

1. 防御型反收购策略

防御型反收购策略分为以下几种:

(1) 驱鲨剂。驱鲨剂(Shark Repellents)是指在企业章程中预先设置一些条款作为恶意收购的障碍。两种主要的"驱鲨剂"条款包括董事轮换制(Staggered Board Election)和超级多数条款(Super-majority Provision)。

董事轮换制是指在企业章程中规定,每年只能更换三分之一(或其他比例)的董事,这意味着即使收购者拥有企业绝对多数的股权,也难以获得目标企业董事会的控制权。恶意收购者至少要经历两次董事会选举,才能赢得多数席位来控制董事会。大多数情况下,在第二次股东会议召开前,恶意收购者不是迫使目标企业达成友好协议,就是放弃收购企图。总的来看,董事轮换制是一种对股价影响较小而又非常有力的反收购策略。

超级多数条款是指在企业章程中规定,企业的合并需要获得绝对多数股东的赞成票,并且这一反收购条款的修改也需要绝对多数的股东同意才能生效。超级多数条款一般规定,目标企业被收购时必须取得2/3或80%以上的投票权,有时甚至高达90%以上。因此,如果恶意收购者想要获得具有绝对多数目标企业的控制权,那么通常需要持有目标企业很大比例的股权,这就在一定程度上增加了并购成本和并购难度。尽管这种反收购对策对股价可能有一定的影响,但绝对多数条款仍然被认为是一种温和的反收购对策。

除此以外,驱鲨剂还包括限制大股东表决权条款、订立公正价格条款(Fair Price Provision)和限制董事资格条款等。

(2) 双重资本重组。这种反收购对策是将企业股票按投票权划分为高级和低级两种,低级股票每股拥有一票的投票权,高级股票每股拥有十票的投票权,但高级股票派发的股息较低,市场流动性较差,低级股票的股息较高,市场流动性较好。高级股票可以转换为低级股票。如果经过双重资本重组(Dual Class Recapitalization),企业管理层掌握了足够的高级股票,企业的投票权就会发生转移。即使恶意收购者获得了大量的低级股票,也难以取得企业的控制权。

例如,2005年百度的招股说明书中就列有这样的内容:百度股权"提供双重级别的普通股",具有"两种级别完全不同的投票权,原始股东具有极大的投票权,包括董事选举和重要的企业交易——如合并或出售企业及企业资产。这个'集权控制'将能阻碍其他人把企业作为潜在的合并者、收购者,或者其他控制权转化的变化"。

(3) "毒丸"计划。"毒丸"计划(Poison Pill)又称"股权摊薄反收购策略",它一般以认股权证计划的形式存在,授权目标企业股东按照事前约定的高折价认购目标企业的股票。"毒丸"计划在平时不会生效,只有当企业面临被收购的威胁时才启动。当恶意收购者收集目标企业的股票超过了预定比例后,"毒丸"计划就会被触发,除恶意收购者以外的权证持有人被授权可以半价或以一定的折扣购买公司股票。在某些情况下,每一权证可以直接兑换该公司一股普通股。这样就大大地稀释了收购方的股权,继而使收购变得代价高昂,从而达到抵制收购的目的。

另一种类型的"毒丸"是当目标公司遭遇被收购风险时,权证持有人可以以目标公司董事会认可的任何"合理"价格,向其出售手中所持目标公司的股票套取现金、短期优先票据或其他证券。若目标公司股票出售比例较高,则必然大大消耗甚至耗尽目标企业的现金,致使目标公司财务状况极度恶化,使恶意收购者望而却步。

"毒丸"计划与反收购紧密相关,是很好的事前防御准备。它有助于抑制恶意收购,在多种防御策略选择中应该是最有效的方法之一,在美国的应用尤其广泛。根据美国普通公司法的规定,美国公司只要在其公司章程中有明确授权,即可享有各种类别股份的发行权而无须其他审批,因此,"毒丸"计划在美国很有市场。但同为英美法系的英国却没有这样的土壤,因为在英国公司法中明确指出采用"毒丸"计划作为反收购手段不合法。

时事链接 2.6

新浪"毒丸"事件

2005年2月18日盛大公司(NASDAQ:SNDA)宣布,截至2005年2月10日,该企业同控股股东地平线媒体有限公司一起通过公开股票市场交易收购了新浪公司(NASDAQ:SINA)大约19.5%的已发行普通股,并同时向SEC提交了13D表格(该表格只有在收购方有取得目标企业控制权的目的时才要求提交)。

针对盛大公司的收购,摩根士丹利被新浪公司急聘为财务顾问,并迅速制订了"毒丸"计划的技术细节。其核心是:如果盛大公司及关联方再收购新浪公司0.5%或以上的股权,购股权的持有人(收购人除外)将有权半价购买新浪公司的普通股,以图摊薄盛大公司的持股,令收购计划无功而回。

美国东部时间2005年3月7日,新浪公司除盛大公司之外的每位股东都获得了与手中持股数相同的购股权。一旦所有股东行使了购股权,盛大公司持有的984万股占新浪公司总股本的比例将由19.5%稀释至2.28%。当然,如果盛大公司停止收购,新浪董事会可以以极低的成本(每份购股权0.001美元或经调整的价格)赎回购股权,用几万美元支付此次反收购的成本。

2006年11月7日,盛大公司宣布已与花旗环球金融有限公司签订协议,售出盛大公司持有的新浪公司总计3 703 487股普通股,总净收益约为99 105 312美元,本次出售后,盛大公司将继续持有6 118 278股新浪股份。这表明"毒丸"计划最终起到了应有的作用。

资料来源:根据相关新闻资料整理。

---

(4)刺激股价上涨。上市公司股价偏低是诱发收购行为的最重要因素。在股价低于资产价值或潜在收益价值时,上市公司可以采取以下措施刺激股价上涨:发布盈利预测信息,表明企业未来盈利状况会好转;重新评估资产价值,体现评估增值;增加股利分配;发表保密状态下的开发研究成果等对股价有利的消息;促成多家收购者竞价争购哄抬股价等。提高股价一方面可以消除或弱化收购诱因,稳定原有股东持股的信心;另一方面则可加大收购成本,迫使收购者从成本收益角度考虑放弃收购。

(5)"鲨鱼监视"计划。存在可能被收购危险的上市公司可以通过雇用或聘请专业咨询服务机构,专门负责观察自身股票交易情况和各主要股东持股变动情况,力图尽早发觉可能发生的恶意收购袭击,以便尽早采取应对策略。由于恶意收购的袭击者常常被比喻为"鲨鱼",因而这类专业性的咨询机构或人士就被称为"鲨鱼观察者"。此计划也被称为"鲨鱼监视"计划(Shark Watching)。

(6) 降落伞计划。企业并购往往导致目标企业的管理人员被解职,普通员工也可能被解雇。降落伞计划(Parachute)是按照聘用合同中公司控制权变动条款对高层管理人员和普通员工进行补偿的规定。降落伞计划的实施将会使目标企业在被收购后面临巨额现金支付,足以令收购者望而却步。降落伞计划又可分为金降落伞(Golden Parachute)、银降落伞(Silver Parachute)和锡降落伞(Tin Parachute)。

- 金降落伞是指当目标企业被收购接管,其董事及高层管理者被解雇的时候,可一次性领到巨额的退休金(解雇费)、股票选择权收入或额外津贴。该项收益视获得者的地位、资历和以往业绩的差异而有高有低,如对于首席执行官这一补偿可达千万美元以上。因该项收益丰厚,故名"金降落伞"。在著名的戈德·史密斯收购克朗公司案中,克朗公司的金降落伞计划为:16名高级负责人离开企业之际,有权领取三年工资和全部的退休保证金。收购达成后,该项金额合计达9 200万美元。

- 银降落伞主要面向中层管理人员,被收购后,他们可以根据工龄的长短领取数周至数月的工资。

- 锡降落伞是指目标企业的一般员工在企业被收购后两年内被解雇的话,则可领取一定的员工遣散费。

2. 进攻型反收购策略

进攻型反收购策略分为以下几种:

(1) 诉诸法律。当企业遭遇恶意收购时,一个最快速的反应就是以涉嫌垄断、信息披露不充分、违反收购程序和证券交易法等理由,采取法律手段对收购方提起诉讼。法律诉讼有两个目的。第一,它可以拖延收购,从而吸引其他竞争者参与收购。资料表明,在有法律诉讼的情况下,竞争出价产生的可能性有62%,而没有法律诉讼时,其可能性只有11%。第二,可以通过法律诉讼迫使收购者提高其收购价格,或迫使收购者为了避免法律诉讼而放弃收购。

(2) 焦土战术。焦土战术(Scorched Earth Policy),顾名思义,是一种无力反击时采取的两败俱伤的策略。常采取的做法主要有两种:

- 出售"皇冠上的珍珠"(Crown Jewels)。在并购活动中,一个企业富有吸引力和具收购价值的部分习惯上被称为"皇冠上的珍珠"。它可能是某个子企业、分企业或某个部门,可能是某项资产,可能是一种营业许可或业务,可能是一种技术秘密、专利权或关键人才,更可能是这些项目的组合。企业将可能引起收购者注意的资产出售,借此消除收购的诱因,使收购者放弃收购计划。

- 虚胖战术。一个企业如果财务状况好,资产质量高,业务结构又合理,那么就具有相当的吸引力,往往诱发收购行动。在这种情况下,一旦遭到收购袭击,它往往采用虚胖战术:或者是购置大量与经营无关或盈利能力差的资产,令企业包袱沉重,资产质量下降;或者是大量增加企业负债,恶化财务状况,加大经营风险;或者是做一些长时间才能见效的投资,使企业在短时间内资产收益率大减。所有这些,都会使企业从精干变得臃肿,收购完成之后,买方将不堪其负累。

(3) 邀请"白衣骑士"。当遭到恶意收购时,目标企业邀请一个友好企业,即所谓的"白衣骑士"(White Knight)作为另一个收购者,以更高的价格来与恶意收购者竞价,迫使恶意收购者提高收购价格或放弃收购。通常,如果恶意收购者的收购出价不是很高,目标企业被"白衣骑士"拯救的可能性就大;如果恶意收购者提出的收购出价很高,那么"白衣骑士"的成本也会相应提高,目标企业"获救"的可能性就降低了。例如,2004年,广发证券针对中信证券的反收购行动中,就邀请吉林敖东作为"白衣骑士",提高股价和缓解财务危机。管理层杠杆收购(MBO)是"白衣骑士"的一个变化。目标企业的管理层就其本身而言,就是一个潜在的"白衣骑士"。大量资金充足的杠杆收购机构和主要的投资银行可以帮助与支持这些管理层实现股权收购。

(4) 帕克曼防御。"帕克曼"(Pac-man)原是20世纪80年代初美国流行的一部电子游戏的名称,在该游戏中,任何没有吞下敌手的一方将会遭到自我毁灭。这里指当恶意收购者提出收购时,目标企业针锋相对地对收购者发动进攻,也向收购企业提出收购。实施帕克曼防御可以使目标企业处于可进可退的主动位置;进可使收购方反过来被防御方进攻;退可使本企业拥有收购方的部分股权,即使后者收购成功,也可能分享部分利益。显然,帕克曼防御要求目标企业本身具有较强的资金实力和相当的外部融资能力。同时,收购企业也应具备被收购的条件,否则目标企业股东将不会同意发出公开收购要约。反收购实践表明,帕克曼防御是一场非常残酷的收购战,最后的胜利者往往是那些实力雄厚、融资渠道广泛的企业。如果收购战的双方实力相当,其结果很可能是两败俱伤。

(5) 股票回购。股票回购(Share Repurchase)是指在受到恶意收购威胁时,企业或其董事、监事通过回购企业股份、减少股票流通量、改变资本结构来主动防御的应对方法。其基本形式有两种:一是企业将可用的现金或公积金分配给股东,这种分配不是支付红利,而是购回股份;二是换股,即发行企业债券、特别股或其组合以回收股份,通过减少在外流通的股票抬高股价,迫使收购者提高每股收购价。但此法对目标企业来说比较危险,因为降低所有权比重、提高负债比例会导致财务风险增加。因此,股份回购在实战中往往是作为辅助战术来实施的。

二、收购战中的投资银行

恶意收购中,攻守双方的对抗性特征非常明显。收购方和反收购方都会聘请投资银行为其策划进攻和防御策略。可以说,收购战是最能体现投资银行家才能的领域之一。下面用两个典型事例来简要解读收购战中投资银行的角色。

(一) 确立新的业务特色

在恶意收购和反收购出现之后,世界上主要的投资银行都借此确立了自身新的业务特色。这是从第一个具有代表性的恶意收购案例开始的。

1974年7月,在加拿大国际镍业公司恶意收购当时世界上最大的电池制造商电储电池公司的行动中,摩根士丹利就是国际镍业公司的财务顾问。而当电储电池公司得知它们的敌对意图后,首先寻找的咨询顾问则是高盛公司。后者当即建议电储电池公司采用"白衣骑士"策略,邀请联合航空器公司参与竞购。正是这样一个契机,使这两家投资银行确立了自身在企业并购领域新的业务特点。在之后的一系列收购战中,摩根士丹利往往都是担任恶意收购方的财务顾问,而高盛公司则常常出现在反收购一方的阵营中,协助那些遭受恶意收购的企业邀请友好竞价者参与竞价、抬高收购价格或采取反垄断诉讼,以狙击恶意收购者。在今天,高盛公司在其官方网站上介绍自身并购业务特色的时候,也特别指明:"高盛在帮助客户准备防御潜在恶意收购方面拥有丰富的经验。高盛的狙击防御业务一直排名第一。"[①]

---

① 高盛中国网站, http://www.goldmansachs.com/china/services/advising/mergers-and-acquisition/products-and-expertise.html。

通过一系列反收购业务,高盛公司在市场上塑造了一个新的形象,同时其并购业务收入也大幅上升。1966年,其并购部门的业务收入是60万美元,到了1980年,这一数字已升至大约9 000万美元。1989年,高盛公司并购部门的年收入是3.5亿美元,仅仅8年之后,这一指标再度上升至10亿美元。高盛公司由此真正成为投资银行界的世界级"选手"。从2006年到2009年,高盛公司的并购业务收入一直排名全球第一。

(二) 推动金融工具创新

在投资银行家和其他中介机构的协助下,收购战中的攻防双方不断地进行工具创新,其中最具典型意义的就是垃圾债券。可以说,20世纪80年代,华尔街的关键词就是垃圾债券和恶意收购。

由于垃圾债券存在很高的违约风险(借债方不能支付利息或是到期不能归还本金),因此无论是垃圾债券的承销还是交易都和传统意义上的债券存在较多差异。相对于传统债券较为稳定的现金流预期,垃圾债券的价格可能随着公司破产违约可能性的变化而大幅波动。因此,传统的机构债券投资者,例如保险公司和养老基金管理者,并不将垃圾债券纳入它们的资产配置框架中,从而使垃圾债券的二级市场流动性不佳。但当垃圾债券与杠杆收购,特别是应用于恶意收购中的杠杆收购联系在一起之后,就得到了迅速的发展。

1983年,华尔街的投资银行德雷克赛-本海姆(Drexel Burnham)[①](德雷克赛公司)决定以发行垃圾债券的方式为恶意收购的客户融资。20世纪70年代开始的恶意收购绝大多数是大型公司收购规模相对较小的公司,德雷克赛公司为拓展他们的垃圾债券业务打破了这一模式。通过发行垃圾债券,规模较小的公司可以收购比自身规模庞大许多的目标企业,只要将目标企业的资产和未来收益作为垃圾债券的附属担保。而德雷克赛公司可以通过向市场抛售这些垃圾债券牟取暴利。在这样的背景下,垃圾债券在20世纪80年代达到了其历史上的鼎盛时期。德雷克赛公司的迈克尔·米尔肯(Michael Milken)也被称为"垃圾债券之父"。除了德雷克赛公司之外,其他投资银行也逐渐参与进来,利用垃圾债券帮助企业完成大规模的收购活动,将垃圾债券和公司控制权之争紧密联系在一起。

然而,当这一手段被滥用之后,问题出现了。首先,许多利用垃圾债券融资的恶意收购者,主要目的是在短期内通过对目标企业的重组和再出售获得产权交易收益,这就导致一些原本经营状况良好的目标企业遭到破坏。其次,为了偿还高额的垃圾债券,在达成收购之后,目标企业的大量资产和现金流被用于偿债而不是投入再生产,这也严重影响了企业的经营。再次,垃圾债券这一工具使并购案件的数量大增,频繁的并购也加快了并购套利活动的发展,并使违规的内幕交易数量增加。在这种情况下,针对恶意收购、内幕交易等的监管和立法加快完善起来,垃圾债券也不再活跃。值得一提的是,德雷克赛公司此后陷入内幕交易诉讼,在支付了巨额罚金之后,于1990年2月申请破产清算。

重新审视这一过程,除了警惕金融创新带来的消极影响之外,我们也要看到其具有的积极意义。今天,垃圾债券在支持新兴企业融资上仍然发挥着重要的作用。而从监管角度上看,在有效防范金融创新风险的同时,也要注意保持其具有的创新活力部分。

---

① 德雷克赛公司成立于1838年,1871年与摩根公司合并,1934年两家公司再度分立,后又经历了与华尔街其他投资银行的数次合并。

本章要点

- 并购是兼并与收购的统称,也是最常见的资本运作模式,其实质就是一个企业通过产权交易取得其他企业一定程度的控制权。自19世纪末以来,全球企业并购经历了六次热潮。在历次企业并购浪潮中,以投资银行为代表的金融机构发挥了重要的推动作用。
- 企业并购的根本动因是获取协同效应。并购产生的协同效应主要包括管理协同效应、经营协同效应、财务协同效应、技术协同效应、品牌协同效应和文化协同效应。
- 企业并购流程一般包含制定并购战略、筛选并购目标、尽职调查、并购估值、确定交易方案、并购整合等主要步骤。投资银行有着丰富的并购经验,并因其方案设计能力、金融创新能力、信息沟通能力和融通资金能力成为企业并购活动中不可缺少的角色。
- 担任收购方财务顾问的投资银行主要协助企业完成以下工作:制定收购标准;锁定目标企业;对目标企业进行估值和定价;制定目标企业名单并与潜在目标接触;准备并购要约;与潜在目标企业谈判;制订并购融资方案;接管和整合目标企业。
- 担任出售方财务顾问的投资银行主要协助企业完成以下工作:对出售方企业自身进行估值;选择出售战略;确定潜在收购方;与潜在收购方联系;评估收购要约并作出反馈;与潜在收购方谈判;达成交易合约;实施并购整合。
- 投资银行的并购业务收入主要来自并购顾问佣金、并购融资服务收入、并购自营业务(产权投资)差价收益三个部分。
- 20世纪70年代,出现了恶意收购。为了对抗恶意收购,目标企业可以采取防御型和进攻型两种反收购策略。在收购和反收购活动中,投资银行确立了自身新的业务特色。

关键概念

- 协同效应
- 并购
- 纵向并购
- 横向并购
- 战略并购
- 混合并购
- 财务并购
- 杠杆收购
- 并购整合
- 恶意收购

思考题

请仔细阅读以下资料并回答问题。

案例资料

招商银行收购香港永隆银行

一、并购双方情况

(一)收购方:招商银行

招商银行是我国资产规模最大的股份制商业银行,也是国内第一家完全由企业法人持股的股份制商业银行,总部设在深圳。

1. 股权结构

截至2008年6月末,招商银行股东总数为43.9万户,其中H股股东4.59万户,A股股东

39.36 万户,包括有限售条件的 A 股股东 13 户,无限售条件的 A 股股东 393 578 户。另外,可转债持有人 600 户,全部为可流通转债持有人。

2. 盈利能力

招商银行是国内最佳的零售银行,竞争优势明显。其 2008 年的一季度报告显示,企业实现营业收入 137.12 亿元,同比增长 75.65%,实现净利润 63.19 亿元,同比增长 157%,每股收益 0.43 元,手续费及佣金净收入继续保持较快的增长,增幅达到 102.95%。企业业绩的增长主要是由于存贷款规模的稳健增长、利差的扩大、非利息收入的增长和有效税率的降低、银行卡手续费的增加、代理服务手续费和托管及其他受托业务佣金的增加。

3. 业务发展情况

目前国内银行的经营模式仍然是主要依靠传统的存贷业务,银行的生息资产主要是贷款、同业资产、债券投资。与其他银行不同,招商银行的贷款占比逐步下降,资金业务占比逐步提高。2004 年至 2007 年三年贷款复合增长率为 20%,低于资产规模相近的其他股份制银行,体现了其稳健发展的经营策略。

招商银行的分销网络主要分布在长江三角洲地区、珠江三角洲地区、环渤海经济区等国内相对富裕的地区以及其他地区的一些大城市,并与世界 90 多个国家和地区的 1 200 多家境外银行保持着业务往来。2007 年 11 月 8 日,招商银行在纽约设立分行的申请获美联储批准,成为在美获批经营的第二家中资银行分支机构。

4. 成本控制能力

招商银行的成本收入比持续下降,2007 年年末降至 35.05%,比 2006 年下降了 3.37 个百分点。招商银行每年增加将近 100 个网点,对原有网点的改造以及 IT 设施建设、人员培训都需要大量投入。和国内其他银行相比,招商银行的成本收入比位于中等水平。招商银行的不良贷款额和不良贷款率持续呈下降趋势,信贷成本也逐年降低,同时拨备计提十分充足。

(二) 被收购方:香港永隆银行

香港永隆银行(下称"永隆银行")是在香港注册成立、拥有 70 多年历史的香港本地银行,是一家管理风格保守的小型家族银行,于 1980 年在香港联合交易所挂牌上市,2008 年注册资本为 15 亿元港币。此企业是除东亚银行之外规模最靠前的香港本土银行,在香港拥有 35 家分支机构。永隆银行及其附属企业的主要业务包括接收存款、期货及证券经纪服务、投资业务、保险业务、保险代理、信托业务、受托代管服务及物业管理等。

1. 股权结构

永隆银行的股东主要有四家企业和公众人士,其中四家企业占有的股份合计 62.56%,公众人士占有的股份为 37%。

2. 基本财务数据

2007 年年末,企业总资产为 930.48 亿港元,总资产位列香港上市银行第 10 位。2007 年永隆银行在贷款、存款市场分别占有约 1.4% 和 1.2% 的市场份额,在中小企业市场上的综合实力相对较强(见表 2.2)。

表 2.2　被收购前五年永隆银行的主要财务指标

年份	净利润(港元)	每股收益(港元)	每股净资产(港元)	净资产收益率(%)	总资产(港元)
2004	1 032 146 000	4.44	41.21	10.79	71 054 398 000
2005	1 108 815 000	4.78	43.66	10.94	74 721 738 000
2006	1 605 789 000	6.92	49.02	14.11	84 980 628 000
2007	1 371 514 000	5.91	53.75	10.99	93 048 139 000
2008	−82 532 000	−0.36	50.27	−0.71	96 308 595 000

二、并购动机

招商银行并购永隆银行是其国际化和综合化经营战略的体现,此次收购的主要意义可归结为五个方面:

第一,香港市场是招商银行海外业务的桥头堡,收购永隆银行有助于其拓展香港市场,深入推进国际化战略。

第二,永隆银行业务经营多元化,2007年年末其非利息收入占比超过36.3%,已经接近国际先进银行的水平。同时,其零售业务尤其是按揭业务具有较强的市场竞争力,占有香港按揭市场3%的份额,稳居香港中型银行领先地位。并购永隆银行对招商银行的经营战略调整及保持零售银行业务优势具有积极作用,有助于优化招商银行的业务结构。

第三,有助于招商银行加快综合化经营的步伐。香港金融业实行混业经营,永隆银行即是典型的银行控股集团,旗下包括证券、信托、期货、财务、保险等多家全资子企业。并购永隆银行能够一举获得多个金融业务牌照,并通过其子企业开展相关的业务运作。

第四,有助于增强协同效应,发挥香港与内地的联动优势。招商银行和永隆银行网点的互补性、业务和客户的互补性都很强,基本没有网点重叠,客户重复也较少,并且地域和文化比较接近。

第五,此次收购的机会十分难得。这是一次控股权的收购,甚至可能是100%股权的收购。在香港市场上这种机会很少。自2001年星展银行以54亿美元收购道亨银行之后,这是7年来的首次。

三、并购过程

在永隆银行的大股东伍氏家族表达了愿出售53.12%的永隆股权之后,引起了包括工商银行、招商银行、交通银行、建设银行及澳新银行、渣打集团等国内外银行的关注,它们均在不同场合以不同形式表达了并购意愿。随后,由于认为永隆银行报出的并购价格过高,交通银行和建设银行较早退出了竞争。工商银行在第一、第二轮的投标过程中都进行了详细的尽职调查,但是在并购的最后阶段因坚持自己提出的并购底线而最终放弃。招商银行在此前的询价过程中也曾退出,但后来又重新与永隆银行洽谈并最终完成了并购交易。

具体并购过程如下:

2008年5月30日,招商银行正式与永隆银行控股股东伍氏家族签署协议,议定以每股156.5港元的价格并购永隆银行1.23亿股约53.12%的股份,总价达193.02亿港元。

2008年6月27日,招商银行股东大会以90.85%的赞成票通过招商银行发行最多300亿元的次级债券,期限5年,以补充因收购永隆银行而降低的附属资本。

2008年9月30日,招商银行以每股156.5港元、总金额193亿港元(合170亿人民币)收购永隆银行53.12%的股权。

2008年10月7日起,招商银行开始按每股156.5港元的价格向剩余股东发起全面要约收购。

2008年10月27日,完成对永隆银行的全面收购,耗资约363亿港元,持有永隆银行全部已发行股份的97.82%。

2008年10月28日,永隆银行(0096,HK)在香港联合交易所停止交易。

2008年11月起,招商银行开始对永隆银行剩余2.18%的股份进行强制性收购。

2008年11月15日,招商银行完成强制性收购,永隆银行成为招商银行的直接全资附属企业。

2008年11月16日,永隆银行撤销在香港联合交易所的交易席位。

(一)收购定价

按照香港《企业条例》《收购守则》的规定,若收购人收购上市企业的股份超过30%,必须以要约方式进行收购。其中,收购挂牌交易的股票,要约收购价格不得低于以下价格的较高者:(1)在提示性公告日前六个月内,收购人买入被收购企业挂牌交易的该种股票所支付的最高价格;(2)在提示性公告日前30个交易日内,被收购企业挂牌交易的该种股票的每日加权平均价格的算术平均值的90%。

本案例中,招商银行先收购永隆银行53.12%的股份属于要约收购,因收购股权比例较高而触发香港有关全面要约收购的条例。同属上市公司的招商银行与永隆银行按照以下各项商议及厘定:(1)永隆银行股份在香港联合交易所的近期价格表现;(2)截至2007年12月31日,年度永隆银行股东应占经审核合并净利润约港币1 371 514 000元;(3)永隆银行截至2007年12月31日的经审核合并净资产约港币12 480 103 000元;(4)招商银行对永隆银行的审慎尽职调查后对其价值的必要调整。招商银行收购永隆银行123 336 170股股份需支付总计19 302 110 605港元的对价(相当于156.50港元/股,约为永隆银行2007年经审计后每股净资产值的2.91倍),收购价格较高。具体按下列方式支付对价:

(1)总额965 105 530港元的订金由招商银行于签订《买卖协议》时向卖方支付;

(2)对价余额18 337 005 075港元需由招商银行于目标股份收购完成日向卖方支付。

(二)收购方案

2008年6月3日,招商银行公布了《招商银行股份有限公司关于收购永隆银行有限公司的公告》,收购方案要点如下:

(1)本次收购将按照《买卖协议》的约定有条件地收购永隆银行123 336 170股股份,约占永隆银行总股本232 190 115股的53.12%。收购总计193亿港元,将以现金方式收购目标股份。

(2)本次收购价格为每股156.50港元,目标股份收购完成后,招商银行将持有永隆银行约53.12%的股份,成为永隆银行的控股股东,并需按照香港法律的规定就永隆银行全部已发行的股份(已为收购方或与收购方一致行动人士于进行全面收购建议时拥有或同意收购的永隆银行股份除外)提出全面收购建议。

(3)招商银行的承诺:本企业与永隆银行、卖方不存在任何关联关系,本次收购不构成本企业的关联交易。本企业尽力维持永隆银行管理层及员工的长期稳定性和持续性。因此,本企业已向卖方承诺,在目标股份收购完成日期后至少18个月内不会(并将促使任何永隆银行集团之成员不会)终止任何永隆银行之职员之雇用,但在一些有限的特定的情况下除外。

（三）收购结果与影响

2008年10月6日，招商银行向永隆银行剩余股东发起全面要约收购之后，迅速在二级市场增持永隆银行股权。在发出全面要约收购建议后的4天内，招商银行持有永隆银行股权的比例已增加9.49%至62.61%，随后每一个交易日，招商银行都在二级市场上增持永隆银行。截至10月22日，招商银行的持股比例已经达到90.65%，刚好超过发起强制性收购的比例。10月27日，招商银行完成对永隆银行的全面收购，耗资约363亿港元，持有永隆银行全部已发行股份的97.82%。从11月起，招商银行开始对永隆银行剩余2.18%的股份进行强制性收购。招商银行2009年1月15日在香港发布公告表示，招商银行强制性收购永隆银行剩余股份已于当日完成，永隆银行正式成为招商银行直接全资附属企业，并于2009年1月16日撤销其在香港联合交易所的上市地位。收购之举消耗了招商银行的大量资本，拉低了资本充足率，财务压力和整合的风险或拖低股价，被市场和部分券商看淡。

四、并购后的整合

在收购完成的同时，并购整合工作已经全面展开。招商银行聘请了国际知名的咨询企业作为战略合作伙伴，协助招商银行和永隆银行一道开展整合工作。整合项目管理办公室（PMO）按照专业分工，下设零售业务、批发业务、金融市场交易业务、IT及管理支持等6个工作小组。工作小组成员全部由招商银行、永隆银行及咨询企业的中高层人士和专业骨干组成。

1. 整合的主要思路

发挥双方在境内外市场的互补优势，以双方的客户转介共享、产品交叉销售和业务联动为突破口，促进双方在各个业务领域的合作，降低运营成本，增加营业收入，实现财务效率的整体提升。在努力实现双方管理优势互补的同时，从多个方面帮助永隆银行提升经营管理水平，增强其在香港市场的综合竞争力，较快扩大其在当地的市场份额，实现盈利水平的持续增长。同时，初步找出了双方在战略、销售、营运、管理等方面的协同效应来源，并重点从完善企业治理机制、加强两行互补与联动、努力提高经营管理水平、增加基础性投入、促进团队建设和文化融合等多方面提出了实现这些协同效应的举措。

2. 整合效果

数据显示，截至2009年8月末，永隆银行的总资产较2008年年底增长13%，贷款增长11.9%，存款增长9.9%。2009年上半年实现税后利润4.58亿港元，比上年同期增长30.7%。然而，在永隆银行的收入结构中，2009年上半年实现净利息收入6.09亿港元，同比下跌10.1%；而非利息收入则与去年同期比较大幅增长39.8%，其中债务证券投资有可观的利润增长。

批发业务方面，截至2009年8月底，数据显示，招商银行向永隆银行转介客户的对公存贷款余额较年初显著增加，内外联动业务产生的批发中间业务收入也达到招商银行的预期水平。2009年7月6日，永隆银行联同招商银行深圳分行为深圳比亚迪股份有限企业成功办理了粤港第一笔跨境贸易人民币结算业务，为跨境批发业务开辟了新的合作领域。同时，"汇款快线"也于2009年5月11日成功上线，实现了招商银行近700个网点与永隆银行39个网点之间的"点对点"双向实时快速汇款。招商银行在香港和内地两地推出"中小企业融资通"特色业务。为向香港和内地两地客户提供更多便利服务，2009年上半年，永隆银行获得了"见证开户业务"和"首次公开招股副收款行"两个业务资格。

零售业务方面，两地零售客户的推荐工作已全面开展，永隆银行内地零售客户的管理总资产、存贷款较年初都有显著的提升;两地信用卡优惠商户推荐业务也在进行中,客户手握招商银行信用卡赴港购物,或以永隆银行信用卡在内地购物都能享受更多优惠,零售业务协同效应初步显现。

金融市场交易业务方面,两行作为交易对手,在外汇交易、资金拆借等领域都已经开始了合作。招商银行对永隆银行的整合,紧紧扣住了两银行的互补特质。财富管理是永隆银行寻求新的利润增长点的又一举措,这也是招商银行对永隆银行的特色"移植"。目前,永隆银行已在主要网点设置了专门的财富管理部门,为未来深港两地的高端客户提供服务。永隆银行也加快了网点扩展速度,2009年新开设了三家分行。相对于业务整合,两家银行的文化整合最为艰难。不过并购后的一年内,永隆银行员工的流失率并不高,仅为3.0%。

思考并回答以下问题:
1. 招商银行收购永隆银行的动机是什么?
2. 招商银行在选择收购目标时有何考虑?
3. 本案例中的协同效应有哪些?
4. 查阅相关资料,评价招商银行收购永隆银行的定价是否合理。
5. 分析招商银行的并购整合策略。

第三章 资产证券化业务

本章概要

资产证券化是金融市场上的一种新型融资方式。投资银行在资产证券化的过程中扮演着多重角色,体现了其发现价值、创造价值的能力。本章将概述资产证券化的基本原理及其发展历程,分析资产证券化的基本结构和运作流程,介绍资产证券化的主要类型以及投资银行在资产证券化中的业务机会。

学习目标

- 掌握资产证券化的含义及类型
- 理解资产证券化的基本原理
- 熟悉资产证券化的结构和运作流程
- 掌握投资银行在资产证券化中的业务机会

如果有一个稳定的现金流,就将它证券化。

——华尔街流行语

第一节 资产证券化概述

资产证券化是以资产所产生的现金流为支撑,在资本市场上发行证券工具,从而对资产的收益和风险进行分离与重组的一种技术过程。从这个意义上说,资产证券化是一个覆盖面很广的范畴,企业发行的股票、债券和商业票据本质上就是实体资产的证券化过程。但通常人们所称的"资产证券化"是一个略小的范畴,它专指起源于美国住房抵押贷款证券化的、以信贷资产证券化为主的金融产品。

资产证券化是20世纪70年代以来最重要、最成熟的金融创新之一,市场规模巨大。但住房抵押贷款证券化市场的泡沫化却成为2007年金融危机的源头,也对资产证券化及其监管的发展完善提出了新的要求。

一、资产证券化的原理

资产证券化因基础资产、法律环境、税收等因素的不同,在实践中会采取多种不同的方式来实现,但都依据并体现了相同的理论原理,其中包括一个核心原理和三个基本原理。

(一) 资产证券化的核心原理

资产证券化的核心原理是指被证券化的资产(即基础资产)的现金流分析原理。资产证券化是以可预期的、稳定的现金流为支持而发行证券进行融资的过程。可预期的现金流是进行证券化的先决条件,不论这种现金流是由哪种资产产生的。基础资产的现金流分析主要解决三个问题:资产的估价、资产的风险与收益、资产的现金流结构。

1. 资产的估价分析

资产的价值是由它产生未来现金流的能力决定的,因此,资产的价值问题也就可以通过资产的现金流分析来解决,即资产的价值就是它未来产生的现金流的现值。依据这一基本观点,对信贷资产证券化主要采取现金流贴现法,即资产的价值应等于该资产预期在未来所产生的全部现金流的现值总和。

2. 资产的风险与收益分析

资产证券化是通过金融市场对资产的收益和风险进行分离和重组的过程。金融资产的收益和风险总是息息相关的。预期收益高,承受的风险也相应较大,反之则反是。风险收益分析是指从风险需要得到补偿的角度出发,计算资产或资产组合的收益率。

3. 资产的现金流结构分析

资产的现金流结构体现在基础资产产生现金流的期限和各期的流量两个方面。这两方面的变化不仅直接影响资产价值,而且影响对投资者持有证券的偿付。因此,对资产证券化而言,现金流产生的数量和时间也是应该进行深入的分析和预测的。

(二) 资产证券化的基本原理

资产证券化的三大基本原理分别是资产重组原理、风险隔离原理和信用增级原理。这三个基本原理其实是对基础资产现金流的进一步分析,是资产证券化核心原理的深入。任何一项成功的资产证券化,必须要对其基础资产进行成功的重组,并实现该项资产和发起人其他资产的风险隔离,同时还必须对担保资产组合进行信用增级。

1. 资产重组原理

资产重组是基础资产的所有者或支配者为实现发行证券的目标,运用一定的方式与手段,对资产进行重新分割与组合的行为。在资产证券化中,资产重组原理是从资产收益的角度来进一步对现金流进行分析,其核心思想是通过资产的重新组合实现资产收益的重新分割和组合,从而使资产证券化的过程达到最优、均衡和低成本的目标。

2. 风险隔离原理

风险隔离主要是通过隔离基础资产和基础资产原始所有人的其他资产的风险,来提高资产运营的效率,从而最大化资产证券化参与各方的收益。风险隔离原理着重从资产风险的角度来进一步分析现金流,是关于资产风险重新分割和组合的原理。风险隔离从两方面提高了资产运营的效率:首先,通过风险隔离,把基础资产原始所有人不愿或不能承担的风险转移到愿意而且能够承担的人那里;其次,证券的投资者能够也只能承担他们所愿意承担的风险,而不是基础资产原始所有人所面临的所有风险。正是通过这种资产收益和风险的重新分割和组合,使得基础资产的风险和预期收益组合对投资者更富吸引力。资产证券化中的风险隔离是双向的,一方面,发行人不因原持有人破产而承担连带责任,即证券化资产不能被原持有人的债权人追索;另一方面,基础资产出现意外损失,造成证券违约时,原持有人也不会被证券持有人追索。

3. 信用增级原理

为了吸引更多的投资者并降低发行成本,利用信用增级原理来提高资产支持证券的信用等级是资产证券化的一个重要特征。信用增级原理是从信用的角度来考察现金流,即如何通过各种信用增级方式来保证和提高整个证券资产的信用级别。经过信用增级的证券化产品将不再按照基础资产原始所有者的信用等级或原始信贷资产的等级来进行定价和交易,而是按照提供担保的机构的信用等级来进行交易。信用增级不仅能降低融资成本,而且能吸引更多的投资者,对资产证券化来说意义重大。

二、资产证券化的发展历程

(一) 美国资产证券化的发展历程

美国是资产证券化的起源地,资产证券化发展最迅速,市场也最发达。从20世纪60年代末出现第一个住房抵押贷款支持证券开始,到今天,证券化资产已广泛遍及租金、版权专利费、信用卡应收款、汽车贷款应收款、消费品分期付款、高速公路收费等领域。随着可证券化基础资产的扩展和交易结构的创新,美国的资产证券化发展更加迅速,资产证券化已成为美国资本市场上最重要的融资工具之一,对其经济和金融市场产生了巨大的影响。

1. 资产证券化的产生

作为一种创新型融资方式,资产证券化起源于20世纪60年代末、70年代初的美国居民住房抵押贷款市场。为了解决当时贷款机构的资金短缺和流动性不足问题,美国政府决定搞活住房抵押贷款二级市场。当时,美国的住房抵押贷款市场上主要有三家政府信用机构:联邦国民抵押贷款协会(Fannie Mae)、联邦住房贷款协会(Freddie Mac)、政府国民抵押贷款协会(Ginnie Mae)。这三大机构的主要任务是收购抵押贷款,为住房抵押贷款二级市场提供流动性,同时也为许多银行的住房抵押贷款交易提供担保。1968年,联邦国民抵押贷款协会首次发行抵押贷款支持证券,这被认为是世界上第一个资产证券化产品。联邦国民抵押贷款协会按一定标准把若干住房抵押贷款组合在一起形成资产池(Assets Pool),并以资产池未来的现金流为担保发行债券。

2. 资产证券化的快速发展

20世纪70年代,证券化的基础资产仅限于居民住房抵押贷款,其市场规模也不大。进入20世纪80年代,为解决储蓄贷款机构的流动性危机,联邦国民抵押贷款协会和政府国民抵押贷款协会大规模接收相关储贷机构的抵押贷款并进行证券化,住房抵押贷款证券化的市场规模得以迅速扩大。1985年,随着汽车贷款产品的出现,可证券化的基础资产范畴迅速扩大,无论是企业信用还是银行信贷资产,无论是消费信贷还是信用卡欠款,无论是融资租赁还是服务业收费,都可以进行资产证券化,实现流动性的快速回收。美国的资产证券化进入了快速发展的阶段。

此后,1992年到2007年,是美国资产证券化的稳定发展时期,规模逐渐扩大,应用领域进一步增加,运作模式效率提高,证券化技术日趋复杂。同时,与之相关的法律制度、中介机构和市场制度等辅助机制都得到进一步完善,为资产证券化提供了良好的发展空间。

3. 资产证券化和次贷危机

2006年春季,次级抵押贷款证券化(Subprime Mortgage Backed Securitization)的信用风险快速累积,风险逐渐显露。2007年8月,美国多家金融机构因为次级抵押贷款证券化产品而濒临破产。依据前述资产证券化的核心原理,我们可以简要地来看一下次级抵押贷款证券化的危机是如何发生的。从基础资产的预期现金流来看,次级抵押贷款的原始债务人是信用等级低、收入来源不稳定、收入水平低的人群。当经济开始周期性的调整后,这一人群的偿付能力最先受到影响,逾期未偿付率大大提高,这就使得次级抵押贷款证券化产品的市场价值急剧下降。持有大量此类证券化产品的金融机构损失惨重。

由于金融市场的联动效应,次级抵押贷款证券化产品的市场波动很快扩散到资本市场的各个领域,引发了票据、股票、债券等市场的波动,导致全球信贷萎缩,给全球金融业带来了巨大损失,各国经济也因此遭受重创。

(二) 我国资产证券化的发展历程

我国的资产证券化起步较晚,最早可以追溯到1992年三亚市丹洲小区将800亩土地作为发行标的物,以地产销售和存款利息收入作为收益来源而发行的2亿元离岸地产投资券。规范化的资产证券化活动是从1996年开始的。按照融资来源,可划分为境外资产证券化和境内资产证券化两个阶段。

1. 第一阶段:境外资产证券化(1996—2004年)

我国从20世纪80年代初期开始以"收费还贷"模式进行大规模的公路建设,但当时国内资金紧张,资金供给与建设进度时常脱节,严重制约着我国公路建设事业的发展,国内法律环境和资本市场条件也不允许公路建设通过发行资产支持证券进行融资。在此情况下,一些项目开始利用境外成熟的法律环境和资本市场,发行资产支持证券,实现了"引资搞建设"的目的。1996年,珠海市政府在开曼群岛注册了珠海高速公路有限公司,由珠海高速公路有限公司以珠海市机动车管理费和外地过境机动车缴纳的过路费为支撑,成功在美国发行了总额2亿美元的债券,用于广州到珠海的铁路及高速公路建设,开启了我国基础设施收费境外证券化融资的先例。20世纪90年代后半期,我国高速公路项目境外证券化融资共筹集约15.5亿美元资金。

此外,我国一些企业还通过应收款的境外证券化筹集或融通资金。例如,1997年,我国恒源电厂集团有限公司选择雷曼兄弟公司为融资顾问,在开曼群岛设立西部资源国际恒源公司,以其与供电局签订的长期供电协议的应收款为支撑,在美国资本市场发行了资产支持债券,为公司 2×30 万千瓦火力发电厂项目筹资约3.5亿美元。

2. 第二阶段:境内资产证券化(2005年至今)

在境外资产证券化活动开展的同时,我国实施境内资产证券化的条件逐步具备。一方面,法律制度和中介服务体系日趋完善;另一方面,银行间债券市场发展迅速,实施资产证券化的市场操作平台日趋成熟。我国于2005年3月正式启动了境内资产证券化的试点工作。中国人民银行和中国银监会共同制定了《信贷资产证券化试点管理办法》《信贷资产证券化试点会计处理规定》《资产支持证券信息披露规则》《资产支持证券交易操作规则》《关于信贷资产证券化有关税收政策问题的通知》等规范性文件。2005年10月,中国人民银行、国家发改委、中国财政部、劳动和社会保障部、建设部、国家税务总局、国务院法制办、中国银监会、中国证监会、中国保监会十部门联合成立了信贷资产证券化试点工作协调小组。

2005年12月,作为试点单位的国家开发银行和中国建设银行首先推出两项信贷资产证券化项目,即国家开发银行发行的两项基础设施资产支持证券产品和中国建设银行发行的一项住房抵押贷款支持证券产品,标志着采取国际公认技术和结构设计的资产证券化在我国境内诞生。2008年,中国银监会发布了《进一步加强信贷资产证券化业务管理工作的通知》,要求各银行要根据自身的业务水平及管理能力等情况循序渐进发展证券化业务。2005年到2008年间,资产支撑证券的发起机构包括政策性银行、国有商业银行、股份制商业银行、资产管理公司和汽车金融公司等金融机构,证券化的资产由简单的信贷资产和住房抵押贷款扩大到不良贷款和其他资产,投资者的范围也从原来的银行间市场参与者扩大到证券公司,而且很快扩大到保险公司和保险资产管理公司。根据中央国债登记公司的统计,截至2008年7月底,我国共发行各类资产支持证券531.18亿元,7月末的余额为434.4亿元,基础资产类型包括住房抵押贷款、汽车贷款、优质信贷资产以及不良贷款等,交易方式包括现券买卖和质押式回购,累计成交158.65亿元。

美国金融危机促使各国监管部门对证券化产品采取了审慎的态度,我国也在2008年之后停止了对新的信贷资产证券化产品的审批。2009年,各主要资本市场所在国陆续推出金融监管改革举措,并重启证券化市场。中国人民银行在《金融市场稳定报告2010》中肯定了"资产证券化是发展金融市场、防范金融风险的重要举措"。2011年3月,"十二五"规划把"稳步推进资产证券化"列为我国加快建设多层次金融市场体系的重要内容。2012年6月,监管层下发《关于进一步扩大信贷资产证券化试点有关事项的通知》,宣告信贷资产证券化第二批试点开始。

2013年3月,中国证监会发布了《证券公司资产证券化业务管理规定》(以下简称《管理规定》)。2014年11月,为贯彻落实《国务院关于进一步促进资本市场健康发展的若干意见》,规范发展证券公司、基金管理公司子公司资产证券化业务,中国证监会对《管理规定》进行了修订,并更名为《证券公司及基金管理公司子公司资产证券化业务管理规定》,同时起草了配套规则《证券公司及基金管理公司子公司资产证券化业务信息披露指引》《证券公司及基金管理公司子公司资产证券化业务尽职调查工作指引》。本次规则修订及起草的主要内容包括:一是明确以《证券法》《中华人民共和国证券投资基金法》(以下简称《基金法》)、《私募投资基金监督管理暂行办法》为上位法,统一以资产支持专项计划作为特殊目的载体开展资产证券化业务;二是将资产证券化业务管理人范围由证券公司扩展至基金管理公司子公司,并将《证券公司资产证券化业务管理规定》更名为目前名称;三是取消事前行政审批,实行基金业协会事后备案和基础资产负面清单管理;四是强化重点环节监管,制定信息披露、尽职调查配套规则,强化对基础资产的真实性要求,以加强投资者保护。

第二节 资产证券化的运作

资产证券化的基本流程可简单概括为:发起人将证券化资产出售给一家特殊目的机构(Special Purpose Vehicle,SPV),或者由已成立的SPV主动购买可证券化的资产,然后将这些资产汇集成资产池,再以该资产池所产生的现金流为支撑在金融市场上发行有价证券,最后用资产池产生的现金流来清偿所发行的证券(见图3.1)。

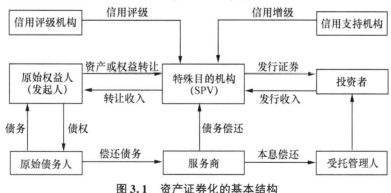

图3.1 资产证券化的基本结构

一、资产证券化的参与主体

一般而言,资产证券化的参与主体主要包括:资产原始权益人(发起人)、SPV、信用增级机构、信用评级机构、服务商、受托管理人和证券承销商。

(一) 资产原始权益人(发起人)

资产证券化的发起人(Originator)是资产证券化的起点,是基础资产的原始权益人,也是基础资产的卖方(Seller)。发起人根据其自身的业务需要和资本市场状况,确定其证券化融资目标和规模,据此对自身资产进行清理、考核和评估,整理相关资产文件,确定拟证券化的资产,组建资产池,然后将其转移给SPV。通常,有融资需求且持有可在资产支持结构中用作担保以取得较高信用等级的资产,并以获得更好的融资效果为目的的机构都可以成为发起人,主要包括:

(1) 商业银行:最主要的证券化发起人,通常将消费贷款、企业贷款、住房和商业不动产抵押贷款进行出售,以达到再融资和转移风险的目的。

(2) 企业:主要是将应收账款或其他能产生稳定现金流的资产进行证券化,起到融资和简化资产结构的作用。

(3) 项目融资:一个建设项目在完成后通常能产生稳定的现金流,所以可在建设阶段利用证券化将未来的现金流进行贴现,获得相应的资金。

(4) 公共部门:既可以将现有能够产生稳定现金流的资产进行证券化,如税收收入、社会保障金、停车费、出租车牌照费等,也可以将未来能够产生现金流的资产进行证券化,如高速公路、桥梁的使用费。

(5) 不动产开发商:能够带来租金收入和资本利得的不动产包括写字楼、商场和旅馆等,这些不动产也通常被作为抵押资产用来申请银行贷款,所以可将商业不动产抵押贷款证券化,也可将商业不动产直接证券化。

(6) 政府:可将部分产生稳定现金流的政府资产通过证券化出售给私有企业,实现国有资产的私有化。

(二) SPV

为实现风险隔离,资产组合通常并不是由发起人直接转让给第三方投资者,而是首先转让给一家独立的中介机构。SPV就是专门为发行证券化产品而组建的,在法律上具有独立的地位。为了保证它不遭受破产风险,其业务被限定在发行证券化产品(主要信用提供者是证券持有人)和收购资产(主要是证券化了的资产池),一般不允许进行其他经营业务和融资业务。

SPV从发起人处购买或接受发起人信托持有支持资产并以之为支持发行资产支持证券,其在交易中的主要作用包括:

(1) 确定支持资产标准,汇集组合支持资产,确定证券化交易方案;

(2) 对资产支持证券进行信用增级;

(3) 聘请信用评级机构对证券进行信用评级;

(4) 确定受托管理人、服务商、交易财务顾问、律师事务所、会计师事务所和证券承销商等为交易提供服务的中介机构;

(5) 发行证券;

(6) 委托服务商管理支持资产,委托受托管理人向投资者支付证券本息等。

（三）信用支持机构

证券化产品可能面临债务人违约、拖欠的风险，为使这种产品更受投资者的青睐，通常会对其进行信用增级。所谓信用增级，就是发行人通过从外部为支持资产附加衍生信用以提高资产支持证券的信用质量和等级，从而提高证券的售价，增加对投资者的吸引力并降低证券化融资的成本。信用增级可以补偿资产现金流的不足，使证券化产品获得"投资级"以上的信用评级。

信用支持机构（Credit Enhancer）一般由信用良好的商业银行、保险公司、专业担保机构等金融机构担任，提供的信用增级手段主要有信用证、保险、担保函等。有时发起人或SPV的关联机构也可为交易提供信用增级服务，前提是该关联机构自身的信用等级高于发起人或SPV。一般情况下，信用支持机构对交易提供信用支持会收取费用和报酬，发起人应衡量信用增级费用和因信用增级所导致的融资成本节约孰高孰低，再决定是否需要信用支持机构提供信用支持。因此，并非所有证券化交易都需要信用支持机构的参与。

（四）信用评级机构

在资产证券化过程中，信用评级机构（Crediting Agency）扮演了十分重要的角色。为实现发起人所期望的交易信用等级，信用评级机构一般在交易初期就参加进来，就交易的结构设计为发起人和SPV提供专业意见，协助SPV确定信用增级的方式和规模，以保证证券化产品最终以发起人和SPV所希望的信用级别发行出去。而证券化交易要想获得较高的信用评级，其结构设计也必须符合信用评级机构的相关标准和要求，因此，信用评级机构的内控标准也逐渐成为证券化交易准则的一部分。

（五）服务商

服务商（Servicer）对资产项目及其所产生的现金流进行监理和保管，是资产证券化交易中非常重要的一个角色，它们的工作将直接影响到资产池的现金流实现情况，进而影响整个证券化交易。其主要的职责有：

（1）监督资产债务人的债务履行情况；

（2）收取、汇总、统计支持资产产生的现金流并将其存入受托管理人设立的特定账户并进行相应的会计处理；

（3）对资产债务人的违约实施相关补救措施，并在必要情况下依约垫付证券的到期本息；

（4）代理支持资产相关的税务和保险事宜；

（5）遵循受托管理人的指示处置支持资产；

（6）向投资者和受托管理人邮寄交易清单，定期报告支持资产的收入实现及分配情况及其他必要信息（包括收支结构、保险费、税收、剩余资产额等）；

（7）对在管理支持资产工作中所出现的问题承担相应的法律责任等。

实际操作中，发起人一般会被要求担任资产证券化交易的服务商或主服务商。因为发起人已经比较熟悉支持资产的情况，与资产相关当事人有天然的联系。而且，发起人对支持资产的管理在人才、技术、信息和经验等方面都具优势也更具能力。而发起人一般也乐于继续对支持资产进行管理和服务，因为担任服务商除了可获得服务费收入外，发起人还可借为支持资产提供管理服务之机继续与支持资产的债务人（大多数情况下为发起人的商业伙伴或重要客户）保持和发展良好的合作关系。发起人也可把具体的服务工作分配给其附属机构或专长于此业务的代理机构来完成。当然，服务商也可以是独立于发起人的其他实体。而且，在有些国家，如西班牙，为了使资产证券化交易结构中各参与人的职能有效分离，以起到相互牵制的作用,在法律上要求对SPV资产的管理必须由独立第三方担任。

（六）受托管理人

在资产证券化的过程中,SPV自身并不管理基础资产,而是交由受托管理人(Trustee)来管理。受托管理人不仅负责向投资者支付本金和利息,而且需要保证整个证券化交易过程中投资者的利益不受侵害。受托管理人一般由资信良好的信托机构或商业银行担任,其主要的工作和职责有：

(1) 保存资产支持证券投资者名单；

(2) 持有支持资产或证券的抵押权益,按照证券化交易相关合同的规定处置支持资产；

(3) 监督各交易参与方对相关合约的执行,对相关当事人的违约行为采取补救措施(包括通知投资者、依交易文件的规定对支持资产进行清算等)；

(4) 从服务商处收取支持资产收入支付给证券持有人并记录支持资产收入的保存和支付情况,当资产收入现金流与证券偿付现金流不匹配时,还有责任依约将未支付给证券持有人的资产收入进行再投资以保值增值；

(5) 接收、审查服务商提交的反映支持资产处置、收入收集和相关债务人违约情况的定期报告及相关突发事件的临时报告并转报告投资者；

(6) 实时审查资产证券化交易的进展情况,及时发现潜在问题或风险并进行相应处理；

(7) 当服务商不能履行其职责时,取代服务商承担起对支持资产的管理和服务责任,或选任替代服务商并在尽可能短的时间内为替代服务商提供足够的人力支持及替代服务商履行职责所必需的、与资产证券化交易相关的各类文件、资料和信息等。

（七）投资者

资产证券化产品的投资者(Investor)类型非常多元化,以机构投资者为主,包括基金、信托公司、保险公司、证券公司、商业银行及其他投资者。

除了上述主要参与者外,一个完整的资产证券化过程还需要包括交易管理机构、资金托管机构、登记及支付代理机构、律师事务所、会计师事务所在内的各种中介服务机构的帮助才能实现。

二、资产证券化的一般流程

一般来说,完成一项完整的资产证券化交易,要经历以下八个关键步骤：

（一）确定基础资产并组建资产池

资产证券化的发起人首先分析自身的资产证券化融资需求,据以确定资产证券化目标。在对自身拥有的能够产生未来现金收入流的资产进行清理、估算和考核后将其汇集形成一个资产池。

从理论上讲,任何能在存续期间给所有者带来持续稳定的或者可预见收益的资产,不论其权利载体是实物产品还是金融产品,都适合于证券化。因此可以进行证券化的资产范围是非常广泛的,从各类抵押/信用贷款到融资租赁设备,从信用卡应收款到石油天然气储备,从特许权到收费基础设施,从人寿保险单到各种有价证券等都可以作为证券化资产。从实践来看,在资产证券化发展初期,人们大多选择安全性高、稳定性好的金融产品作为证券化资产,如住房抵押贷款、汽车贷款、个人消费信贷、信用卡应收款等。这些金融工具信用关系单纯,支付方式简单,具有借款人多样化、偿付违约率低、现金收入稳定等特点。投资者比较容易接受以这些资产为基础发行的资产支持证券。近年来,随着资产证券化的技术不断成熟和完善,以前不大为人们看好的一些期限较短、收入流量不易把握的资产,如贸易应收款、中小企业短期贷款等也被纳入了资产证券化的范围。目前,在我国已开展的资产证券化项目中,被证券化的资产有住房抵押贷款、银行中长期贷款、汽车贷款、银行不良资产、基础设施收费、贸易应收款等。

在组建证券化资产池时,资产范围的选择一般是未来现金流量稳定、风险较小的资产,那些依据法律规定或相关当事人的约定或依其性质不能流通转让的资产不能进入资产池。在期限结构方面,资产证券化的期限应当与基础资产的现金流量相匹配。在行业分布方面,加入资产池的资产应符合分散风险和宏观经济政策调整的要求。在资产质量方面,优良资产和不良资产都可以作为证券化的基础资产进入资产池。在地域分布方面,如果资产的地域相关性小,可以通过扩大地域的选择来分散风险。

(二)设立SPV并真实出售基础资产

SPV是由资产证券化风险隔离机制的需要而产生的。为使基础资产与发起人的风险相隔离,最有效的手段就是将基础资产从发起人处剥离出来,使其具有独立的法律地位。但因为资产本身没有权利,于是需要构建SPV这一载体作为其法律外壳。在法律上,SPV应该完全独立于包括发起人在内的其他交易主体,确保支持资产不受包括发起人在内的任何第三人是否破产倒闭的影响,以实现投资人与发起人以及其他交易参与者的风险相隔离的目的,从而保障投资人的权益。SPV的设立是证券化交易结构设计的核心环节。

SPV组建完成后,证券化的基础资产从发起人向SPV的转移是资产证券化流程中非常重要的一个环节。这个环节会涉及许多法律、税收和会计处理问题。资产转移的一个关键问题是,这种转移必须是"真实出售"(True Sale),即实现基础资产与发起人之间的破产隔离。当发起人发生破产清算时,被证券化的资产权益不作为清算财产,所产生的现金流仍按资产转让协议的规定支付给投资者。

真实出售的资产转移要求做到以下两个方面:第一,基础资产必须完全转移到SPV手中,这既保证了发起人的债权人对已转移的基础资产没有追索权,也保证了SPV的债权人对发起人的其他资产没有追索权;第二,由于资产控制权已经从发起人转移到了SPV,因此应将这些资产从发起人的资产负债表上剔除,这也使资产证券化成为发起人的一种表外融资方式。

(三)信用增级

为吸引投资者并降低融资成本,必须对资产证券化产品进行信用增级,以提高所发行证券的信用级别。信用增级可以使证券在信用质量、偿付的时间与确定性等方面更好地满足投资者的需要,同时满足发行人在会计、监管和融资目标方面的需求。信用增级可以分为外部信用增级和内部信用增级两类。

1. 外部信用增级

外部信用增级主要由第三方提供信用支持,如银行提供信用证(LOC)、保险公司提供保证债券、担保公司提供担保,或者从第三方获得次级贷款,即索偿顺序在证券化产品之后,保证在现金流恶化时证券化产品能首先获得及时偿付。外部信用增级方法操作起来较为容易,在资产证券化市场发展的早期阶段十分流行,但担保成本较高。而且,证券化产品的信用实质上依赖于信用支持机构的信用等级,一旦信用支持机构的信用评级被降低,证券化产品的评级也将受到直接影响。

2. 内部信用增级

内部信用增级主要由证券化交易结构的自我设计来完成。主要包括以下几种：

（1）设立超额利差账户。超额利差是指基础资产产生的现金总收益减去证券化应支付的利息、必要的服务费和违约等因素造成的坏账损失后的超额收益。超额利差是承受损失的首要防线，当超额利差为负时，表明现金流已明显不足，这时需要动用其他形式的信用增级措施。超额利差是评估资产池信用状况的最重要的指标。证券化产品到期时，最后剩余的超额利差一般由发起人获得，而发起人同时也扮演着资产管理服务机构的角色，因此为获得尽量多的超额利差，发起人有动力执行好账款回收的服务职能。

超额利差账户（Excess Servicing Spread Accounts）除了能够弥补基础资产现金流遭受的违约损失，有时还设立专门的子账户，储备一定的金额，来防范发起机构和资产管理服务机构的运营风险。

（2）优先/次级分层结构。优先/次级分层结构（Senior/Subordinated Structure）是证券化产品最常用的一种内部信用增级方法。证券化产品按照本金偿还的先后顺序分为优先级和次级等多个档次，其中优先级首先获得资产产生的现金流，作为所持有证券化产品的利息和本金收入；与此同时，次级部分以吸收基础资产价值损失为第一目的，即当资产池出现违约损失时，首先由次级承担，而优先级在次级吸收损失完全折损后才开始承受后面的损失，所以能获得更好的信用评级。如果出现本金提前偿还的情况，一般也用于提前偿还优先级债券，以避免次级债券得到清偿后规模缩小，对优先级的保护能力下降。

（3）超额担保。顾名思义，超额担保（Over Collateralization）是指以超额的抵押品发行较少的证券，即基础资产的总值超过发行证券的面值总额，超出的部分可视为发起人的参与，以作为整个证券化的权益部分，且没有利息收入，对证券投资者提供了一定的保障。这种信用保护比优先/次级分层结构更强。

（四）信用评级

在资产证券化交易中，信用评级机构通常要进行两次评级：初评与发行评级。初评的目的是确定为了达到所需要的信用级别必须进行的信用增级水平。在按评级机构的要求进行完信用增级之后，评级机构将进行正式的发行评级，并向投资者公布最终的评级结果。信用评级机构通过审查各种合同和文件的合法性及有效性，给出评级结果。信用等级越高，表明证券的风险越低，从而使发行证券筹集资金的成本越低。

评级机构在为资产证券化产品进行信用评级时，往往关注如下几方面：① 基础资产本身的品质；② 证券化产品的发行框架；③ SPV 能否完全隔离资产原始持有人的破产风险；④ 信用增级是否足以涵盖所有信用风险；⑤ SPV 本身因其他因素破产的可能性。但需要注意的是，信用评级仅衡量了信用风险，并没有体现提前偿付的风险、市场风险和经营风险等。

（五）发售证券

信用评级完成并公布结果后，SPV 将经过信用评级的资产支持证券交给证券承销商去发售，可以采取公开发售或私募的方式来进行。由于这些证券一般具有高收益、低风险的特征，因此主要由机构投资者，如保险公司、投资基金和银行机构等购买。

（六）向发起人支付资产购买价款

SPV 是为了发行证券而设立的法律实体，一般无法对"真实购买"来的资产立刻支付，因此在实际操作过程中，是 SPV 先从证券承销商那里获得发行现金收入，而后按事先约定的价格向发起人支付购买基础资产的价款，在此之前，通常还要优先支付其聘请的各专业中介机构的费用。

（七）管理资产池

SPV要聘请专门的服务商来对资产池进行管理，主要工作包括收取、记录资产的现金流，以及将全部收入存入SPV事先指定的托管银行。

（八）清偿证券

资产支持证券到期时，SPV将委托受托人按时、足额地向投资者偿付本息。利息通常是定期支付的，而本金的偿还日期及顺序就要因基础资产和所发行证券的偿还安排的不同而异了。当证券全部被偿付完毕后，如果资产池产生的现金流还有剩余，那么这些剩余的现金流将被返还给发起人，资产证券化交易全部结束。

第三节　资产证券化的类型

资产证券化作为一种新型的融资工具，经过几十年的发展，种类很多。按照不同的标准，可以划分为不同的类型。

一、信托型和公司型资产证券化

就组织形式而言，实现破产隔离的SPV有信托型和公司型两种。

（一）信托型SPV，又称为特殊目的信托

原始权益人将基础资产设定为信托财产，然后转移给特定的受托人，即特殊目的信托（Special Purpose Trust，SPT）持有，成立信托关系。由SPT作为资产支撑证券的发行人发行对基础资产享有权利的信托收益凭证。在这样一个信托关系中，委托人为原始权益人；作为受托人的SPT是法律规定的营业受托人，即有资格经营信托业务的信托机构；信托财产为基础资产；受益人则为收益凭证的持有人，即投资人。根据信托的法律关系，原始权益人将基础资产信托给SPT后，基础资产与原始权益人独立，原始权益人的债权人就不能再对这部分资产主张权利，从而实现了基础资产与原始权益人破产隔离的要求。

（二）公司型SPV，又称为特殊目的公司

在这种模式下，SPV采取公司制形式，成为特殊目的公司（Special Purpose Company，SPC）。SPC在基础资产的选择上更加灵活，可以把一个或一组发起人的基础资产加以证券化，而不管这些资产是否彼此相关，并且这些证券化交易可以依次进行也可以同时进行。因此，公司型结构可以扩大资产池的规模从而摊薄证券化交易较高的初始发行费用。在实践中，从交易的经济效率来看，SPC在单宗销售中运用得较少，多用于多宗销售中。

以SPC方式实施资产证券化具体又可以分为独立公司模式和子公司模式。在独立公司模式下，发起人把基础资产真实出售给跟自己没有控股权关系的SPC，实现破产隔离。在子公司模式下，发起人成立全资或控股子公司作为SPC，然后把资产出售给子公司。子公司不但购买母公司的资产，还可以购买其他公司的资产放入资产池。虽然子公司要与母公司合并资产负债表，但母公司与子公司是两个独立法人，母公司的破产并不会直接导致子公司的破产，同样可以实现破产隔离。

二、过手型和转付型资产证券化

根据基础资产的现金流重组模式不同,资产证券化可以分为过手型(Pass-through)和转付型(Pay-through)两种。两者的区别在于转付型资产证券化对基础资产产生的现金流进行重新安排和分配以设计出风险、收益和期限等不同的证券,而过手型资产证券化则没有进行这种处理。

(一) 过手型资产证券化

过手型证券是最早出现的抵押支持证券形式。来自基础资产的现金流收入被简单地"过手"给投资者以偿付证券的本息,投资者按其购买份额享受相应权利,按月收取由发行者直接"传递"而来的本金和利息(如图3.2)。

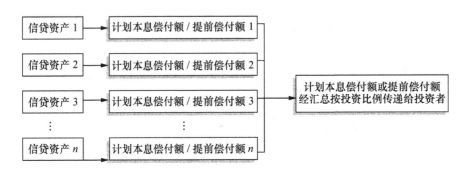

图3.2 过手型证券化的现金流结构

(二) 转付型资产证券化

转付型资产证券化根据投资者对风险、收益和期限等的不同偏好对基础资产产生的现金流进行剥离和重组,使本金和利息的偿付机制发生了变化。资产证券化采用转付型的主要考虑因素是:资产的现金流量特性,资产的风险性,税收与会计处理规定。

1. **资产的现金流特性**

基础资产的现金流特性常对资产证券化交易的设计有决定性的影响。一般期限较短或者很不稳定的基础资产多采用转付型证券化结构,例如信用卡应收账款。而如果资产的现金流量到期日很长,难以满足投资者对不同期限的需求,也可以采用转付型结构的资产证券化,例如各类较长期限的银行贷款。

2. **资产的风险性**

当资产的风险很高时,如果采用过手型资产证券化,则这种过手型证券的信用等级与资产原有的信用等级一样比较低,将难以在市场上形成足够的投资需求。因此常需通过现金流量的重新安排来创造较佳评级的证券等级。例如,商业性不动产抵押贷款的证券化。

3. **税收与会计处理规定**

在不同的国家,由于税法规定的不同,过手型资产证券化和支付型资产证券化可能有不同的税收条件,会计处理的要求也可能不同,因此,资产证券化的发起人会选择对其有利的资产证券化结构。例如,美国在1987年以前,以转付型发行的住宅抵押贷款支持证券,可以享受过手型所不能享受的信托收入免税待遇。

三、住房抵押贷款证券化和资产支持证券化

根据产生现金流的基础资产的不同类型,资产证券化一般被分为住房抵押贷款证券化(Mortgage-Backed Securitization, MBS)和资产支持证券化(Asset-Backed Securitization, ABS)两大类。

(一)住房抵押贷款证券化

MBS 是最早的资产证券化品种,其发展历程可以溯源到 20 世纪 30 年代的大萧条时期。为了加强对金融机构的流动性支持,美国政府于 1932 年成立了联邦住房贷款银行系统(Federal Home Loan Bank System, FHLB)专门向储蓄贷款机构提供流动性。1934 年,根据国民住房法案又成立了联邦住房管理局(Federal Housing Administration, FHA)为储蓄贷款机构的贷款提供违约保险。但由于缺乏住房贷款的二级市场,不能从根本上解决储蓄贷款机构的流动性问题。为解决这一问题,美国于 1938 年成立了 Fannie Mae(房利美)为 FHA 担保的标准化贷款创造二级市场(即购买贷款并以此为基础发行债券),并由中国财政部予以信贷支持。

为加快住房贷款二级市场的扩容,1968 年,从房利美中又分拆出 Ginnie Mae(吉利美),为储蓄贷款机构、商业银行等合格贷款人发行的抵押贷款债券提供政府信用担保。1970 年,房利美被授权可以收购并证券化未经 FHA 保险的贷款;同时,创立 Freddie Mac(房地美)进行抵押贷款的证券化。此后,吉利美主要为私人机构的抵押贷款证券化产品担保;房利美和房地美主要收购各类贷款,发行抵押贷款债券。这三家机构发行的住房抵押贷款证券化产品成为机构的 MBS(Agency MBS)。20 世纪 80 年代以后,许多私人机构不再经由上述三家机构,而是以私人信用增级的方式发行抵押贷款证券化产品,被统称为非机构的 MBS(Non-agency MBS)。

MBS 把金融机构持有的流动性较低的长期住房抵押贷款转化为流动性较高的证券,有效地改善了这些机构的资产流动性。一方面,如果 MBS 选择的是表外融资方式,不但不会增加这些机构的负债率,还可以释放资本金,因此这种证券化产品很受金融机构的青睐。另一方面,由于基础资产是违约率较低的抵押贷款,现金流量比较稳定且易于预测,因此投资者也乐于接受这种投资工具。

1. 过手型 MBS、担保抵押债券和剥离式 MBS

根据现金流重组方式的不同,MBS 大致可以分为以下三种类型:

(1)过手型 MBS(Pass-through MBS)。其资产池产生的任何现金流不经过分层组合,直接传递给投资者,同时也就把各种风险——主要是原始债务人(即住房抵押贷款的贷款人)提前偿付的风险也转移给投资人。提前偿付,是指债务人在既定的还款时间超出还款计划所规定的还款额度偿还抵押贷款本金。一般来说,任何抵押贷款都存在一定比例的提前偿付,发行人也会按照惯例对其进行一定的预测,以便更准确地预测基础资产的未来现金流。但由于债券存续期间市场利率的波动,可能造成提前偿付率的超预期变化,从而给投资者带来一定的风险。

一种情况是,债务人提前偿还的速度加快,主要发生在市场利率下降时期,称为紧缩风险(Contraction Risk)。这会导致抵押贷款平均持有期限比预期缩短,从而降低投资人的利息收入,缩短其投资持有期。对于类似养老基金、社保基金这样的长期投资者来说,紧缩风险会导致其资产和负债的匹配失衡。另一种情况是,市场利率上升会使提前偿付率超预期地下降,减少投资者短期内的本金偿付,延长投资者的回收期,称为展期风险(Extension Risk)。展期风险主要影响保险公司、金融机构这样出于短期(3—5 年)资产负债匹配需求而持有证券的投资者。

(2) 担保抵押债券(Collateralized Mortgage Obligations,CMO)。为了更加有效地创造出满足不同风险偏好投资者需求的证券化产品,抵押担保债券采用分档技术,将基础资产所产生的现金流按不同顺序重新分配给各档债券的持有人。典型的 CMO 一般包含四个档次:A 级、B 级、C 级和 Z 级债券。除 Z 级外,其他三个级别从发行日开始即按票面利率支付利息。在本金的偿付上,首先满足 A 级债券的需求。当 A 级的本金被完全偿付后,转而支付 B 级债券的本金,然后是 C 级债券。当前三类债券的本息都被偿付后,资产池中的剩余现金流方可用于支付 Z 级债券的本息。前三级债券的本金支付因 Z 级债券的延迟支付而加速。当然,CMO 并没有消除提前偿付风险,而是把这种风险在不同类别的债券持有人中进行重新分配,创造出不同风险收益特征的债券,从而吸引不同的投资者。

(3) 剥离式 MBS(Stripped MBS)。另一种现金流重构的方式是将抵押贷款的本金和利息按一定的比例重新分配,形成两个或多个剥离式 MBS。最常见的形式是剥离成两种抵押贷款支持证券。一种是只获得利息(Interest Only Securities,IO)的证券,即所有来源于基础资产的利息收入都分配给该类证券持有人,他们对本金没有要求权;另一种是只获得本金(Principal Only Securities,PO)的证券,即将所有来源于基础资产的本金收入都分配给该类投资者,他们对利息部分没有要求权。

对于 IO 类证券来说,其收益取决于提前偿付速度,本金提前偿付速度越慢,现金流越多,收益越大。当市场利率下降到抵押贷款利率以下时,提前偿付速度加快,会导致 IO 类证券的现金流量恶化。对于 PO 类证券来说,本金提前偿付速度越快,收益就越大。当市场利率下降到抵押贷款利率以下时,提前偿付速度会加快,PO 类证券的现金流量会改善。

2. RMBS 和 CMBS

根据抵押贷款所购买的住房性质不同,MBS 又可分为居民住房抵押贷款支持证券(Residential Mortgage-Backed Securitization,RMBS)和商用住房抵押贷款支持证券(Commercial Mortgage-Backed Securitization,CMBS)。前者是以零售消费者购买住宅申请的抵押贷款为基础资产,贷款数量多但单笔贷款规模较小,贷款合约的同质性较强;后者对应的基础资产是以能产生租金收益的商业不动产作抵押的贷款,如租售的公寓楼、写字楼、厂房、商场、仓库等,贷款数量少但单笔贷款规模较大,而且贷款合约的差异性较大。RMBS 是 MBS 产品的主体。

时事链接 3.1

中国第一例 CMBS

2006 年 9 月 6 日,大连万达与澳大利亚麦格理银行合作,通过注册于百慕大的麦格理—万达房地产基金,发行 1.45 亿美元、约为 11.6 亿人民币的 2006-1 系列 CMBS,成为中国内地首笔商业地产资产证券化项目,也被称为中国第一例 CMBS。该交易中的资产主要是大型零售超市房地产,这些房地产项目的承租人均为国际著名零售企业,如沃尔玛、百盛等。该证券的预定期限为 2.75 年,法定最终期限为 5.75 年,发行收入用于收购初始贷款人发放的贷款。

资料来源:根据相关新闻资料整理。

3. 次级抵押贷款与次贷危机

美国次贷危机(Subprime Crisis),也译为次债危机。它是一场发生在美国,因次级抵押贷款机构破产、投资基金被迫关闭、资本市场剧烈震荡引起的金融风暴。次贷危机导致全球主要金融市场出现流动性不足危机,并进而影响实体经济部门。

按照借款人的信用状况等条件,美国住房抵押贷款分为优级(Prime)、近似优级(ALT-A)和次级(Subprime)。在审贷程序上,优级贷款遵循比较统一和严格的贷款标准,利率也相对优惠。信用低的人申请不到优级贷款,只能在次级市场寻求贷款,次级市场的贷款利率通常比优级抵押贷款高2%—3%。由于次级抵押贷款能为不符合抵押贷款市场一般标准的借款者提供按揭服务,因此在少数族裔高度集中和经济不发达的地区很受欢迎。

在2006年之前的5年里,由于美国住房市场持续繁荣,加之利率水平较低,次级抵押贷款市场迅速扩大。随着美国短期利率的提高,次级贷款的还款利率也大幅上升,购房者的还款负担大为加重。同时,住房市场的持续降温使购房者出售住房或者通过抵押住房再融资变得困难。这种局面直接导致大批次贷借款人不能按期偿还贷款,银行收回房屋,却卖不到高价,大面积亏损,引发了次贷危机。瑞银(UBS)的研究数据表明,截至2006年年底,美国次级抵押贷款市场的还款违约率高达10.5%,是优级贷款市场的7倍。

美国的次级贷款发放机构大部分是以经纪人、客户代理为销售渠道的。这些机构大多不能吸收公众存款,而是主要依靠贷款的二级市场和信贷资产证券化来获得流动性。其中,次级抵押贷款证券化产品就被称为次级债券(主要为 Non-agency MBS)。由于次级抵押贷款,也就是基础资产的违约率大幅上升,导致次级债券的信用等级被调降,市场价值急剧下跌。大量持有次级债券或包含次级债券的结构性金融产品的投资者,包括大型投资银行等金融机构的资产大幅缩水,流动性受到严重影响。次级贷款和次级债券市场的危机迅速蔓延到整个抵押贷款市场和资本市场的其他领域,危机大规模爆发。

美国两家最大的住房抵押贷款证券发行机构房利美和房地美(两房)自身并未参与发放次级贷款和次级债券。但在营利动机的驱使下,两房大量购买其他私人机构发行的MBS。从1997年到2007年,房利美购买的其他机构发行的MBS从185亿美元上升到1 278亿美元,房地美则从250亿美元上升到2 670亿美元。据估计,两房大约购买了整个私人机构发行的MBS的一半以上。虽然上述MBS均为AAA评级,但是次贷危机爆发以来,由于信贷风险从次级抵押贷款市场逐渐扩展到整个抵押贷款市场,这些MBS的信用评级开始被调降,市场价值相应下滑,加剧了次贷危机对两房资产组合造成的负面冲击。加之由于房地产市场泡沫过大,包括满足房利美与房地美标准的优质贷款的违约率都大幅上升,这就增加了房利美与房地美资产负债表上的坏账。此外,两房一直以政府的隐性担保(Implicit Guarantee)融资,维持着很高的杠杆比率。因此,两家公司应对信用风险的能力远远弱于其他市场化的金融机构。

在次贷危机持续的情况下,美国政府于2008年9月7日宣布以高达2 000亿美元的可能代价接管濒临破产的房利美和房地美。2010年6月16日,联邦住房金融局(FHFA)发表声明,要求两房将它们的股票从纽约证券交易所退市。

(二) 资产支持证券化

ABS是以非住房抵押贷款资产为支撑的证券化融资方式,它实际上是MBS技术在其他资产上的推广和应用。由于资产证券化的前提是基础资产能够产生可预期的、稳定的现金流,除了住房抵押贷款外,还有很多资产的现金流也具有稳定、易预测的特征,因此它们也可以证券化。随着证券化技术的不断发展和证券化市场的不断扩大,ABS 的种类也日趋繁多,大致可以分为传统的 ABS 和担保债务凭证(CDO)两类。前者主要是基于某一类同质资产如汽车贷款、信用卡贷款、住宅权益贷款、学生贷款、设备租赁等的证券化产品,也包括期限在一年以下的 ABCP(Asset-Backed Commerical Papers,资产支持商业票据);后者对应的基础资产则是一系列的债务工具,如高息债券、新兴市场企业债或国家债券、银行贷款,甚至传统的 MBS 等证券化产品。

1. 汽车贷款证券化

汽车贷款支持证券是以汽车消费信贷为支撑的证券化产品,自 1985 年面世以来迅速发展,如今已成为证券化市场重要的交易品种之一。其发起人主要为开展汽车消费信贷的金融机构,如商业银行、汽车企业附属的金融公司以及独立的金融公司等。原始权益人依据贷款人的年龄、缴款记录、贷放成数及贷放期等标准挑选出适合进行证券化的车贷组合转移给 SPV,SPV 再针对其进行风险评估及现金流量模拟并作信用分组,将资产切割成多组不同信用等级的受益证券,经评级机构评级确认正式发行。例如,2007 年 11 月 27 日,中国银监会批准上汽通用汽车金融有限责任公司和华宝信托有限责任公司开办第一期汽车抵押贷款证券化项目,这是我国第一期汽车抵押贷款证券化项目。

2. 信用卡应收款证券化

信用卡资产证券化产品的首度发行是在 1986 年 3 月。当时,所罗门兄弟公司为 Bank One 私募发行了价值 5 000 万美元的信用卡应收款证券化产品(CARDS)。第一个公开发行的信用卡资产证券化产品是 1987 年美国银行发行的 4 亿美元加州信用卡 1987-A 信托产品。

信用卡应收款证券化的基础资产为发卡人的信用卡应收款,主要是持卡人透支本息,其次为信用卡年费、手续费以及刷卡消费折扣等。由于信用卡应收款的偿还一般都有一定宽限期,在该期限内的还款都不计息,因此在宽限期内其并非生息资产。并且,大多数信用卡应收款都会在宽限期内得到偿还。因此,其存续时间一般较短,周转速度较快,与普通商业应收款有相似的现金流特征,故而在对其证券化时一般都是按应收款资产而非信贷资产对待。

信用卡应收款是一种循环债权,这是信用卡应收款最主要的特色。在信用卡应收款证券化出现之前,资产证券化的标的资产都属于还本型债权,这类资产都是在固定期间内按时收到本金和利息,现金流较为稳定,易于预测,其债权本金余额随着时间的推进而不断减少。而信用卡应收款则为循环债权,其现金流源自持卡人的刷卡与还款,事先并没有固定的本金额度,也无预定的还本时间表。由于刷卡人可能在刷卡之后随即完全清偿了信用卡借款,也可能只是偿付最低偿付额,因此信用卡应收款的现金流不是很稳定,也不易预测。所以,信用卡应收款被证券化后,为了使资产支持证券的现金流保持稳定,发起人在必要时必须补充新债权与新的应收款。

3. 商业应收款证券化

在证券化融资工具出现以前,对商业交易活动中发生的应收款的融资一般是通过发行商业票据进行的。但商业票据的短期性显然无法满足那些拥有大量日常性应收账款而希望获得中长期融资途径的公司企业的需求。应收款证券化为应收款权益人(资产发起人)提供了一个中长期的融资渠道和工具。资产发起人通过将商业应收款权益按其账面价值以一定的折扣出售给 SPV,在缩短应收款回收期的同时也将付款人的违约风险转嫁给投资者。因此,商业应收款证券化对资产发起人是一种较为安全的融资途径。此外,由于对应收款证券化产品的信用评级主要依赖于应收款本身的信用质量,也即付款人的经营状况和信用质量,而受资产发起人本身的影响较少,因此只要应收款质地优良,即使资产发起人自身的信用等级不高,证券化交易也能获得高信用评级,获得比发起人银行贷款或发行普通证券产品更加优惠的利率条件。

商业应收款的期限一般都比较短。在资产池中,原有的应收款逐渐回收的同时,可以通过循环购买的方式,不断向资产池中注入新的应收款,以维持资产池的规模,从而保证资产证券化交易可以长达2—5年。作为商业应收款证券化基础资产的可以是已经发生的或将来发生的商业应收款,二者对资产证券化交易的不同影响在于:如果基础资产是已经发生的应收款,则资产证券化交易的评级仅与原始权益人转移的应收款有关,而与其经营状况等因素无关,因此可以通过信用增级等各种手段使资产支持证券的信用级别高于原始权益人的信用级别;如果基础资产是尚未实际发生的应收款,则资产支持证券的信用级别不仅与应收款本身有关,还与原始权益人的经营状况和信用水平有关,因此资产支持证券的信用级别通常不会高于原始权益人的信用级别。

时事链接 3.2

中集集团应收款证券化

2000年3月28日,中国国际海运集装箱集团股份有限公司与荷兰银行在深圳签署了总金额为8 000万美元的应收款证券化项目协议。在3年内,凡是中集集团发生的应收款都可以出售给荷兰银行管理的资产收购公司,由该公司在国际商业票据市场多次公开发行商业票据,总发行金额不超过8 000万美元。在此期间,荷兰银行将发行票据的所得支付给中集集团,中集集团的债务人则将应付款交给约定的信托人,由该信托人履行收款人职责。而商业票据的投资者可以获得高出伦敦同业拆借市场利息率1%的利息。此次中集集团应收款资产评级获得穆迪和标准普尔在国际短期资金市场上的最高评级。

资料来源:根据相关新闻资料整理。

4. 基础设施收费证券化

基础设施收费证券化的基础资产是能带来未来现金流的基础设施的收费权,主要有公路收费权、电费收入和自来水收费等。基础设施收费的现金流特色主要源于基础设施的建设具有投资规模大、建设周期长、项目本身的回报率通常不太高等特点,也因此面临着以下几方面的风险:

第一,收费所产生的现金流不稳定和收费不足的风险。基础设施收费通常都是比较稳定或稳定增长的,这是它适合作为资产证券化基础资产的重要原因。但贷款或应收款作为债权,其未来所获得的本金利息回报是贷款合同或商品买卖合同规定的,有法律保障,而基础设施收费的现金流只是预计的未来收入,没有合同约定一定有人按照固定数额支付这笔收入。因此,当未来的现金流没有达到预期值时,不能像贷款和应收款那样在债务人违约时通过拍卖抵押品、索债等方式来弥补。基础设施收费项目未来现金流不足或不稳定的情况相对于贷款等其他证券化基础资产而言是比较突出的。

第二,工程建设风险和经营风险。基础设施建设工程常常涉及大量的征地拆迁工作、地下管线处理等,在工程建设费用及建设质量方面存在着工程建设风险。基础设施投入使用后,由于基础设施涉及众多人的活动和广泛的地域,包括收费和成本控制在内的运营与维护管理工作是相当复杂的,因而存在经营风险。

时事链接3.3

珠海高速公路证券化

我国是发展中国家,基础设施建设的数量相当大。自20世纪80年代初期开始,各省区开始了大规模的收费公路建设。收费公路证券化在我国内地21个省市和自治区均有不同程度的分布,其中广东、江苏、安徽等省市是证券化程度最高的省份。

1996年8月,珠海市人民政府利用在开曼群岛注册的珠海市大道有限公司为SPV,向其转移未来15年的当地机动车的管理费及外地过往机动车所缴纳的过路费。SPV以此为担保,聘请摩根士丹利为证券承销商,利用美国规则144A发行了总额为2亿美元的债券,其中一部分为年利率为9.125%的10年期优先级债券,发行量为8 500万美元;另一部分为年利率为11.5%的12年期的次级债券,发行量为11 500万美元,穆迪和标准普尔对优先级债券的信用评级分别为Baa3和BBB,对次级债券的评级分别为Ba1和BB,此信用等级皆高于珠海市政府的信用等级,因此其资金的筹集成本低于当时从商业银行贷款的成本。

资料来源:根据相关新闻资料整理。

---

5. 不良资产证券化

受不良资产困扰的银行体系通常会同时面临两个问题:贷款本息不能及时回收而带来的流动性不足;资产质量低而导致的风险集中、盈利下降和资本金不足。作为结构融资手段之一的资产证券化的两个基本功能就是:提高流动性,拓宽融资渠道;转移风险,改善财务报表。因此,资产证券化成为一些国家解决银行体系不良资产问题的重要手段。

不良资产证券化资产池中的项目,绝大部分是没有按照合同还款的高风险贷款,或是因为其他原因银行认为到期不能回收的贷款,因此,现金的回流无法按照合同约定预计。另外,未来现金流的来源也较复杂。目前商业银行的贷款多为抵押担保贷款,在处置不良贷款的过程中,还款来源有可能是借款人还款,有可能是担保人还款,还有可能是通过法院执行抵押物还款。不同的还款渠道,还款的时间也不同。为此,不良资产证券化资产池中预计的现金流通常需要经过重组,越是信用等级差、还款时间不确定的不良贷款,重组程度越高。

相比优质资产的证券化,不良资产证券化的服务人需要具备更高的管理水平,拥有专业清收不良贷款的队伍。在后期的不良贷款处置变现过程中,借款人生产经营恶化、破产的可能性都很大,或者会需要通过法院走诉讼、强制执行程序回收贷款,这会导致现金回流的时间较长,难度较高,需要服务人有高水平的专业团队作支撑。

6. 知识产权证券化

知识产权证券化是指以知识产权的未来许可使用费为基础发行资产支持证券进行融资的

方式。知识产权证券化实质上是一种结构性融资,是对知识产权未来收益的证券化,而不是知识产权本身的证券化,因此,投资者是对知识产权的未来收益享有分配权,而对知识产权本身并无追索权。

美国是最早尝试将知识产权进行证券化的国家。1997年,一家专业型投资银行帕尔曼集团(Pullman Group,LLC)将摇滚巨星大卫·鲍伊(David Bowie,1947—2016)在1990年以前录制的25张唱片的预期版权(包括300首歌曲的录制权和版权)许可使用费证券化,成功对外发行了10年期、利率为7.9%、总额度为5500万美元的债券,这是世界上第一起知识产权证券化案例,即"鲍伊债券"(Bowie Bond)。此后,美国的知识产权证券化迅速发展,其涉及的领域从最初的音乐、电影开始逐渐覆盖了运动、快餐、医药、时装品牌、电子游戏和专利技术等。欧洲地区则从音乐版权、电影版权发展到药物专利权、足球电视转播权,甚至连油气勘探资料等也都纳入其中。亚洲地区的知识产权证券化一般以电影版权、药品专利、电子技术专利为主。近年来,随着知识产权相关法律的不断健全,知识产权交易市场日渐完善,我国也开始关注知识产权开发与融资的有效结合。2010年,中国人民银行、中国财政部、中国文化部、中国银监会、中国证监会等八部委联合发布《关于金融支持文化产业振兴和发展繁荣的指导意见》,其中明确"对于运作比较成熟、未来现金流比较稳定的文化产业项目,可以以优质文化资产的未来现金流、收益权等为基础,探索开展文化产业项目的资产证券化试点"。

与其他基础资产相比,知识产权的收益权价值具有无形性、动态性以及不确定性,在证券化过程中会引发现金流不稳定等特殊风险。同时,知识产权权利的本质是法律赋予的在某种知识产品上的独占权利。司法制度或程序的变更都可能造成知识产权权利范围的变化或消灭。一旦出现这种情况,由其产生的现金流便将受到影响,甚至可能消失。因此,在设立知识产权证券化资产池时,应注意基础资产的多元化分散配置,避免风险过于集中。此外,知识产权的可重复授权性也是其异于其他类型基础资产的重要特性。知识产权在每次授权中,都可以产生新的合同债权。在证券化运作过程中,如果出现类似信贷违约的事件,由于无形资产不存在被消耗或用尽的情况,知识产权可被重新授权,从而能产生新的收益来补充现金流。

7. 担保债务凭证

担保债务凭证(Collateralized Debt Obligation,CDO)[①]是一种以一个或多个类别且分散化的资产作抵押支持而发行的固定收益证券,其本质是对信用风险重新划分的过程。最早的CDO是由德雷克赛-本海姆公司在1987年发行的,其后得到快速发展。以下从四个方面对CDO进行介绍:

(1) CDO与传统ABS的区别。CDO与传统的ABS产品最直观的差别就在于基础资产类型不同。传统的ABS注重资产性质的一致性,如信用卡应收账款、租赁租金、汽车贷款等,甚至来源于同一发起人,并且很多是实体企业;而CDO的支持资产则是一些金融债务工具及其他结构化产品,如高收益债券、新兴市场公司债或国家债券、银行贷款或其他次级证券,甚至可能包含传统的ABS、RMBS及CMBS等资产证券化产品,也就是证券化的再证券化。传统ABS的基础资产数量常常高达上万种之多,其同时违约的可能性不大,即使出现单个资产的违约,

---

① 由于CDO的基础资产类型和发行结构都较为复杂,并且需要对基础资产进行动态的交易管理,因此,CDO更多地被视为一种较为复杂的金融信用衍生品。美国金融危机中给各大金融机构带来重大损失的,主要就是资产池中含有次级抵押贷款债券的CDO产品。

由于规模很小,对资产池整体的负面影响不大,现金流也比较稳定。但 CDO 的基础资产池通常仅由 50—300 个债权资产组成,单个资产的规模一般较 ABS 要大得多,这就使得单个资产的违约对投资者尤其是 CDO 权益层的投资者影响会非常大,所以 CDO 产品对资产的要求具有相异性,来源不同且关联性不高,从而达到分散风险的要求。不同质资产的组合能有效化解非系统性的信用风险,降低资产大规模违约发生的可能性。此外,二者的发行动机也不尽相同。传统 ABS 产品主要为了满足发起人资本充足率、转移信用风险或筹资的目的,而 CDO 的发行则包括转移风险或套取差价等多样化动机。

(2) CDO 的结构。典型的 CDO 证券一般分为高级层(Senior Tranches)、中间层(Mezzanine Tranches)和附属/权益层(Subordinate/Equity Tranches)。高级层的本息偿付优先于中间层和附属/权益层,其信用风险要低于其他层的证券,因此往往能获得 AAA 的信用评级。来自基础资产池的违约损失一般首先由附属/权益层来吸收,附属/权益层面临的信用风险最大。①因此,附属/权益层通常由 CDO 发起人自身持有,一般也不进行信用评级。中间层的风险、收益特征介于高级层和附属/权益层之间。

(3) CDO 的参与者。CDO 的参与者除一般 ABS 所需的发起人、服务人、托管人、信用增级机构、信用评级机构及承销商等之外,还需有一些特殊的参与者,包括资产管理人、避险交易对手以及信托监察人。

• 资产管理人。传统的 ABS 基础资产池一旦确定,一般不随意更换,属于静态管理。由于 CDO 基础资产的类型复杂,为创造更好的资产收益,CDO 的资产治理人需对其基础资产池作动态管理。根据市场情况,一旦发现有任何资产的信用质量下降或市场有相同信用评级但报酬率较高的资产时,即需要根据"合格性准则"(Eligibility Criteria)快速处理或更换。因此,资产管理人在 CDO 的交易中扮演十分重要的角色。

• 避险交易对手。CDO 基础资产的分散性,使得资产管理人在进行基础资产交易的过程中需要利用利率互换、汇率互换达到现金流匹配、规避相应风险的目的。CDO 的资产管理人会根据实际需要选择避险交易对家,实现对资产池的动态管理。

• 信托监察人。在 CDO 架构中,信托监察人指的是代表投资人权益行使权利的一方。其职责在于监督资产管理人是否按照相关契约适当地执行其职务,当资产管理人建立、更换或处分资产时,需经过信托监察人的确认。此外,信托监察人可能同时担任交易过程中其他的行政功能,例如,登记者、付款代理者、文件保管人、计算代理人、报税代理人,等等。

(4) CDO 的分类。从基础资产类型来看,CDO 可分为抵押债券凭证(Collateralized Bond Obligations, CBO)和抵押贷款凭证(Collateralized Loan Obligations, CLO)。前者的基础资产池一般由市场流通债券组成,而后者的基础资产池里主要是银行信贷资产。从发起人的交易动机来看,CDO 可分为资产负债表型(Balance Sheet)和套利型(Arbitrage)。资产负债表型 CDO 多源自本身拥有可证券化资产的持有者,如商业银行。其目的是将债权资产从自身的资产负债表中移除,借以移转信用风险和利率风险,提高资本充足率,实现资产负债管理的功能。套利型 CDO 则主要由基金、财务公司、资产管理公司等发起。它们通过向市场购买高收益的债券或其他债权资产,再打包、分割,在市场发行收益率较低的新证券,从而获得利差收益。因此在套利型 CDO 的交易中,发行人的关注点不在于转移风险,而在于将资产现金流重新包装(Repackaging)、出售,获得低成本融资。

---

① 附属/权益层是 CDO 产品结构中的第一重损失吸收器(Absorber),也被形象地称为"有毒废物"层。

第四节 资产证券化与投资银行

次贷危机不仅使国际知名的投资银行遭受重创,也使其运营模式备受诟病,投资银行更被视为次贷市场泡沫的始作俑者。以下将简要介绍投资银行所从事的与资产证券化相关的业务,并分析次贷危机对投资银行的影响。

一、投资银行的资产证券化相关业务

投资银行在资产证券化的过程中扮演着多重角色,体现了其发现价值、创造价值的能力,其业务机会包含:

(一)发行承销业务

投资银行可以以主承销商的身份,承担证券化产品的发行承销职责,负责项目申报、定价、路演推介、组建承销团及市场发行,或以分销商的身份参与证券化产品的发行承销。作为承销商,投资银行协助 SPV 向投资者推介资产支持证券,根据投资者对证券认知度及初步定价的反馈,帮助 SPV 确定证券的最终发行价格。在证券公开发行时,投资银行以代理销售方式协助 SPV 发售证券或以包销方式确保证券的全部销售;在证券私募发行时,投资银行凭借其资本市场专业中介机构所拥有的信息、经验优势及其与机构投资者相互间的信任和良好的合作关系,为证券寻找合适的买主并撮合 SPV 与投资者最终以共同认可的价格成交。

(二)财务顾问业务

作为财务顾问,投资银行可以为发起人提供全面的融资咨询服务,协助发起人进行证券化交易的可行性研究,设计交易结构和证券发行方案,进行债权的重组和包装,扮演交易的总协调人角色,策划、组织交易的全过程,负责安排交易的各项主要事宜,协调各中介机构工作,以实现发起人所希望达到的目标。从某种程度上说,投资银行本身的经验和技术水平对整个交易能否成功实施和完成起着关键性作用。优秀的投资银行具备丰富的实践经验和技巧,熟悉交易所在国家或地区的政治经济制度和结构,了解当地的投资环境和投资者群体结构。在准确把握发起人对融资的最终目标和具体要求的基础上,通过对各种可能的交易途径进行反复分析、比较,经与相关参与人的协商谈判,可最大程度确保最终策划设计出来的证券化交易结构和方案既符合相关法律、会计和税务制度的要求,又能最大限度地实现发起人的融资目的和满足投资者的需求。尤其是当发起人系初次或不经常参与证券化交易,或者所发行的证券是一种全新结构或原有产品的更新改进时,投资银行在交易中能发挥作用的余地将更大,参与介入的程度也将越深。在一些证券化交易中,投资银行还参与 SPV 的组建,为政府监管部门提供管理方面的咨询并提出建议。

(三)资产管理业务

投资银行可以以专项资产管理业务的形式向客户推出理财产品(同时是其投资银行部门承销并定向发行的资产支持证券),这是目前制度安排中对投资银行开展资产证券化业务最有利的形式。投资银行按照集合资产管理业务和定向资产管理业务相关契约的规定,将市场上的资产证券化产品作为其投资组合的组成部分。这也是人们反思金融危机时对投资银行最为诟病之处。

相关调查显示,投资银行有意识地模糊了包含次级抵押贷款在内的 CDO 产品的风险,将其推荐给客户。高盛公司正是因此受到美国证监会的起诉(详见附录10.2)。由于CDO资产池由众多关联度较小、风险水平不同的证券化产品组成,并且资产管理人有权根据市场情况对资产池的资产进行快速处分或更换,因此,投资者、评级公司甚至监管机构很难真正评估CDO的风险水平。而在CDO的发行和销售过程中,投资银行采取了内部增级、外部增级、产品分级和自行购买部分较低层级的证券等方式对其进行了"包装",表面上弱化了金融危险,但实质上造成了投资者和监管者对此类产品的风险认识不足。

(四) 经纪业务

投资银行可以为投资者提供包括证券交易所、银行间市场和场外市场等各层次证券市场上的资产证券化产品的交易的经纪服务,同时为投资者提供关于证券化产品的市场研究、投资意见、风险规避及相关管理服务。此外,证券营业部作为重要的金融营销平台,在承担着资产证券化产品销售职能的同时还可以为投资银行和资产管理部门进行资产证券化业务(专项资产管理业务)——选择标的资产牵线搭桥。

(五) 自营业务

资产证券化产品的二级市场需要投资银行担任做市商以维持其流动性,特别是私人机构组织发行的证券化产品。投资银行可以利用库存证券和自有资金维持报价的连续性与市场流动性。同时,投资银行还可以将市场上的资产证券化产品作为自身投资组合的组成部分。资产证券化产品存在提前偿付风险,为补偿此风险,其名义报酬率与期限相近的政府债券收益率有较大幅度的利差。在美国,具最高质量和流动性的证券化产品的利率比相同等级的政府债券要高10—30个基点,以风险较高的商业不动产等为基础资产的证券化产品,利差可能更高。但是,在获取高收益的同时,证券化产品的交易也存在着很大的风险。美国次贷危机给投资银行带来的冲击就是最好的例证。

二、次贷危机对投资银行的影响

产生次贷危机的原因是多层面的,在这里我们仅对与投资银行有关的一些较为直接的因素作简要的介绍。

(一) 投资银行持有次级债券相关资产

次贷危机前,各大投资银行均持有数额不等的次级抵押贷款债券及其衍生产品(主要是CDO),这是他们从事相关产品发行承销和自营业务的结果。投资银行扮演了CDO等次级债券衍生品的发起、承销、做市、自营投资、杠杆融资等多种重要角色,推动了次级债券及相关市场的空前膨胀。投资银行从中获得了高额利润,在危机爆发时也遭受了严重损失。

一方面,由于CDO等产品的二级市场并不活跃,为了满足二级市场做市的需求,承担发行承销任务的投资银行通常会持有部分优先级或中间级抵押贷款证券。例如,雷曼兄弟年报披露,2007年11月底持有的294亿美元抵押贷款证券中,就包括从事资产证券化发行业务时持有的87亿美元个人抵押贷款证券和24亿美元商业抵押贷款证券,这在危机爆发后给雷曼兄弟带来了重大损失。

另一方面,房地产市场泡沫催生的次级抵押贷款债券及其相关产品的高额回报也吸引了投资银行固定收益部门的大量投资,并通过财务杠杆放大投资规模。例如,截至2007年11月底,雷曼兄弟持有772亿美元抵押贷款资产,其中包括294亿美元抵押贷款证券。

随着次级贷款违约率的不断攀升,2007年7月,标准普尔和穆迪下调了900多只抵押贷款债券的评级,这成为次贷危机迅速蔓延的导火线。评级下调极大地动摇了投资者对信用衍生产品评级和定价的信心,基于次级抵押贷款的金融产品市场价值大幅缩水。依据会计准则,此类资产一般实施"逐日盯市"(Mark to Market),因此,投资银行不得不进行资产减记和资本金减记。随着按揭贷款违约率上升,投资银行不断面临巨大的资产减记情况。2007年,雷曼兄弟的按揭资产减记损失已经高达68亿美元。2008年7月,美林宣布将持有的306亿美元CDO资产仅按面值的22%打折出售,其资产减记总额合计已经高达504亿美元。

(二)投资银行为次级债券投资者提供融资

国际资本市场上,对冲基金是CDO这一类高风险产品的主要购买者,并且大量持有的是附属/权益层产品。接下来,对冲基金又以CDO资产为担保,向金融机构融资用于再投资,以放大投资规模和收益,其平均杠杆率在3—4倍之间。随着CDO等担保资产价格下跌,对冲基金需要大幅追加保证金,但此时各类机构的流动性已经严重短缺,无法再予以支持。于是,对冲基金只能对其持有的CDO头寸进行清盘。例如,2008年年初,凯雷资本(Carlyle Capital,高杠杆投资CDO的对冲基金)宣布破产,对持有的166亿美元按揭证券进行清算。

而由于CDO产品二级市场的流动性很差,在对冲基金清理库存大量抛售的情况下,其价格急剧下跌,反过来触发更多的追加保证金要求,从而使金融市场陷入螺旋式危机。那些向对冲基金提供担保融资的投资银行,因此遭受重大损失。仍以凯雷资本为例,其借款机构包括瑞银、美林、雷曼兄弟等几乎所有的顶级投资银行。

更严重的是,投资银行自身也管理着大型的对冲基金。为了维护公司的声誉,投资银行只能向旗下的对冲基金提供财务救助。但在市场整体崩溃的情况下,救助只会导致更大的损失。例如,2007年6月,贝尔斯登的两只高杠杆投资于CDO的对冲基金出现巨额亏损,贝尔斯登宣布向其中一只基金提供32亿美元的抵押借款,但是这两只基金仍然由于巨大亏损而破产,资产净值几乎为零。美林持有的贝尔斯登旗下对冲基金8.5亿美元的ABS等抵押资产,最后也仅以1亿美元的价格拍卖成交。

(三)投资银行的高杠杆经营

与商业银行不同,独立的投资银行不受资本充足率的严格监管限制。但各大投资银行内部一般都会维持一定的流动性保障。例如,贝尔斯登和美林都要求其流动性资源应是短期无抵押融资的1.1倍以上,而雷曼兄弟则要求其流动性资金池里至少要保持20亿美元的富余流动性。但是,这些常规的流动性储备并不足以抵补其高杠杆经营带来的财务风险。美国投资银行的平均总财务杠杆(总资产/股东权益)大于20倍,而净财务杠杆[(总资产－低风险资产)/有形股东权益]在15倍左右。高杠杆虽然提高了资本回报率,却也对风险测评提出了更高的要求。一旦公司低估了风险,导致拨备额不足,将使单一业务的风险在20倍的杠杆作用下快速放大至整个集团。

在成熟的金融产品市场上,经过多年的数据和经验积累,投资银行对风险的估算确实已经比较准确,足以支持其低拨备下的高杠杆运作。但在金融创新产品市场上,由于历史数据较短,风险的估算常常发生偏差。这种偏差不是一两家机构的问题,而很可能是系统性的偏差。比如次贷危机中,曾获评AAA级的次级贷款最终被证明是整个金融系统在房地产牛市行情中的整体估值错误。

一方面,由于投资银行一般均实施在险价值(VaR)管理方法,当所持金融资产的风险程度提高时,机构就不得不降低杠杆比率。在不能获得新增资本金的情况下,投资银行不得不依靠出售其他金融资产的方法来降低杠杆比率。危机时期,由于市场上很多机构都在抛售风险资产,价格急剧下跌,这自然会导致资产出售亏损,资本金又被减记,而这又将触发新一轮的出售资产调降杠杆比率。

另一方面,由于财务杠杆一直居高不下,投资银行的日常经营严重依赖短期融资,如商业票据融资等。危机导致商业票据市场上出现信心危机,投资银行不能通过发行新的票据来获得资金,不得不动用流动资金来偿还到期的商业票据,不足部分只能继续出售其他金融资产来偿还。这同样也陷入了出售资产—产生亏损—资本金减记—调低杠杆—出售资产的恶性循环中,直到资本金为零。如果不能获得新的巨额资本金注入,机构就只能破产倒闭。

本章要点
- 资产证券化是以资产所产生的现金流为支撑,在资本市场上发行证券工具,从而对资产的收益和风险进行分离与重组的一种技术过程。资产证券化是个覆盖面很广的范畴。但通常人们所称的"资产证券化"专指起源于美国住房抵押贷款证券化的、以信贷资产证券化为主的金融产品。
- 资产证券化基本原理包括:一个核心原理(基础资产的现金流分析原理)和三个基本原理(资产重组原理、风险隔离原理、信用增级原理)。
- 一次完整的资产证券化的基本流程是:发起人将证券化资产出售给一家独立的特殊目的机构(SPV),或者由SPV主动购买可证券化的资产,然后将这些资产汇集成资产池,再以该资产池所产生的现金流为支撑在金融市场上发行有价证券融资,最后用资产池产生的现金流来清偿所发行的有价证券。资产证券化的参与主体主要包括:发起人、SPV、信用增级机构、信用评级机构、服务商、受托管理人和投资者等。
- 为吸引投资者并降低融资成本,必须对资产证券化产品进行信用增级,以提高所发行证券的信用级别。信用增级可以使证券在信用质量、偿付的时间性与确定性等方面能更好地满足投资者的需要,同时满足发行人在会计、监管和融资目标方面的需求。信用增级可以分为内部信用增级和外部信用增级两类。
- 根据基础资产的现金流结构,资产证券化可以分为过手型和转付型两种。两者的区别在于,转付型资产证券化对基础资产产生的现金流进行重新安排和分配以设计出风险、收益和期限等不同的证券;而过手型资产证券化则没有进行这种处理。
- 住房抵押贷款证券化(MBS)是最早的资产证券化品种。其基本结构是,把符合一定标准的住房抵押贷款集中起来,形成一个抵押贷款的集合体,利用其定期发生的本金及利息的现金流入发行证券。在美国,房利美和房地美是最大的住房抵押贷款证券化产品发行人,它们以政府信用为隐性担保。
- 资产支持证券化(ABS)是以非住房抵押贷款资产为支撑的证券化融资方式,它是MBS技术在其他资产上的推广和应用。随着证券化技术的不断发展和证券化市场的不断扩大,ABS的种类也日趋繁多。
- 投资银行在资产证券化中可从事证券发行承销、财务顾问、资产管理、经纪和自营业务。但持有次级抵押贷款证券资产、为次级抵押贷款证券化产品的投资者融资以及其自身的高财务杠杆是导致大型投资银行在次贷危机中遭受严重损失的直接原因。

关键概念

- 资产证券化
- 信用增级
- 住房抵押贷款证券化
- 过手型证券化
- 次级抵押贷款
- 特殊目的载体
- 风险隔离
- 资产支持证券化
- 转付型证券化
- 次贷危机

思考题

请认真阅读以下资料并回答问题。

案例资料

建元 2008-1 资产证券化

2008年1月,中国建设银行股份有限公司将本息余额合计为113.50亿元的不良贷款资产包作为信托财产设立"建元2008-1重整资产证券化信托",发行以该信托财产为支持的资产支持证券,总额为27.65亿元,其中21.50亿元优先级资产支持证券在银行间债券市场向投资者公开发行并上市交易,6.15亿元次级资产支持证券向中国信达资产管理公司定向发行。此次证券的法定到期日为2012年12月28日。

- 交易主体

发起机构:中国建设银行股份有限公司
资产服务商:中国建设银行股份有限公司
资金保管机构:中国工商银行股份有限公司
资产服务顾问:中国信达资产管理公司
登记机构:中国国债登记结算有限责任公司
支付代理机构:中国国债登记结算有限责任公司
评级机构:中国联合资信评估有限公司
主承销商:中国国际金融公司
资产调查法律顾问:金杜律师事务所
受托机构法律顾问:北京市中伦金通律师事务所
资产评估师:中华财务会计咨询有限公司
会计顾问:安永华明会计师事务所

- 基础资产

本次交易的资产池为发起机构所持有的涉及北京、广东、甘肃、河北、河南、江苏、江西、青岛、山东、浙江等十个一级分行,贷款五级分类为次级及次级以下的不良贷款。截至交易基准日(2007年6月20日),资产池的未偿本金余额为955 043.52万元,利息余额为179 939.46万元,本息合计为1 134 982.98万元,共涉及借款人565户、贷款1 000笔(见表3.1)。

表 3.1 资产池总体概况

项目	内容
有抵/质押贷款未偿本金余额	占比 47.20%
无抵/质押贷款未偿本金余额	占比 52.80%
单笔贷款平均未偿本金余额	955.04 万元
单户借款人平均未偿本金余额	1 690.34 万元
单笔贷款最高未偿本金余额	23 633.11 万元
单户借款人最高未偿本金余额	49 900.00 万元

- 资产池分布特征

从地区分布来看,以发起机构的下属一级分行作为统计口径,入池资产共涉及发起机构十个一级分行。其中,按未偿本金余额统计,占比前五名的一级分行分别为广东、北京、山东、河北、江苏。资产池按资产所属发起机构一级分行统计的分布情况和预计回收率情况如表 3.2 所示。

表 3.2 资产池按一级分行统计的分布和回收情况　　　　　　　　　　（单位:%）

一级分行	占比	预计回收率
广东	21.14	33.77
北京	20.17	38.00
山东	15.83	37.10
河北	10.39	24.55
江苏	9.50	47.45
浙江	7.55	90.10
江西	5.40	44.94
河南	4.45	18.98
甘肃	3.34	35.52
青岛	2.23	38.21

从贷款担保方式来看,资产池中有抵/质押贷款未偿本金余额占比为 47.20%,保证类贷款未偿本金余额占比为 50.99%,二者合计超过资产池未偿本金余额总额的 95% 以上。其中,保证类贷款是指担保方式为无抵/质押,单一的第三方保证类贷款,有抵/质押贷款中则包含既有保证又有抵/质押贷款。

从贷款的五级分类来看,资产池中次级类贷款未偿本金余额占比为 13.90%,可疑类贷款未偿本金余额占比为 71.98%,损失类贷款未偿本金余额占比为 14.12%。

从资产池所涉及的借款人的行业分布来看,制造业未偿本金余额占比最高,占资产池未偿本金余额的比重为 32.53%,共涉及借款人 184 户,未偿本金 310 629.50 万元,其不良资产的加权平均回收率预计为 31.50%。资产池借款人所属行业具体分布情况如表 3.3 所示。

表 3.3 资产池按行业分类统计的分布和回收情况　　　　　　　　　（单位：%）

行业	未偿本金余额占比	预计回收率
制造业	32.53	31.50
批发和零售业	11.06	26.09
房地产业	9.54	50.07
租赁和商务服务业	7.79	60.65
公共管理和社会组织	6.01	32.42
文化、体育和娱乐业	5.63	27.57
信息传输、计算机服务和软件业	2.66	26.08
住宿和餐饮业	1.85	70.18
建筑业	1.19	36.46
采矿业	1.17	28.29
农、林、牧、渔业	0.78	58.73
交通运输、仓储和邮政业	0.20	43.34
卫生、社会保障和社会福利业	0.18	46.00
科学研究、技术服务和地质勘查业	0.14	43.67
电力、燃气及水的生产和供应业	0.13	36.94
教育	0.05	23.22
其他	19.11	53.47

总体来说,本期资产池资产在地区、行业、债务人集中度等方面的分布相对较为分散,有抵/质押不良贷款占了近一半,且绝大部分不良贷款处于东部及中部地区,当地的经济及社会环境有利于不良资产的处置及回收。

- 资产支持证券

本期建元 2008-1 重整资产证券化信托项下资产支持证券的发行总量为 276 500 万元,按照优先/次级权益结构的分配次序分两档发行,分别为优先级资产支持证券和次级资产支持证券(见表 3.4)。现金流受偿次序靠后的次级资产支持证券为优先级资产支持证券提供了信用增级。

表 3.4 资产支持证券结构

证券概况	优先级	次级
发行规模(万元)	215 000	61 500
总量占比(%)	77.76	22.24
票面利率	固定利率	—
还本付息方式	每半年支付本息	—
法定到期日	2012 年 12 月 28 日	

本期证券的本金和收益偿付均以信托财产未来产生的现金流收入为支持,不代表受托机构和发起机构的负债。信托财产在支付完信托税负和信托相关费用之后,将优先用于偿付优先级资产支持证券的利息和本金,偿付完优先级资产支持证券全部本息后的剩余金额,首先用来偿付次级资产支持证券的未偿本金及其固定资金成本,剩余部分将按约定的比例支付超额

奖励服务费及次级资产支持证券的投资收益。

优先级资产支持证券的本息将每半年偿付一次,本金采用过手式快速偿付方式,本次交易的资金保管机构(中国工商银行股份有限公司)在每一个信托分配日根据受托机构发出的分配指令,将优先级资产支持证券的当期应付利息和偿付本金划转至中国国债登记结算有限责任公司的指定账户,由中国国债登记结算有限责任公司在对应的支付日向优先级资产支持证券投资者派发本息,直至优先级资产支持证券的未偿本金余额为零。

资料来源:建元2008-1重整资产证券化信托项下资产支持证券信用评级报告。

思考并回答以下问题:
1. 试述资产证券化的参与主体和运作流程。
2. 如何理解风险隔离是资产证券化的核心?
3. 以建元2008-1资产证券化为例,分析不良资产证券化的资产池构建有何特点。
4. 分析建元2008-1资产证券化的信用增级手段有哪些,其对资产证券化有何特殊意义。
5. 分析不良资产证券化的经济意义。

第二篇
投资服务与资产管理

第四章 证券经纪业务

本章概要

证券经纪业务是投资银行为证券投资者提供市场交易服务的主要方式。作为证券经纪商,投资银行在证券交易市场的发展过程中起到了重要的推动作用。本章将介绍证券经纪业务的发展、证券经纪业务的一般流程和我国证券经纪业务的发展。

学习目标

- 了解证券交易市场的发展和结构
- 了解现代投资银行证券经纪业务的特点
- 掌握证券经纪业务的一般流程
- 了解我国投资银行证券经纪业务的发展趋势

伦理学家和哲学家们都认为它(指华尔街)是一个赌窝——或者说是一个塞满不洁之鸟的笼子。在那里,人们的所作所为令人憎恶,他们进行着可怕的交易,靠榨取朋友和邻居的财富来养肥自己……

(The moralist and philosopher look upon it as a gambling-den, a cage of unclean birds, an abomination where men drive a horrible trade, fattening and battening on the substance of their friends and neighbors...)

——〔美〕威廉·福勒:《华尔街十年》[1]

第一节 证券经纪业务概述

《辞海》中,"经纪"一词有做生意、经营、料理安排等含义,同时还可理解为买卖双方的中间人,即"经纪人"。实际上,在现代经济活动中,经纪活动所涵盖的范围可以说包括了以上全

---

[1] William W. Fowler, *Ten Years in Wall Street or*, *Revelations of Inside Life and Experience on Change*, Hartford, Conn., Worthington, Dustin & Co., 1870, p.20. 威廉·福勒(1833—1881)曾是美国华尔街上的一名投机商,后来成为一名作家。

部的释义。一般来说,经纪是指为促成他人商品交易,在委托方和合同他方订立合同时充当订约居间人,为委托方提供订立合同的信息、机会、条件,或者在隐名交易中代表委托方与合同他方签订合同而获取佣金的行为。从事经纪活动的组织或个人就是经纪商或经纪人。

从理论上说,经纪人的居间撮合能够改善交易双方的信息不对称(Asymmetric Information),提高交易信息的处理效率,降低交易成本,是商品交易发展的必然选择。可以说,有商品交易就有了经纪活动。我国在两千多年前就出现了经纪活动。西汉时就已经出现了被称为"驵侩"的经纪人;到了宋、元时期,出现了外贸经纪人;明代开始出现了牙行,即代客商撮合买卖的店铺;清代后期将专门从事对外贸易经纪的人称为"买办"。到了民国时期,随着股票经营和债券买卖的出现,我国历史上第一次出现了债券经纪人。世界历史上,集中的证券交易活动最早出现在西方国家,证券经纪人对证券交易市场的发展起到了重要的推动作用。

一、证券交易场所

通过发行债券和股票,政府和企业等证券发行人实现了融资目标,而对于持有债券和股票的投资者来说,还需要一个发行后的交易场所,方便他们进一步买卖证券,这就是证券交易的二级市场。在现代通信工具出现之前,大多数的证券持有人缺乏充分的交易信息,也无法将全部的时间都投入到证券交易活动中。这样,证券经纪人这一社会分工自然就产生了。历史上早期的证券交易市场就是证券经纪人自发进行集中交易的场所,例如荷兰阿姆斯特丹的新桥(New Bridge)、英国伦敦柴思胡同的"乔纳森咖啡馆"(Jonathan's Coffee House),乃至美国华尔街的梧桐树下,都是证券交易史上著名的交易集中地。

(一)证券交易所

证券交易所(Stock Exchange),又称场内交易市场,是依据各国的法律法规成立的,进行正式、公开、集中交易的有形的证券交易场所。历史上,随着自发参与证券交易的经纪人数量的不断增加、交易规模的不断扩大,人们需要进一步提高市场集中度、规范市场交易活动。这种情况下,有组织、规范化的证券交易所就出现了。证券经纪人在证券交易所的产生过程中扮演了重要的角色。

世界上第一个证券交易所出现在荷兰的阿姆斯特丹。16世纪末,来自欧洲各地的证券交易者来到阿姆斯特丹的新桥上传递和探询着有关证券的各种信息并寻找交易对手。但每逢出现恶劣天气时,这种露天交易就会受到影响。1611年,证券交易商们自行集资建造了第一个阿姆斯特丹证券交易所,专门用于股票交易,它是人类历史上的第一个证券交易所。很快地,越来越多的交易者让新落成的阿姆斯特丹证券交易所显得越来越拥挤了。于是,一种新的交易方式也就随之诞生了。300名最具信誉的人被推举出来,只有他们有资格作为投资者的代理人进入到交易所里进行交易。而这300名代理人也被称为经纪人,他们是历史上最早的一批经纪人。市场信息集中到了经纪人身上,而每一位投资人又能通过经纪人了解到市场信息,这样就缩短了交易时间,提高了市场效率。经纪人代理投资人买卖股票的方式,作为一种制度,一直保持到了今天。

1698年,在英国已有大量的证券经纪人,伦敦柴思胡同的"乔纳森咖啡馆"就是因为有众多的经纪人在此交易而出名;1773年,英国的第一家证券交易所在该咖啡馆成立,并于1802年获得英国政府的正式批准。这就是现在伦敦证券交易所的前身。1792年5月17日,21名经纪人和3个经纪公司在华尔街上签订"梧桐树协议"(The Buttonwood Agreement),约定以不低于 0.25% 的交易佣金为任何客户买卖股票,并给予参与协议签字的其他成员交易的优先权。1793 年,一家名叫汤迪的咖啡馆在华尔街落成,于是露天的证券市场就移进咖啡馆经营。1817 年,参与华尔街汤迪咖啡馆证券交易的经纪人通过一项正式章程,并成立组织,起名为"纽约证券交易会",1863 年改名为"纽约证券交易所"。

证券交易所是证券交易市场中最重要、最集中的交易场所,是集中交易制度下证券市场的组织者和一线监管者。从组织形式上看,现代证券交易所可以分为会员制和公司制两种类型。

1. 会员制证券交易所

会员制证券交易所是以会员协会形式成立的、不以营利为目的的组织,主要由证券商组成。只有会员及享有特许权的经纪人,才有资格在交易所中进行交易。会员制证券交易所实行会员自治。传统上,证券交易所多采取会员制的组织形式,其原因主要有两个:一是在交易所垄断证券交易市场的条件下,会员制的组织方式对市场参与者来说交易成本最小,会员可通过这种互助组织来控制证券交易中介服务的价格;二是由于交易大厅内的空间有限,不可能将交易权给予所有的投资者,因此,必须对入场资格加以限制,将交易资格分配给固定的会员或席位。会员制证券交易所适应了非自动化交易条件下的市场需要。会员制证券交易所的最高权力机构是会员大会,理事会是执行机构,理事会聘请经理人员负责日常事务。我国法规规定,证券交易所必须是会员制的事业法人,目前上海、深圳证券交易所都实行会员制。

证券交易所的会员一般包括股票经纪人、证券自营商及专业会员三类。股票经纪人主要是指佣金经纪人,即专门替客户买卖股票并收取佣金的经纪人。交易所规定只有会员才能进入大厅进行股票交易。因此,非会员投资者若想在交易所买卖股票,就必须通过经纪人。股票自营商是指不为顾客买卖股票,而为自己买卖股票的证券公司。专业会员是指在交易所大厅专门买卖一种或多种股票的交易所会员,其职责是就有关股票保持一个自由的、连续的市场。专业会员的交易对象是其他经纪人,按规定不能直接同公众买卖证券。

2. 公司制证券交易所

公司制证券交易所是以营利为目的、由各类出资人共同投资入股建立起来的公司法人。公司制证券交易所对在本所内的证券交易负有担保责任,必须设有赔偿基金。公司制证券交易所内的证券商及其股东,不得担任证券交易所的董事、监事或经理,以保证交易所经营者与交易参与者的分离。

20 世纪 90 年代以来,资本市场全球化加剧了传统交易所之间的竞争,使得证券交易所的治理结构开始向公司制转变。一方面,技术进步推动了市场交易的自动化,借由发达的互联网和其他通信网络,投资者不再受交易大厅容量的影响,可在世界的任何地方买卖任何一家交易所的股票,直接交易的成本较低,从而减少了对金融中介的需求;另一方面,交易所之间的激烈竞争使其控制交易所服务价格的能力下降,同时对技术设备的投入却越来越大,因此,各交易所对再融资都有十分迫切的需求。然而,会员制的法人机构是不能公开发行股票融资的,相比之下,公司制证券交易所在融资上有较大的优势,有利于其迅速扩大规模、提高市场竞争力。此外,会员集体决策的效率不高,使交易所对市场环境变化的反应迟钝,竞争能力不足。因此,许多国家的证券交易所都进行了非互助化(Demutualization)改革。[①]

---

① 证监会国际组织(IOSCO) 2001 年发布的一份关于交易所非互助化的报告指出,传统的交易所大都是会员所有的非营利机构,属于互助性或者合作性机构;传统的交易所转变为由股东持有股份的营利性公司的过程称为交易所的非互助化。Issues Paper on Exchange Demutualization, Technical Committee of International Organization of Securities Commissions (IOSCO), June, 2001.

1993年,斯德哥尔摩证券交易所成为第一家进行公司制改造的证券交易所。迄今为止,许多世界著名的证券交易所,如纽约证券交易所、伦敦证券交易所、纳斯达克、澳大利亚证券交易所、香港联合交易所、新加坡交易所等都已经转型为股份公司,并实现了公开发行上市。

(二) 场外交易市场

在证券交易所外进行证券交易的场所都可以笼统地称为场外交易市场。事实上,大部分的证券交易,包括一部分的上市公司股票以及大多数的公司债券、国债、市政债券交易,都是在场外交易市场中进行的。以美国为例,在纽约证券交易所成立之初,除了一部分签署了协议成为交易所会员的经纪商之外,许多没有资格成为交易所会员的经纪人仍然聚集在华尔街上的路灯柱下买卖股票,他们的交易数量经常超过场内市场的交易量。这些场外经纪人多以个人名义从事中介服务,没有加入正式的证券机构。从现在的市场格局来看,场外市场可以分为以下三类:

1. 柜台市场(Over-The-Counter,OTC)

柜台市场交易是指投资者直接通过证券公司或证券经纪人的柜台进行证券交易的方式。在交易所产生之前,柜台交易市场是投资者最快、最集中地获得证券交易信息的场所。在交易所产生并迅速发展后,柜台市场之所以能够继续存在和发展,其原因主要有三个方面:一是交易所的容量有限,且有严格的上市条件,许多股份公司的股票无法在交易所内上市交易;二是柜台交易手续比较简便、灵活,满足了投资者的需要;三是随着计算机和网络技术的发展,柜台交易方式也在不断地改进,其效率已和场内交易不相上下。

场外交易市场的分散性使它特别适合电子信息交易平台的应用。许多各自独立经营的证券经营机构依靠电话、电报、传真和计算机网络联结成一个公开的报价系统,投资者可以根据各个证券交易商的报价选择合适的成交对象。世界上最著名的电子化场外交易市场就是纳斯达克(NASDAQ),它是美国全国证券交易商协会于1968年着手创建的自动报价系统(National Association of Securities Dealers Automated Quotations)的英文简称,该交易系统于1971年2月8日正式运行。直到2006年,纳斯达克都是全球最大的柜台交易市场。①

2. 第三市场 (The Third Market)

第三市场是指已在交易所上市的证券的场外交易市场。第三市场产生于1960年的美国,原属于柜台交易市场的组成部分,因其发展迅速、市场地位提高,被作为一个独立的市场类型来对待。第三市场的交易主体多为实力雄厚的机构投资者。第三市场的产生与美国的交易所采用固定佣金制密切相关,它使机构投资者的交易成本变得非常昂贵,而场外市场则不受交易所的固定佣金制约束,导致大量上市证券在场外市场进行交易。第三市场成为交易所的有力竞争者,最终促使SEC于1975年取消了交易所市场内的固定佣金制,同时也促使交易所改善交易条件,使第三市场的吸引力有所降低。

3. 第四市场(The Fourth Market)

第四市场是投资者绕过传统证券经纪服务,彼此之间利用计算机网络直接进行大宗证券交易所形成的市场。第四市场的吸引力在于:买卖双方直接交易,无经纪服务,佣金比其他市

---

① 2006年,纳斯达克和全美证券交易商协会脱钩,经监管部门批准成为一家独立的全国性证券交易所。2007年,纳斯达克交易所与瑞典的OMX北欧证券交易所(OMX Nordic Exchange)合并。2008年,纳斯达克-OMX集团在纳斯达克全球精选市场(NASDAQ Global Select Market)公开上市。

场少得多;因无须通过经纪人,有利于匿名进行交易,从而保持交易的秘密性;可以避免在交易所内进行大宗交易而给证券市场带来的价格冲击。第四市场的发展一方面对交易所和其他形式的场外交易市场产生了巨大的压力,从而促使这些市场降低佣金、改进服务,另一方面也对证券市场的监管提出了挑战。

二、证券经纪业务的发展

根据证券经纪人为客户提供的服务,证券经纪业务又有狭义和广义之分。狭义的证券经纪业务中,证券经纪人只接收客户的合法交易委托,代理客户买卖证券,并收取佣金。广义的经纪业务中,证券经纪人不仅代理客户交易,还提供投资咨询、资产管理、投资组合设计等延伸服务,在监管制度许可的范围内,还可以为客户提供融资融券等服务。以下仅以美国证券经纪人制度的发展为例介绍证券经纪业务。

根据美国《1934年证券交易法》第三条第四款规定,证券经纪人是"任何代理他人从事证券交易业务的人"。在行业监管上,只要通过了美国证券交易商协会系列7考试(The NASD Series 7 Exams),且在证券机构从事经纪业务的,都可认为是证券经纪人。从广义上说,各证券机构中的金融顾问(Financial Consultant,FC 或 Financial Advisor,FA)、投资代表(Investment Representative,IR)及独立执业的注册理财规划师(Certificated Financial Planner,CFP)、投资顾问(Investment Advisor,IA)等,都可以纳入证券经纪人的范围。

1975年以前,世界各国证券市场上的经纪业务基本上都采用固定佣金制度,大型证券机构的经纪业务比较具有竞争力,占据了市场的很大份额。1975年5月1日,美国国会通过《有价证券修正法案》,率先在全球范围内废除了证券交易的固定佣金制度,实行佣金协商制,使得证券交易佣金自由化成为全球证券交易市场的基本发展方向。浮动佣金制的实施使证券经纪商之间的竞争日益加剧。为了吸引并留住客户,证券经纪人都极为重视各种金融产品的设计与研发,并通过各种形式进行服务和产品的营销。以证券经纪人和财务顾问为主的销售团队在管理、展业模式等方面得到了很大的发展。随着市场的不断扩张、供给量增加、市场竞争加剧和以互联网为代表的信息时代的开始,金融产品信息高度透明化,证券咨询服务同质化,金融产品与服务的价格不断下降。为了在业务竞争中把握主动权,经纪人的必要技能已不仅仅是达到证券从业人员的从业资格要求,更需要全面综合的金融理财服务能力。浮动佣金制也给中小规模的证券经纪商提供了发展机会,他们纷纷以低廉的价格和特色服务吸引客户,成为市场中具有鲜明特点的折扣零售经纪商(Discount Retailer Brokerage)。近年来还出现了不少网络经纪商,通过互联网提供低成本、标准化的交易服务。

目前,美国的证券经纪业务大致可以分为三类:面向大众散户的零售经纪业务、面向核心客户的高端经纪业务和面向投资机构的机构经纪业务。传统的大型综合性投资银行如高盛、摩根士丹利、美林等主要定位于中高端客户及机构客户;以嘉信理财(Charles Schwab & Co.)为代表的折扣经纪商以及新兴的网络经纪商如史考特证券(Scottrade)、亿创证券(E-Trade)等,则更多地专注于中等资产规模以下的、对交易成本高度敏感的个人客户。除了资产规模外,美国的证券经纪商通常还会根据风险承受力、投资参与意愿、年龄、职业与财富来源、地理区域等指标来进行客户细分,把在投资行为方式、特定服务需求上存在共性的客户区分出来,以便有针对性地进行产品开发与服务提供。

三、现代投资银行的证券经纪业务

(一) 对投资银行证券经纪业务的监管

我们仍以美国投资银行的经纪业务为例。在证券经营机构受到立法监管之前,早期的美国投资银行大多是兼营证券承销、自营和经纪业务的机构。当时的经纪业务与承销和自营业务关系十分密切:一是投资银行在承销证券的过程中,将证券出售给客户;二是投资银行利用自有账户中的证券与客户直接交易。在这种交易模式下,很容易滋生投机和欺诈行为。有的机构为了将更多的证券出售给客户,为客户提供了很高比例的保证金安排,例如只需客户提供交易总金额10%的资金就可以达成交易,剩余的90%由经纪商提供贷款。当1929—1930年经济危机到来时,不仅客户遭受了极大的损失,许多机构也无法幸免。因此,危机之后的立法,不仅制定了美国金融业分业经营的制度架构,还对证券经纪业务和自营业务进行了规范。

《1934年证券交易法》第3条第A款第4项将"经纪商"定义为"任何代理他人从事证券交易业务的人,但不包括银行"。第3条第A款第5项将"自营商"定义为"任何为自己的账户买卖证券的人,买卖证券通过经纪商,或者作为自己固定业务的一部分"。由于实践中许多投资银行都是同时从事证券经纪业务和自营业务的经纪自营商(Broker-Dealer),最符合投资银行自身财务利益的行为未必能实现客户利益的最大化,也就是说,在投资银行将证券出售给客户时,其作为经纪人的"职业行为"和"自身的财务利益"之间可能发生冲突。针对存在的证券交易欺诈行为,1943年美国SEC提出了监管的"招牌理论"(Shingle Theory)。该理论认为:以客户之信任感为基础而拉拢客户之证券经营机构,有对客户保持诚实的义务,应公平地与所有客户开展业务。据此,一个"挂出招牌"、作为证券专家,并向客户提供交易咨询的证券经营机构,如果与客户交易时未充分披露可能的利益冲突及其他可能影响客户决策之信息,则触犯了《1933年证券法》《1934年证券交易法》规定的"反欺诈条款"。

在利益冲突下,证券经纪自营商们可能的违规行为主要有:

(1) 以"过高价格"向客户出售证券。例如在当时著名的"Charles Hughes & Co"案件中,该证券机构竟以高于市价16%—40%的价格向不熟悉行情的客户出售柜台交易市场的证券,严重侵犯了客户利益。1943年,全美证券交易商协会依照其"公正行为规则"(Rules of Fair Practices)规定:"公正的差价"一般不应超过5%,在某些情况下可以为5%—10%,但超过10%即被认为是"不公正的"。

(2) 隐瞒其市场角色。《1934年证券交易法》10b-10规定,证券经营机构必须在每笔交易中就其市场角色向客户出示书面材料,以表明他是否充当客户经纪人、自营商或他人的经纪人,如有隐瞒,即为违规。

(3) "搅拌"客户账户。"搅拌"(Churning)客户账户是指诱使客户进行过度交易,即使证券经营机构仅仅作为佣金经纪商,其"搅拌"行为亦被认为违背了"反欺诈条款"。《1934年证券交易法》15C1-7规定,任何券商为其拥有处置权的客户账户进行相对账户资金而言过大、过于频繁的柜台证券交易均为非法。

(4) 劫利(Scalping)[①]行为。劫利是指作为投资顾问的证券经纪人向客户推荐购买某种股票,而未披露他在此前已购入此证券,并在推荐后价格上升时卖出而获利之行为。根据

---

① 所谓劫利,也就是我们常说的"老鼠仓"。

《1940年投资顾问法》,劫利违背了其中的"反欺诈条款"。

此外,法律还对证券经纪人在不充分信息基础上对客户交易给出的建议进行约束。美国证监会认为,除非掌握了有关发行人的充分可靠之信息,并以此作为推荐之基础,否则,证券经纪商推荐购买某种证券是违背"反欺诈条款"的。这一观点最初是针对证券经纪人使用的"蒸汽房操作"(Boiler-room Operation)方法,之后推广到所有的证券经纪业务。"蒸汽房操作"是指成立一个专门公司,通过长途电话或各种高压出售技巧向客户兜售一种或几种高投机性股票。1977年,当时美国最大的证券经纪商美林公司即因此种行为被判向客户支付160万美元,牵涉到该业务的28个经纪人也因不负责任地推销一家电子公司的股票而受罚。

(二)投资银行证券经纪业务模式的发展——美林模式

立法监管不仅促进了证券市场的规范发展,也促使投资银行以一种全新的经营理念来开发自己的证券经纪业务。其中,美林公司极具代表性。1914年,其创始人查尔斯·梅里尔(Charles E. Merrill)首先创办了证券经营机构——美林商号。很快,爱德华·林奇(Edward Lynch)就成为另一个合伙人。与成立于1858年、1869年和1894年的雷曼兄弟、高盛和J.P.摩根相比,美林公司必须在强手如林的市场中迅速找到自己的立足点。当时老牌的投资银行基本垄断了证券承销业务,于是,美林公司将业务重点主要放在了证券分销和经纪自营业务上,即发展证券零售业务。20世纪30年代经济危机之后,美林公司顺应市场规范发展的要求,明确提出要为客户提供可靠的经纪服务的理念,改变了传统的投资银行以推销自己所承销的股票为主的业务模式,转而加大对证券研究分析的投入,以便为客户提供合理的投资组合建议。美林公司成为第一批为零售客户提供资产配置服务的投资银行之一。

第二次世界大战以后,美国经济的迅速增长使居民的收入水平不断提高,越来越多的个人投资者参与到证券交易市场中,各种投资活动空前活跃,证券经纪业务也得到了迅速发展。在这个时期,美林公司有许多开创性的举措,它将公司内的证券经纪人改称为"客户经理"(Account Executives),并对他们进行了严格的培训,首创了证券经纪人培训制度,强调专业知识与销售技巧并重。同时,证券经纪人获得了固定薪酬,不再完全依靠交易佣金来维持生计,在一定程度上控制了这个职业的道德风险。同时,美林公司还开展了投资者教育活动,向那些对证券市场一无所知的新晋投资者提供一些证券交易的基本知识,包括潜在的风险和回报等。美林公司的新业务模式很快取得了巨大的成功,到20世纪40年代末期,美林公司已经成为华尔街上最大的证券经纪公司。1960年,它的总收入几乎是排名第二位的经纪公司的4倍。在很大程度上,美林公司可以说是现代经纪业的鼻祖。

在今天的美国证券经纪业务市场上,美林公司的金融顾问模式是一个具有代表性的经纪人制度模式。高质量的投资咨询服务吸引了众多对价格不敏感的机构客户,成为以双高策略(高价格和高品质服务)赢得市场的典范。美林公司的经纪业务客户服务战略包括以下几个部分:

(1)大客户战略。美林公司将目标客户群锁定在大资金客户上。从2000年开始,美林公司决定不再接受10万美元以下的客户,目前已将这一标准提高到25万美元。

(2)年费制度。在佣金收取制度上,美林公司推行年费制度,一般按客户资产的1%—1.5%按季收取。佣金实行年费制有利于稳定券商的收益。经纪人还可以根据收取年费的不同标准,为客户提供不同级别的顾问服务。

(3)"综合性选择"服务。美林公司于1999年6月1日正式推出一项新的竞争战略——"综合性选择"服务系列产品,即把为客户提供的服务分成5个不同的级别,分别按不同的标准收取佣金。

金融顾问的工作主要是市场开发和客户维护。其为客户提供服务的内容主要包括:为客户提供财务计划书;为客户投资交易各种金融工具(包括股票、债券、共同基金等)提供便利(包括为客户下单、定期寄送对账单等);提供及时的金融信息资讯;根据客户的风险偏好提供投资组合等。金融顾问制度的成功经验可以归纳为以下几点:

首先是"客户利益永远至上"的理念。美林公司自称为"买入类券商",他们坚持两点原则:一是鼓励客户做长期投资;二是尽最大可能降低客户的投资风险。美林公司认为只有客户资产的稳定增长,才是券商未来稳定收益的来源。对于过于激进的客户,他们宁愿放弃。

其次是完善的制度保障。美林公司对于经纪人资格、经纪人职责、经纪人行为监管、经纪人考核和培训、经纪人利益激励等各个方面都有明确的规定,不断优化经纪人队伍。由领取固定工资的证券营业部经理和金融顾问管理人员,负责监督和检查金融顾问的工作,严格防止各种侵害客户利益以及其他违规违纪行为的发生。

最后是以实力雄厚的研究力量为后盾。美林公司通过功能强大的 TGA(Trusted Global Adviser)信息平台,实现了研究后台对经纪人前台的支撑。研究部门负责金融信息的收集整理、行业公司研究、金融产品创新等工作,这些研究成果都被输入 TGA 系统,金融顾问可以通过 TGA 系统查询到所有股票的信用评级。客户自己也可以通过 TGA 系统的客户端查询权限内的信息。金融顾问为客户提供的投资组合建议和财务计划书等,也由 TGA 系统自动生成或由研究部门提供。

从美林公司的典型案例可以看出,现代投资银行的证券经纪业务正朝着为客户提供全面的投资咨询和资产管理服务的方向不断发展。投资银行证券经纪业务的核心竞争力将越来越多地来源于深入的市场研究、全方位优质的客户服务和规范科学的业务流程管理。

(三) 投资银行的信用经纪业务

信用经纪业务是指投资银行作为经纪商,在代理客户进行证券交易时,以客户提供部分现金以及有价证券担保为前提,为其代垫所需的资金或有价证券的差额,从而帮助客户完成证券交易的行为。投资银行对所提供的信用资金不承担交易风险,以客户的资金和证券为担保,并收取一定的利息。投资银行提供信用的目的主要是吸引客户以获得更多的佣金和手续费收入。信用经纪业务是投资银行融资功能与一般经纪业务相结合的产物,是对传统经纪业务的创新。

信用经纪业务主要有两种类型:融资(买空)和融券(卖空)。融资是指客户委托买入证券时,投资银行以自有或外部融入的资金为客户垫付部分资金以完成交易,以后由客户归还并支付相应的利息。融券是指客户卖出证券时,投资银行以自有、客户抵押或借入的证券,为客户代垫部分或者全部证券以完成交易,以后由客户归还。

1. 信用经纪业务的作用及风险

19 世纪,信用经纪业务开始在美国出现并迅速发展。信用经纪是证券市场上一项普遍和成熟的交易制度。从国外资本市场发展过程看,它对完善证券市场功能具有积极作用:① 通过融券卖出或融资买入,有助于投资者表达自己对某种证券实际投资价值的预期,提高证券市场价格发现的效率。② 在完善的市场体系下,信用经纪业务能发挥价格稳定器的作用,即当市场过度投机时,投资者可通过融券卖出方式沽出证券,促使价格下跌;反之,当某一证券价值被低估时,投资者可通过融资买进方式购入该证券,促使价格上涨。③ 在一定程度上,信用经纪活动可以放大资金和证券的供给和需求,增加市场交易量,从而活跃证券交易,增强证券市场的流动性。④ 与其他金融衍生工具相比,信用经纪的杠杆比例较小,总体风险更为可控。⑤ 信用经纪业务有助于拓宽证券经纪商的业务范围和盈利模式,提高其自有资金和自有证券的运用效率。

当然,信用经纪业务也存在市场风险。融资融券一般是和做空机制、股指期货等基础证券的衍生交易方式联系在一起的,可能会给市场风险带来巨大的放大效应。特别是在不完善的市场体系下,信用交易不仅不会起到价格稳定器的作用,反而会进一步加剧市场波动。其风险主要表现在两方面:一是如果透支比例过大,一旦证券价格下跌,其损失会加倍,不仅投资者损失巨大,也会拖累融资方;二是当证券市场整体处于颓势时,信用交易有助跌的作用。

2. 信用经纪业务的模式

证券融资融券交易包括经纪商向客户的融资、融券和经纪商获得资金、证券的转融通两个环节。这种转融通的授信有集中和分散之分。在集中授信模式下,由专门的机构例如证券金融公司提供;在分散模式下,转融通可由金融市场中有资金或证券的任何人提供。

以下分别介绍信用经纪业务的三种模式:

(1) 分散信用模式。投资者向信用经纪商申请融资融券,由经纪商直接对其提供信用。当经纪商的资金或股票不足时,就向金融市场融通或通过拆借取得相应的资金和股票。这种模式建立在发达的金融市场基础上,不存在专门从事信用交易融资的机构。这种模式以美国为代表,我国香港地区也采用类似的模式。美国证券融资交易的主要运作过程由投资者、证券公司和银行三个环节组成,其中证券公司扮演着关键的角色。证券公司一方面为投资者提供融资,另一方面又向银行办理转融通。而在融券交易方面,转融通的对象范围更广,包括其他证券公司、非银行金融机构和投资者在内的证券提供者。

(2) 集中信用模式。在这种模式下,证券公司对投资者提供融资融券,同时设立半官方性质的、带有一定垄断性质的证券金融公司为证券公司提供资金和证券的转融通,以此来调控流入和流出证券市场的信用资金和证券量,对证券市场信用交易活动进行机动灵活的管理。这种模式以日本、韩国为代表。日本、韩国从20世纪50年代开始开展融资融券业务。与美国模式不同,日本、韩国模式是以政府批准注资成立的证券金融公司为业务核心。证券公司对委托者提供融资融券都要由证券金融公司转融通,证券金融公司不直接与个人交易。融资融券为市场注入了增量资金,大部分股票均可成为融资融券的标的物。目前,东京证券交易所既可融资又可融券的股票达1 500种以上,超过总市值的70%。

(3) 双轨制模式。在这种模式下,除了专门设立的证券金融公司外,还给予一部分证券公司直接融资融券的许可权,它们可以向客户提供融资融券服务,然后再从证券金融公司转融通。而没有许可权的证券公司只能接受客户的委托,代理客户的融资融券申请,由证券金融公司来完成直接融资融券的服务。这种模式以我国台湾地区为代表。我国台湾地区的证券监管部门指定了4家证券金融公司从事融资融券及对券商的转融通业务。客户既可与有许可权的证券公司进行融资融券交易,也可直接与证券金融公司进行交易。目前,台湾地区可作为融资融券标的的股票市值和成交量占比基本都在市场总量的95%以上。

3. 对信用经纪业务的管制

由于信用经纪业务具有一定的杠杆效应,可能放大证券交易的风险,因此,各国都有一套相应的管理机制来对此加以规范,主要包括以下一些内容:

(1) 证券资格认定。不同证券的质量和价格波动性差异很大,将直接影响到信用交易的风险水平。信用交易证券选择的主要标准是价格波动性较小、流动性较好的证券。

(2) 保证金比例。保证金比例是影响融资融券信用扩张程度最为重要的参数,包括最低初始保证金比例和维持保证金比例。例如,美国规定的初始保证金比例为50%,融资的维持保证金比例为25%,融券的维持保证金比例则根据融券的股价而有所不同。我国台湾地区规定的初始保证金比例为50%,融资的维持保证金比例为28.6%,融券的维持保证金比例为28%。

(3) 经纪商融资融券的限额。为了控制经纪商的信用风险,一般都会规定其融资融券业务量和净资本的比率必须保持在一定的水平以下,包括对投资者融资融券的总额与净资本的比率、在单个证券上的融资和融券额度与其净资本的比率、对单个客户的融资和融券额度与其净资本的比率等。例如,我国台湾地区规定,单个证券公司对单个证券的融资不应该超过5%,融券不应该超过5%,对客户的融资融券总额不能超过其资本金的250%。

此外,为防止针对单一证券的融资融券过度集中而导致交易风险增加或交易被操纵,监管部门还会就单只证券的信用额度进行管理。例如,当一只股票的融资融券额达到其流通股本的25%时,交易所会停止融资买进或融券卖出,等待其比率下降到20%以下时再恢复交易;或者当融券额超过融资额时,停止融券交易,直到恢复平衡后再重新开始交易。

时事链接4.1

美国投资银行机构经纪业务(Prime Brokerage)萎缩

机构经纪业务是指证券公司为对冲基金和其他专业投资者提供的经纪服务,包括交易操作/解除、保证金融资、集中存管、证券借贷和其他管理服务等。这一业务被认为是投资银行业务"皇冠上的明珠",市场规模高达2万亿美元。虽然市场竞争十分激烈,但长期以来基本上是由摩根士丹利、高盛和贝尔斯登"三分天下"的。伴随着对冲基金的快速扩张,通过为对冲基金提供信贷、交易清算及其他支持的业务,这些投资银行从中获利丰厚。

2007年金融危机开始后,持有大量次级贷款衍生产品的对冲基金损失惨重,为对冲基金的杠杆交易提供了大规模融资的投资银行也不能幸免。一方面,对冲基金所提供的担保品价值大幅缩水,使投资银行风险大增;另一方面,危机下投资银行自身的流动性和融资能力已不足以为对冲基金提供更多的融资支持。雷曼兄弟申请破产时,有高达650亿美元的客户担保资产被冻结。因此,危机之后,大量的对冲基金开始转向信贷能力更强的商业银行寻求融资支持。美国银行、瑞银集团等大型金融控股集团很快从高盛和摩根士丹利手中争取到了更大的市场份额。

资料来源:根据相关新闻资料整理。

第二节 证券经纪业务的流程

无论是场内交易还是场外交易,都可由证券经纪商提供中介服务。本节主要以证券交易所内的经纪业务流程为模板,分为开立证券账户、开立资金账户、下达交易委托、交易委托成交和证券存管、清算交割五个步骤(见图4.1)。

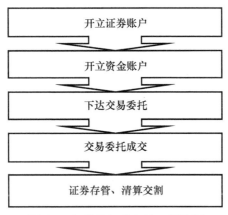

图4.1 证券经纪业务的一般流程

一、开立证券账户

证券账户是指证券登记结算机构为投资者设立的,用于准确记载投资者所持的证券种类、名称、数量及相应权益和变动情况的账册,是认定证券所有人身份的重要凭证,具有证明其身份的法律效力,同时也是投资者进行证券交易的先决条件。按照开户人的不同,可以分为个人账户和法人账户。个人投资者只能凭本人身份证明开设一个证券账户,不得重复开户;法人投资者不得使用个人证券账户进行交易,投资银行开展证券自营业务必须以本公司名义开立自营账户。

按照我国目前的上市品种和证券账户用途,可以分为股票账户、债券(回购)账户和基金账户。股票账户可用于买卖股票,也可用于买卖债券和基金以及其他上市证券;债券(回购)账户和基金账户则是只能用于买卖上市债券(回购)和上市基金的一种专用型账户。

二、开立资金账户

投资者持证券账户与证券经纪商签订证券交易委托代理协议,开立用于证券交易资金清算的专用资金账户。资金账户的开立意味着客户与投资银行建立了经纪关系。在多数国家,客户可以选择开设现金账户(Cash Account)和保证金账户(Margin Account)两种类型的资金账户。现金账户与保证金账户的主要区别是:现金账户不能透支,而保证金账户允许客户使用经纪人或银行的贷款购买证券。

现金账户最为普遍,大部分个人投资者和几乎所有的大额投资者,如保险公司、养老基金、共同基金等开设的都是现金账户。使用现金账户交易,客户在购买证券时必须全额支付购买金额,其所买卖的证券完全归投资者所有并支配。

保证金账户则允许客户使用经纪人或银行的贷款购买证券。在保证金账户下,客户可以用少量的资金进行大量的证券交易,其余的资金由经纪商垫付,作为给投资者的贷款。所有的信用交易和期权交易均在保证金账户进行,称为保证金交易(Margin Transaction)。保证金交易又称虚盘交易、按金交易,投资者用自有资金作为担保,利用银行或经纪商的贷款放大资金总量来进行证券交易,是一种杠杆交易模式。以开立保证金账户为基础,投资银行可以为客户提供信用经纪服务。

三、下达交易委托

(一) 交易委托的内容

办理交易委托的手续包括投资者下达委托指令和证券经纪商受理委托,这就相当于合同关系中的要约与承诺。投资者向经纪人下达买卖指令亦称下单。委托指令应包括的必要内容有:所买卖证券的具体名称;买进或卖出的数量;拟成交价格;委托有效期。

(二) 交易委托的种类

1. 按委托数量分类

按照委托数量的不同,交易委托可以分为整数委托和零数委托。

整数委托是指委托买卖证券的数量为一个交易单位或者交易单位的整数倍。一个交易单位俗称"一手"(A Lot)。各国股票交易中通常以100股为一标准手(One Round Lot)。债券的种类较多,各类交易市场中规定的一标准手数量不等。我国以1 000元面值为一标准手,即10张面值为100元的债券为一标准手。

零数委托是指投资者委托证券经纪商买卖证券时,买进或卖出的证券不足证券交易所规定的一个交易单位。目前我国只在卖出股票时才有零数委托,主要为投资者出售因股票股利分配、送股和配股产生的低于标准手数量的零股(Odd Lot)提供便利。在美国证券交易所中,有专门为投资者代理买卖每笔交易不足1手的少量股票的零股经纪人(Odd-lot Broker)。

2. 按委托价格分类

按照委托价格的不同特征,交易委托可以分为市价委托(Market Order)和限价委托(Limit Order)两种基本类型。

市价委托方式下,投资者的委托指令中仅指明交易的数量,而不指明交易的具体价格,要求证券经纪商按照即时市价买卖。这种方法的优点是将执行风险最小化,保证及时成交,但这种委托指令的缺点是成交价格可能是市场上最不利的价格,而且成交价格不确定,投资者必须承担不确定带来的投资风险。

限价委托是指投资者在委托经纪商进行买卖的时候,限定证券买进或卖出的价格,经纪商只能在投资者事先规定的合适价格内进行交易。限价委托又可分为买入限价委托(Buy Limit Order)和卖出限价委托(Sell Limit Order)。买入限价委托限定了买入证券的最高价,只能以此价格或低于此价格的价位成交;卖出限价委托限定了卖出证券的最低价,只能以此价格或高于此价格的价位成交。限价委托指令的优点是价格风险是可以测量和控制的,但对经纪商来说执行风险相对较大。

市价委托和限价委托是世界上主要证券交易所普遍接受的委托价格指令。除此之外,还有一些常见的有条件执行指令(Conditional Order):止损委托(Stop Order)、定价全额即时委托(Fill-or-kill Order)、触及市价委托(Market-if-touched Order)等。

止损委托要求经纪人在市场价格达到一定水平时,立即以市价或以限价按客户指定的数量买进或卖出,目的在于保护投资者已获得的利润。买方止损委托(Buy Stop Order)要求当价格上升到某一位置时即以市价或限价买入,以控制其投资成本;卖方止损委托(Sell Stop Order)要求当价格下降到某一位置时即以市价或限价售出,以锁定其盈利额。

定价全额即时委托指明经纪人必须按照委托指令中的价格立即全数成交,否则即刻取消委托。通常是在投资者希望以特定价位大量买进股票时使用。

触及市价委托是指市场价格只要触及客户规定的价格水平时就生效的指令。也就是说,一旦市场价格到达了客户事先设定的价格,这份指令就成为市价指令,这时经纪人就可以争取以最佳的价格为客户达成交易。但是如果市场价格没有到达设定的价格水平,这份指令就无法生效。

3. 按委托有效期分类

按照委托的有效期划分,有当日有效委托、当周有效委托和撤销前有效委托。当日有效委托指委托人的委托只于当日有效。委托指令下达后如果整个交易日的交易时间内都无法满足委托的成交条件,则在收市后委托即失效。当周有效委托则会在本周内所有交易收盘时自动失效。撤销前有效委托是指客户未通知撤销则始终有效的委托。有的投资者深信市场长期发展的作用,因而无须计较暂时的得失,也不计较较长时间的等待,就会使用撤销前有效委托。

在我国证券交易中,客户对证券经纪商的合法委托是当日有效的限价委托。

四、交易委托成交

投资者将委托指令下达给经纪商之后,经纪商就利用其与证券交易市场的信息通道将交易指令传递到市场上,不同的交易市场会根据自身的成交规则来组织交易。证券交易所和场外市场的成交规则有所不同,主要可分为指令驱动型(Order-Driven)和报价驱动型(Quote-Driven)两种。

(一)指令驱动型

一般来说,在证券交易所内,大量的投资者委托指令通过经纪商传递到市场内,并披露在公开的信息平台上。证券交易所对所接受的委托指令进行合法性检验后,按照价格优先、时间优先的原则来将买方和卖方的委托信息排队,逐一撮合成交。在有了计算机应用技术后,绝大部分的委托指令都通过交易所的电脑主机进行公开申报竞价,并由计算机系统按照价格优先、时间优先的原则自动撮合成交,推动市场交易持续进行的是许许多多的委托指令,这就是所谓的指令驱动型交易系统。

在指令驱动型交易系统中,投资者的申报竞价分为集合竞价和连续竞价两种。集合竞价是指所有的交易订单并不在收到指令后立刻撮合,而是由交易中心将不同时点收到的订单进行积累,在一定的时刻按照一定的原则进行高低排队,最终得到最大的成交量时的价格为竞价结果。在我国,上海和深圳证券交易所每个交易日的开盘价就是集合竞价的结果,竞价时间为交易日上午的9:15—9:25,其余时间内进行连续竞价。

连续竞价发生在交易日的各个时点上,交易系统会根据市场上已有的委托订单进行撮合,仍然根据竞价原则,如果发现与之匹配的订单,即刻就可成交。连续竞价的成交价格决定原则是:最高买进申报与最低卖出申报相同。买入申报价格高于市场即时的最低卖出申报价格时,取即时最低卖出的申报价格;卖出申报价格低于市场即时的最高买入申报价格时,取即时最高买入的申报价格。

（二）报价驱动型

在场外交易市场上，证券的交易价格是由有资格的自营商（即做市商）报出的，投资者委托指令中的报价是不会出现在市场上的公开价格信息平台上的，因此也就不能被直接撮合成交。投资者只能根据做市商的报价选择买卖价格，并与其交易。在报价驱动型市场上，证券交易的流动性和稳定性都是靠做市商的报价来支持的。一般来说，指令驱动型市场易于处理大量投资者的小额交易，并形成连续的交易价格，运作透明，容易监管。报价驱动型市场则在处理冷门证券交易和大额交易方面具有优势。但由于做市商享有交易信息优势地位，因此可能存在市场透明度不够的问题。最典型的缺陷是做市商为了维持一定的买卖差价收益会刻意保持双向报价的某种差额，并且这种做法很容易成为该行业的"合谋"。

一般来说，报价驱动型交易机制主要出现在场外交易市场中，其中规模最大的就是纳斯达克市场。但也有少数证券交易所采取这种模式，如伦敦证券交易所。近年来，为了保护投资者利益，也出于提高市场竞争力的需要，伦敦证券交易所和纳斯达克市场都作出了调整。1997年，在美国 SEC 的督促下，纳斯达克市场引入了电子交易系统（Electronic Communication Networks，ECN），实行新的指令处理规则，从而使买卖双方的交易指令可以越过做市商这一中介环节直接成交，以制衡做市商对市场价格的控制权。伦敦证券交易所受制于会员的既得利益，长期以来也一直抵制电子竞价交易模式。但由于欧洲其他交易所采用的竞价交易系统效率较高，迫于竞争的压力，伦敦证券交易所不得不在 1997 年 10 月引入了 SEATS 交易系统（Stock Exchange Automated Trading System），对金融时报 100 指数成分股实行电子竞价交易，此举被誉为伦敦证券交易所的一场自我革命。

历史细节 4.1

纳斯达克市场做市商的报价"合谋"

1994 年，美国的两位经济学家 William G. Christie 和 Paul Schultz 发表了一篇名为"为什么纳斯达克市场做市商不提供奇数报价？"（Why Do Nasdaq Market Makers Avoid Odd-Eighths Quotes?）的论文，披露了纳斯达克市场做市商通过"合谋"以保持高价差的现象。他们的研究发现，纳斯达克市场上做市商的报价一般以最小报价单位的偶数倍居多（当时纳斯达克股票的最小报价区间为 1/8 美元，偶数倍即为 2/8 美元、4/8 美元等），而奇数倍出现的比例明显偏少。也就是说存在做市商"合谋"提高价差收益的情况。这篇论文引起了美国司法部和 SEC 的重视，并对纳斯达克市场上的做市商们进行了反垄断调查。最终，在 1999 年 1 月 11 日，美国 SEC 共对 28 家公司处以总额为 2 600 万美元的罚款，并加强了对该市场的监管。

资料来源：节选改编自弗兰克·J. 法博齐，弗朗哥·莫迪利亚尼著，汪涛改编. 资本市场：机构与工具（第四版）[M]. 北京：中国人民大学出版社，2010：217—218.

五、证券存管、清算交割

投资者的委托指令成交之后，交易市场中的后台系统会协助完成证券存管和清算交割。

（一）证券存管

证券存管是指作为法定登记机构的证券登记结算机构及其代理机构接受投资者委托向其提供记名证券的交易过户、非交易过户等股权登记变更、分红派息以及股票账户查询挂失等各项服务，使股东权益和股权变更得以最终确定的一项制度。证券存管业务具体包括：维护证券公司交存的自有证券和客户证券的余额，提供查询和代收红利等服务，记录证券公司和客户的托管关系的产生、变更和终止等。从国际证券市场的发展过程来看，证券存管经历了分散存管、集中存管两个不同的发展阶段。

1. 分散存管阶段

证券市场早期发行的证券多为有纸化证券，证券处于分散管理状态，投资者可以自行选择证券经纪商、信托公司或保管银行代为托管证券。在这个阶段，还没有出现中央证券存管机构，也没有相应的存管业务。随着交易越来越集中于证券交易所，各交易所逐步建立了隶属本所的托管机构，使得证券由经纪商分散托管的体制向各交易所相对集中托管的方向发展。但是这种机制仍然会造成投资者和交易商证券资产的分散，削弱了他们参与多个市场交易的能力和效率，并使各个市场处于分割状态。

2. 集中存管阶段

20世纪60年代末到70年代中期，美国证券市场发生了"纸上作业危机"。主要原因是当时证券交易量不断激增，结算部门每天需要处理大量纸面证券的转移交付和登记工作，严重影响了交易效率，纽约证券交易所甚至被迫在每周三暂停交易并缩短交易日的交易时间。后台工作混乱导致的高成本，甚至使得一些规模较小的经纪公司无力应付而倒闭。为了适应市场发展需要，提高证券交收效率，各国在原有的证券托管制度的基础上，逐步建立了中央证券存管制度。在中央证券存管制度下，证券保管业务的关系体现出两层关系：投资者与托管机构之间的托管关系和托管机构与中央证券存管机构之间的存管关系。证券的非移动化、无纸化发行和中央证券存管机构的建立是中央证券存管制度的基础。

证券的非移动化（Immobilization），是指发行人仍然发行纸面实体证券作为所有权的证明凭证，但中央存管机构以混存方式或其他方式集中保管持有人持有的证券，并以账簿分别记载不同证券所有人持有的部分，以实现证券集中存管功能。实物证券集中存管于中央证券存管机构之后，中央证券存管机构就可以通过电子化簿记形式记录证券所有权；证券交易的交收和过户不必再以实物证券的移动和背书来实现，而只需对簿记记录进行更新和维护，这就实现了证券的非移动化。

无纸化，也称无实体化（De-materialization），是指发行人无须印制及交付实体纸面证券，而是以电子记录等形式登记证券所有权及转移的记录。证券实现非移动化以后，实体纸面证券的作用就大大弱化了。一些国家不再发行实体证券，仅以电子记录形式表彰证券的存在，这就出现了所谓的无纸化证券。进入20世纪80年代以后，世界各国证券市场的存管体系有了飞速发展，实体证券已经不能适应日益增长的交易量及不断缩短交割时间的要求，无纸化已成为各国证券市场变革的主流趋势。

在证券交易日益集中化、规模化的趋势下，为实现证券的非移动化和无纸化，必然要求建立中央证券存管机构（Central Securities Depository，CSD）。中央证券存管机构的特点，一是其服务对象主要是证券公司等托管会员机构；二是一国证券市场的中央证券存管机构一般只有一家（有些国家仍存在地区性的存管机构，但这些机构不能称为中央证券存管机构）；三是中央证券存管机构通过电子化的证券簿记系统,以电子形式集中记录证券的归属及变动,不再通过实物证券的移动来完成结算过程,从而替代实物证券交付。随着信息通信技术的发展,电子化的证券簿记系统已成为各国中央证券存管机构运作的核心架构。证券的中央存管制度简化了证券发行、交易、交割流程,提高了效率,大大降低了市场参与者的运作成本。

2001年3月30日,按照《证券法》关于证券登记结算集中统一运营的要求,经国务院同意、中国证监会批准,中国证券登记结算有限责任公司组建成立。同年9月,中国证券登记结算有限责任公司上海、深圳分公司正式成立。从2001年10月1日起,中国证券登记结算有限责任公司承接了原来隶属于上海和深圳证券交易所的全部登记结算业务,标志着我国集中统一的证券登记结算体制的组织架构基本形成。

(二) 清算交割

清算与交割交收统称为证券结算。证券结算是在每一个交易日对每个经纪商成交的证券数量与价款分别予以抵消,对证券和资金的应收或应付净额进行计算的过程。清算后买卖双方在事先约定的时间内履行合约,钱货两清。这期间证券的收付称为交割,资金的收付称为交收。证券结算主要有两种结算方式:净额结算和逐笔结算。

净额结算方式又称为差额结算,就是在一个结算期内,对每个经纪商价款的结算只计其各笔应收、应付款项相抵之后的净额,对证券的结算只计每一种证券应收、应付相抵后的净额。净额结算的优点是可以简化操作手续,提高结算效率。净额结算价款时,同一结算期内发生的不同种类的证券买卖价款可以合并计算,但不同结算期发生的价款不能合并计算;结算证券时,只有在同一清算期内且同一证券才能合并计算。逐笔结算是指对每一笔成交的证券及相应价款进行逐笔结算,主要是为了防止在证券风险特别大的情况下净额结算风险积累情况的发生。目前,中国证券登记结算有限责任公司实行当日净额结算制度。

第三节 我国证券经纪业务的发展

我国现代资本市场的发展始于20世纪90年代初,到目前也只有20年的成长期。投资者、中介机构、监管部门和市场自身都在很短的时间里经历了巨大的变化。大量的个人投资者直接参与股票市场交易是我国证券交易市场有别于西方发达国家的一个显著特色。同时,由于资本市场尚不发达,证券承销、企业并购等业务规模不大。因此,在很长一段时期内,证券经纪业务都是我国证券经营机构业务收入的主要来源,特别是许多中小型机构仅从事证券经纪及相关业务。在1999年实施的我国首部《证券法》中就规定:国家对证券公司实行分类管理,分为综合类证券公司和经纪类证券公司。进入21世纪之后,随着我国证券交易市场规模的迅速扩大,证券经纪业务也进入了重要的转型期。本节主要从从业规范、佣金制度和经营模式三个方面来介绍我国投资银行证券经纪业务的发展。

一、证券经纪业务的从业规范

(一) 证券经营机构的从业规范

我国首部《证券法》(1999年版)第一百一十九条规定:我国证券经营机构分为综合类和经纪类两种,由国务院证券监督管理机构按照其分类颁发业务许可证。对经纪类证券公司的设立要求之一是注册资本最低限额为人民币5 000万元。2005年修订后的《证券法》取消了综合类与经纪类证券公司的划分,改变了对证券公司的业务监管模式,要求证券公司先满足设立的统一标准之后,再根据经营需要和注册资本多少申请开展相关的证券业务。这样就避免了证券公司通过增加注册资本以获得全业务资格的冲动,有利于改善证券业的产业结构,实行证券公司的差别化竞争,也有利于证券公司的监管。

近年来,随着证券行业法律、法规的不断完善以及中国证监会对证券公司开展的综合治理、分类监管等,证券公司强化了自身的合规管理,证券经纪业务的经营性风险得到较好控制,整个证券经纪业务步入良性发展的轨道。规范账户管理、客户保证金第三方存管以及交易系统大集中的完成大大提高了经纪业务的规范化程度,基本消除了诸如挪用客户保证金等曾经给证券公司乃至整个行业带来巨大风险的隐患。证券机构对营业部经纪业务的风险控制处于可测、可控、可承受的范围之内,为证券经纪业务的发展夯实了基础。目前,对证券机构经营证券经纪业务的规范管制主要依据《证券公司监督管理条例》(2014年)、《关于加强证券经纪业务管理的规定》(2010年)、《证券公司融资融券业务管理办法》(2015年)等。

1. 经纪业务的信息公开

证券交易是一项风险较高的市场行为,因此,证券机构必须履行对客户的全面告知义务,在信息充分披露的基础上保障客户的利益。

首先,是对证券投资的风险提示。例如,《关于加强证券经纪业务管理的规定》(2010年)第二条要求:证券公司从事证券经纪业务,应当客观说明公司的业务资格、服务职责、范围等情况,不得提供虚假、误导性信息,不得采取不正当竞争手段开展业务,不得诱导无投资意愿或者无风险承受能力的投资者参与证券交易活动;第三条第二款规定:证券公司应当事先明确告知客户所提供服务或者销售产品的风险特征,按照规定程序,提供与客户风险承受能力相适应的服务或产品,服务或产品风险特征及告知情况应当以书面或者电子方式记载、留存。证券公司认为某一服务或产品不适合某一客户或者无法判断适当性的,应当将该情形提示客户,由客户选择是否接受该项服务或产品。证券公司的提示和客户的选择应当以书面或者电子方式记载、留存。

其次,证券机构还必须将与经纪业务有关的业务信息进行公开披露。例如,《证券公司监督管理条例》(2014年)第四十条规定:证券公司向客户收取证券交易费用,应当符合国家有关规定,并将收费项目、收费标准在营业场所的显著位置予以公示。《关于加强证券经纪业务管理的规定》(2010年)第三条第三款规定:证券公司应当根据法律法规、中国证监会的规定及合同约定,以信函、电子邮件、手机短信、网上查询或者与客户约定的其他方式,保证客户至少在证券公司营业时间内能够查询其委托、交易记录、证券和资金余额等信息;第四条第三款规定:证券公司应当以提供网上查询、书面查询或者在营业场所公示等方式,保证客户在证券公司营业时间内能够随时查询证券公司经纪业务经办人员和证券经纪人的姓名、执业证书、证券经纪人证书编号等信息。

2. 经纪业务的内部监管

作为中介机构,开展证券经纪业务的证券机构负有市场自律的责任,主要包括对客户交易行为和自身经营行为两方面的严格管理。

《证券公司监督管理条例》(2014年)第三十七条规定:证券公司从事证券经纪业务,应当对客户账户内的资金、证券是否充足进行审查。客户资金账户内的资金不足的,不得接受其买入委托;客户证券账户内的证券不足的,不得接受其卖出委托。《关于加强证券经纪业务管理的规定》(2010年)第三条第一款规定:证券公司应当充分了解客户情况,在客户开户时,对客户的姓名或者名称、身份的真实性进行审查,登记客户身份基本信息,并留存有效身份证件或者其他身份证明文件的复印件或者影印件。对客户身份存疑的,应当要求客户补充提供居民户口簿或者有效期内的护照或者户籍所在地公安机关出具的身份证明文件原件等足以证实其身份的其他证明材料,无法证实的,应当拒绝为客户开立账户。《关于加强证券经纪业务管理的规定》(2010年)第三条第三款要求:建立健全客户交易安全监控制度,保护客户资产安全。证券公司应当配合监管部门、证券交易所对客户的异常交易行为进行监督、控制、调查,根据监管部门及证券交易所的要求,及时、真实、准确、完整地提供客户账户资料及相关交易情况说明。

《关于加强证券经纪业务管理的规定》(2010年)第一条规定:证券公司应当建立健全证券经纪业务管理制度,对证券经纪业务实施集中统一管理,防范公司与客户之间的利益冲突,切实履行反洗钱义务,防止出现损害客户合法权益的行为。第三条第二款要求证券机构要建立健全客户适当性管理制度,为客户提供适当的产品和服务。证券公司应当根据客户财务与收入状况、证券专业知识、证券投资经验和风险偏好、年龄等情况,在与客户签订证券交易委托代理协议时,对客户进行初次风险承受能力评估,以后至少每两年根据客户证券投资情况等进行一次后续评估,并对客户进行分类管理,分类结果应当以书面或者电子方式记载、留存。第四条规定证券公司应当建立健全证券经纪业务人员管理和科学合理的绩效考核制度,规范证券经纪业务人员行为。特别是与客户权益变动相关业务的经办人员之间,应当建立制衡机制,所有业务流程均应留痕。为了有效控制证券经纪业务人员的道德风险,第四条第四款还要求证券公司对证券经纪业务人员的绩效考核和激励,不应简单与客户开户数、客户交易量挂钩,应当将被考核人员行为的合规性、服务的适当性、客户投诉的情况等作为考核的重要内容。

3. 信用经纪业务的规范

2006年,我国首次通过了《证券公司融资融券业务试点管理办法》(以下简称《管理办法》),允许符合资格要求的证券公司开展信用经纪业务。2008年10月,中国证监会、证券交易所和中国证券登记结算股份有限公司共同组织了11家证券机构参与融资融券联网测试,融资融券业务获得实质性进展。但直到2010年1月8日,国务院才原则上同意开展证券公司融资融券业务试点。2010年3月19日,中国证监会公布了首批6家融资融券试点券商名单,分别是国泰君安、国信证券、中信证券、光大证券、海通证券和广发证券。2010年3月30日,深圳、上海证券交易所正式向6家试点券商发出通知,将于2010年3月31日起,接受券商的融资融券交易申报。这标志着经过4年精心准备的融资融券交易正式进入市场操作阶段。2011年10月,《管理办法》正式发布。2015年7月,中国证监会修订了《管理办法》,上海、深圳证券交易所同步发布《融资融券交易实施细则》,建立融资融券业务逆周期调节机制,对融资融券业务实施宏观审慎管理;要求证券公司融资融券业务规模不得超过证券公司净资本的4倍;在维持融资融券合约期限最长不超过6个月的基础上,允许证券公司根据客户信用状况等因素与客户自主商定展期次数;允许证券公司与客户自行商定补充担保物的期限与比例的具体要求,同时不再将强制平仓作为证券公司处置客户担保物的唯一方式,增加风险控制灵活性和弹性。

根据《管理办法》(2015年)第七条,证券公司申请融资融券业务资格,应当具备以下条件:具有证券经纪业务资格;公司治理健全,内部控制有效,能有效识别、控制和防范业务经营风险和内部管理风险;公司最近2年内不存在因涉嫌违法违规正被证监会立案调查或者正处于整改期间的情形;财务状况良好,最近2年各项风险控制指标持续符合规定,注册资本和净资本符合增加融资融券业务后的规定;客户资产安全、完整,客户交易结算资金第三方存管有效实施,客户资料完整真实;已建立完善的客户投诉处理机制,能够及时、妥善处理与客户之间的纠纷;已建立符合监管规定和自律要求的客户适当性制度,实现客户与产品的适当性匹配管理;信息系统安全稳定运行,最近1年未发生因公司管理问题导致的重大事件,融资融券业务技术系统已通过证券交易所、证券登记结算机构组织的测试;有拟负责融资融券业务的高级管理人员和适当数量的专业人员;中国证监会规定的其他条件。按照该办法第十条和第十一条的规定,证券公司经营融资融券业务,应当以自己的名义,在证券登记结算机构分别开立融券专用证券账户、客户信用交易担保证券账户、信用交易证券交收账户和信用交易资金交收账户;在商业银行分别开立融资专用资金账户和客户信用交易担保资金账户。第十六条和第十七条规定,证券公司与客户签订融资融券合同后,应当根据客户的申请,按照证券登记结算机构的规定,为其开立实名信用证券账户。客户信用证券账户与其普通证券账户的开户人的姓名或者名称应当一致。证券公司应当参照客户交易结算资金第三方存管的方式,与其客户及商业银行签订客户信用资金存管协议。证券公司在与客户签订融资融券合同后,应当通知商业银行根据客户的申请,为其开立实名信用资金账户。

4. 投资顾问业务的规范

在实践中,证券经纪业务的发展不可避免地会与投资顾问、理财咨询等服务联系在一起,投资咨询服务已经成为现代投资银行证券经纪业务必不可少的后台支持。为了规范投资顾问业务的发展,中国证监会于2010年10月发布了《证券投资顾问业务暂行规定》。由该规定规范的证券投资顾问业务,是证券投资咨询业务的一种基本形式,指证券公司、证券投资咨询机构接受客户委托,按照约定向客户提供涉及证券及证券相关产品的投资建议服务,辅助客户作出投资决策,并直接或者间接获取经济利益的经营活动。投资建议服务内容包括投资的品种选择、投资组合以及理财规划建议等。向客户提供证券投资顾问服务的人员,应当具有证券投资咨询执业资格,并在中国证券业协会注册登记为证券投资顾问。

为了防范证券投资顾问业务与证券公司其他业务的利益冲突,《证券投资顾问业务暂行规定》第七条规定:证券投资顾问不得同时注册为证券分析师;第十八条规定:证券投资顾问依据本公司或者其他证券公司、证券投资咨询机构的证券研究报告作出投资建议的,应当向客户说明证券研究报告的发布人、发布日期;第十九条规定:证券投资顾问向客户提供投资建议,应当提示潜在的投资风险,禁止以任何方式向客户承诺或者保证投资收益;第二十条规定:证券投资顾问向客户提供投资建议,知悉客户作出具体投资决策计划的,不得向他人泄露该客户的投资决策计划信息;第三十二条规定:证券投资顾问不得通过广播、电视、网络、报刊等公众媒体,作出买入、卖出或者持有具体证券的投资建议。

(二) 证券经纪人的从业规范

由于我国证券交易所创立之初即采用了电子化的竞价交易系统,投资者按照要求选定证券经纪商之后,即可通过经纪商在场内交易系统的信息通道自行下单买卖证券,不需要由证券经纪人提供实质性的服务。因此,我国证券经纪人制度的发展有一定的特殊性,主要是指由证券公司委托招揽客户的自然人。

1994年左右,我国房地产热"退烧",一批房地产经纪人转行为证券机构延揽客户以获得佣金收入,他们成为中国最早的证券经纪人。当时证券经纪市场交易量非常小,证券经纪人制度很不完善,证券公司大多根据证券经纪人获取的客户保证金额度,给予证券经纪人一次性提成,不对其进行管理及限制。部分证券经纪人经常在几个证券机构之间来回拉客户以换取高额的佣金,出现了较多的道德风险。证券机构也逐渐排斥这种证券经纪业务方式,证券经纪人模式的发展很快进入低潮。

1997年开始,在市场竞争压力下,各证券公司又掀起了证券经纪人制度创新的热潮,开始了证券经纪人队伍建设的探索。保险公司的营销员制度、美林公司的理财顾问制度等都被借鉴使用过。在这段时间内,一些证券公司采取了较为激进的方式迅速建立起大规模的证券经纪人队伍,以达到快速增加客户数量的目的。但是,由于内部管理不力和市场制度不完善,仍不可避免地引发了行业的道德风险。

从2001年开始,国信证券首先探索"银证通"的营销模式,即客户经理模式。2005年,联合证券借鉴美林公司模式和保险代理人模式,开始建设证券经纪人队伍。联合证券通过对证券经纪人的规范化制度建设和系统建设,建立了系统化的证券经纪人管理体系,培养了行业内综合素质较高的证券经纪人队伍,初步建立了行业内首个证券经纪人模式。到2008年,其证券经纪人数已超过万人,并于2009年4月成为首家获得监管部门批准实施证券经纪人制度的证券公司。

无论是国信证券的客户经理模式还是联合证券的证券经纪人模式,都经历了多年的探索,为推动中国证券经纪人制度的发展提供了实践基础。在两种成功模式的吸引下,各券商纷纷效仿,截止到2008年,国内证券经纪人规模超过10万人。2009年3月,中国证监会出台了《证券经纪人管理暂行规定》,明确了证券经纪人的法律地位,把以前处于市场游离状态的经纪人纳入规范化、职业化的发展轨道,有力促进了证券经纪业务的发展,保障了经纪人的权益。

根据《证券经纪人管理暂行规定》第二条,我国的证券经纪人,特指接受证券公司的委托,代理其从事客户招揽和客户服务等活动的证券公司以外的自然人。对于证券经纪人的从业资格,上述暂行规定第四条规定:证券经纪人为证券从业人员,应当通过证券从业人员资格考试,并具备规定的证券从业人员执业条件。证券经纪人只能接受一家证券公司的委托,并应当专门代理证券公司从事客户招揽和客户服务等活动。第八条规定:证券公司应当在与证券经纪人签订委托合同、对其进行执业前培训并经测试合格后,为其向中国证券业协会进行执业注册登记。

目前,根据《证券经纪人管理暂行规定》第十一条,证券经纪人在执业过程中,可以根据证券公司的授权,从事下列部分或者全部活动:向客户介绍证券公司和证券市场的基本情况;向客户介绍证券投资的基本知识及开户、交易、资金存取等业务流程;向客户介绍与证券交易有关的法律、行政法规、中国证监会规定、自律规则和证券公司的有关规定;向客户传递由证券公司统一提供的研究报告及与证券投资有关的信息;向客户传递由证券公司统一提供的证券类金融产品宣传推介材料及有关信息;法律、行政法规和中国证监会规定证券经纪人可以从事的其他活动。

二、证券经纪业务的佣金制度

佣金是证券交易的主要成本之一。我国现行的证券交易佣金制度,依据的是2002年5月1日起执行的由中国证监会、国家计委、国家税务总局共同发布的《关于调整证券交易佣金收取标准的通知》,该通知的第一条明确规定:A股、B股、证券投资基金的交易佣金实行最高上限向下浮动制度,证券公司向客户收取的佣金(包括代收的证券交易监管费和证券交易所手续费等)不得高于证券交易金额的3‰,也不得低于代收的证券交易监管费和证券交易所手续费等。依据该规定,我国目前所实行的是最高限额内向下浮动的佣金制度,而非完全的佣金自由化。

我国最早的证券交易佣金采用的是3.5‰的固定佣金制,由上海、深圳证券交易所制定,市场化程度较低,佣金水平也较高。随着我国证券市场的迅速成长,我国长期以来实行的固定佣金制的不少弊端已逐渐凸显出来。固定佣金制不利于证券市场竞争机制的培育,较高的费率标准提高了证券交易成本从而妨碍了社会资源的有效配置,同时在一定程度上影响了投资者参与证券市场的积极性。

到2000年,由于证券市场交易额急剧放大,证券公司佣金收入成倍增长,部分证券公司出于抢占市场份额的考虑开始佣金打折。由于佣金打折行为明显违反了沪、深交易所以及中国证监会的有关规定,并引起了二级市场交易秩序的混乱,因此中国证监会当即采取了措施制止此类佣金打折行为,并开始着手研究佣金比例调整问题。

2000年年底,中国证监会成立了由市场各方参与的佣金改革研究小组,研究小组经过广泛调查和深入研究,在多次征求市场主体对佣金改革的意见、反复权衡各种佣金改革方案优劣的基础上,提出了最高限额内向下浮动的优选方案。最终中国证监会经过与国家计委和国家税务总局的共同协商,于2002年4月4日共同发布了《关于调整证券交易佣金收取标准的通知》,对我国的证券交易佣金制度进行改革调整,该通知于2002年5月1日起正式执行。这是降低投资者证券交易成本的一项重大举措,是我国证券市场规范化、国际化、市场化取向改革的一个重要步骤,是促进我国证券公司优胜劣汰并进而全面提升我国证券业整体实力的一项重大政策。

三、证券经纪业务的经营模式

一般来说,证券公司的经纪业务主要向客户提供交易通道服务、信息咨询服务和技术服务等。随着法律法规的不断完善和市场化改革的日益深入,我国证券机构在开展经纪业务过程中的经营模式也发生了很大的变化,主要体现在以下两大方面:

(一)综合性证券经纪服务

长期以来,我国证券经纪业务模式采取营业部模式,或者称为"通道模式"。所谓营业部模式,是指证券公司开展经纪业务主要是通过设立证券营业部进行的;所谓"通道模式",是指证券经纪业务的主要内容是为投资者提供通往交易所主机系统的交易通道。这种经营模式容易使证券经纪业务采取粗放式经营方式,特别是在固定佣金制下,证券公司只要能够开设代理证券买卖的证券营业部,就能为其带来丰厚的利润。因此,券商增加收入和利润的主要手段就是广设营业网点和全力增加开户数量。资本市场的逐渐成熟与证券行业市场化竞争的日益激烈,特别是浮动佣金制的实施,极大地推动了证券经纪业务角色定位和服务的转型。

在具体方式上,证券经纪业务的重点从传统的以提供交易通道为主,转而以提供全面配套的证券服务——"交易+产品+理财+综合服务"为主的模式,从根本上转变了经纪业务的传统盈利模式,真正全面满足各类客户的需求。例如,2005年国信证券率先在业内成立了"金色阳光证券账户",对客户需求进行了细分,并提供相应投资服务,收费则采用佣金与服务内容挂钩的方式。凭借着金色阳光服务产品，国信证券实现了远超行业平均水平的佣金收入。随后，招商证券的"智远理财服务平台"、广发证券的"金管家"、华泰证券的"紫金理财"、光大证券的"金阳光"、国泰君安的"君弘俱乐部"、德邦证券的"财富玖功"等经纪业务服务品牌也应运而生，极大地提升了经纪业务市场份额，改变了过去仅靠提供交易通道服务的盈利模式。

随着市场金融创新的全面展开，多元化的产品成为市场服务的基本特征，交易规则也趋于多元化和个性化，经纪业务也随之出现了差异化服务的发展趋势。证券机构开始培育发展专业的、多元化的产品创新、销售、维护等综合服务能力。一方面能有效地指导不同类型的客户进行多元化的产品交易操作，从中捕捉盈利和套利机会；另一方面通过产品销售和维护换取增量交易资源和佣金收入。

从具体服务方式上看，券商经纪业务服务已从分散服务向分散服务与集中服务相结合的方式转变。证券公司在经纪业务客户分类的基础上，深入分析客户需求，对高端客户进行二次细分。公司层面通过发挥整体优势，协调各方面资源，为高端客户提供全方位、专业化的对应服务，满足客户需求。

随着市场容量的不断扩大，投资者开户数的急剧上升也给证券公司经纪业务管理提出了新的挑战，能否做好客户关系管理和有效服务是未来证券公司能否保持和提升市场份额的关键。随着市场的发展，投资者结构日益复杂。投资者在交易方式、服务需求和风险偏好上各有不同，券商不仅要满足投资者的交易需求，还要控制投资者的投资风险，有针对性地做好投资者教育工作，这就必须进一步细化客户关系管理。为此，许多证券公司开始投入大量的资源建设客户关系管理系统，为新一轮的经纪业务竞争做好准备。

随着经纪业务市场的进一步细化，不同类型的券商将在交易方式、服务质量以及经纪业务种类等方面有选择性地重点发展，形成特色和品牌。大型综合类券商定位于提供高附加值的服务，而小型券商则通过降低成本或提供有地方特色的服务占领细分市场。

（二）多元化的证券交易技术

交易技术的多元化是证券经纪业务转型的另一个重要部分，特别是随着互联网和移动通信技术的发展，给证券交易方式和经纪业务模式带来了极大的转变。

在我国证券市场20年的成长过程中，从手写填单到电话委托，证券经纪业务服务实现了从现场到非现场的转变，而从电话到网络、手机证券，则实现了从有线到无线的飞跃。

首先，集中交易系统的建立有力地推动了证券经纪业务向集中委托、集中清算的交易模式转变，使得营业部交易委托通道功能被高度简化为公司集中交易委托系统的一个电脑终端。客户保证金第三方存管的实现，也使得证券营业部摆脱了资金管理的束缚，从而转向专业的证券服务。

其次，网上交易的出现也大大突破了传统经营中地理区域的限制。近年来我国互联网普及率的稳步增长和互联网用户数量的快速增加为网上证券交易发展提供了广泛的基础。证券公司在整合和压缩有形证券营业网点的同时，纷纷加大以网上交易为主的非现场交易拓展力度。此外，随着近年来手机硬件功能的日益强大，移动网络运营商的服务收费下降以及3G网络的推出，证券经纪业务正在逐渐向无线方向发展。例如，国信证券的"金太阳"手机证券、国泰君安的"易阳指"手机证券、招商证券的"智远"手机证券、宏源证券的"天游"手机证券、长城证券的"随身股"手机证券等新型的手机证券交易服务纷纷面世，还出现了专门为移动证券交易设计的专用设备——华林证券IQ机。

未来,手机证券不仅是投资者的一个重要交易形式和信息获取渠道,也将成为证券公司多种业务营销与服务的平台。投资者不仅可以通过手机进行银证转账、基金开户、基金申购与赎回、对账单查询等,手机还将成为证券公司营销和客户关系管理的重要通道。客户经理、客服人员、分析师等均可通过移动可视系统为客户解答问题,使证券经纪服务水平提升到一个新的高度。

本章要点

- 理论上,证券经纪人能够为证券交易双方提供充分的交易信息,有效改善交易双方的信息不对称问题,提高交易信息的处理效率,减少交易成本,是证券交易发展的必然选择。当然,作为一个利益主体,证券经纪人也存在一定的道德风险,可能给证券交易市场以及客户带来不利影响。因此,各国都通过持续改进的法律手段来加强对证券经纪业务的规范和监管,这也推动了现代投资银行证券经纪业务的转型和发展。

- 证券交易所,又称场内交易市场,是依据各国的法律法规成立的,进行正式、公开、集中交易的有形的证券交易场所。在证券交易所外进行证券交易的场所都可以笼统地称为场外交易市场,包括柜台交易市场、第三市场和第四市场等组织形式。证券经纪商(经纪人)代理投资者在证券交易市场上进行交易。

- 狭义的证券经纪业务中,证券经纪人只接收客户的合法交易委托,代理客户买卖证券,并收取佣金。广义的经纪业务中,证券经纪人不仅代理客户交易,还提供投资咨询、资产管理、投资组合设计等延伸服务,在监管制度许可的范围内,还可以为客户提供融资融券等服务。多元化、综合性的证券交易服务是现代投资银行的证券经纪业务发展的主要方向。

- 证券经纪业务的一般流程可分为开立证券账户、开立资金账户、下达交易委托、交易委托成交和证券存管、清算交割五个步骤。

- 近年来,随着我国证券行业法律、法规的不断完善以及监管机构对证券公司开展的综合治理、分类监管等措施,规范账户管理、客户保证金第三方存管以及交易系统大集中的完成大大提高了我国证券经纪业务的规范化程度,基本消除了诸如挪用客户保证金等曾经给证券公司乃至整个行业带来巨大风险的隐患。

- 资本市场的逐渐成熟与证券行业市场化竞争的日益激烈,特别是网络和移动通信技术的应用,极大地推动了我国证券公司证券经纪业务的转型。

关键概念

- 经纪
- 证券交易所
- 柜台市场
- 证券经纪业务
- 信用经纪业务

- 证券账户
- 证券存管
- 清算交割
- 我国的证券经纪人
- 证券投资顾问业务

思考题

1. 结合国内外证券交易市场的发展历程,阐释证券经纪人的市场角色和作用。

2. 结合国内外证券经纪业务的规范发展过程,说明证券经纪业务可能存在的道德风险及其内部防范和外部监管措施。

3. 比较分析当前国内外投资银行证券经纪业务经营模式的异同点,探讨我国投资银行证券经纪业务的发展趋势。

4. 探讨发展信用经纪业务对我国证券市场的积极影响、存在的风险及其防范。

5. 讨论我国证券经纪人制度的发展方向。

第五章 证券投资基金业务

本章概要

证券投资基金是金融市场高度发展的产物,它通过发行基金凭证成为广大投资者重要的投资工具。越来越多的投资银行参与到证券投资基金的发起与管理中来。本章将重点介绍证券投资基金的特点、运作和管理。

学习目标

- 掌握证券投资基金的分类、特点和参与主体
- 了解投资银行参与证券投资基金业务的方式
- 熟悉证券投资基金的发行、交易流程
- 了解证券投资基金运作中的费用和收益分配
- 了解证券投资基金的投资管理

坚持长期持有一个业绩持续稳定且投资风格也持续稳定的基金,远远胜过在不同基金之间换来换去、随波逐流。

——〔美〕彼得·林奇:《战胜华尔街》[①]

第一节 证券投资基金概述

一、证券投资基金的发展

证券投资基金作为一种金融投资方式,是金融市场高度发展的产物。世界上不同国家和地区对证券投资基金的称谓有所不同。在美国,证券投资基金被称为共同基金(Mutual Funds),在英国和中国香港特别行政区被称为单位信托基金(Unit Trust),在欧洲一些国家被称为集合投资基金或集合投资计划(Collective Investment Scheme),在日本和中国台湾地区则

---

① 彼得·林奇著,刘建位,李国平译.战胜华尔街[M].北京:机械工业出版社,2010.

称之为证券投资信托基金。尽管各国及地区对投资基金的称谓不同,但其包含的内容大体一致。即通过公开发售基金份额募集投资基金,由基金管理人管理,基金托管人托管,为基金份额持有人的利益,以资产组合方式进行证券投资活动。它是一种利益共享、风险共担的集合投资方式。对基金持有人而言,其本质是一种间接投资工具。

证券投资基金起源于英国,却发展和繁荣于美国。1868年,得益于产业革命与海外扩张积累的大量社会财富,以及对获取海外丰厚投资回报的追求,英国建立了第一个公众投资信托基金"海外和殖民地政府信托",投资于国外殖民地的公司债券,以获取高额回报和分散投资风险。该基金规定,投资者可以随时买卖基金单位,基金公司以净值赎回基金单位。这是现代证券投资基金的开端。在此后的60年间,先后有200多个基金公司在英国各地成立。

20世纪20年代开始,投资基金在美国得以迅猛发展。1926—1928年,美国公司型投资基金多达480多家。1929年年底,基金资产已达76亿美元。经济大萧条之后,美国加强了证券市场活动的立法监管。1940年,美国制定了专门针对共同基金设立和规范管理的《1940年投资公司法》,对财务公开、高级管理人员任免以及其他保护投资者利益的问题,作了比较完整、严格的法律规定。其后,投资基金在美国得到了迅速发展。基金品种不断丰富,涌现了诸如抵押证券基金、高收益债券基金、国际基金、地方政府债券基金等新的基金品种。1987年共同基金资产增加到7 000亿美元。到1996年,美国投资基金达4 000多家,总资产3万亿美元,投资基金的资产约占金融资产的三分之一。截至2011年年底,美国股票型基金的净资产为52 046亿美元,债券型基金的净资产为28 850亿美元,货币市场基金的净资产为26 914亿美元,有44.1%的美国家庭投资于基金。[①] 目前,美国共同基金市场不论是在基金数量、投资者人数,还是在基金资产总值上,都高居世界第一。

此外,20世纪60年代以来,很多发展中国家,如马来西亚、新加坡、韩国等开始借鉴发达国家基金发展的经验,纷纷建立了为数众多的基金,投资基金在发展中国家迅速普及。投资基金的出现,极大地促进了这些新兴工业化国家和地区资本市场的发展。目前亚太地区是除欧美之外的世界第三大证券投资基金市场。

我国的证券基金业务起源于20世纪80年代末,经历了一个从无到有,从无法可依、混乱发展到有法可依、规范发展的过程。在1997年《证券投资基金管理暂行办法》颁布前,老基金是在没有全国性基金法律法规的基础上发展起来的,存在基金设立的自发性、分散性,证券投资比例低、投资方向分散,发起人、管理人和托管人界限模糊、责权不清、运作不规范等问题。《证券投资基金管理暂行办法》颁布后,经过对老基金的清理整顿,中国的投资基金进入了由封闭式到开放式的规范发展的新阶段。自2001年首只开放式基金华安创新成立以来,10年间,开放式基金总份额增长了197倍,至2011年10月达2.4万亿份;总资产规模增长了183倍,达2.23万亿元;基金总数从2001年的仅有3只,至2011年10月达到937只。

从英国建立第一个公众投资信托基金开始,投资基金的发展已有100多年的历史。就世界范围看,证券投资基金已然成为一种大众化的投资工具。

---

① 美国投资公司协会,http://www.ici.org/research/stats/trends/trends_06_12。

二、证券投资基金特点

(一) 集合投资,专业管理

投资基金对投资者的出资额要求不高,通过发行基金份额可以广泛吸收社会闲散资金,形成大规模的投资资本,发挥规模优势,降低投资成本,提高收益水平。此外,负责管理基金资产的基金管理人一般都配备了大量证券市场研究人员和具有丰富经验的投资专家。购买基金实际上就是获得专业人士在市场信息、投资经验、操作技巧方面所提供的服务。

(二) 组合投资,分散风险

根据现代投资组合理论,合理的分散化投资有利于降低投资组合的风险。但对广大中小投资者而言,由于资金量小,很难通过购买不同的证券进行分散投资。投资基金汇集了大量资金,可以形成雄厚的资金实力,通过科学决策,把投资者的资金分散投资于各种证券,从而分散投资风险。

(三) 利益共享,风险共担

基金投资者是基金的所有者。基金投资收益在扣除基金承担的费用后,盈余归基金投资者所有,并依据各投资者所持有的基金份额比例进行分配。为基金提供服务的基金托管人、管理人只能按规定收取一定比例的费用,并不参与基金收益的分配。

(四) 独立托管,保证安全

基金管理人仅负责基金的投资操作,本身并不参与基金财产的保管,基金财产的保管由独立于基金管理人的基金托管人负责。这种相互制约、相互监督的制衡机制对投资者的利益提供了重要的保障。

(五) 信息透明,监管严格

为切实保护广大投资者的利益,增强投资者对基金投资的信心,各国(地区)基金监管机构都对基金业实行严格的监管,并要求基金管理人和托管人及时、充分、准确地披露相关信息。对信息滥用和不正当竞争等各种有损于投资者利益的行为进行严厉打击,以维护基金市场的公开、公平与公正,以赢得投资者的信任。

三、证券投资基金的类型

按照不同的标准可以将证券投资基金划分为不同的类型。

(一) 根据组织形式不同:公司型基金和契约型基金

公司型基金是依公司法成立、由委托人发起、通过发行基金股份筹集资金并投资于有价证券的股份投资公司。基金持有人既是基金投资者又是公司股东,按照公司章程的规定享受权利、履行义务。公司型基金设有董事会,代表投资者的利益行使职权。公司型基金成立后一般委托特定的基金管理公司管理基金资产。美国的证券投资基金以公司型基金为主。

契约型基金也称信托型基金,是由基金发起人、基金管理人和基金托管人订立基金契约向投资者发行收益凭证募集资金,再交由管理人依信托契约进行投资而组建的投资基金。基金管理人,即基金管理公司,也是基金的发起人,一般由专门的投资机构共同出资组建,依据法律法规和基金契约负责基金的经营和管理操作;基金托管人负责保管基金资产,执行基金管理人的有关指令,办理基金名下的资金往来;投资者通过购买基金份额成为基金持有人和基金合同当事人,依法享受权利并承担义务。英国、日本以及中国内地、中国香港和中国台湾地区多是契约型基金。

表5.1简要列出了公司型基金和契约型基金的主要区别。

表5.1 公司型基金和契约型基金的主要区别

内容	公司型基金	契约型基金
法律主体资格	具有法人资格的股份有限公司	不具有法人资格
投资者地位	投资公司股东,享有股东权益	基金契约受益人,依契约享有权利
运作依据	公司章程	基金契约
法律基础	公司法	合同法、信托法
筹资工具	股票、债券	受益凭证或基金单位

（二）根据运作方式不同：封闭式基金和开放式基金

封闭式基金(Close-ended Funds)是指基金资本总额及发行份数在发行前已确定,并在基金存续期内保持固定不变的一种基金。封闭式基金单位的流通采取在交易所上市、竞价交易的形式。投资者必须委托证券经纪商进行基金单位的买卖。

开放式基金(Open-ended Fund)是指基金的资本总额或基金份额不固定,投资者可以在基金合同约定的时间和场所进行申购或者赎回的一种基金。传统开放式基金的申购和赎回主要是直接通过基金公司或其委托的营业网点进行。

表5.2简要列出了封闭式基金和开放式基金的主要区别。

表5.2 封闭式基金与开放式基金的主要区别

内容	封闭式基金	开放式基金
期限	有固定的存续期,一般在5年以上,期满后可以通过一定的法定程序延期	无存续期,基金规模不低于规定最低标准,并得到持有人的认可,可以一直存续
基金规模	存续期内未经法定程序认可,不能扩大基金规模	基金规模不固定,受投资者申购和赎回数量的影响
交易方式	在交易所上市交易,交易在投资者间完成	向基金管理人或其代销机构申购或赎回,交易在投资者与基金管理人间完成
价格形成方式	受二级市场上供求决定,交易价格相对资产净值可能折价或溢价	以基金单位净值为基础,不受市场供求关系影响
投资策略	投资者无法赎回投资,管理人在流动性管理上不会面临直接压力,可以进行长期投资	强调流动性管理,基金资产要保持一定现金及流动性资产

（三）投资对象不同：股票型基金、债券型基金、混合型基金和货币市场基金

1. 股票型基金

股票型基金(Stock Funds)是以股票为主要投资对象的基金,是证券投资基金的主要种类。根据中国证监会对基金类别的分类标准,基金资产80%以上投资于股票的为股票型基金。我国的投资基金中也以股票型基金和偏股型基金居多。

股票型基金按照投资对象又可分为优先股基金和普通股基金。优先股基金可获取稳定收益,风险较小,收益分配主要是股利。普通股基金是最普遍的基金,该类基金以追求资本利得和长期资本增值为目的,风险较优先股基金大。

按照投资分散化程度,可将股票型基金分为一般普通股基金和专门化基金,前者是将基金资产分散投资于各种普通股票上,后者是指将基金资产投资于某些特定行业的股票上,如金融

行业、电信行业、房地产行业等。一般来说,大多数基金采用分散化投资策略,这样可以有效降低风险。以某个特定行业为投资对象遵循的是集中化投资策略,风险较大,但可能有较好的潜在收益。

按照投资对象的规模,股票型基金又可以分为大盘股基金、中盘股基金、小盘股基金。对于这三类基金的分类,在不同的市场有不同的分类标准。在美国市场,大盘股基金主要投资于总市值大于 50 亿美元的上市公司;中盘股基金主要投资于总市值在 10 亿—50 亿美元之间的上市公司;小盘股基金主要投资于总市值小于 10 亿美元的上市公司。我国主要有两种分类方法:一是依据市值划分,通常市值小于 5 亿元人民币的为小盘股,超过 20 亿元人民币的为大盘股;二是根据相对规模划分,市值较小、累计市值占市场总市值 20% 以下的为小盘股;市值排名靠前,累计市值占市场总市值 50% 以上的为大盘股。

按基金投资的目的还可将股票型基金分为价值型基金、成长型基金及收入型基金。价值型基金主要投资于收益稳定、价值被低估、安全性较高的股票,其市盈率、市净率通常较低。成长型基金投资于具有成长潜力并能带来收入的普通股票上,如一些长期进行分红并有利润增长的公司,具有一定的风险。收入型基金投资于具有稳定发展前景的公司所发行的股票,追求稳定的股利分配和资本利得,这类基金风险小,收入也不高,主要投资于一些大的蓝筹股和防御类股票。

实际上,人们常常根据基金持有的全部股票市值的平均规模与性质的不同,将股票基金分为不同投资风格的基金,如大盘价值型基金、大盘平衡性基金、大盘成长型基金、小盘价值型基金、小盘平衡性基金、小盘成长型基金等。表 5.3 选取了国内发行的三只股票型基金作简要说明。

表 5.3 股票型基金类型举例

项目	华夏成长(000001)	汇添富价值精选(519069)	华夏收入股票(288002)
投资风格	成长型股票基金	稳健成长型股票基金	增值型股票基金
投资目标	主要通过投资于具有良好成长性的上市公司的股票,在保持基金资产安全性和流动性的前提下,实现基金的长期资本增值	精选价值相对低估的优质公司股票,在有效管理风险的前提下,追求基金资产的中长期稳健增值	在严格执行投资风险管理的前提下,主要投资于盈利增长稳定的红利股,追求稳定的股息收入和长期的资本增值
投资策略	重点投资于预期利润或收入具有良好增长潜力的成长型上市公司发行的股票,从基本面的分析入手挑选成长股	投资于价值相对低估的优质公司股票,重点关注三种类型的公司:经营领先稳健型、并购重组型和资源低估型	采用定量和定性相结合的个股精选策略,精选兼具良好财务品质、稳定分红能力、高股息和持续盈利增长的上市公司股票作为主要投资对象,这类股票占全部股票市值的比例不低于 80%

2. 债券型基金

债券型基金(Bond Funds)是指将基金资产主要投资于债券,通过对债券进行组合投资,以寻求较为稳定收入的一种基金。根据中国证监会对基金类别的分类标准,基金资产的 80% 以上投资于债券的为债券型基金。债券型基金风险较低,对追求稳定收益的投资者具有较强的吸引力。债券存在不同类型,因此债券型基金也存在不同类型。债券通常可以按发行者的不同分为政府债券、企业债券和金融债券等;根据到期日的不同分为长期债券和短期债券;按照信用等级的不同分为高等级债券和低等级债券。它们的不同组合也就形成了具有不同投资风格的债券型基金。

我国的债券型基金主要投资于固定收益品种,包括国债、金融债、企业债、可转债、资产支持证券、央行票据、回购以及中国证监会批准的允许基金投资的其他固定收益类金融工具,而且还可以通过参与一级市场的新股申购来提高收益率。

3. 混合型基金

混合型基金(Hybrid Funds)是指将资产混合配置于股票、债券、货币市场工具等各类金融资产的基金类型,通常也被称为平衡型基金(Balanced Funds)。根据中国证监会对基金类别的分类标准,投资于股票、债券和货币市场工具,但股票投资和债券投资比例不符合股票型基金、债券型基金规定的为混合型基金。混合型基金常依据基金投资目标的不同对股票与债券进行不同配比。按照美国投资公司协会的划分标准,混合型基金可以分为资产配置基金(Asset Allocation Funds)、平衡型基金(Balanced Funds)、灵活组合基金(Flexible Portfolio Funds)和混合收入型基金(Income Mixed Funds)四种类型。在我国,人们通常依据资产配置的不同将混合型基金分为偏股型基金、偏债型基金、股债平衡型基金、灵活配置型基金等。

偏股型基金的股票配置比例较高,通常为 50%—70%,债券的配置比例相对较低,通常为 20%—40%。而偏债型基金的债券配置比例则较高,以求获得较为稳定的收益。股债平衡型基金则是通过投资一个特定的股票、债券组合,来兼顾资产保值、一定的现金收入和资本增值三个目标。股票与债券的配置比例较为均衡,大约各占 40%—60% 的比例。灵活配置型基金在股票、债券上的配置比例则会根据市场状况进行调整。混合型基金的管理人对基金资产的配置较为灵活,基金的收益与风险取决于管理人对资本市场的判断,管理难度较大,但也给管理人较大的发挥空间。

4. 货币市场基金

货币市场基金(Money Market Funds)是以货币市场工具为投资对象的基金。与其他类型的基金比较,货币市场基金具有安全性高、流动性强和风险低的特征,因此货币市场基金是厌恶风险、对资产流动性和安全性要求较高的投资者进行短期投资的理想工具。目前,根据《货币市场基金管理暂行规定》及其他相关规定,我国货币市场基金能够进行投资的金融工具包括:现金;1 年以内(含 1 年)的银行定期存款、大额存单;剩余期限在 397 天以内(含 397 天)的债券;期限在 1 年以内(含 1 年)的债券回购;期限在 1 年以内(含 1 年)的中央银行票据;剩余期限在 397 天以内(含 397 天)的资产支持证券及中国证监会、中国人民银行认可的其他具有良好流动性的货币市场工具。虽然货币市场基金风险较低,但同样会面临利率风险、信用风险、购买力风险、流动性风险。货币市场基金的投资组合是短期证券,其收益与银行存款相比,具有不稳定性。近年来,随着互联网和移动支付的发展,我国部分货币基金还具备了手机充值、网上购物、还房贷、买保险、缴水电费等生活消费支付功能。

历史细节 5.1

世界第一只货币市场基金

第一只货币市场基金——Reserve Fund,是 20 世纪 70 年代由布鲁斯·本特(Bruce Bent)和亨利·布朗(Henry Brown)"发明"的。货币市场基金是基金发展历程中的一次重大"发明",它使美国共同基金在20世纪60年代的漫漫熊市后获得恢复性增长。

1968年,这两名华尔街的经纪人开办了自己的投资银行。由于当时美国国内通货膨胀率大幅上升,市场利率一度达到了南北战争以来8%的最高水平。而根据《1933年银行法》Q条例的规定,禁止会员银行对活期存款支付利息,限制定期存款及储蓄存款的利率上限,而当时银行存款利率的上限仅为5.25%,因此,没有人愿意把钱存入银行。布鲁斯·本特和亨利·布朗想到了当时已存在的共同基金,他们以募集基金的名义将小额存款聚积起来,这就是Reserve Fund。Reserve Fund将募集的资金购买10万美元的大额存单,然后以较高的利息分配给中小投资者,同时为了与银行储蓄竞争,Reserve Fund当日偿付红利,这种收益性与流动性的完美结合让散户投资者趋之若鹜。仅仅一个月,布鲁斯·本特和亨利·布朗就吸收到了100万美元。到1973年年末,他们的基金募集到了1亿美元。

作为首只货币市场基金的创始人,布鲁斯·本特被誉为全球货币市场基金教父,回忆当年设立货币市场基金时他表示,其初衷是为了让投资者规避过大的市场风险,提供一种安全性投资和更即时的流动性:"货币市场基金的目的是提供有效率的现金管理,为投资者提供可随时变现的美元资产,同时有一个合理的投资回报。"

不过令人遗憾的是,教父并没有坚守当初的理念,2008年,Reserve Fund因持有大量深陷金融危机困境机构的商业票据、浮息债券,出现了5.35亿美元的账面损失,同年9月16日Reserve Fund净值跌破1美元,随着金融风暴的全面爆发,共同基金历史上第一只货币市场基金终以清盘告终。

资料来源:节选改编自第一只货币市场基金——Reserved Fund[N].上海证券报,2011-03-14.

(四)其他特殊类型的基金

1. 指数基金

指数基金(Index Funds)是按照证券价格指数编制原理构建投资组合进行证券投资,以获得与市场平均收益率相近的投资收益的一种基金。指数基金以拟合目标指数、跟踪目标指数变化为原则,其投资组合内部各种股票的权重等同于目标指数的权数比重,收益随指数的涨跌而波动。指数基金具有有效规避非系统风险、操作简便、监控投入少等特点。因此,这类基金受到稳健型投资者的青睐。

美国是指数基金最发达的国家。1976年,先锋集团在美国创造了第一只指数基金——先锋500指数基金。此后,指数基金快速增长。2002年我国第一只指数基金——华安上证180指数增强型证券投资基金面市。指数基金在我国证券市场上也得以迅猛发展。为了规避系统风险及个股投资风险,我国的优化指数基金采取了与国外指数基金不完全相同的操作原则,其差异主要表现为:国内优化指数基金的管理人可以根据对指数走向的判断,调整指数化的仓位,并且在主观选股的过程中,运用调研与财务分析优势,防止一些风险较大的个股进入投资组合。

2. 交易所交易基金

交易所交易基金(Exchange Traded Funds,ETF)又称交易型开放式指数基金,是一种特殊形式的开放式指数基金。它采用被动式投资策略跟踪目标指数,具有指数基金的特点,又结合了封闭式基金上市交易与开放式基金自由申购或赎回的运作特点。与传统开放式基金不同,

ETF 申购赎回采用实物交付，即交付的是一篮子目标指数成分股票加少量现金。这种交易制度使该类基金存在一级和二级市场之间的套利机制。当 ETF 在交易所市场的报价低于其资产净值时，可以在二级市场以低于资产净值的价格大量买进 ETF，在一级市场赎回一篮子股票在二级市场中卖出，赚取之间的差价。反之，则做相反交易。套利交易使 ETF 的市场交易价格与基金份额净值趋于一致，不会出现大的折价或溢价现象。

3. 上市交易基金

上市交易基金（Listed Open-ended Fund，LOF）也称上市型开放式基金，是一种既可以在交易所上市交易，又可以在场外以基金净值进行申购、赎回的开放式证券投资基金。由于上市基金的份额采取分系统托管原则，托管在证券登记系统中的基金份额只能在证券交易所集中交易，托管在基金登记系统的基金份额只能进行认购、申购、赎回，因此基金持有人交易方式的改变必须预先进行基金份额的市场间转托管。LOF 的权益分派由证券登记系统和基金登记系统各自分别进行，证券登记系统只存在现金红利权益分派方式，基金登记系统存在现金红利和红利再投资两种权益分派方式。

小知识 5.1

ETF 与 LOF 的区别

ETF 与 LOF 同为上市交易指数型基金，既可以在一级市场上申购、赎回基金份额又可以在二级市场交易。它们主要的区别在于：

（1）LOF 仅仅涉及现金与基金份额的交易，而 ETF 在一、二级市场的交易涉及现金、股票和基金份额等内容，投资者既可以在二级市场赚取交易差价，也可以用一篮子股票换取基金份额（或有少量现金）或者以基金份额换回一篮子股票（或有少量现金）进行套利；

（2）从基金类型来看，ETF 为指数型基金，LOF 既可以是指数型基金又可以是主动配置型基金；

（3）从套利机制来看，ETF 实时套利，日间折溢价率低，LOF 不可以实时套利，日间折溢价率高；

（4）从流动性来看，ETF 由于存在套利机制，其流动性相当于成分股流动性的加总，LOF 则取决于基金的规模和买卖双方投资者的数量以及交易活跃性；

（5）LOF 每季度或每半年公布组合，每日公布上一日净值，ETF 每日公布组合，日间实时公布拟合净值。

4. 伞型基金

伞型基金（Umbrella Funds）又称系列基金，指在一个母基金之下设立若干个子基金，子基金共用一个基金合同，但各自进行独立运作。伞型基金能够在同一品牌下更广泛地吸引具有不同投资偏好的投资者，满足不同投资者在投资目标、投资对象、投资地区、投资方向等方面的个性化投资需求。投资者可以在不同子基金间转换，且程序方便，转换费用较低或不收取费用，大大降低了投资者的交易成本。

5. 基金中基金

基金中基金(Fund of Funds)是以其他基金为投资对象的一种特殊类型的基金。根据中国证监会对基金类别的分类标准,将80%以上的基金资产投资于其他基金份额的,为基金中基金。与其他投资基金相比,这种基金以其他基金为投资对象,实行的是双重的专家管理,有利于分散风险。基金中基金最早诞生于美国,是一种投资非关联证券投资基金中基金形式,因此被称为"基金中基金"。和传统的基金相比,它的特点是风险低,收益可观。在我国,基金中基金刚刚起步,国内首只基金中基金是由招商证券发起的"基金宝",主要投资于开放式基金和封闭式基金,并适时参与ETF套利。

6. 分级基金

分级基金(Split-capital Funds)又称结构型基金,是在一个投资组合下,通过对基金收益或净资产的分解,形成两级(或多级)风险收益表现有一定差异的基金份额。一级是预期风险和收益均较低且优先享受收益分配的部分,称之为A类份额;一级是预期风险和收益均较高且次优先享受收益分配的部分,称之为B类份额。B类份额一般"借用"A类份额的资金来放大收益,从而具备一定的杠杆特性,需要支付A类份额一定基准的"利息"。分级基金形式多样,能分别满足低风险偏好和高风险偏好投资者的需求,方便投资者根据自身的投资特点和市场走势进行灵活的资产配置。分级基金的两类份额上市交易后,由于受到不同市场供求关系的影响,它们的交易价格与基金份额净值可能出现偏离,产生不同的折溢价。

7. 对冲基金

对冲基金(Hedge Funds),本意是"风险对冲过的基金",是一种私募投资基金,以各种公开交易的有价证券和金融衍生工具为投资对象,其投资策略包括一般投资基金所不具备的对冲套利操作,即具备多空双向运作机制,可灵活运用各种衍生金融产品、杠杆工具避险或套利。

被业界称为"对冲基金之父"的琼斯(Alfred Winslow Jones)在1949年最先提出:一个善于管理资产的人,无论在牛市或熊市中,都要能为投资者保本增值,其办法就是在买入一些股票的同时买入该股票的一定价位和时效的看跌期权,从而使股票跌价的风险得到对冲。另一办法就是首先选定行情看涨的某行业,买进该行业中看好的几只优质股,同时以一定比率卖出该行业中较差的几只劣质股。这样的操作手段,造就了早期的对冲基金主要采取基于避险保值目标的保守投资策略。其主要出发点在于利用金融衍生产品进行风险对冲,规避和化解证券投资风险。

经过几十年的演变,对冲基金已失去其初始的风险对冲内涵,而成为一种新的投资模式,即基于最新的投资理论和复杂的金融市场操作技巧,充分利用各种金融衍生产品的杠杆功能,承担高风险、追求高收益的投资模式。现在的对冲基金有以下几个明显特点:投资活动的复杂性;投资效应的高杠杆性;筹资方式的私募性;操作的隐蔽性和灵活性。

对冲基金在国际成熟资本市场中已成为主流,管理着超过2万亿美元的资产。从规模上看,美国对冲基金占股票类产品的三分之一到四分之一,占整个资产管理规模的10%到15%。2010年,我国资本市场开始有了对冲机制,这使得对冲基金的起步成为可能。在股指期货以及融资融券试点推出之后,2011年成为中国对冲基金元年,集中出现了数十家以有限合伙企业或券商集合理财为平台的对冲基金。目前我国对冲基金的规模约在200亿元人民币左右。

现有的对冲基金可大致分为两类,即宏观对冲基金和套利对冲基金。宏观对冲基金是对某些国家或地区的宏观经济形势加以评估,预测其股市、汇率或其他经济指标的走势,在时机成熟时入市以获取暴利。套利对冲基金则是在广泛精确地利用计算机技术和金融工程模型的基础上，在不同的金融市场，对不同的金融工具，以不同的时间寻找利差而获利。

历史细节 5.2

量子基金的兴与衰

量子基金是由乔治·索罗斯和吉姆·罗杰斯创立的。其前身双鹰基金创立于1969年，资本额为400万美元，1973年改名为索罗斯基金，1979年更名为量子基金。量子基金设立在纽约，但其出资人皆为非美国国籍的境外投资者。量子基金主要投资于商品、外汇、股票和债券，并大量运用金融衍生产品和杠杆融资，从事全方位国际性金融操作。经过不到30年的经营，至1997年年末，量子基金已增值为资产总值近60亿美元的巨型基金。量子基金属于对冲基金，虽然只有60亿美元的资产，但在需要时可通过杠杆融资等手段取得相当于几百亿甚至上千亿美元的资金，因而成为国际金融市场中一股举足轻重的力量。

量子基金成为国际金融界的焦点，是由于该基金在20世纪90年代发动的几次大规模货币狙击战。1992年9月，量子基金率先在欧洲市场上大规模抛售英镑，使得英格兰银行在大力抛出德国马克购入英镑并配合以提高利率的措施下，仍不敌量子基金的攻击而退守。英镑被迫退出欧洲货币汇率体系而自由浮动，短短1个月内英镑汇率下挫20%，而量子基金则获取了近20亿美元的暴利。1994年，量子基金对墨西哥比索发起攻击，使墨西哥的外汇储备在短时间内告罄，不得不放弃与美元的挂钩，实行自由浮动，从而造成墨西哥比索和国内股市的崩溃，量子基金在此次危机中也收入不菲。1997年，量子基金再次扮演了狙击者的角色，从大量卖空泰铢开始，迫使泰国放弃维持已久的与美元挂钩的固定汇率而实行自由浮动，从而引发了亚洲金融危机。

在过去30年的历史中，量子基金的平均回报率高达30%以上。然而，1998年以后，索罗斯对俄罗斯债券、日元以及美国网络股的投资失误，使得量子基金遭受重大损失，损失总额达近50亿美元。2000年4月28日，索罗斯不得不宣布关闭量子基金。同时，索罗斯宣布将基金的部分资产转入新成立的"量子捐助基金"继续运作，主要从事低风险、低回报的套利交易。

第二节 证券投资基金的参与主体

一、证券投资基金的参与主体

证券投资基金的主要当事人包括基金发起人、基金持有人、基金管理人、基金托管人以及其他基金服务机构。

（一）基金发起人

基金发起人是指以基金的设立和组建为目的，按照一定程序和步骤来组织基金创设、运营的法人。

在美国，共同基金根据其所在州的法律，以公司、商业信托或有限合伙的形式设立，其中开放式投资基金公司是主要形式。典型的基金投资公司发起人可以是一个证券经纪商、投资顾问、保险公司或其他金融机构。在我国,基金的发起人主要由基金管理人担任。

在基金的运作过程中,基金的发起人负责基金的设立和募集工作,主要职责包括:(1) 申请设立基金。基金发起人对拟设立的基金进行策划,确定基金的主要投向、类型、募集规模等;代表基金持有人与基金托管人签订基金契约,约定各方当事人的权利、义务,并制作相关文件;确定发行方案,选定销售机构;向主管机关提出设立申请,并报送有关文件;设立申请获得批准后,进行公告。(2) 认购并在基金存续期内持有一定数量的基金单位。(3) 在基金不能成立时,承担基金募集费用,将已募集的资金退还基金认购人。

(二) 基金持有人

基金持有人是购买基金份额的投资者,是投资基金的所有者,也是基金投资的受益者和风险的承担者。基金投资者可以是中小投资者和各种机构投资者,包括自然人和法人。我国《基金法》(2015 年修订,下同)第四十六条规定,基金份额持有人享有下列权利:分享基金财产收益;参与分配清算后的剩余基金财产;依法转让或者申请赎回其持有的基金份额;按照规定要求召开基金份额持有人大会或者召集基金份额持有人大会;对基金份额持有人大会审议事项行使表决权;对基金管理人、基金托管人、基金服务机构损害其合法权益的行为依法提起诉讼;基金合同约定的其他权利。公开募集基金中基金份额持有人有权查阅或者复制公开披露的基金信息资料;非公开募集基金中基金份额持有人对涉及自身利益的情况,有权查阅基金的财务会计账簿等财务资料。基金持有人通过基金持有人大会行使其权利。基金持有人在享有权利的同时,应遵守基金契约,缴纳基金认购款项及规定的费用,承担基金亏损或者终止的有限责任,不从事任何有损基金及其他基金持有人利益的活动等。

基金持有人的类型与各国投资者的构成有密切关系。从我国的情况来看,个人投资者所占比例较高。从 2005 年到 2007 年,我国基金持有人结构中个人比例大幅上升。统计显示,2005 年个人投资者占比仅有 59%,但到 2007 年中期这一比例已经飙升至 86%。在偏股型基金当中,这一比例更是高达 90%。2010 年,开放式基金投资者账户总数中个人投资者占比达 99.87%,有效账户总数中个人投资者占比达 99.95%。2006—2010 年,个人投资者在账户总数及有效账户总数中所占的比例均在 99% 以上(见表 5.4)。2010 年年底,开放式基金个人投资者持有份额占比为 82.51%,持有净值占比为 81.08%。2006—2010 年,个人投资者持有份额占比均在 80% 以上,个人投资者始终是基金投资的主力(见表 5.5)。而美国共同基金中大约 40% 的份额由养老基金直接持有,个人和家庭投资者是借由各类退休和养老基金计划而间接持有的。

表 5.4 我国开放式基金投资者账户结构 (单位:%)

时点	2006 年 12 月 31 日	2007 年 12 月 31 日	2008 年 12 月 31 日	2009 年 12 月 31 日	2010 年 12 月 31 日
个人投资者账户总数占比	99.25	99.89	99.88	99.84	99.87
机构投资者账户总数占比	0.75	0.11	0.12	0.16	0.13
个人投资者有效账户数占比	99.62	99.95	99.94	99.90	99.95
机构投资者有效账户数占比	0.38	0.05	0.06	0.10	0.05

资料来源:中国证券业协会.基金投资者情况调查分析报告(2010 年)[R/OL]. http://funds.hexun.com/upload/kfsjjtzzqkfx(2010).pdf。

表 5.5　我国开放式基金投资者持有基金资产结构　　　　　　　　　（单位:%）

时点	2006 年 12 月 31 日	2007 年 12 月 31 日	2008 年 12 月 31 日	2009 年 12 月 31 日	2010 年 12 月 31 日
个人投资者基金份额占比	81.72	89.39	85.59	82.44	82.51
机构投资者基金份额占比	18.28	10.61	14.41	17.56	17.49
个人投资者基金净值占比	76.03	89.17	81.48	81.77	81.08
机构投资者基金净值占比	23.97	10.83	18.52	18.23	18.92

资料来源:同表 5.4。

(三) 基金管理人

基金管理人是指利用自身的专业投资管理技能,在遵守法规和基金契约的条件下,运用基金资产进行投资,使基金资产获得增值的机构。基金管理人一般由基金管理公司担任。基金管理公司则往往由投资银行或者实力雄厚的信托投资公司、混业经营的商业银行发起成立。为了保护基金投资者的利益,世界各国和地区对基金管理公司的资格都有严格的规定。在美国,基金管理公司被称为"投资顾问公司"或"资产管理公司",实行注册制,由 SEC 审核申请人的资格和业务范围,并进行定期资格审查。我国对基金管理公司的设立实行核准制。根据《基金法》第十二条规定,基金管理人由依法设立的公司或者合伙企业担任。公开募集基金中基金管理人,由基金管理公司或者经国务院证券监督管理机构按照规定核准的其他机构担任。

根据《基金法》《证券投资基金公司管理办法》的有关规定,在我国申请设立基金管理公司,应当具备下列条件:① 有符合本法和《公司法》规定的章程;② 注册资本不低于 1 亿元人民币,且必须为实缴货币资本;③ 主要股东具有从事证券经营、证券投资咨询、信托资产管理或者其他金融资产管理的较好的经营业绩和良好的社会信誉,最近 3 年没有违法记录,注册资本不低于 3 亿元人民币;④ 拟任高级管理人员、业务人员不少于 15 人,并取得基金从业资格;⑤ 有符合要求的营业场所、安全防范设施和与基金管理业务有关的其他设施;⑥ 设置了分工合理、职责清晰的组织机构和工作岗位,有完善的内部稽核监控制度和风险控制制度;⑦ 法律、行政法规规定的和经国务院批准的国务院证券监督管理机构规定的其他条件。

目前,我国基金管理公司的股东主要为证券公司和信托公司,中外合资基金管理公司的外方股东多为国际知名的金融集团或资产管理公司。我国《基金法》第十九条规定,基金管理公司应履行的职责包括:① 依法募集基金,办理或者委托经国务院证券监督管理机构认定的其他机构代为办理基金份额的发售、申购、赎回和登记事宜;② 办理基金备案手续;③ 对所管理的不同基金财产分别管理、分别记账,进行证券投资;④ 按照基金合同的约定确定基金收益分配方案,及时向基金份额持有人分配收益;⑤ 进行基金会计核算并编制基金财务会计报告;⑥ 编制中期和年度基金报告;⑦ 计算并公告基金资产净值,确定基金份额申购、赎回价格;⑧ 办理与基金财产管理业务活动有关的信息披露事项;⑨ 召集基金份额持有人大会;⑩ 保存基金财产管理业务活动的记录、账册、报表和其他相关资料;⑪ 以基金管理人的名义,代表基金份额持有人利益行使诉讼权利或者实施其他法律行为;⑫ 国务院证券监督管理机构规定的其他职责。

为防止基金管理人利益输送、关联交易以及其他侵犯持有人合法权益行为的发生,规范基金管理人的行为,《基金法》规定基金管理人不得有下列行为:① 将其固有财产或者他人财产混同于基金财产从事证券投资;② 不公平地对待其管理的不同基金财产;③ 利用基金财产为基金份额持有人以外的第三人牟取利益;④ 向基金份额持有人违规承诺收益或者承担损失;⑤ 侵占、挪用基金财产;⑥ 泄露因职务便利获取的未公开信息、利用该信息从事或者明示、暗示他人从事相关的交易活动;⑦ 玩忽职守,不按照规定履行职责;⑧ 依照法律、行政法规有关规定,由国务院证券监督管理机构规定禁止的其他行为。

(四) 基金托管人

为了保护基金持有人的利益,防止基金资产被挪用或从事与基金契约不符的投资活动,基金实行经营和保管分开的原则,由专门的基金托管人保管基金资产。基金托管人和基金管理人是一种既相互合作,又相互制衡、相互监督的关系。基金托管人的主要职责一般包括:安全保管基金资产;执行基金管理人的划款及清算指令;监督基金管理人的投资运作;复核、审查基金管理人计算的基金资产净值及份额净值;等等。

基金托管人在基金资产安全运作中具有重要的作用。基金托管人一般由具有一定资产规模和信誉良好的商业银行、投资银行和保险公司等金融机构担任,并有严格的审批程序。美国《1940年投资顾问法》规定,基金的托管人必须是符合以下条件的商业银行或信托公司:① 在任何时候股东权益不得少于50万美元;② 至少每年公布一次财务报表;③ 经联邦或州监管部门的特许并受到监管当局的检查。

在我国,可以申请取得基金托管资格的是经中国证监会和中国银监会核准的商业银行和中国证监会核准的其他金融机构。商业银行从事托管业务应具备以下条件:① 最近3个会计年度的年末净资产均不低于20亿元人民币,资本充足率符合监管部门的有关规定;② 设有专门的基金托管部门,并与其他业务部门保持独立;③ 基金托管部门拟任高级管理人员符合法定条件,拟从事基金清算、核算、投资监督、信息披露、内部稽核监控等业务的执业人员不少于5人,并具有基金从业资格;④ 有安全保管基金财产的条件;⑤ 有安全高效的清算、交割系统;⑥ 基金托管部门有满足营业需要的固定场所、配备独立的安全监控系统;⑦ 基金托管部门配备独立的托管业务技术系统,包括网络系统、应用系统、安全防护系统、数据备份系统;⑧ 有完善的内部稽核监控制度和风险控制制度;⑨ 最近3年无重大违法违规记录;⑩ 法律、行政法规规定的和经国务院批准的中国证监会、中国银监会规定的其他条件。此外,我国《基金法》第三十五条还规定,基金托管人与基金管理人不得为同一人,不得相互出资或者持有股份。

我国《基金法》规定,基金托管人在基金运作过程中履行的职责包括:① 安全保管基金财产;② 按照规定开设基金财产的资金账户和证券账户;③ 对所托管的不同基金财产分别设置账户,确保基金财产的完整与独立;④ 保存基金托管业务活动的记录、账册、报表和其他相关资料;⑤ 按照基金合同的约定,根据基金管理人的投资指令,及时办理清算、交割事宜;⑥ 办理与基金托管业务活动有关的信息披露事项;⑦ 对基金财务会计报告、中期和年度基金报告出具意见;⑧ 复核、审查基金管理人计算的基金资产净值和基金份额申购、赎回价格;⑨ 按照规定召集基金份额持有人大会;⑩ 按照规定监督基金管理人的投资运作;⑪ 国务院证券监督管理机构规定的其他职责。

为了明确各自的职责,保证基金资产的安全,基金管理人和基金托管人应根据有关规定,签订基金托管协议,就基金资产的保管、基金的管理和运作以及相互监督等事宜作出具体规定。基金托管人为基金提供托管服务而向基金或基金管理公司收取一定的费用作为收入。

(五) 基金服务机构

基金管理人、基金托管人既是基金合同的当事人,又是基金的主要服务机构。除基金管理人与基金托管人外,基金服务机构还包括基金销售机构及其他服务机构。

1. 基金销售机构

基金销售机构是受基金管理公司的委托从事基金代理销售的机构。一般来说,资金规模较大的机构投资者直接通过基金管理公司进行基金份额的买卖,而一些资金规模较小的普通投资者通常通过基金代销机构买卖基金。目前,商业银行、证券公司、证券投资咨询公司、专业基金销售机构及中国证监会规定的其他机构,均可以向中国证监会申请基金代销业务。

2. 其他服务机构

其他服务机构主要包括:

(1) 注册登记机构。负责基金登记、存管、清算及交收业务。目前,我国承担基金份额注册登记工作的主要是基金管理公司及中国证券登记结算有限责任公司。

(2) 基金投资咨询及评级机构。这些机构主要向基金投资者提供基金投资咨询建议,提供基金评价、基金资料与数据服务等。

(3) 律师及会计师事务所。律师事务所和会计师事务所作为专业、独立的中介服务机构,为基金提供法律、会计服务。

二、投资银行在证券投资基金运作中的角色

证券投资基金业的参与主体是多元的,商业银行、信托机构、投资公司等各类机构均有参与。投资银行是其中一个非常重要的角色,它可以在基金的发起设立、发行承销、受托资产管理、投资咨询等各方面发挥重要作用。

(一) 投资银行作为基金发起人

在大多数公募基金中,投资银行常常只是基金发起人,但并不参与管理基金。投资银行发起和设立基金后,基金资产则委托专门的基金管理公司来管理。投资银行在发起设立基金过程中具体负责:① 确定发起人和主要发起人,签订发起人协议;② 确定基金管理人、基金托管人、投资顾问等主要当事人,并制作各种申请设立文件;③ 报送材料,向监管部门提出设立申请。有些投资银行仅负责牵头发起设立基金管理公司,而基金的发起设立、公募发行、运作管理等全面事务则由基金管理公司负责完成。投资银行仅作为基金管理公司的股东,获得基金投资收益分配收入。

(二) 投资银行作为基金管理人

在大多数私募基金中,投资银行既是基金的发起人,同时也是基金管理人。作为主要发起人,投资银行承担对基金设立进行管理的责任,包括负责对基金发起设立文件的合法性、私募参加人的资格和基金主要管理人员的资质等进行审查;私募发行完成后,委托另外的机构担任基金托管人,设立专门的基金管理部门负责基金资产的投资管理和经营,实行基金业务与投资银行自身的经纪、自营业务分离制度,以保障基金投资人的利益。投资银行作为基金管理人负有对基金组织内部进行监管的责任,并接受投资者的监督,定期向投资人披露有关基金经营状况的信息。在私募基金中,投资银行担任的是一个全能投资机构的角色,并直接掌管基金的运作,是基金真正的决策者和管理者。

(三) 投资银行作为基金承销人

投资银行承销经验丰富,销售网络系统完善,对基金的顺利销售具有重要的作用。从国外

情况看,通过券商代销开放式基金成为基金销售的主要渠道,尤其是在基金业最发达的美国。在我国,券商代销基金也日益成为开放式基金销售的重要渠道。

第三节　证券投资基金的运作

一、证券投资基金的募集与认购

证券投资基金的募集是指基金管理公司根据有关规定向监管当局提交募集文件、发售基金份额、募集基金的行为。基金的募集一般经过设立、发售、备案、公告几个步骤。

(一) 证券投资基金的设立

证券投资基金的设立是基金运作的起点。国际上,基金的设立有两种基本管理模式:一是注册制,即基金的发起人只需向证券监督管理机构报送法律法规规定的有关材料,进行登记注册,即可发起设立证券投资基金。采用注册制的国家一般基金发展历史较长、法规完善、行业自律组织比较发达,如美国、英国等。二是审批制,即证券监管当局按照有关法律法规的规定,对发起设立证券投资基金的机构提供的材料内容、程序和形式进行审查,并决定是否批准设立基金的制度。2015年之后,我国对基金发起设立由审批制改为审查注册制。修正前的《基金法》规定,基金管理人发售基金份额、募集基金应提交相应文件,并获得国务院证券监督管理机构核准。修正后的《基金法》第五十条和第五十四条规定,公开募集基金,应当经国务院证券监督管理机构注册。未经注册,不得公开或者变相公开募集基金。国务院证券监督管理机构应当自受理公开募集基金的募集注册申请之日起6个月内依照有关规定进行审查,作出注册或者不予注册的决定,并通知申请人;不予注册的,应当说明理由。

此外,拟募集的基金需要符合《证券投资基金运作管理办法》的相关规定,有明确、合法的投资方向;有明确的基金运作方式;符合中国证监会关于基金品种的规定;基金名称表明基金的类别和投资特征,不存在损害国家利益、社会公共利益,欺诈、误导投资者,或者其他侵犯他人合法权益的内容;招募说明书真实、准确、完整地披露了投资者作出投资决策所需的重要信息,不存在虚假记载、误导性陈述或者重大遗漏;有符合基金特征的投资者适当性管理制度,有明确的投资者定位、识别和评估等落实投资者适当性安排的方法,有清晰的风险警示内容;基金的投资管理、销售、登记和估值等业务环节制度健全,行为规范,技术系统准备充分,不存在影响基金正常运作、损害或者可能损害基金份额持有人合法权益、可能引发系统性风险的情形;等等。

(二) 证券投资基金的募集与销售

基金募集申请经注册或核准后,基金管理人可发售基金份额,进入发行募集阶段。

1. 证券投资基金募集形式

按照对象不同,基金发行可分为公募发行和私募发行。

公募发行是指面向广大的社会公众发行基金,合法的社会投资者都可以认购基金单位。各国对公募发行的监管均比较严格,要求发起人在募集基金时,必须公开招募说明书、基金合同等影响投资者决策的相关信息,以便投资者使用。

私募发行是指面向少数特定的投资者发行基金的方式,发行对象一般是大型金融机构和高净值个人。私募发行具有对象特定、发行费用低、节约时间等特点。各国对私募发行的监管较为宽松,不必公布招募说明书。在美国,为了保护普通投资者的利益,投资风险较高的对冲基金只能采取私募发行的方式。

2. 我国证券投资基金的募集

我国证券投资基金的募集规定如下:

(1) 募集需要公布的相关文件。基金管理人应当在基金份额发售 3 日前公布招募说明书、基金合同及其他相关文件。招募说明书、基金合同是投资者了解基金信息的重要文件。投资者通过阅读招募说明书和基金合同才能对基金的投资策略、分红政策、管理人能力、基金当事人的权利和义务等有一个基本的了解,从而作出是否购买基金的决定。我国《基金法》第五十二条和五十三条规定了基金合同和招募说明书应包含的内容。其中,基金招募说明书应当包括:① 基金募集申请的准予注册文件名称和核准日期;② 基金管理人、基金托管人的基本情况;③ 基金合同和基金托管协议的内容摘要;④ 基金份额的发售日期、价格、费用和期限;⑤ 基金份额的发售方式、发售机构及登记机构名称;⑥ 出具法律意见书的律师事务所和审计基金财产的会计师事务所的名称和住所;⑦ 基金管理人、基金托管人报酬及其他有关费用的提取、支付方式与比例;⑧ 风险警示内容;⑨ 国务院证券监督管理机构规定的其他内容。

(2) 募集期限及最低规模。证券投资基金有发行期限的限制,若在限定期内不能达到基金成立的最低规模要求,则该基金募集失败,基金发起人应当承担发行费用并退回投资者的认购资金和相应的利息。我国《基金法》《公开募集证券投资基金运作管理办法》规定,基金管理人应当自收到准予注册文件之日起 6 个月内进行基金募集。募集期限自基金份额发售之日起不得超过 3 个月。基金募集期限届满,封闭式基金募集的基金份额总额达到准予注册规模的 80% 以上,开放式基金募集的基金份额总额超过准予注册的最低募集份额总额,并且基金份额持有人人数符合国务院证券监督管理机构规定的,即基金募集份额总额不少于 2 亿份,基金募集金额不少于 2 亿元人民币,基金份额持有人人数不少于 200 人,基金管理人应当自募集期限届满之日起 10 日内聘请法定验资机构验资,自收到验资报告之日起 10 日内,向国务院证券监督管理机构提交验资报告,办理基金备案手续,并予以公告。

3. 证券投资基金的销售

我国证券投资基金的销售方式及基金销售的若干规定如下:

(1) 基金的销售方式。基金的销售方式有直销和承销两种。直销,即基金公司通过自己的销售中心或网站直接向投资者发售基金单位。直销的优点是费用较低且基金公司的直销人员对金融市场、基金产品具有相当的专业知识和投资理财经验,尤其对本公司的整体行情及本公司的基金产品有深入的了解,能够以专业水准面对各类型的投资者。缺点是基金管理公司营销网点、人员相对较少,销售规模有限。承销,即基金公司通过中介机构向投资者发售基金单位,和股票发行的承销一样,也可分为代销和包销两种形式。一般而言,承销渠道主要有:① 商业银行。商业银行能够为基金的销售提供完善的营销网络和客户群,但是销售人员的专业水平有限,服务质量难以控制。② 证券公司及其他投资咨询公司。证券公司面对的客户主要是股民,相比商业银行,证券公司的网点拥有更多的专业投资咨询人员,可以为投资者提供个性化的服务。较直销方式而言,采用承销方式,基金公司需要承担较高的销售费用。

- 2013 年我国新修订的《证券投资基金销售管理办法》规定,除基金管理人可以办理其募集的基金产品的销售业务外,商业银行(含在华外资法人银行)、证券公司、期货公司、证券投资咨询机构、独立基金销售机构以及中国证监会规定的其他机构可以向工商注册登记所在地的中国证监会派出机构注册并申请基金销售业务资格。

- 2010年，我国开放式基金总销售金额为16 436.89亿元，其中银行渠道占比为58.07%，直销渠道占比为34.58%，证券公司渠道占比为7.36%。商业银行拥有丰富的客户资源，近年来一直是基金销售的主力，保持了近60%的市场份额。商业银行的客户主要是个人投资者，其交易行为易受市场波动的影响，交易额变化幅度较大，所以近几年银行销售额占比的波动也较明显。2010年，直销渠道销售额占比上升明显。直销渠道主要面对机构投资者，交易额较为稳定。在个人投资者交易额大幅下跌的情况下，直销渠道的销售占比相对上升。证券公司渠道占比一直较小，且近几年呈现出逐年下降的趋势。

（2）我国对基金销售的若干规定。2001年，我国开始试点开放式基金时，即对基金销售活动作出了规定。针对基金发行销售过程中的不正当宣传、销售行为，2004年，中国证监会正式颁布实施了《证券投资基金销售管理办法》。2011年和2013年分别对该办法进行了进一步修订，以进一步规范证券投资基金的销售活动，保护基金投资人的合法权益，主要对基金销售机构的销售行为和销售宣传材料进行了进一步规范。

- 在宣传材料上，根据《证券投资基金管理办法》第三十五条规定，基金宣传推介材料必须真实、准确，与基金合同、基金招募说明书相符，不得有下列情形：① 虚假记载、误导性陈述或者重大遗漏；② 预测基金的证券投资业绩；③ 违规承诺收益或者承担损失；④ 诋毁其他基金管理人、基金托管人或者基金销售机构，或者其他基金管理人募集或者管理的基金；⑤ 夸大或者片面宣传基金，违规使用安全、保证、承诺、保险、避险、有保障、高收益、无风险等可能使投资人认为没有风险的或者片面强调集中营销时间限制的表述；⑥ 登载单位或者个人的推荐性文字；⑦ 中国证监会规定的其他情形。

- 此外，基金宣传推介材料应当含有明确、醒目的风险提示和警示性文字，以提醒投资人注意投资风险，仔细阅读基金合同和基金招募说明书，了解基金的具体情况。基金宣传推介材料登载基金过往业绩的，应当特别声明，基金的过往业绩并不预示其未来表现，基金管理人管理的其他基金的业绩并不构成对基金业绩表现的保证。基金宣传推介材料含有基金获中国证监会核准内容的，应当特别声明中国证监会的核准并不代表中国证监会对该基金的风险和收益作出实质性判断、推荐或者保证。

- 在销售行为的规范上，规定从事基金销售活动，不得有下列情形：① 以排挤竞争对手为目的，压低基金的收费水平；② 采取抽奖、回扣或者送实物、保险、基金份额等方式销售基金；③ 以低于成本的销售费用销售基金；④ 承诺利用基金资产进行利益输送；⑤ 进行预约认购或者预约申购（基金定期定额投资业务除外），未按规定公告擅自变更基金的发售日期；⑥ 挪用基金销售结算资金；⑦《证券投资基金销售管理办法》第三十五条规定的情形；⑧ 中国证监会规定禁止的其他情形。

时事链接5.1

销售基金未阐明风险，巴克莱被罚770万英镑

2011年1月18日，英国金融管理局以销售投资产品不当为由，宣布对英国巴克莱银行处以770万英镑（约合1 230万美元）罚款，并要求这家银行赔偿投资者损失。英国金融管理局

认定,2006年7月至2008年11月,巴克莱银行向超过1.2万名投资者销售两只基金时存在"一系列不当行为",包括"未能确保销售人员得到相应培训,以(向投资者)解释投资基金所蕴涵的风险"。英国金融管理局同时认为,投资者获得的基金产品介绍手册和其他文件未能清楚阐明投资风险,可能使他们受到误导。

在29个月的时间里,巴克莱银行的两只基金共筹得6.92亿英镑。1.2万多名投资者中的大部分已经退休或临近退休。"数以万计的投资者遭受损失,他们中的不少人使用退休储蓄投资,"英国金融管理局高级官员马格雷特·科尔发表声明说,"同时,巴克莱银行在较早阶段发现问题后,未能采取有效措施。"

除罚款外,英国金融管理局还要求巴克莱银行赔偿投资者损失。目前,巴克莱银行已向投资者公开道歉,承诺改正不当做法。巴克莱银行在致歉声明中称:"我们知道,我们这一次让顾客失望了,没有尽一切所能达到顾客希望的高标准。"

资料来源:销售基金未阐明风险,巴克莱被罚770万英镑[N].东方早报,2011-01-20(A27).

(三) 证券投资基金份额的认购

1. 基金认购渠道及认购步骤

在基金募集期内购买基金份额的行为称为基金的认购。投资者除了可以通过基金管理公司的营销网点或网站认购基金外,也可以到基金管理人委托的代销机构去认购基金。投资者参与认购基金的步骤分为:开户,认购,确认。

(1) 开户。投资者购买基金需要开立基金账户和资金账户。基金账户是基金登记人为基金投资者开立的、用于记录其持有的基金份额余额和变动情况的账户。基金账户可通过基金代销机构办理。资金账户是投资者在基金代销银行、证券公司开立的用于基金业务结算的账户。

(2) 认购与确认。投资者办理基金认购申请时,需在资金账户中存入足够现金,填写基金认购申请进行认购。一般情况下,基金认购申请一经提交,不得撤销。在我国,投资者当日(T日)提交认购申请后,一般可于T+2日后到认购网点查询认购申请的受理情况。申请成功以基金登记人确认登记为准。基金合同生效后,基金登记人将向基金投资者送达基金认购确认单。认购申请被确认无效的,认购资金将退还给投资者。

2. 基金认购费用及份额的计算

开放式基金认购不是直接以认购数量进行认购,而是以金额认购。投资者在募集期内进行认购时一般需要支付一定的认购费用。按照费用收取的时间不同,可分为前端收费模式和后端收费模式。选择在认购时缴纳费用的称为前端收费模式;选择在赎回时缴纳费用的称为后端收费模式。目前大多数基金采用前端收费模式。一般来说,采用后端收费模式的目的在于降低投资者的投资成本,鼓励投资者长期持有。

在实践中,基金管理人将对不同类型的基金设置不同的认购费率。目前,我国股票型基金的认购费率大多在1%—1.5%,债券型基金的认购费率通常在1%以下,货币型基金一般认购费率为零。表5.6列出了合资投资基金——摩根士丹利华鑫基金管理公司的部分基金认购费率。

表 5.6 摩根士丹利华鑫基金旗下部分基金的费率

基金名称	区间	柜台申购费率	网上交易申购费率
摩根士丹利华鑫资源优选（163302）	申购金额小于 50 万元	1.50%	1.20%
	申购金额 50 万(含)—500 万元	1.20%	0.96%
	申购金额 500 万(含)—1 000 万元	0.80%	0.64%
	申购金额 1 000 万(含)元以上	收取固定费用 1 000 元	收取固定费用 1 000 元
摩根士丹利华鑫货币（163303）	无	0	0
摩根士丹利华鑫强收益债券（233005）	申购金额 100 万元以下	0.80%	0.64%
	申购金额 100 万(含)—500 万元	0.50%	0.50%
	申购金额 500 万(含)元以上	收取固定费用 1 000 元	收取固定费用 1 000 元

为保护基金投资人的合法权益,2007 年 3 月,中国证监会对认购费用及认购份额计算方法进行了统一。根据规定,基金认购费用统一以净认购金额为基础收取。对于投资者的认购资金在基金募集期形成的利息,基金公司一般将其折算成基金份额,归投资者所有。其中利息的具体金额以基金注册登记机构计算并确认的结果为准。基金认购费用与认购份额的计算公式为:

$$\text{净认购金额} = \frac{\text{认购金额}}{1 + \text{认购费率}} \tag{5.1}$$

$$\text{认购费用} = \text{净认购金额} \times \text{认购费率} \tag{5.2}$$

$$\text{认购份额} = \frac{\text{净认购金额} + \text{认购利息}}{\text{基金份额面值}} \tag{5.3}$$

【例 5.1】 某投资者投资 10 000 元认购某基金,假定其认购资金的利息为 75 元,基金份额面值为 1 元,如果选择缴纳前端认购费用,认购费率为 1.2%,则其可得到的基金份额计算如下:

$$\text{净认购金额} = \frac{10\,000}{1 + 1.2\%} = 9\,881.42(\text{元})$$

$$\text{认购费用} = 9\,881.42 \times 1.2\% = 118.58(\text{元})$$

$$\text{认购份额} = \frac{9\,881.42 + 75}{1} = 9\,956.42(\text{份})$$

二、证券投资基金的交易

(一) 封闭式基金的交易

封闭式基金中基金份额,经基金管理人申请,证券监管机构批准,可以在证券交易所上市交易。在我国,基金份额上市交易应符合下列条件:① 基金的募集符合《基金法》的规定;② 基金合同期限为 5 年以上;③ 基金募集金额不低于 2 亿元人民币;④ 基金份额持有人不少于 1 000 人;⑤ 基金份额上市交易规则规定的其他条件。基金份额上市交易后,有下列情形之一的,由证券交易所终止其上市交易,并报国务院证券监督管理机构备案:① 不再具备《基金法》第六十三条规定的上市交易条件;② 基金合同期限届满;③ 基金份额持有人大会决定提前终止上市交易;④ 基金合同约定的或者基金份额上市交易规则规定的终止上市交易的其他情形。

投资者买卖基金时要开立基金账户或者持有沪深证券账户。封闭式基金的买卖同股票的买卖所遵守的规定基本一致。封闭式基金的报价单位为 0.001 元。同时封闭式基金的交易成本较低,并且不收取印花税。封闭式基金的交易价格除受到基金净值的影响外,还受到市场供求关系和市场环境的影响。当基金的市价高于净值时为溢价交易,当基金的市价低于净值时则为折价交易。基金溢价和折价的大小通过溢价率或折价率来体现(公式 5.4)。在绝大多数时候,封闭式基金的价格低于资产净值,即处于折价交易状态。如美国封闭式基金折价幅度一般在 10%—20%。我国封闭式基金从 1998 年后,也经历了从溢价到折价的过程。

$$溢价率或折价率 = (市价 - 净值)/净值 \times 100\% \tag{5.4}$$

小知识 5.2

封闭式基金的折价

从全球范围来看,封闭式基金的溢价现象是较为罕见的,其折价现象是普遍存在的,这在现代金融学里被称为"封闭式基金之谜"。金融经济学家们认为封闭式基金折价的主要成因可能有:

(1) 代理成本,即新投资者要求就投资经理的低业务能力、低道德水准和高管理费用得到额外的价格折让补偿;

(2) 潜在的税负,即基金净值中包含有大笔尚未派发的盈利,需要就这部分盈利缴纳所得税的新投资者要求额外的价格折让补偿;

(3) 基金资产流动性欠缺,即基金的投资组合主要由流动性欠佳的资产组成,因此经理们在计算基金净值时可能没有充分考虑到这些资产的应计低流动性折扣;

(4) 投资者情绪,即当投资者预期自己所投资的封闭式基金比基金的投资组合风险更大时,他们所愿意付出的价格就会比基金净值要低一些。

(二) 开放式基金的交易

开放式基金销售完成后并不上市交易,投资者可以在开放日办理基金的申购和赎回。申购是指投资者在开放式基金合同生效之后申请购买基金份额的行为。赎回是指基金份额持有人要求基金管理人购回其所持有的开放式基金份额的行为。开放式基金份额的申购、赎回与认购渠道一样,可以直接到基金管理人直销中心及代销机构网点或通过电话、传真或互联网等形式进行。我国开放式基金申购和赎回的工作日为证券交易所交易日,具体办理时间为上海证券交易所、深圳证券交易所交易日的交易时间。

1. 基金价格及申购、赎回原则

基金价格及申购、赎回原则概述如下:

(1) 基金价格。开放式基金申购和赎回价格的确定与封闭式基金不同,是由基金单位资产净值决定的。基金单位资产净值是由基金资产净值除以基金单位总数后的价值。基金资产净值是基金资产总值减去按照国家相关规定可以在基金资产中扣除的费用后的价值。

（2）申购、赎回原则。股票基金和债券基金的申购、赎回实行未知价交易原则。货币市场基金的申购、赎回实行确定价原则。投资者在申购、赎回股票基金和债券基金时并不能以即时价格进行基金买卖，而只能以申购、赎回日交易时间结束后基金管理人公布的基金份额净值为基准进行计算。在我国，货币市场基金申购、赎回价格以每份1元人民币为基准。

2. 申购份额、赎回金额

开放式基金的申购和赎回均实行金额申购、份额赎回原则。以基金单位资产净值为基础，投资者办理申购和赎回时需要缴纳一定的费用。申购费用通过申购费率来确定。与基金认购相同，基金申购费用也有前端收费模式和后端收费模式之分。我国规定申购费率不得超过申购金额的5%。赎回费率一般按持有时间的长短分级设置。持有时间越长，适用的赎回费率越低。目前我国开放式基金的申购费率一般不超过1.5%，赎回费率一般为赎回金额的0.5%。其中，货币市场基金的申购和赎回费用很少或没有。

（1）申购费用与申购份额的计算：

$$\text{净申购金额} = \frac{\text{申购金额}}{1 + \text{申购费率}} \quad (5.5)$$

$$\text{申购费用} = \text{净申购金额} \times \text{申购费率} \quad (5.6)$$

$$\text{申购份额} = \frac{\text{净申购金额}}{\text{申购当日基金单位资产净值}} \quad (5.7)$$

【例5.2】 某投资者以10 000元申购某基金，申购费率为1%。假设申购当日基金单位资产净值为1.2元，则其得到的申购份额为：

$$\text{净申购金额} = \frac{10\,000}{1 + 1\%} = 9\,900.99(\text{元})$$

$$\text{申购份额} = \frac{9\,900.99}{1.2} = 8\,250.83(\text{份})$$

$$\text{申购费用} = 9\,900.99 \times 1\% = 99(\text{元})$$

（2）基金的赎回金额由赎回总额扣除赎回费用后确定，计算公式为：

$$\text{赎回总额} = \text{赎回份额} \times \text{赎回日基金单位资产净值} \quad (5.8)$$

$$\text{赎回金额} = \text{赎回总额} - \text{赎回费用} \quad (5.9)$$

$$\text{赎回费用} = \text{赎回总额} \times \text{赎回费率} \quad (5.10)$$

实行后端收费的基金，还应扣除后端认购或申购费。投资者的赎回金额应为：

$$\text{赎回金额} = \text{赎回总额} - \text{赎回费用} - \text{后端收费金额} \quad (5.11)$$

【例5.3】 某投资者在某日赎回10 000份基金单位，赎回费率为0.5%，假设赎回当日基金单位资产净值是1.2元，则其可得到的赎回金额为：

$$\text{赎回总额} = 10\,000 \times 1.2 = 12\,000(\text{元})$$

$$\text{赎回费用} = 12\,000 \times 0.5\% = 60(\text{元})$$

$$\text{赎回金额} = 12\,000 - 60 = 11\,940(\text{元})$$

3. 暂停申购和赎回

在如下情况下，基金管理人可以拒绝或暂停接受投资者的申购申请：① 因不可抗力导致基金管理人无法接受投资者的申购申请；② 证券交易场所交易时间临时停市，导致基金管理人无法计算当日基金资产净值；③ 发生基金合同规定的暂停基金资产估值情况；④ 基金财产规模过大，使基金管理人无法找到合适的投资品种，或其他可能对基金业绩产生负面影响，从而损害现有基金份额持有人的利益的情形;⑤ 基金管理人认为会有损于现有基金份额持有人利益的某笔申购;⑥ 法律法规规定或经中国证监会认定的其他情形。基金管理人决定暂停接受申购申请时,应当在当日向中国证监会备案,并及时公告。

基金管理人在以下情况下,可以暂停接受投资者的赎回申请:① 因不可抗力导致基金管理人无法支付赎回款项;② 证券交易场所交易时间临时停市,导致基金管理人无法计算当日基金资产净值;③ 基金发生巨额赎回,根据基金合同规定,可以暂停接受赎回申请的情况;④ 发生基金合同规定的暂停基金资产估值情况;⑤ 法律法规规定或经中国证监会认定的其他情形。发生上述情形之一的,基金管理人应当在当日向中国证监会备案,并及时公告。

4. 基金转换、非交易过户、转托管、冻结与解冻

基金转换、非交易过户、转托管、冻结与解冻概述如下:

(1) 基金转换。基金转换是指投资者不需要先赎回已持有的基金份额,就可以将其持有的基金份额转换为同一基金管理人管理的另一基金份额的一种业务。基金转换不需要先赎回已持有的基金再购买另一只基金,因此其综合费用较低。

(2) 非交易过户。非交易过户是指由于司法强制执行、继承、捐赠等原因,基金登记注册人将某一基金账户的基金份额全部或部分直接划转至另一账户。投资者办理非交易过户时,必须按基金登记注册人的要求提供相关资料,到基金登记注册人的柜台办理。

(3) 转托管。基金持有人可以在不同的销售机构办理其基金份额的转托管手续。投资者在向转出方办理转托管手续之前,应先到转入方办理基金账户注册确认手续。转托管在转出方进行申报,基金份额转托管经一次申报便可完成,并缴纳一定转托管费用。我国规定,投资者于T日转托管基金份额成功后,可于T+2日起赎回该部分基金份额。

(4) 冻结与解冻。基金登记注册人只受理司法机构依法要求的基金份额的冻结与解冻。基金账户或基金份额被冻结的,被冻结部分产生的权益包括现金分红和红利再投资一并冻结。

三、证券投资基金的费用、收益与分配

(一) 费用

一般来说,基金的费用包括两大类:一是基金持有人直接承担的费用,如基金的认购费、申购费、赎回费、转换费、开户费等;二是基金的运营费用,包括基金在运作过程中的管理费用和基金在买卖证券时的交易费用。后者的费用从基金资产中扣除,由投资者间接负担。表5.7选取华夏大盘精选基金(000011)2011年1月1日至6月30日的费用公告情况为参照来略作说明。

表5.7 华夏大盘精选(000011)2011年1月1日至6月30日费用情况 (单位:人民币元)

项目	数额
费用	85 870 866.61
1. 管理人报酬	58 536 399.98
2. 托管费	9 756 066.63
3. 销售服务费	—
4. 交易费用	16 955 802.36

(续表)

项目	数额
5. 利息支出	426 958.18
其中：卖出回购金融资产支出	426 958.18
6. 其他费用	195 639.46

资料来源：华夏大盘精选(000011)2011年半年报。

1. 基金管理费

基金管理费是指从基金资产中提取的、支付给基金管理人的费用。基金管理费率由基金管理人确定，在基金招募说明书中予以公布。费率的大小通常与基金规模成反比，与风险成正比。基金规模越大，风险越小，管理费率就越低；反之，则越高。不同的国家及不同种类的基金，管理费率不完全相同。在美国，各种基金的年管理费通常占基金资产净值的1%左右。目前在我国，基金的年管理费率约为基金资产净值的1%—1.5%。其中，货币基金的年管理费率最低，约为基金资产净值的0.25%—1%；其次为债券基金，约为0.5%—1.5%；股票基金居中，约为1%—1.5%；认股权证基金约为1.5%—2.5%。

2. 基金托管费

基金托管费是指基金托管人为保管和处理基金资产而向基金收取的费用。基金托管费通常按照基金资产净值的一定比例从基金资产中提取，费率也会因基金种类不同而异。基金托管费的收取与基金规模和所在地区有一定关系。通常基金规模越大，基金托管费用越低。基金业越发达的地区，基金托管费率也越低。因此，新兴市场国家和地区的基金托管费率相对较高。基金托管费率在国际上通常为0.2%左右，如美国。我国内地及台湾、香港地区约为0.25%左右。目前，我国封闭式基金按照0.25%的比例计提基金托管费；开放式基金根据基金合同规定比例计提，通常低于0.25%；股票基金的托管费率要高于债券基金及货币市场基金的托管费率。

3. 基金销售服务费

基金销售服务费是指从基金资产中扣除的、用于支付销售机构佣金以及基金管理人的基金营销广告费、促销活动费、持有人服务费等。我国目前只有货币市场基金和一些债券基金收取销售服务费，费率约为0.25%左右。收取销售服务费的基金通常不收申购费。

4. 基金交易费

基金在进行投资时，需要买卖证券不断调整资产组合。基金交易费是基金在进行证券交易时发生的相关费用。基金交易费与基金投资周转率有关，周转率越高，交易费用就越高。目前，我国基金的交易费用主要包括印花税、交易佣金、过户费、经手费、证管费等。

5. 基金运作费

基金运作费指为保证基金正常运作而发生的应由基金承担的费用，包括审计费、律师费、上市年费、持有人大会费、信息披露费、开户费、银行划汇手续费等。基金运作费占资产净值的比率较小，通常要在基金契约中事先确定，并按有关规定支付。运作费用比率的高低，反映了基金运作的效率，是投资者衡量基金效率及表现的指标之一。

（二）收益及分配

基金收益由基金管理人运用基金资产投资于证券市场产生，基金收益分配是基金持有人获得投资收益的主要方式。基金收入减去应扣除的费用后形成可供基金持有人分配的收益。

为了保护投资者的利益,各国对基金的收益分配政策都有相关的规定。

1. 基金收益的来源

仍以华夏大盘精选(000011)2011年1月1日至6月30日的收益情况为参照,基金收益主要来源于利息收入、投资收益、资本利得、公允价值变动损益及其他收入(见表5.8)。

表5.8　华夏大盘精选(000011)2011年1月1日至6月30日收益情况（单位:人民币元）

项目	数额
收入	270 372 046.64
1. 利息收入	7 205 429.69
其中:存款利息收入	1 397 259.71
债券利息收入	5 632 726.85
资产支持证券利息收入	—
买入返售金融资产收入	175 443.13
其他利息收入	—
2. 投资收益(损失以"－"号填列)	616 364 716.98
其中:股票投资收益	588 844 911.55
基金投资收益	—
债券投资收益	－1 723 320.00
资产支持证券投资收益	—
衍生工具收益	—
股利收益	29 243 125.43
3. 公允价值变动收益(损失以"－"号填列)	－353 267 516.30
4. 汇兑收益(损失以"－"号填列)	—
5. 其他收入(损失以"－"号填列)	69 416.27
利润总额(亏损总额以"－"号填列)	184 501 180.03
减:所得税费用	—
净利润(净亏损以"－"号填列)	184 501 180.03

资料来源:华夏大盘精选(000011)2011年半年报。

(1) 利息收入。利息收入是基金经营活动中因债券投资、资产支持证券投资、银行存款、结算备付金、存出保证金、按买入返售协议融出资金等而获得的利息收入。

(2) 投资收益。投资收益是基金因买卖股票、债券、资产支持证券、基金等获得的差价收益及股利收益,以及投资衍生金融工具产生的相关损益。

(3) 公允价值变动损益。指基金持有的、采用公允价值计量的交易性金融资产和交易性金融负债等的公允价值变动形成的,应计入当期损益的利得或损失,于估值日对基金资产按公允价值估值时予以确认。

(4) 其他收入。其他收入是除利息收入、投资收益以外的其他各项收入,包括赎回费扣除基本手续费后的余额、手续费返还、基金管理人等机构为弥补基金财产损失而支付给基金的赔偿款项。这些收入项目视实际发生的金额确认。

2. 基金的收益分配

基金的收益分配概述如下:

(1) 分配形式。基金的收益分配一般有以下两种方式:① 现金分红。基金管理人根据投资者持有基金的份额,将净利润以现金的形式分配给投资者。这是基金收益分配最普遍的形式。② 分红再投资转换为基金份额。指基金管理人依据投资者的选择,将应分配的净利润折算为等值的、新的基金份额转入投资者账户的一种分配形式。

(2) 收益分配的规定。美国的法律规定,基金必须将利息收入和股息收入的95%以上分配给投资者,一般是每季度发放一次;基金的资本利得部分可以分配给投资者,也可以留在基金内继续投资。收益以现金形式分派,但投资者可以选择自动再投资。我国的基金收益分配政策主要包括:① 分配比例规定。根据《证券投资基金运作管理办法》规定,封闭式基金的收益分配,每年不得少于一次,年度收益分配比例不得低于基金年度已实现利润的90%。开放式基金中基金合同应当约定每年基金收益分配的最多次数和基金收益分配的最低比例。② 分配方式。基金收益分配应当采用现金方式。开放式基金中基金份额持有人可以事先选择将所获分配的现金收益,按照基金合同有关基金份额申购的约定转为基金份额;基金份额持有人事先未作出选择的,基金管理人应当支付现金。

四、证券投资基金的信息披露

基金持有人和基金管理人是一种委托代理关系,为防范信息不对称产生的风险,我国同世界上大多数国家一样,对基金的信息披露实行强制性披露制度,以提高基金操作的透明度,保护投资者利益,促进证券投资基金业的发展。

(一) 基金信息披露义务人

根据《基金法》《证券投资基金信息披露管理办法》相关规定,我国基金信息披露义务人为基金管理人、基金托管人、召集基金份额持有人大会的基金份额持有人等法律、行政法规和中国证监会规定的自然人、法人和其他组织。基金信息披露义务人应当依法及时披露基金信息,并保证所披露信息的真实性、准确性和和完整性。

(二) 基金信息披露分类

我国《证券投资基金信息披露管理办法》第五条列举了16项基金应公开披露的信息。这些信息可以分为三类:基金募集信息披露、基金运作信息披露和基金临时信息披露。

1. 基金募集信息披露

基金募集信息披露分为首次募集信息披露和存续期募集信息披露。首次募集信息披露主要指基金份额发售前至基金合同生效期间进行的信息披露,包括招募说明书、基金合同、托管协议、基金份额发售公告、基金合同生效公告等文件。存续期募集信息披露主要指开放式基金在基金合同生效后每6个月披露一次更新的招募说明书。

2. 基金运作信息披露

基金运作信息披露是指在基金合同生效后至基金合同终止前,基金信息披露义务人依法定期披露基金的上市交易、投资运作及运营业绩等信息。基金运作信息披露文件包括基金份额上市交易公告书、基金资产净值和份额净值、基金份额申购、赎回价格、基金定期报告(基金年度报告、半年度报告、季度报告)。

3. 基金临时信息披露

基金临时信息披露主要指在基金存续期间,当发生重大事件或市场上流传误导性信息,可能引致对基金份额持有人权益或者基金份额价格产生重大影响时,基金信息披露义务人依法对外披露临时报告或澄清公告。我国《证券投资基金信息披露管理办法》将基金份额持有人大会的召开、提前终止基金合同、基金扩募等28项列为重大事件。

(三) 基金信息披露的禁止行为

为了规范证券投资基金的信息披露行为,《证券投资基金信息披露管理办法》第六条规定,公开披露基金信息不得有下列行为:① 虚假记载、误导性陈述或重大遗漏;② 对证券投资业绩进行预测;③ 违规承诺收益或者承担损失;④ 诋毁其他基金管理人、基金托管人或者基金份额发售机构;⑤ 登载任何自然人、法人或者其他组织的祝贺性、恭维性或推荐性的文字;⑥ 中国证监会禁止的其他行为。

五、证券投资基金的投资管理

基金投资是基金管理公司的核心业务,公司基金投资部门负责基金的运作和管理,将公司发行基金单位所募集的资金通过组合投资的方式投资于有价证券,实现基金资产的保值增值。下面依据图 5.1 来进行简要的说明。

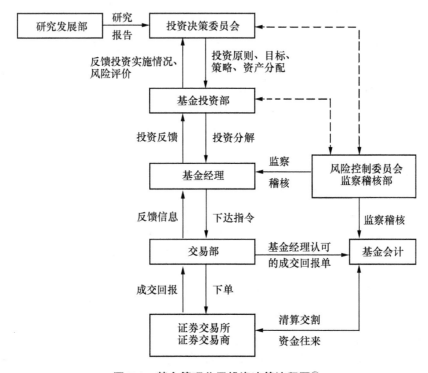

图 5.1 基金管理公司投资决策流程图①

(一) 基金管理公司的投资决策机构

我国大多数基金管理公司借鉴发达国家的经验,基本都设立投资决策委员会作为最高投资决策机构,负责指导基金资产的运作。投资决策委员会是公司的非常设机构,以定期或不定期会议的形式讨论或决定公司投资的重大问题。投资决策委员会一般由公司总经理、主管投资的副总经理、投资总监、研究总监、交易总监等人员组成,主要职责是制定公司投资管理相关制度,确定基金投资的基本方针、原则、策略,审定基金资产配置比例和投资报告,确定基金经

---

① 中国证券业协会.证券投资基金[M].北京:中国财政经济出版社,2009.

理投资权限等。

（二）制定投资决策

基金管理公司投资决策的制定需要公司研究发展部、投资决策委员会、基金投资部和风险控制委员会等部门共同参与完成。

（1）研究部门通过自身的研究或借由外部研究机构的力量提供有关宏观经济分析、公司分析以及市场分析的各类研究报告，负责建立并维护股票池，为基金的投资决策提供依据。

（2）投资决策委员会审议和决定基金的总体投资计划。通过分析研究发展部提供的研究报告及其投资建议，投资决策委员会决定投资的总体计划，并根据风险控制委员会的建议和监督，适时调整投资组合，提高投资组合的抗风险能力。

（3）基金投资部制订投资组合的具体方案。投资部在参考研究发展部研究报告的基础上，根据总体投资计划构建投资组合方案，并将投资实施情况和风险评估报告反馈给投资决策委员会。基金投资部在制订具体方案时要接受风险控制委员会的风险控制建议和监察稽核部门的监察、稽核。

（4）风险控制委员会提出风险控制建议。风险控制委员会通过监控投资决策实施和执行的整个过程，根据市场运行状况制定公司的风险控制政策，提出风险控制建议。

（三）投资决策的实施和风险控制

1. 投资决策的实施

基金管理公司确定投资决策后，便进入决策的实施阶段。具体来讲，就是由基金投资部门的基金经理根据投资决策，在市场上选择合适的股票、债券和其他有价证券构建投资组合，向中央交易室的基金交易员发出交易指令，并根据市场的实际变化情况及时对投资组合进行调整。基金交易员接受交易指令后，寻找合适的机会，以尽可能合适的价格买卖证券，并及时向基金经理汇报实际交易情况和市场动向，协助基金经理完成基金投资运作。

2. 投资的风险控制措施

为提高基金的投资质量，保障基金投资者的利益，国内外的基金管理公司和基金组织都建立了一套完整的风险控制机制和风险管理制度，并在基金契约和招募说明书中予以明确规定。

（1）基金管理公司设有风险控制委员会等风险控制机构，负责制定风险管理政策，评估、监控基金投资组合的风险，研究制定风险控制办法。

（2）制定内部风险控制制度。主要包括：严格按照法律法规和基金契约规定的投资比例进行投资，不得从事规定禁止基金投资的业务；坚持独立性原则，基金管理公司管理的基金资产与基金管理公司的自有资产应相互独立，分账管理，公司会计和基金会计严格分开；实行集中交易制度，每笔交易都必须有书面记录并加盖时间章；加强内部信息控制，实行空间隔离和门禁制度，严防重要内部信息泄露；前台和后台部门应独立运作；控制交割清算风险等。

（3）内部监察稽核控制。监察稽核的目的是检查、评价公司内部控制制度和公司投资运作的合法性、合规性和有效性，监督公司内部控制制度的执行情况，审查、监督基金核算和公司财务管理制度的执行情况，揭示公司内部管理及投资运作中的风险，及时提出改进意见，确保国家法律法规和公司内部管理制度的有效执行，维护基金投资人的正当权益。

（四）基金投资限制

为保证基金资产的安全性和流动性，保护基金持有人的利益，基金监管部门对证券投资基金的投资作出了种种限制，这些限制是基金管理人进行投资管理活动的基本前提。

1. 投资范围的限制

证券投资基金的主要投资对象应当是股票和债券。为防止基金管理人与托管人及其他利益相关者出现内幕交易、利益输送和其他不正当投资行为而产生投资风险,保护投资者权益,我国《基金法》对基金财产的投资范围进行了限制。根据《基金法》第七十三条规定,基金财产不得用于下列投资或者活动:① 承销证券;② 违反规定向他人贷款或者提供担保;③ 从事承担无限责任的投资;④ 买卖其他基金份额,但是国务院证券监督管理机构另有规定的除外;⑤ 向其基金管理人、基金托管人出资;⑥ 从事内幕交易、操纵证券交易价格及其他不正当的证券交易活动;⑦ 依照法律、行政法规有关规定,由国务院证券监督管理机构规定禁止的其他活动。此外,运用基金财产买卖基金管理人、基金托管人及其控股股东、实际控制人或者与其有其他重大利害关系的公司发行的证券或承销期内承销的证券,或者从事其他重大关联交易的,应当遵循基金份额持有人利益优先的原则,防范利益冲突,符合国务院证券监督管理机构的规定,并履行信息披露义务。

2. 投资比例的限制

为了避免基金管理人的基金资产投资过于集中的风险,各国都要求基金在投资时遵循分散化投资的原则。我国《证券投资基金运作管理办法》对基金投资分散化也作了具体规定。比如,一只基金持有一家上市公司的股票,其市值不得超过基金资产净值的百分之十;同一基金管理人管理的全部基金持有一家公司发行的证券,不得超过该证券的百分之十;基金财产参与股票发行申购,单只基金所申报的金额不得超过该基金的总资产,单只基金所申报的股票数量不得超过拟发行股票公司本次发行股票的总量;一只基金持有其他基金(不含货币市场基金),其市值不得超过基金资产净值的10%,但基金中基金除外;基金中基金持有其他单只基金,其市值不得超过基金资产净值的20%,或者不得投资于其他基金中基金;基金总资产不得超过基金净资产的140%;不得违反基金合同关于投资范围、投资策略和投资比例等约定;等等。

本章要点

- 证券投资基金作为一种金融投资方式,是金融市场高度发展的产物。通过公开发售基金份额募集投资基金,由基金管理人管理,基金托管人托管,为基金份额持有人的利益,以资产组合方式进行证券投资活动。证券投资基金具有集合投资、专业管理、组合投资、分散风险、利益共享、风险共担、独立委托、保证安全、信息透明、监管严格等特征。

- 证券投资基金主要的参与主体包括:基金发起人、基金持有人、基金管理人、基金托管人以及其他服务机构。投资银行以基金发起人、基金管理人和基金承销人等角色介入证券投资基金业务。

- 证券投资基金的设立、募集是基金运作的起点。基金的募集形式分为公募发行和私募发行。销售形式一般有直销和承销。投资者可以在募集期内认购基金份额。封闭式基金募集完成后,经证券监管机构批准在证券交易所上市。开放式基金销售完成后并不上市交易,投资者可以在开放日办理基金的申购和赎回。

- 证券投资基金费用包括基金持有人直接承担的费用和基金运营费用两大类。基金收益分配包括现金分红和分红再投资两种形式。
- 基金信息披露义务人需要披露的信息包括基金募集信息、基金运作信息和基金临时信息。
- 基金投资是基金管理公司的核心业务。投资决策委员会是最高投资决策机构,在研究发展部、基金投资部和风险控制委员会等部门的共同参与下,完成投资决策,交由基金经理据以构建投资组合,并向基金交易员发出交易指令。

关键概念

- 证券投资基金
- 公司型基金
- 契约型基金
- 债券基金
- 指数基金
- 封闭式基金
- 开放式基金
- 股票基金
- 货币市场基金
- 对冲基金

思考题

请认真阅读以下资料并回答问题。

案例资料

富兰克林国海沪深300指数增强型证券投资基金基金份额发售公告(节选)

1. 富兰克林国海沪深300指数增强型证券投资基金(下称"本基金")的发售已获中国证监会证监许可[2009]652号文批准。中国证监会对本基金的核准并不代表中国证监会对本基金的风险和收益作出实质性判断、推荐或者保证。

2. 本基金是契约型开放式股票型证券投资基金。

3. 本基金管理人和注册登记机构为国海富兰克林基金管理有限公司(下称"本公司")。基金托管人为中国农业银行股份有限公司(简称"中国农业银行")。

4. 本基金自2009年7月30日起至2009年8月31日止,通过本公司的直销柜台、直销网上交易和中国农业银行股份有限公司、中国银行股份有限公司、中国建设银行股份有限公司、国海证券、中信建投、国泰君安、申银万国、银河证券、兴业证券等代销机构的代销网点公开销售。各销售机构的业务办理网点、办理日期和时间等事项参照各销售机构的具体规定。

5. 本基金的募集对象是个人投资者、机构投资者、合格境外机构投资者和法律法规或中国证监会允许购买证券投资基金的其他投资者。

6. 投资者欲购买本基金,须开立本公司基金账户。除法律法规另有规定外,一个投资者只能开设和使用一个基金账户;不得非法利用他人账户或资金进行认购,也不得违规融资或帮助他人违规进行认购。在基金募集期间基金账户开户和认购申请手续可以同时办理。

7. 在募集期内,代销机构及直销网上交易投资者单笔认购金额起点为 1 000 元(含认购费),直销柜台投资者首次认购本基金的最低金额为 100 000 元(含认购费),追加认购金额每笔不低于 1 000 元,在募集期内可以重复认购。投资者提出的认购申请一经受理,不可撤销。

8. 认购款项在基金募集期间的利息将折合成基金份额记入投资者基金账户,具体份额数和利息以注册登记机构的确认记录为准。

9. 销售机构对认购申请的受理并不表示该申请已经成功,而仅代表销售机构确实接受了认购申请,申请的成功与否应以基金注册登记机构的确认登记为准。投资者可以在基金合同生效后到各基金销售网点打印认购交易确认单。

10. 本公告仅对本基金发售的有关事项和规定予以说明。投资者欲了解本基金的详细情况,请仔细阅读 2009 年 7 月 27 日刊登在《中国证券报》《上海证券报》《证券时报》上的《富兰克林国海沪深 300 指数增强型证券投资基金招募说明书》。

11. 募集期内,本基金还有可能新增代销机构,敬请留意近期本公司及各代销机构的公告,或拨打本公司及各代销机构客户服务电话咨询。

12. 本基金的《招募说明书》《基金合同》及本公告将同时发布在本公司网站(www.fts-fund.com)和中国农业银行网站(www.abchina.com)上,投资者亦可通过本公司网站下载基金直销申请表格,了解基金发售相关事宜。

13. 投资者可拨打本公司客户服务电话,中国农业银行客户服务电话及其他代销机构客户服务电话咨询购买事宜。各代销基金的代销网点、业务办理日期和具体时间等事项的详细情况参照各代销机构在其销售区域当地的公告。

14. 本公司可综合各种情况对发售安排、募集期限等作适当调整,并及时公告。

15. 本基金投资于证券市场,基金净值会因为证券市场波动等因素产生波动,投资者应全面了解本基金的产品特性,充分考虑自身的风险承受能力,理性判断市场,对认购基金的意愿、时机、数量等投资行为作出独立决策,获得所持有份额享受基金的收益,但同时也要承担相应的投资风险。基金投资中的风险包括:因整体政治、经济、社会等环境因素对证券价格产生影响而形成的系统性风险,个别证券特有的非系统性风险,由于基金份额持有人连续大量赎回基金产生的流动性风险,基金管理人在基金管理实施过程中产生的基金管理风险,某一基金的特定风险等。此外,本基金将有至少 85% 的资产投资于股票市场,基金份额净值会随着证券市场的行情波动,因此,本基金虽以 1 元初始面值进行基金募集行为,但在市场波动等因素的影响下,基金投资仍有可能出现亏损或基金份额净值仍可能低于 1 元初始面值。富兰克林国海沪深 300 指数增强型基金为股票型基金,属证券投资基金中的较高风险收益品种。投资者在进行投资决策前,请仔细阅读本基金的《招募说明书》《基金合同》。

思考并回答以下问题:

1. 什么是证券投资基金?它有哪些特征?

2. 富兰克林国海沪深 300 指数增强型基金属于契约型、开放式、股票型证券投资基金,试说明契约型基金与公司型基金的区别、开放式基金与封闭式基金的区别。

3. 以富兰克林国海沪深 300 指数增强型基金为例,说明开放式证券投资基金的主要当事人及其权利与义务。

4. 国海证券等投资银行是如何介入证券投资基金业务的?
5. 证券投资基金是如何完成募集的?开放式基金的交易和封闭式基金相比有何不同?
6. 证券投资基金的费用主要包括哪些?收益是如何分配的?
7. 证券投资基金的信息披露主要包括哪些?
8. 基金管理人如何进行投资决策,并实施风险控制,实现基金投资运作的有效管理?

第六章 客户资产管理业务

本章概要

客户资产管理业务是现代投资银行一项重要的投资管理业务。这一业务领域中,证券公司与商业银行、信托公司、基金公司等其他金融机构的竞争较为激烈。本章将重点围绕我国证券公司开展客户资产管理业务的规范要求介绍其主要业务类型和运作方式。

学习目标

- 熟悉客户资产管理业务的主要模式和业务环节
- 了解投资银行开展客户资产管理业务的意义
- 掌握集合资产管理业务的运作规范和产品类型
- 掌握定向资产管理业务的主要业务类型
- 掌握资产支持证券化专项资产管理计划的交易结构

天下不患无财,患无人以分之。

——《管子·牧民篇》

第一节 客户资产管理业务概述

受托资产管理是一种非常普遍的金融投资服务方式。现代金融市场中绝大多数的投资活动都可以通过受托资产管理的方式实现。客户资产管理业务是指受托投资管理人(受托人)依据有关法律法规和委托人的意愿,与委托人签订受托投资管理合同,用委托人委托的资产在金融市场上从事股票、债券等金融工具的组合投资,以实现委托资产收益最优化的行为。目前,我国开展客户资产管理业务的受托机构主要有商业银行、投资银行(证券公司)、基金公司、信托公司、保险公司、基金子公司等。根据中国光大银行和波士顿咨询公司于2016年4月联合发布的《中国资产管理市场2015》,2015年我国证券公司客户资产管理业务受托管理的资产规模约为 12 万亿元人民币,占全部资产管理机构的 13%。[1] 本章主要介绍我国证券公司开展客户资产管理业务的有关内容。[2]

一、客户资产管理业务的参与主体

从功能上看,客户资产管理业务有四类重要的参与主体,分别是资产管理人、销售商、投资者和中介机构。

(一) 资产管理人

资产管理人是受托管理资产的主体,是客户资产管理业务的核心参与人。资产管理人是资产管理产品的提供者和管理者,承担着产品研发、设计及管理的职能。资产管理人可以根据其擅长且监管机构允许使用的投资工具、目标客户资产规模、风险收益偏好、期限偏好等,开发出满足不同客户需求的资产管理产品。例如,高净值和超高净值客户具有数量少、单笔委托资产金额大的特点,因此管理人针对该类客户提供的资产管理产品多以定制类、个性化产品并辅以多元化衍生服务为主;中等收入客户具有数量多、单笔委托资产金额小的特点,因此管理人主要向该类客户提供标准化的资产管理产品。综合实力较强的管理人,可以提供覆盖所有客户阶层、所有风险偏好以及各类投资工具的产品;而专业化的管理人,则可能仅就特定客户阶层、特定风险收益偏好及特定投资工具提供产品。从我国资产管理行业的市场格局来看,资产管理人已经从初期基金公司的"一枝独秀"发展成为商业银行、基金公司、信托公司、保险公司、证券公司等多元参与的格局,受托管理资产的规模也迅速扩大。

(二) 销售商

销售商的主要功能是接受资产管理人的委托,依托自身的销售网络和营销技能,向投资者客户销售资产管理产品。实践中,销售商和资产管理人可能是同一主体,也可能是不同主体。资产管理人可以采取"自产自销"的模式,通过自建的销售渠道把产品销售给客户,也可以通过委托代销模式,经由其他银行、证券、保险等销售渠道提供给客户。如果资产管理人委托非同一主体的销售商代为销售资产管理产品,需要支付一定比例的销售佣金。从各类代销渠道来看,商业银行强大的网点优势最为突出。从营销的内容和特点来看,资产管理产品的销售可以分为以下三种类型:一是代理式销售,销售商仅就所代理的资产管理产品向客户作一般性介绍和解释,不进行积极主动的产品宣传和推介;二是个性化销售,销售商根据客户对风险、收益和流动性的基本要求,向其推介适合的资产管理产品;三是顾问式销售,销售商对客户的经济状况、经营情况、职业规划、税负情况、健康状况等进行定性和定量分析后,为其提供长期、全面的资产管理规划。顾问式销售能够使销售商与客户建立起长期合作关系,积累可观的投资者资料,并进而推动销售商向资产管理人转型。近年来,我国一些原来以销售固定收益和类固定收益产品为主的第三方财富管理机构就逐步开始从代销资产管理产品向自主设计资产管理产品转变,以增强客户黏性、提高自身主动管理能力,逐步向资产管理机构转型。

(三) 投资者

投资者是资产管理产品的消费者,也是委托资产的提供方。一般来说,资产管理产品的投

---

[1] 中国光大银行,波士顿咨询公司. 中国资产管理市场 2015[EB/OL]. http://www.cebbank.com/site/gryw/yglc/ggxx/5413698/16197340/index.html.
[2] 依据我国《证券公司客户资产管理业务管理办法(2013年修订)》的分类,本章第二、三、四节将分别介绍我国证券公司开展的集合资产管理业务、定向资产管理业务和专项资产管理业务。

资者可以分为两类:零售客户和机构客户。零售客户中又可根据其资产规模分为一般零售客户、高净值客户和超高净值客户。① 一般零售客户受资金量、风险识别能力、尽职调查能力等因素的制约,偏好短期投资;高净值和超高净值客户在全球资产配置、全流程金融服务、财富传承、养老规划等方面有中长期管理需求。零售客户黏性主要建立在资产管理机构的品牌知名度和渠道推介上。机构客户选择资产管理产品主要是为了提高其捕捉市场机会的能力,优化其投资风险管理。在成熟市场上,以保险公司和养老基金为代表的机构投资者是资产管理业务最主要的资金来源。与零售客户相比,机构客户更偏好中长期投资,其客户黏性主要建立在风险收益匹配、风险溢价的合理性和整体服务质量等因素上,对投资目标和基准的要求也较高。具备不同特征的客户群体,对资产管理产品的需求也不尽相同。早期资产管理机构主要从"对接客户需求"的角度出发设计和开发产品。近年来,随着金融投资活动的日益复杂化和多元化,资产管理机构开始向"管理客户需求"的模式转变,帮助客户更好地认识各类产品在收益、风险、期限等方面的特征,从而合理化自身的投资预期,谋求产品生命周期与自然人生命周期、机构经营周期相适应的资产配置规划。

(四) 中介机构

资产管理业务的中介机构包括经纪商、托管人和评级机构等。经纪商包括证券经纪、期货经纪等,其主要为投资工具的交易提供中介服务;托管人指具备托管业务资格的商业银行,其主要提供资金保管、资金清算及估值等服务;评级机构既包括针对资产管理产品和管理人的管理能力进行评价的评级机构,其为客户选择适合的产品和为管理人提供技术支持,也包括对各种投资工具进行评价的评级机构,其为管理人投资决策提供技术支持。

二、客户资产管理业务的主要模式

当前,全球范围内资产管理业务逐步形成了四大差异化运营模式,分别为全能资管、精品资管、财富管理和服务专家。②

(一) 全能资管

全能型资产管理的主要特点有两个。一是规模大,业务价值链覆盖广。这一类型的资产管理机构一般规模庞大,拥有覆盖各类业务领域的全谱系资产管理产品,涵盖了资产获取、产品设计、投资顾问、产品存续管理、增值服务等资产管理业务的全价值链,综合实力强、客户资源丰富。二是资产管理业务在不同资产大类、不同分销渠道和不同地域间的配置比较均衡。

以贝莱德集团(BlackRock Inc.)为例,该集团于2006年吸收合并了美林公司的投资经理部(Merrill Lynch Investment Managers, MILM),成为全球规模最大的资产管理公司。截至2015年年底,贝莱德集团管理资产总额约4.64万亿美元,营业收入达114亿美元。其产品组合中,传统主动管理型资产(包括股票、固定收益、混合型等)占管理资产总额约35%,被动管理型资产(主要包括ETF及其他指数基金)约60%,另类投资③约5%。从客户来看,既有政府、企业、

---

① 高净值人群一般指可投资资产价值在100万美元(约600万元人民币)以上的人群;在1亿美元以上的为超高净值人群。
② 中国光大银行,波士顿咨询公司. 中国资产管理市场2015[EB/OL]. 2016年4月, http://www.cebbank.com/site/gryw/yglc/ggxx/5413698/16197340/index.html。
③ 所谓另类投资,是指投资于传统的股票、债券和现金之外的金融和实物资产,如房地产、证券化资产、对冲基金、私募股权基金、大宗商品、艺术品等。

基金等机构投资者,也有数以百万计的普通个人投资者;从分销渠道来看,直销与中介代销相结合、线下与线上相结合;从地域分布来看,其收入的65%来自美洲,30%来自欧洲,5%来自亚太地区。

(二) 精品资管

与全能资管不同,精品资管的核心特征是聚焦。这一类型的资产管理机构往往在特定的产品或行业有很强的专业能力。精品资管模式也有两个突出特点。一是卓越的投资能力,体现为通过长期专注于特定行业或资产类别所积累的前瞻性行业洞察、标的企业合作网络以及所衍生的稀缺资产获取能力和完善的投后管理体系。二是专业的客户服务能力,主要体现为通过长期服务特定类型的客户所积累的定制化产品开发设计能力,可向潜在客户提供多样化的投资增值服务。

以澳大利亚最大的投资银行麦格理集团(Macquarie Group)为例,截至2015年年底,该集团管理资产约3 550亿美元,覆盖28个国家和地区,是全球领先的基础产业投融资专家。20世纪90年代中期,澳大利亚新南威尔士州政府开放部分基础设施(如收费公路)向民间融资,麦格理集团顺势而为,获取了大量优质的基础设施资产,同时引入不断壮大的澳大利亚养老基金进行投资,初步建立了投资基础产业领域的差异化优势,并在此基础上不断深化在该领域内的专长。麦格理集团主要通过"七大考察点"严格筛选基础设施产业的优质资产和项目:支持民生建设、与其他资产类别关联性较低、稳定可预期的现金流、需求弹性低、潜在现金流与通胀挂钩、高进入门槛以及运作周期长。此外,麦格理集团还借助丰富的行业经验,综合运用债权、对冲合约、股权、利率合约、期货、多种金融工具和结构,为客户提供定制化的专业解决方案。

(三) 财富管理

财富管理型资产管理机构通常以服务零售客户为主,借助对客户的深入了解实现客户需求和资产配置建议的精准匹配。这一类型的资产管理机构一般具有以下三方面的核心能力:一是培养高净值客户基础,服务于高净值客户的综合金融服务需求;二是加强投资顾问团队建设,为客户提供高水平的全面财富规划服务;三是拥有全业务链条和丰富的市场资源,充分利用自身在投行业务领域和交易市场的资源禀赋,设计差异化的特色产品,满足客户的投融资需求。

美林公司是财富管理型资管的典型代表。美林模式的成功得益于三大关键要素:精准的客户定位、以投资顾问为核心的高质量客户服务体系、综合金融服务能力。首先,高净值客户是美国财富管理市场的核心。除了对于财富保值增值的一般需求外,这一客户群还需要个性化的金融服务,包括定制化的理财产品、融资需求、跨市场的交易和投资机会等。这些服务能够带来远比传统管理费丰厚和多元的业务收入。美林公司自2000年起全面实施高端客户战略,到2005年,其披露的单个投资顾问管理的资产规模约为9 600万美元,远高于同类机构。其次,多元的业务需求要求财富管理机构的投资顾问有能力提供定制化、综合化的金融解决方案。美国的高净值客户对金融机构拥有较高的忠诚度,对于复杂的金融业务,更加信赖面对面的沟通方式和长期合作的投资顾问,美林公司以其传统优势项目——经纪业务为基础建立起强大的、以投资顾问为核心的客户服务体系。最后,作为一家全球大型投资银行,美林公司在资管业务之外,还同时拥有极具竞争实力的投行业务和资本中介业务,形成对高端财富管理业务的战略匹配,保障了美林公司服务高净值客户的能力:一级市场的承销、投资及并购项目资源为客户带来独特的投资机会,二级市场的做市商业务、风险管理和质押融资为客户提供流动性,全球化的布局确保美林随时可以根据客户需求提供全球资产配置服务。从业务收入来看,除了管理费率从 1998 年的 0.2% 持续增长至 2008 年的 0.41% 外,美林公司还通过为零售客户做市、交易等服务获得交易佣金、利息等收入,而这些服务带来的综合费率(2005 年达到 0.74%)要远远高于管理费率。

(四)服务专家

服务专家主要指专门为资产管理机构提供资产托管、运营、清算、服务的业务模式。严格来说,服务专家本身并不能算是资产管理业务模式的一种,之所以把这种模式也纳入其中,主要是因为服务专家强大的资产服务能力往往有助于建立一系列独特的优势,并对资产管理业务起到反向促进作用。一般而言,服务专家主要是在托管、清算、运营领域内具备较强业务基础的银行和信托公司。这一模式的成功主要取决于两大要素:一是先进的 IT 系统和高效率的运营体系;二是以规模扩张降低业务成本,强化服务的专业性以及提升效率。

以美国北方信托公司(Northern Trust)为例,该公司是美国最大的专业信托公司,主要提供投资管理、基金管理、信托和银行服务。截至 2014 年年底,北方信托资产托管规模达 6 万亿美元,资产管理规模约 9340 亿美元,全球排名第 10 位左右。北方信托针对机构客户的资产服务包括资产托管、基金管理、投资管理和托管、投资风控与分析、外汇交易、员工福利规划等;针对高净值客户的资产服务包括家族信托、现金管理、慈善事业管理、家族财务咨询等。

三、客户资产管理业务的主要环节

从资产管理业务链来看,资金、产品和资产是三个重要的环节,不同类型的资产管理机构在三个环节上的资源禀赋和竞争力有明显差异。其中,商业银行和保险公司在资金端享有显著的竞争优势,也是资产管理产业链中最主要的资金来源渠道;基金公司和证券公司在产品端享有一定的比较优势,主动资产管理和资产配置能力较强;信托公司在资产端的资源储备相对丰富。

(一)资金端

资金端是资产管理业务募集资金的业务环节。在成熟市场上,以保险公司和养老基金为代表的机构投资者客户是最重要的资金来源。2015 年全球管理资产规模前 100 位的机构的 90% 的主要资金来源都是机构投资者,即使在零售业务占据大头的大型跨国银行和保险公司中,机构投资者的资金来源占比也接近 50%。[1] 近年来,越来越多的资产管理机构开始改变过去单一的投资者来源,主动服务个人客户,尤其是高净值个人客户。高净值个人客户的资金占比日渐提升,成为另一重要的资金来源。这一趋势在银行类和投行类资产管理机构中表现得尤为突出。至 2015 年年底,瑞信公司管理的资产规模中有 56% 来自于高净值客户;高盛和摩根士丹利等投资银行管理的资产中也有近 30% 的资金来自高净值客户。[2] 相比较而言,我国资产管理业务资金端一直呈现出以个人投资者为主的特征。其中,银行理财资金是最主要的来源。截至 2015 年年底,银行理财产品余额为 23.5 万亿元人民币,其中来自个人客户的资金合计约 13.3 万亿元,占比高达 56.6%。[3] 除了商业银行自身外,证券公司、基金公司专户及基

---

[1] 蒋健蓉,龚芳. 资管业务是证券行业转型重要突破口[N]. 中国证券报,2016-11-14.
[2] 同上.
[3] 同上.

金子公司的资金绝大多数也都来自银行渠道。从资金端来看，银行主导的特征反映了商业银行在我国金融系统中存在显著的渠道和成本优势。

（二）产品端

产品端是资产管理人为运用受托资产进行投资而设计的金融产品，也是资产管理业务的核心竞争力所在，主要包括现金类、固定收益类、权益类、衍生类等产品。风险管理和产品定价是资产管理产品设计的两大基础。一般而言，成熟的资本市场拥有丰富的金融衍生品体系，能够提供期权期货、风险缓释工具、第三方担保以及资产证券化等多种类型的风险对冲与管理工具。同时，发达的场外交易市场还为这些风险管理工具提供了充分的流动性。因此，资产管理机构在产品设计方面的创新也十分活跃。以美国为例，一是依托发达的多层次资本市场体系，资产管理机构将权益类产品从普通股扩大到优先股、权证，将固定收益类扩大到包含国债、市政债、抵押债、资产支持证券（ABS）和抵押贷款凭证（CLO）在内的数十种类型，同时相继推出了信用违约互换（CDS）、外汇期货、股指期货、欧元美元期货期权等金融衍生品，将另类投资范围扩大到私募股权、杠杆收购、房地产信托基金（REITs）、艺术品及气候型衍生品。二是伴随着新兴市场的迅速成长，以高盛资管为代表的资产管理机构纷纷开始全球布局并相继推出了"金砖四国基金"等产品。三是基于交易结构的创新，共同基金、交易所交易基金（ETF）、结构化基金、生命周期基金、基金中基金（FOF）、多管理人基金（MOM）不断发展。此外，大类资产配置、主动被动投资以及对冲基金等多策略配置成为资产管理产品创新的重要方向。

（三）资产端

资产端是指受托资产投资的基础资产。在成熟市场上，无论是全能资管还是精品资管，基本都实现了基础资产投资的全覆盖，可投资基础资产的来源包括货币市场、股票市场、债券市场、商品市场、外汇市场、金融衍生品市场、不动产以及其他另类投资市场；基础资产的品种从标准化的股票、债券产品到金融衍生品、结构化产品以及各种另类投资产品；基础资产覆盖的区域也遍及全球市场。广泛的基础资产投向使资产管理机构能够灵活地根据客户需求和市场特征进行产品设计和风险对冲，丰富了资产管理产品的种类。相较而言，目前我国资产管理资产端可配置资产种类相对单一。在大类资产上，国内资产端以股票、债券为主，但整体品种偏少；在另类资产配置上，近年来我国在资产端加大对黄金、大宗商品等资产的配置，但整体的占比仍然很低。同时，由于我国资产端可投资资产的市场化和标准化水平还不高，在一定程度上非标资产①成为国内资产管理机构资产端最重要的配置品种。此外，目前我国资产管理机构在资产端的配置都集中在国内，仅有少数的 QDII 基金进行了海外配置，其中也多以香港市场为主。

四、投资银行开展客户资产管理业务的意义

投资银行开展资产管理业务，以产品创设为核心，进行贯通投资方和融资方的多元化资源配置，将承销、咨询、经纪等业务链进行全面整合，充分发挥其在资产定价和产品设计上的核心竞争力，能够显著提升综合金融服务能力，推进行业盈利模式重构。

（一）资产管理成为全球金融危机后投资银行的转型方向

2008 年全球金融危机后，投资银行业加快了降杠杆的过程，大力推进业务结构从重资本

---

① 非标资产全称为非标准化债权资产，是指未在银行间市场及证券交易所市场交易的债权性资产，包括但不限于信贷资产、信托贷款、委托债权、承兑汇票、信用证、应收账款、各类受(收)益权、带回购条款的股权性融资等。

向轻资本转型,具备较强抗周期能力的资产管理业务成为大型投资银行转型发展的重要方向。除了瑞银集团等传统的以财富管理业务为核心的大型金融控股集团外,以瑞信和摩根士丹利为代表的投资银行也将财富和资产管理业务打造成支柱业务。瑞信的财富管理业务收入占比从危机前的不足35%上升至2016年约45%的水平;摩根士丹利2015年全球财富与资产管理业务收入约172亿美元,占比高达49%,成为其第二大支柱性业务。[1]

(二) 资产管理业务加速推动核心投行业务转型

承销、财务顾问等核心投资银行业务的主要服务对象是企业和机构,集聚了资产管理业务最重要的资产端资源。发展资产管理业务能够促进投行业务向"投行+资产管理"融合的综合金融管理服务转型。资产管理业务发展能够为投行业务带来丰富的客户资源和多元化、综合型的服务组合;投行业务的拓展能够为资产管理业务提供投资工具及产品设计、投资标的发行的对接平台。传统上,投行核心业务主要聚焦处于企业生命周期中成熟期的企业或资产。要提升投资银行集聚资产端资源的竞争力,以非上市股权投资为核心的另类投资是获得优质资产资源的重要途径之一。投资银行开展资产管理业务,一方面能有效带动投行服务的企业(资产)类别在企业生命周期中的前移,从而扩大投行业务客户范围,优化投资银行的业务收入实现方式;另一方面将提升投行多样化的融资业务能力,从而扩大投行业务收入来源。

(三) 资产管理业务带动传统经纪业务转型

财富管理是资产管理资金端的重要业务形式,发展资产管理业务能够有效提升投资银行集聚资金端资源的能力。美林公司财富管理业务的发展就是传统经纪业务转型的一个典型路径。发展财富管理业务可以推动投资银行对客户的价值挖掘由传统的显性价值挖掘转变到终身价值挖掘,推动经纪业务由佣金主导模式向佣金与费用并重模式转变,提高高端客户个性化服务能力,强化综合金融服务竞争优势。[2] 投资银行通过整合内外部资源建立起全方位的财富管理服务平台,可以形成多元化的盈利模式:一是根据不同层级客户需求的差异性,量身定制深度信息服务,发展具有明确定价标准的高端信息服务;二是向客户提供全周期的投资组合管理与产品咨询服务;三是依托资管业务平台,向客户提供全面受托资产管理服务,获取管理费、业绩提成以及交易佣金等收入。

五、我国投资银行客户资产管理业务的发展

我国投资银行客户资产管理业务的发展是伴随着金融市场的成长和监管政策的变迁而不断推进的。从总体上看,我国投资银行客户资产管理业务的发展大致经历了以下三个阶段:起步发展期、调整规范期、快速扩张期。

(一) 起步发展期(1993—2003年)

20世纪90年代初,在我国股市大规模扩容的背景下,为吸引客户以保障经纪业务的发展,证券公司推出了代客理财形式的资产管理业务。从本质上说,这类业务附属于经纪业务,主要服务对象是个人投资者,业务规模较小。1993年后,随着发行承销等投行业务的发展,与

---

[1] 蒋健蓉,龚芳. 资管业务是证券行业转型重要突破口[N]. 中国证券报,2016-11-14.
[2] 1975年5月1日,美国证券交易委员会(SEC)废除了股票交易固定佣金制度,投资银行为了争夺客户就佣金展开了激烈的价格战。佣金收入曾占美国投行总收入的60%左右,佣金竞争直接威胁到投行的生存。正是在这种背景下,资产管理作为以收费为基础(fee-based)的业务创新使得投行得以摆脱传统的以交易为基础(transaction-based)的经纪业务的限制,资产管理费逐渐成为投行收入的重要来源。

之相适应,证券公司锁定了一些企业和机构客户,形成了相对固定的业务关系。这些企业客户将资金委托给券商进行新股认购等投资活动。1996年9月18日,中国人民银行深圳经济特区分行发布的《深圳市证券经营机构管理暂行办法》把资产管理明确列入券商经营范围;同期,中国人民银行总行在颁发给证券公司的《金融机构业务许可证》中也明确规定资产管理是其主业。到了1997年、1998年,由于当时的一级市场非常活跃,部分上市公司也将募集资金的闲置款项委托给主承销商进行投资。这一时期,由于缺乏监管规范,证券公司的经纪、自营和资管业务混同,潜在风险较大。1998年颁布的《证券法》也未明确规定资产管理业务属于综合类证券公司的业务范围。

进入1999年后,资本市场的急剧扩张,引发了巨大的投资需求。1999年3月,中国证监会发布《关于进一步加强证券公司监管的若干意见》,指出:"综合类证券公司经批准除可从事经纪类证券公司业务外,还可以从事证券的自营买卖,证券的承销和上市推荐,证券投资咨询,资产管理,发起设立证券投资基金和基金管理公司以及中国证监会批准的其他业务。"这是第一次以部门规章的形式确立了资产管理这一业务范畴,使得证券公司的资产管理业务快速发展起来。2001年1月31日,中国证监会发布了《证券公司内部控制指引》,对证券公司的资产管理业务规定了一系列风险控制措施。2001年11月,中国证监会发布了《关于规范证券公司受托投资管理业务的通知》,对证券公司的资产管理业务进行了规范;2003年4月,中国证监会发布了《关于证券公司从事集合性受托投资管理业务有关问题的通知》,进一步加强了对资产管理业务的管理。到2003年11月,当时全国132家证券公司中已有70家开展了资产管理业务,管理的资产总计近700亿元,资产管理形式也从定向资产管理业务向集合资产管理业务发展。2003年12月18日,中国证监会发布的《证券公司客户资产管理业务试行办法》第一次明确界定了券商资产管理业务类型,即为单一客户办理定向资产管理业务、为多个客户办理集合资产管理业务、为客户办理特定目的的专项资产管理业务三类,并进一步明确了投资者与证券公司、证券公司与资金托管人之间的关系为信托关系。

(二) 规范调整期(2004—2009年)

2003年年底至2004年上半年,我国证券行业多年累积的风险呈现集中爆发状态,证券公司面临行业建立以来第一次行业性危机。由于市场行情持续低迷,证券公司把资产管理作为融资工具,向客户承诺保本保底。这在熊市时期无异于饮鸩止渴,进一步加大了证券公司的亏损。据事后摸底核查,当时全行业客户交易结算资金缺口达640亿元,违规资产管理达1 853亿元,挪用经纪客户债券134亿元,股东占款达195亿元;超比例持股99只,账外经营达1 050亿元;84家公司存在1 648亿元流动性缺口,其中34家公司的资金链随时可能断裂。[①] 从2004年8月开始,按照国务院的部署,中国证监会开始采取一系列措施对证券公司实施综合治理,其中一个方面就是清理证券公司资产管理业务,改革完善了新资产管理和自营业务相关制度。2005年修订后的《证券法》首次在国家法律中明确规定了证券公司的业务之一是"证券资产管理"。

与综合治理同步进行的是创新类证券公司评审。按照"试点先行、逐步推开"的原则,支持这些公司在风险可测、可控、可承受的前提下,推出新产品、试办新业务,拓展业务空间、改善盈利模式,陆续推出了集合资产管理计划、外汇资产管理专项理财计划、权证创设和资产证

---

① 申屠青南.综合治理化解历史遗留风险 券商夯实创新基础[N].中国证券报,2012-01-16.

化等新业务、新产品。2007年8月,证券公司综合治理宣告完成。2009年开始,监管部门逐步放开和鼓励资产管理业务的发展。产品审批方面,监管部门放开了对集合产品存续期、规模等的限制;产品审批流程转为常规化,逐步允许评级为B类以上的证券公司申请资产管理产品;产品类型方面,新增了参与资金起点100万元、参与人数200以内的限额特定集合资产管理计划;管理人组织架构方面,允许成立独立的证券公司资产管理子公司。

(三) 快速扩张期(2010年至今)

2010年被称为我国券商资管"元年"。2010年4月,中国证监会正式下发《关于核准东方证券股份有限公司设立证券资产管理子公司的批复》,这是国内首家券商系资产管理公司,实现了证券公司作为资产管理人在组织架构上的飞跃。紧随其后,国泰君安、光大证券、海通证券等券商相继成立资产管理公司。2012年10月19日,中国证监会正式发布了《证券公司客户资产管理业务管理办法》《证券公司集合资产管理业务实施细则》《证券公司定向资产管理业务实施细则》(简称"一法两则"),这距离2003年《证券公司客户资产管理业务试行办法》的发布已近十个年头。"一法两则"中,资管产品由行政审批制改为报备制、投资范围扩大、允许产品分级、允许集合计划份额转让等具体规定使证券公司资产管理业务全面驶入快车道。2012年以来,审批管制放松、投资范围拓宽、银证合作受到鼓励等一系列政策利好,推动了证券资产管理业务的迅速发展(见表6.1)。2013年,新《基金法》的修改和实施,以及与之相适应的《证券公司客户资产管理业务办法》《证券公司集合资产管理业务实施细则》的修订完善了证券公司资产管理业务的基础制度。其后,在"放松管制、加强监管"的总体原则下,市场化监管逐渐成为证券公司资产管理业务的政策导向,监管机构加强了对证券经营机构资产管理业务的事中事后监管,强化了现场检查和追责处罚力度,促进了资产管理业务规范健康发展。

表6.1　2011—2016年我国证券公司资产管理规模　　　　　　　　　　(单位:亿元)

年份	集合资管	定向资管	专项资管
2011	1 503	1 305	10
2012	2 052	16 847	35
2013	3 569	48 251	111
2014	6 555	72 542	366
2015	15 574	101 580	1 794
2016	21 938	146 857	4 315

资料来源:根据中国证券投资基金业协会、中国证券业协会资料整理。

第二节　集合资产管理业务

一、集合资产管理业务概述

根据《证券公司客户资产管理业务管理办法》(2013年修订)、《证券公司集合资产管理业务实施细则》(2013年)等相关规定,集合资产管理业务是指证券公司通过设立集合资产管理计划,与多个客户签订集合资产管理合同,将客户资产交由依法可以从事客户交易结算资金存管业务的商业银行或者中国证监会认可的其他资产托管机构进行托管,通过专门账户为客户提供资产管理服务的一种业务。截止2017年3月31日,我国证券公司发行集合计划产品

3 535 只,资产规模达 22 850.75 亿元人民币。①

(一) 集合资产管理业务的特点

证券公司集合资产管理业务具有以下几个特点:

一是集合性,即证券公司与客户间建立的是"一对多"的委托代理关系。证券公司设立集合资产管理计划,与客户签订集合资产管理合同,为多个客户办理集合资产管理业务。根据《证券公司客户资产管理业务管理办法》(2013 年修订)(以下简称《管理办法》)要求,集合资产管理计划应当面向合格投资者推广,合格投资者人数至少要有 2 人,且累计不得超过 200 人。证券公司应当将集合资产管理计划设定为均等份额,并根据风险收益特征将其划分为不同种类。针对同一种类的集合资产管理计划份额,投资者享有同等权益、承担同等风险。

二是客户资产必须进行托管。为保护客户资产安全,证券公司通过集合资产管理计划归集的客户资产必须交由取得基金托管业务资格的资产托管机构托管。集合计划资产独立于证券公司、资产托管机构和份额登记机构的自有资产和其他客户资产,独立核算、分账管理。证券公司、资产托管机构和份额登记机构不得将集合计划资产归入其自有资产。证券公司、资产托管机构和份额登记机构破产或者清算时,集合计划资产不属于其破产财产或者清算财产。

三是通过专门账户进行投资运作。集合资产管理计划的资产由多个客户的资产参与而成,必须通过专门的账户进行投资管理。在集合计划推广期间,证券公司、代理推广机构应当在规定期限内,将客户参与资金存入集合计划份额登记机构指定的专门账户。集合计划设立完成、开始投资运营之前,不得动用客户参与资金。证券公司进行集合资产管理业务投资运作,在证券交易所进行证券交易的,应当通过专用交易单元进行。

四是较严格的信息披露。集合资产管理计划运作过程中,管理人将通过短信、电子邮件、邮件、电话、传真、互联网等方式向客户及时披露集合资产管理计划资产规模、份额净值、资产配置、投资组合等情况,以及其他影响客户利益的重大事件、澄清公告与说明、年度审计报告等;托管人将向客户及时披露资产托管情况,包括管理人在投资运作、资产净值的计算、集合资产管理计划费用开支等问题上是否存在任何损害委托人利益的行为,是否严格遵守了有关法律法规,在各重要方面的运作是否严格按照集合资产管理计划说明书及合同的规定进行等,确保客户的合法权益。

(二) 集合资产管理业务的基本规范

集合资产管理业务运作基本规范包含发行制度与监管机构、内部控制制度、推广安排、投资风险承担和证券公司资金参与、登记托管与结算、交易席位、投资组合、流动性要求、信息披露与报告和费用等。

1. 发行制度与监管机构

证券公司经中国证监会批准后获得从事客户资产管理业务的资格。证券公司开展集合资产管理业务实施备案制管理。中国证券业协会对证券公司客户资产管理业务进行自律管理和行业指导。证券公司应当在发起设立集合资产管理计划后 5 日内,向协会备案。

2. 内部控制制度

以下从三个方面概述集合资产管理业务的内部控制制度:

(1) 对集合资产管理业务实行集中统一管理,建立严格的业务隔离制度。同一高级管理

---

① 资料来源:中国证券投资基金业协会 2017 年第一季度统计数据。

人员不得同时分管资产管理业务和自营业务,同一人不得兼任上述两类业务的部门负责人,同一投资主办人不得同时办理资产管理业务和自营业务。

(2) 建立集合资产管理计划投资主办人员制度。投资主办人员须具有3年以上证券自营、资产管理或证券投资基金从业经历,且应当具备良好的职业道德,无不良行为记录。集合资产管理计划存续期间,其投资主办人员不得管理其他定向资产管理计划。

(3) 严格执行相关会计制度的要求。为集合资产管理计划建立独立完整的账户、核算、报告、审计和档案管理制度。

3. 推广安排

集合资产管理业务的推广安排如下:

(1) 证券公司可以自行推广集合资产管理计划,也可以委托证券公司的客户资金存管银行代理推广集合资产管理计划,并签订书面代理推广协议。证券公司、推广机构应当严格按照经核准的集合资产管理计划说明书、集合资产管理合同来推广集合资产管理计划,保证每一份集合资产管理合同的金额不低于相关规定要求的最低金额,并防止客户非法汇集他人资金参与集合。

(2) 证券公司、推广机构可以通过中国证监会认可的信息披露平台,客观准确地披露资产管理计划的批准或者备案信息、风险收益特征等,但不得通过广播、电视、报刊、互联网及其他公共媒体推广。

(3) 集合资产管理计划推广活动结束后,证券公司应当聘请具有证券相关业务资格的会计师事务所对集合资产管理计划进行验资,并出具验资报告;证券公司、托管银行及推广机构应当明确对客户的后续服务分工,并建立健全档案管理制度,妥善保管集合资产管理计划的合同、协议、客户明细、交易记录等文件资料。

4. 投资风险承担和证券公司资金参与

集合资产管理计划的投资风险由投资者承担,证券公司不得以任何方式向投资者承诺本金不受损失或最低收益等。证券公司可以以自有资金参与集合资产管理计划,但参与单个集合计划的份额不得超过该计划总份额的20%。

5. 登记、托管与结算

资产托管机构应当按照规定为每个集合计划开立专门的资金账户,在证券登记结算机构开立专门的证券账户,以及其他相关账户。资金账户名称应当是"集合资产管理计划名称",证券账户名称应当是"证券公司名称—资产托管机构名称—集合资产管理计划名称"。

6. 交易席位

以下从两方面概述集合资产管理业务的交易席位:

(1) 上海证券交易所规定,集合资产管理计划资产中的债券,不得用于回购;单个会员管理的多个集合资产管理计划由同一托管机构托管的,可以共用一个专用交易单元。

(2) 深圳证券交易所规定,一个集合资产管理计划应当使用一个专用交易单元;单个会员管理的由同一托管机构托管的所有集合资产管理计划应当使用同一个专用交易单元。

7. 信息披露与报告

证券公司、资产托管机构应当在每年度结束之日起3个月内,按照集合资产管理合同约定的方式向客户提供经审计后的年度资产管理报告、资产托管报告,并报中国证券业协会备案,同时抄送证券公司住所地、资产管理分公司所在地中国证监会派出机构。

8. 费用

集合资产管理计划推广期间的费用,不得从集合资产管理计划资产中列支;运作期间发生的费用,可以在集合资产管理计划中列支,但应当在集合资产管理合同中作出明确的约定,一般包括申购费、管理费、退出费、托管费、业绩报酬等。

小知识 6.1

集合资产管理计划与证券投资基金的区别

集合资产管理计划与普通证券投资基金的主要区别是投资者定位以及投资管理方式不同:

(1) 客户定位不同:证券投资基金是大众化的理财品种,是公募产品;而集合资产管理计划带有一定的私募性质,它的目标客户群多为中高端客户。根据相关规定,证券公司办理集合资产管理业务,个人或者家庭金融资产合计不低于100万元人民币,公司、企业等机构净资产不低于1 000万元人民币。

(2) 流动性不同:证券投资基金中,开放式基金可以在交易日申购、赎回,封闭式基金、ETF、LOF等可以在证券交易所上市交易;而集合资产管理计划份额可以在上交所和深交所转让,但受制于集合资产管理计划投资者的资质要求,流动性相对较弱。

(3) 投资限制不同:证券公司集合资产管理计划对股票、债券等基础资产的投资比例没有要求,而证券投资基金一般都有持仓下限,例如,股票型基金对股票的最低持仓下限为60%,最高为95%。

(4) 管理人收益不同:基金管理人的收益来源于管理费用,而集合资产管理计划管理人的收益不仅来源于管理费,还包括业绩分成。

二、集合资产管理业务的运作流程

证券公司开展集合资产管理业务的基本运作流程如图6.1所示。

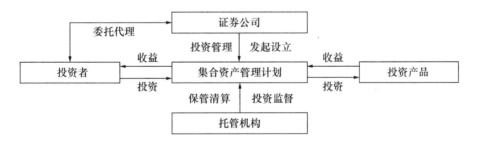

图 6.1 集合资产管理业务的基本流程

(一) 发起设立

证券公司发起设立集合资产管理计划,并担任该计划的管理人。根据《证券公司集合资产管理业务实施细则》(2013年修订)(以下简称《实施细则》)要求,可募集资金规模在50亿元人民币以下。证券公司发起设立集合资产管理计划后5日内,应当将发起设立情况报中国证券业协会备案,同时抄送证券公司住所地、资产管理分公司所在地中国证监会派出机构。备案资料包括:备案报告;集合资产管理计划说明书、合同文本、风险揭示书;资产托管协议;合规总监的合规审查意见;已有集合计划运作及资产管理人员配备情况的说明;关于后续投资运作合法合规的承诺;中国证监会要求提交的其他材料。

（二）推广募集

证券公司及其代理推广机构向合格投资者[①]推荐与客户风险承受能力相匹配的集合计划,募集资金并签订集合资产管理合同。根据前述《实施细则》规定,单个集合资产管理计划的客户人数应在200人以下,其中,单个客户参与金额不低于100万元人民币。客户应当以真实身份参与集合计划,委托资金的来源、用途应当符合法律法规的规定,客户应当在集合资产管理合同中对此作出明确承诺。[②] 证券公司也可以用不超过该计划总份额20%的自有资金参与单个集合计划,持有期限不得少于6个月。在计划说明书约定期限内,募集金额不低于3 000万元人民币,客户不少于2人,集合资管计划即可成立。

（三）投资管理

集合资产管理计划设立后,证券公司应当将集合计划资产交由取得基金托管业务资格的资产托管机构托管。同时,由证券公司指定的投资主办人[③]负责集合计划的投资管理事宜。证券公司在《管理办法》《实施细则》规定范围内,根据集合计划集合资产管理合同、计划说明书的约定开展产品设计、推广、研究、投资、交易、清算、会计核算、信息披露、客户服务等业务。集合计划存续期间,证券公司应当按照集合资产管理合同约定的时间和方式向客户寄送对账单,说明客户持有计划份额的数量及净值,参与和退出明细,以及收益分配等情况,并按照相关规范要求履行其他各项信息披露要求。

（四）展期或终止

集合资产管理计划可设定或不设定存续期限。在其存续期间,集合资产管理计划可定期或不定期开放,非开放时间均为封闭期,封闭期内不办理参与、退出业务。集合资产管理计划如规定了存续期间的,在期满后符合条件的可以展期[④],客户可以自主选择参与或不参与集合计划的展期。此外,集合计划存续期间,如客户少于2人,或是计划期满不展期,又或是出现了计划说明书、法律、行政法规及中国证监会规定的其他终止情形的,应当终止,并做好清算分配等善后工作。

---

① 合格投资者是指具备相应风险识别能力和承担所投资集合资产管理计划风险能力且符合下列条件之一的单位和个人:(一)个人或者家庭金融资产合计不低于100万元人民币;(二)公司、企业等机构净资产不低于1 000万元人民币。依法设立并受监管的各类集合投资产品视为单一合格投资者。

② 自然人不得用筹集的他人资金参与集合计划。法人或者依法成立的其他组织用筹集的资金参与集合计划的,应当向证券公司、代理推广机构提供合法筹集资金的证明文件。

③ 投资主办人不得少于5人,须具有3年以上证券投资、研究、投资顾问或类似从业经历,具备良好的诚信记录和职业操守,通过中国证券业协会的注册登记。

④ 集合计划展期应当符合下列条件:(一)集合计划运营规范,证券公司、资产托管机构未违反集合资产管理合同、计划说明书的约定;(二)集合计划展期没有损害客户利益的情形;(三)资产托管机构同意继续托管展期后的集合计划资产;(四)中国证监会规定的其他条件。

三、集合资产管理业务的产品类型

根据《实施细则》规定,证券公司集合资产管理计划募集的资金可以投资中国境内依法发行的股票、债券、股指期货、商品期货等证券期货交易所交易的投资品种;央行票据、短期融资券、中期票据、利率远期、利率互换等银行间市场交易的投资品种;证券投资基金、证券公司专项资产管理计划、商业银行理财计划、集合资产信托计划等金融监管部门批准或备案发行的金融产品;以及中国证监会认可的其他投资品种。目前我国证券公司发行的集合资产管理计划产品的期限多集中于3年、5年和7年,包括股票型、债券型、混合型、FOF 等,其中投向债券的资金规模占比较大(见表6.2)。

表6.2　2014—2016年我国证券公司集合资产管理计划主要投向

	2014年		2015年		2016年	
	投资金额(亿元)	占比(%)	投资金额(亿元)	占比(%)	投资金额(亿元)	占比(%)
债券	2 032	31.0	5 848	37.5	13 875	63.2
基金	636	9.7	3 224	20.7	1 176	5.4
股票	957	14.6	1 518	9.7	1 666	7.6
协议或定期存款	1 003	15.3	1 430	9.2	1 501	6.8
信托计划	728	11.1	1 142	7.3	1 276	5.8
专项资产管理计划	308	4.7	471	3.0	549	2.5
其他	885	13.5	1 942	12.5	1 895	8.6
合计	6 555	100.0	15 574	100.0	21 938	100.0

资料来源:根据中国证券投资基金业协会统计资料整理。

(一) 债券型

债券型集合资产管理计划是指主要投资于国债、企业债、公司债、金融债、可转债、资产支持证券、中期票据等债券类资产的集合资产管理计划。全部投资于债券的,可以称其为纯债券集合资产管理计划;大部分投资于债券、少部分投资于股票的,可以称其为债券型集合资产管理计划。

债券型集合资产管理计划面临的主要风险是利率风险,因其主要投资于债券,而债券价格受利率影响很大,尤其是固定利率的债券,当市场利率上升时,债券的价格就会下降,反之亦然。另外,由于债券的期限结构不同,表现出来的风险也不一样,一般短期债券或浮动利息债的利率风险比长期债要小。总体上看,债券型集合资产管理计划可以投资不同期限的债券,能够较大限度地管理利率风险,同时寻求相对较高的收益。因此,这一类型的集合资产管理计划适合于低风险偏好的投资者。例如,2012年12月发布的国泰君安君得福债券集合资产管理计划(952031)说明书(见表6.3)就指明该集合计划主要投资于债券、票据、债券型基金等固定收益品种,同时说明了可能持有的部分股票和权证类产品的最高比例,并且就该计划的风险特征和适合推广对象作了提示。

表 6.3　国泰君安君得福债券集合资产管理计划说明书（摘录）

名称	国泰君安君得福债券集合资产管理计划
目标规模	本集合计划推广期规模上限为 20 亿元；本集合计划未约定存续期规模上限。
管理期限	本集合计划管理期限 5 年。
投资范围	本集合计划将投资于国债、央行票据、金融债、公司债、企业债、可转换债券、可分离交易债券、可交换债券、短期融资券、有担保且外部债项评级在 AA 级（含）以上或者提供第三方全额不可撤销担保的担保人主体评级在 AA 级（含）以上的中小企业私募债、中期票据（含非公开定向债务融资工具等经银行间交易商协会批准发行的各类债务融资工具）、资产支持证券、货币市场基金、债券型基金、逆回购、债券正回购、保证收益及保本浮动收益商业银行理财计划及新股申购以及其他法律法规或政策许可投资的固定收益证券品种。本集合计划可以参与新股申购,可持有可转换债券转股形成的股票,因所持股票所派发的权证以及因投资可分离交易债券而产生的权证,本集合计划不通过二级市场购买股票和权证,本集合计划持有的权证等权益类资产的投资比例合计不超过集合资产净值的 20%,因所持股票所派发的权证以及因投资可分离交易债券而产生的权证不超过 3%。持有现金及等价物（银行活期存款、货币市场基金、期限在 1 年内的国债和央行票据、期限为 7 天以内的债券逆回购等）不低于集合计划资产净值的 5%。
风险收益特征	本集合计划属于低风险证券投资产品,风险收益水平低于股票及股票型基金,但高于货币市场产品。
适合推广对象	本集合计划的适合推广对象为管理人和推广机构现有的具有一定风险承受能力的客户,包括个人委托人和机构委托人（法律法规禁止投资集合资产管理计划的除外）。

资料来源:根据网络资料整理。

小知识 6.2

限定性与非限定性集合资产管理计划

2012 年版的《证券公司客户资产管理业务管理办法》第十四条规定,证券公司办理集合资产管理业务,可以设立限定性集合资产管理计划和非限定性集合资产管理计划。限定性集合资产管理计划的资产应当主要用于投资国债、债券型证券投资基金、在证券交易所上市的企业债券、其他信用度高且流动性强的固定收益类金融产品;投资于股票等权益类证券以及股票型证券投资基金的资产,不得超过该计划资产净值的 20%,并应当遵循分散投资风险的原则。非限定性集合资产管理计划的投资范围由集合资产管理合同约定,不受前款规定限制。第二十四条规定,证券公司设立限定性集合资产管理计划的,接受单个客户的资金数额不得低于人民币 5 万元;设立非限定性集合资产管理计划的,接受单个客户的资金数额不得低于人民币 10 万元。2013 年修订后的《证券公司客户资产管理业务管理办法》删除了关于限定性、非限定性的分类及相应客户准入门槛的规定,此后发行的集合资产管理计划不再区分限定性和非限定性。

（二）股票型

股票型集合资产管理计划主要投资于股票类资产。与其他类型相比,股票型集合资产管理计划的投资对象和投资目的具有多样性。与投资者直接投资于股票市场相比,股票型集合资产管理计划具有风险分散、费用较低等特点。从资产流动性来看,股票型集合资产管理计划具有流动性强、容易变现的特点。对投资者来说,股票型集合资产管理计划比其他集合资产管理计划风险高,因此较适合高风险偏好的投资者。例如,设立于 2011 年 5 月的中信证券卓越成长股票集合资产管理计划(900010)近年来重点投资 A 股消费升级、创新制造业,特别是品牌消费品、新兴服务业及格局改善的传统行业等,适合能够承担较高风险的投资者(见表6.4)。[1]

表 6.4　中信证券卓越成长股票集合资产管理计划基本信息(摘录)

名称	中信证券卓越成长股票集合资产管理计划
资金投向	具有良好流动性的金融工具,包括国内依法发行的股票(包括通过网上申购和/或网下申购的方式参与新股配售和增发)、权证、债券(含可转债)、证券投资基金、央行票据、资产支持受益凭证、债券逆回购、银行存款、现金,以及法律法规或中国证监会允许证券公司集合资产管理计划投资的其他投资品种。
投资策略	本集合计划重点投资于具有行业优势、公司优势和估值优势的中小市值股票,剩余资产将配置于固定收益类和现金类等大类资产上。
投资范围	权益类金融产品 50%—95%。其中股票 50%—95%,投资于中小市值股票的比例不低于本集合计划股票资产净值的 80%;股票基金及混合基金不超过集合计划资产净值的 45%。权证不超过集合计划资产净值的 3%。固定收益类金融产品 5%—50%。其中,现金类资产投资比例在封闭期和开放期均不低于集合计划资产净值的 5%。
风险收益特征及适合推广对象	预期收益和风险高于混合型产品、债券型产品、货币型产品,适合高风险投资者。

资料来源:天天基金网,http://fund.eastmoney.com/Gaoduan/900010.html#div-basic。

(三) 混合型

混合型集合资产管理计划是指资产同时投资于股票、债券和货币市场等工具,没有明确投资方向的集合资产管理计划。这一类集合资产管理计划的风险低于股票型集合资产管理计划,预期收益则高于债券型集合计划,为投资者提供了一种在不同资产之间进行分散投资的工具,比较适合中等风险偏好的投资者。例如,成立于 2016 年 5 月的国泰君安君享得益 1 号集合资产管理计划(952098)(见表 6.5),其 2016 年 12 月 31 日的资产配置中,股票投资占 6.57%、债券投资占 1.74%、基金投资占 7.48%、买入返售金融资产[2]占 35.21%、银行存款和清算备付金合计占 47.64%。[3]

表 6.5　国泰君安君享得益 1 号集合资产管理计划基本信息(摘录)

名称	国泰君安君享得益 1 号集合资产管理计划
成立规模	4.98 亿元
存续期限	3 年(可展期)

---

[1]　资料来源:天天基金网,http://fundsc.eastmoney.com/2016/900010/。
[2]　买入返售金融资产(Buying back the sale of financial assets),是指公司或机构按返售协议约定先买入再按固定价格返售所持有的证券等金融资产(即财融出的资金)。买入返售业务类似于回购业务,多出现在同业交易中。
[3]　资料来源:Wind 资讯终端,国泰君安君享得益 1 号集合资产管理计划 2016 年度管理人报告。

(续表)

名称	国泰君安君享得益 1 号集合资产管理计划
投资目标	本集合计划利用国泰君安的研究优势,主要投资于各类固定收益、类固定收益资产,以及具备持续增长能力的优秀企业。债券投资方面,严格控制信用风险,根据市场变化进行波段操作;股票投资方面,通过严谨的行业需求和公司前景分析,寻找价格相对于价值有所低估的上市公司,为投资者提供股票投资增值服务,力求使集合计划资产长期稳定增值。同时,本集合计划追求绝对收益的投资目标,尽力控制净值的回撤风险。
投资范围	本集合计划主要投资于固定收益类资产、类固定收益类资产和现金类资产,也可投资于国内依法发行的上市公司股票、证券投资基金(包括 ETF、LOF、分级基金等,其中 ETF、LOF 不做跨市场套利投资操作)、金融期货(包括国债期货、股指期货)、商品期货、债券回购及中国证监会认可的其他投资品种。

资料来源:易天富基金网,http://www.etf88.com/jj/952098/gk.shtml。

(四) FOF 型

FOF 型集合资产管理产品主要投资绩优基金和封闭式基金,而不直接投资于股票或债券等资产。FOF 采用的是"间接持有"的方式,与一般的基金相比,通常情况下,其风险更低而收益更稳定,因此比较适合中等风险偏好的投资者。中国证监会于 2016 年 9 月才正式发布了首份公募 FOF 指引,即《公开募集证券投资基金运作指引第 2 号——基金中基金指引》,并至 2017 年 4 月 24 日发布《基金中基金(FOF)审核指引》后方初步完成公募 FOF 发行的监管准备。因此,较长一段时间内,我国 FOF 产品均以私募集合资产管理计划的形式存在。例如,2009 年 7 月成立的光大阳光基中宝(阳光 2 号二期)集合资产管理计划(860022)(见表 6.6),其 2016 年第四季度管理人报告披露的资产配置中,基金投资占 43.93%、股票投资占 11.19%、债券投资占 0.11%、买入返售金融资产占 41.37%、银行存款和清算备付金合计占 3.18%。[①]

表 6.6 光大阳光基中宝(阳光 2 号二期)集合资产管理计划基本信息(摘录)

名称	光大阳光基中宝(阳光 2 号二期)集合资产管理计划
存续期限	10 年
投资类型	平衡混合型基金
投资范围	国内依法公开发行的各类证券投资基金,包括封闭式基金和开放式基金(包含 ETF 和 LOF);固定收益类金融产品,包括国债、央行票据、金融债、企业债、公司债、可转债、短期融资券、资产支持证券等;现金类资产,包括银行存款、货币市场基金、央行票据、期限在 1 年内的政府债券、期限在 7 天内的债券逆回购等;股票类资产,包括新股申购和二级市场投资。其中,股票投资比例不超过本集合计划资产净值的 20%;其他中国证监会允许投资的金融工具。
投资策略	采用自上而下的资产配置与自下而上地精选具体基金、股票、债券相结合,价值投资与时机抉择相结合的投资策略。
风险特征	基金中基金(FOF),在控制和分散投资组合风险的前提下,确保组合资产长期稳定增值,是对基金产品的再优化组合,属于风险适中的投资品种。

资料来源:Wind 资讯终端。

---

① 资料来源:Wind 资讯终端,光大阳光基中宝(阳光 2 号二期)集合资产管理计划 2016 年第四季度管理人报告。

（五）创新固定收益型

创新固定收益型集合资产管理计划一般设计为分级产品，也就是所谓的结构化集合资产管理计划，主要投资于国内依法发行的证券公司专项资产管理计划、商业银行理财计划、集合资金信托计划及其受益权、基金子公司"一对多"特定客户资产管理计划等金融监管部门批准或备案发行的金融产品以及中国证监会认可的其他投资品种。创新固定收益型集合资产管理计划通过集合资产管理计划资产及收益的不同分配安排，将计划份额分成预期收益与风险不同的A、B两个类别，两类份额合并运作。一般来说，A类份额持有人优先获得预期收益，每个运作期的预期收益率由管理人在推广期、到期续发时分别设定并公布。B类份额持有人需承担一定风险，同时享有本集合资产管理计划剩余收益，即集合资产管理计划在扣除A类份额持有人的本金及应计收益后的全部剩余资产归B类份额持有人享有，亏损以B类份额持有人的资产净值为限由B类份额持有人承担。需注意的是，管理人并不能向A类份额持有人保证其本金不受损失或能取得最低收益，A类份额持有人也可能遭受净值损失。

例如，2013年2月发起的中金定增1号集合资产管理计划（920013）就是结构化集合资产管理计划（见表6.7）。该产品根据预期收益与风险特征的不同将计划份额分为三类，即A份额、B份额和C份额。其中，B份额持有人为A份额持有人的本金和收益提供担保；C份额持有人不参与收益分配。A份额持有人在集合资产管理计划份额持有人初始有效认购集合资产管理计划总份额中的占比约为73.33%，B份额持有人占比约为26.67%，A份额和B份额的集合资产管理计划资产合并运作。A份额预期收益率为年化7.5%，B份额预期收益率为年化5.5%。该集合资产管理计划存续期的最后4个月内，如果A份额和B份额无法实现预期收益率并支付管理费等各项应付费用，管理人可根据情况为该集合资产管理计划发行特定份额，即C份额。但是，管理人不保证C份额一定得到认购，也不保证其认购金额能够足额支付上述收益和费用，因此，如果出现未认购或未足额认购的情况，风险和损失将由A份额和B份额持有人自行承担，管理人不负任何责任。该计划主要投资两类产品：(1) 固定收益类资产：包括但不限于债券、债券型基金、货币市场基金、质押式回购、同业存款，此类资产的投资比例为0—100%。(2) 权益类金融产品：仅限于国内证券交易所上市的A股股票的定向增发，此类资产的投资比例为0—100%。管理人将根据该集合资产管理计划的流动性需求在上述资产配置比例范围内进行具体调整。[①]

表6.7 中金定增1号集合资产管理计划说明书（摘录）

名称	中金定增1号集合资产管理计划
目标规模	本集合计划推广期规模上限为3亿份，存续期上限为3亿份，和定增1号C份额参与份额（如有）的总额。
管理期限	管理期限不超过24个月。
投资范围	本集合计划主要投资于国内证券交易所上市的A股股票的非公开发行股票（定向增发）。闲置资金可以投资于中国境内依法发行的债券、债券型证券投资基金、货币市场基金、央行票据、短期融资券、资产支持证券、中期票据、质押式回购、同业存款。

---

① 资料来源：根据网络资料整理。

(续表)

名称	中金定增1号集合资产管理计划
风险收益特征	从集合计划整体运作来看,本集合计划属于中高风险品种。从三类份额看,定增1号A份额持有人将获得固定的年化预期收益率,表现出风险较低、收益相对稳定的特点;定增1号B份额持有人获得剩余收益,带有较高的杠杆效应,表现出风险高、收益高的特点。定增1号C份额持有人不参与收益分配,定增1号C份额的募集资金(如有)用于支付集合计划终止清算时定增1号A份额和定增1号B份额未实现的预期收益及支付管理费等各项应付费用。
适合推广对象	定增1号A份额持有人将获得固定的年化预期收益率,适合追求较稳定收益,能承受一定风险的投资者;定增1号B份额持有人获得剩余收益,适合追求高风险高收益的投资者。定增1号C份额不参与推广期的募集。

资料来源:根据网络资料整理。

时事链接6.1

加强结构化资产管理业务的规范管理

2016年7月14日,中国证监会发布了《证券期货经营机构私募资产管理业务运作管理暂行规定》(以下简称《暂行规定》)。根据中国证监会的说明,2015年股市异常波动期间,证券期货经营机构私募资产管理业务暴露出业务失范等诸多问题。部分结构化资产管理产品过度保护优先级投资者利益,脱离资产管理产品实际投资结果,通过复杂的合同约定保证优先级投资者获取固定收益,一定程度上已经异化为"类借贷"产品,不符合资产管理业务本源。《暂行规定》要求,资产管理计划应当遵守利益共享、风险共担、风险与收益相匹配的基本原则,严格控制杠杆风险,不得直接或间接对结构化资产管理计划优先级份额认购者提供保本、保收益安排。《暂行规定》依据投资范围及投资比例将结构化资产管理产品分为股票类、固定收益类、混合类和其他类,并根据不同类别产品的市场风险波动程度相应设定不同的杠杆倍数上限,将风险较高的股票类、混合类产品杠杆倍数上限由10倍下调至1倍。另外,为进一步控制投资风险,降低投资杠杆水平,《暂行规定》对资产管理产品的投资杠杆做了适度限制,明确结构化资产管理计划的总资产占净资产的比例不得超过140%,非结构化集合("一对多")资产管理计划的总资产占净资产的比例不得超过200%。

资料来源:根据相关新闻资料整理

第三节 定向资产管理业务

一、定向资产管理业务概述

根据《证券公司客户资产管理业务管理办法》(2013年修订)、《证券公司定向资产管理业务实施细则(2012年)》等相关规定,定向资产管理业务是指证券公司接受单一客户委托,与客户签订合同,根据合同约定的方式、条件、要求及限制,通过专门账户管理客户委托资产的活动。截至 2017 年 3 月 31 日,我国证券公司发行定向计划产品 19 045 只,资产规模为 160 637.99 亿元人民币。①

(一) 定向资产管理业务的特点

证券公司定向资产管理业务具有以下几个特点:

一是专户管理,高度安全。证券公司与客户间建立的是一对一的委托代理关系。管理人通过客户的定向资产管理专用证券账户进行投资管理,客户资产由托管银行负责托管监督,资产每日清算,计算净值。

二是委托资产,类型多样。定向资产管理业务的委托资产不但可以是现金,还可以是票据、股票、债券及金融衍生品等各类非现金金融资产。

三是个性理财,自订方案。定向资产管理计划可以根据客户的不同风险偏好、收益期望、流动性要求,设计个性化的投资方案为客户进行投资管理。

四是透明管理,期限灵活。客户可以定期获得账户报表和投资报告,同时不定期了解资产收益状况、投资品种与比例等信息。同时,委托管理期间,客户还可以根据需要随时增加或者提取资金。

(二) 定向资产管理业务的基本规范

定向资产管理业务运作基本规范包含了客户准入及委托标准、尽职调查及风险揭示、客户委托资产及来源、客户资产托管、客户资产独立核算与分账管理、客户资产管理账户、投资范围及投资管理情况报告与查询等。

1. 客户准入及委托标准

定向资产管理业务的客户应当是符合法律、行政法规和中国证监会规定的自然人、法人或者依法成立的其他组织。证券公司董事、监事、从业人员及其配偶不得作为公司定向资产管理业务的客户。

2. 尽职调查及风险揭示

定向资产管理业务的尽职调查及风险揭示概述如下:

(1) 证券公司开展定向资产管理业务,应当按照有关规则,了解客户身份、财产与收入状况、证券投资经验、风险认知与承受能力和投资偏好等,并获取相关信息和资料。

(2) 证券公司应当制作"风险揭示书",充分揭示客户参与定向资产管理业务的市场风险、管理风险、流动性风险及其他风险,以及上述风险的含义、特征、可能引起的后果。证券公司应当将"风险揭示书"交客户签字确认。客户签署"风险揭示书",即表明已经理解并愿意承担参与定向资产管理业务的风险。

3. 客户委托资产及来源

定向资产管理业务的客户委托资产及来源概述如下:

(1) 客户应当以真实身份参与定向资产管理业务,委托资产的来源、用途应当符合法律法规的规定。客户委托资产可以是客户合法持有的现金、股票、债券、证券投资基金、集合资产管理计划份额、央行票据、短期融资券、资产支持证券、金融衍生品或者中国证监会允许的其他金融资产。

(2) 自然人不得用筹集的他人资金参与定向资产管理业务。法人或者依法成立的其他组

---

① 资料来源:中国证券投资基金业协会 2017 年第一季度统计数据。

织用筹集的资金参与定向资产管理业务的,应当向证券公司提供合法筹集资金证明文件;未提供证明文件的,证券公司不得为其办理定向资产管理业务。

（3）证券公司发现客户委托资产涉嫌洗钱的,应当按照《中华人民共和国反洗钱法》和相关规定履行报告义务。

4. 客户资产托管

客户委托资产应当交由负责客户交易结算资金存管的指定商业银行、中国证券登记结算有限责任公司或者中国证监会认可的证券公司等其他资产托管机构托管。资产托管机构应当按照中国证监会的规定和定向资产管理合同的约定,履行安全保管客户委托资产、办理资金收付事项、监督证券公司投资行为等职责。

5. 客户资产独立核算与分账管理

证券公司、资产托管机构应当保证客户委托资产与证券公司、资产托管机构自有资产相互独立,不同客户的委托资产相互独立,对不同客户的委托资产独立建账、独立核算、分账管理。证券公司、资产托管机构、第三方存管机构破产或者清算时,客户委托资产不属于其破产财产或者清算财产。

6. 客户资产管理账户

以下从三方面概述定向资产管理业务的客户资产管理账户:

（1）客户开立定向资产管理专用证券账户（以下简称"专用证券账户"）,用于委托证券公司办理定向资产管理业务,买卖证券交易所的交易品种。同一客户只能办理一个上海证券交易所专用证券账户和一个深圳证券交易所专用证券账户。证券公司应当自专用证券账户开立之日起3个交易日内,将专用证券账户报证券交易所备案。未报备前,不得使用该账户进行交易。

（2）客户、代理办理专用证券账户的证券公司不得将专用证券账户用于办理转托管或者转指定,不得将专用证券账户以出租、出借、转让或者其他方式提供给他人使用。

（3）证券公司应当在定向资产管理合同失效、被撤销、解除或者终止后15日内,向证券登记结算机构代为申请注销专用证券账户,或者可以申请转换为普通证券账户。专用账户注销后,证券公司应当在3个交易日内报证券交易所备案。

7. 投资范围

定向资产管理业务的投资范围如下:

（1）定向资产管理业务的投资范围由证券公司与客户通过合同约定,不得违反法律、行政法规和中国证监会的禁止规定,并且应当与客户的风险认知与承受能力,以及证券公司的投资经验、管理能力和风险控制水平相匹配。

（2）定向资产管理业务的投资范围包括股票、债券、证券投资基金、集合资产管理计划、央行票据、短期融资券、资产支持证券、金融衍生品以及中国证监会认可的其他投资品种。定向资产管理业务可以参与融资融券交易,也可以将其持有的证券作为融券标的证券出借给证券金融公司。

（3）证券公司将委托资产投资于本公司、资产托管机构以及与本公司、资产托管机构有关联关系的公司发行的证券,应当事先以书面形式通知客户和资产托管机构,征得客户同意,并及时将交易结果告知客户和资产托管机构,同时向证券交易所报告,否则证券公司不得进行此项投资。

（4）证券公司管理的专用证券账户内单家上市公司股份不得超过该公司股份总数的5%，但客户明确授权的除外。

8. 投资管理情况报告与查询

定向资产管理业务的投资管理情况报告与查询概述如下：

（1）证券公司应当依照合同约定的时间和方式，向客户提供对账单，说明报告期内客户委托资产的配置状况、价值变动、交易记录等情况。

（2）证券登记结算机构应当对定向资产管理业务客户持有上市公司股份情况进行监控，保障客户可以查询其专用证券账户和其他证券账户合并持有的上市公司股份数额。证券公司从事定向资产管理业务，发生变更投资主办人等可能影响客户利益的重大事项的，证券公司应当提前或者在合理时间内告知客户。

二、我国证券公司定向资产管理业务的发展

（一）主动管理业务与被动管理业务

我国证券公司的定向资产管理业务按照投资方向可分为主动管理业务与被动管理业务（即所谓的券商资管"通道业务"）两类。主动管理业务主要投向债券、同业存款、信托计划及股票；被动管理业务主要投向信托贷款、银行委托贷款、资产收益权及票据。根据《中国证券业发展报告（2014）》统计，2012年证券公司资产管理业务"一法两则"修订颁布后，定向资产管理业务规模呈爆发式增长，主要就是由银证合作"通道业务"的快速发展引起的。2013年，中国证券业协会发布的《关于规范证券公司与银行合作开展定向资产管理业务有关事项的通知》将其定义为"银证合作定向业务"，即合作银行作为委托人，将委托资产委托证券公司进行定向资产管理，向其发出明确交易指令，由证券公司执行，将受托资产投资于合作银行指定标的资产的业务。该通知禁止通过证券公司向委托人发送投资征询函或投资建议书，委托人回复对投资事项无异议的形式开展此类"银证合作定向业务"。尽管监管部门一直严控此类业务，但证券公司在规模扩张和市场竞争的双重压力下，"通道业务"仍在不断扩张。中国基金业协会的数据显示，截至2015年年底，券商资产管理规模达11.89万亿元，其中主动管理业务只有3.04万亿元，占比仅25.57%，而通道业务的规模将近主动管理业务的3倍。

2016年，中国证监会开始实施《证券公司风险控制指标管理办法》《证券期货经营机构私募资产管理业务运作管理暂行规定》（即"新八条底线"），进一步挤压通道业务的空间。据基金业协会统计数据显示，截至2016年年底，券商资产管理业务存续的通道业务产品管理的资产规模达12.38万亿元，较2015年增加3.53万亿元，增长39.8%；主动管理业务资产规模约4.94万亿元，较2015年增加1.89万亿元，增长62.1%。2017年5月19日，中国证监会新闻发布会上再次提出证券公司不得从事让渡管理责任的所谓"通道业务"，去通道方向明确，主动管理将成为券商资产管理未来的核心竞争力。

（二）定向资产管理业务对金融体系稳健性的挑战

定向资产管理业务因为涉及银行、证券、信托等多种金融机构，涉及货币市场、资本市场等多个金融市场，具有典型的跨机构、跨市场和跨行业的特征。[1]

首先，定向资产管理业务存在监管真空，容易引发监管套利，制约宏观调控效果。我国目

---

[1] 杨菡. 基于金融稳定视角下的定向资产管理业务发展问题分析[J]. 西部金融，2013(12):56—57.

前是分业监管体制,某个单一监管部门的监管政策很难对跨行业的定向资产管理业务起到全面而有效的监管效果,容易存在一定的监管空白进而产生监管套利机会。[①] 特别是,针对商业银行利用通道型定向资产管理业务规避信贷规模、将信贷资金变相注入国家调控限制性领域等问题,宏观调控部门和监管部门由于缺少有效的监测手段和监管方法,很难对社会流动性的真实状况和信贷资金的实际用途进行准确估计和有效管控,这也制约了相关调控政策的实施效果,不利于维护经济金融的平稳发展。

其次,定向资产管理业务加剧了金融体系风险传递的多元性和复杂性,加大了系统性风险爆发的可能性。定向资产管理业务使社会融资体系进一步复杂化,其资金来源、资金投向涉及多个机构、市场和行业,风险传导机制不透明,加之各类机构风险管理能力和手段参差不齐,加剧了金融风险在相关主体之间的跨行业传递与扩散。例如,2013年4月,联讯证券与世纪证券签订定向资产管理合同,委托后者对其2.65亿元自有资金进行管理,该资金购买了联讯证券关联方海航资本控制的对渤海租赁的股票收益权单一信托产品。这一案例实质上就是利用定向资产管理计划,以自有资金向股东方融资,违反了《证券法》关于"证券公司不得为其股东或股东的关联方提供融资或者担保"这一规定,同时暴露出巨大的风险。

最后,通道型定向资产管理业务因风险和收益的不匹配,还可能加大金融体系的流动性风险。一方面,作为委托人的商业银行通过"通道"开展的资产管理业务大部分并非"一对一"方式,资金风险和收益无法有效匹配,从而使得自身流动性风险管理难度有所加大。另一方面,作为"通道"机构的券商,在某些特殊情况下,将被迫承担连带责任,而由于自身的资本补充能力有限,也将面临较大的流动性风险。一个典型的情况是,当监管部门叫停某一类型业务,或融资企业资质降低导致业务链中断时,即使事先签订协议明确各方责任,也依然会因被牵扯至诉讼环节而承担一定的成本支出,同时,现实中绝大多数券商还会为避免自身的声誉风险而主动承担投资失败的连带责任。

三、定向资产管理业务的类型及运作流程

(一)通道型定向资产管理业务

通道型定向资产管理业务的基本运作模式为:银行发行理财产品募集资金,作为委托人与券商签订定向资产管理合同;券商作为定向资产管理计划管理人,将资金投向银行指定的标的资产,帮助银行实现将资产腾挪出表的目的。目前,按照参与主体的不同,通道型定向资产管理业务可以分为银证合作型、银证信合作型和银证保合作型,后两种类型的参与者除了银行和证券公司,分别还有信托公司和保险公司。其中,按照投资标的差别,银证合作型主要有票据类、特定收益权类、委托贷款类、银行间市场类、股权质押回购类等多种模式(见表6.8)。[②]

---

① 2017年7月14日至15日,在北京召开的全国金融工作会议上,宣布设立国务院金融稳定发展委员会,旨在加强金融监管协调,补齐监管短板。2017年11月,经党中央、国务院批准,国务院金融稳定发展委员会成立。国务院金融稳定发展委员会成立之后,重要的政策方向之一就是建立统一的资产管理监管框架,打破分业监管的体制缺陷。2017年11月17日,央行会同多部门起草的《关于规范金融机构资产管理业务的指导意见(征求意见稿)》发布,为资管行业设定了统一的准入门槛和监管标准。

② 肖崎,黄翠敏. 我国银证合作定向资产管理业务的现状及风险分析[J]. 西部金融,2015(11):18—19.

表 6.8 2016 年证券公司通道业务投资情况

投资类别	2016 年年末		2015 年年末		增长率(%)
	投资金额(亿元)	占比(%)	投资金额(亿元)	占比(%)	
票据	15 644	12.6	15 139	17.1	3.3
银行委托贷款	17 473	14.1	14 903	16.8	17.2
证券投资	19 566	15.8	14 195	16.0	37.8
信托贷款	14 756	11.9	12 236	13.8	20.6
资产收益权	17 669	14.3	9 901	11.2	78.5
同业存款	5 771	4.7	3 583	4.0	61.1
股权质押融资	4 665	3.8	2 196	2.5	112.4
债券逆回购	705	0.6	693	0.8	1.8
其他	27 689	22.3	15 659	17.7	76.8

资料来源:根据中国证券投资基金业协会统计资料整理。

1. 票据类定向资产管理业务

票据类定向资产管理业务是指证券公司接受委托人(自有资金、理财资金)的委托,投资于票据资产,在票据资产到期并由托收银行托收后,将相关收益分配给委托人的业务。其基本业务流程如图 6.2 所示:委托人与证券公司签署定向资产管理合同,将自有资金或理财资金委托证券公司进行投资。证券公司运用委托资金购买 A 银行(票据转出行)持有的票据资产,并委托 B 银行(票据保管行)对票据进行验票、保管和托收。票据到期后,证券公司则将委托资金及收益扣除相关费用后划转至委托人账户,定向资产管理计划终止。在定向管理协议中,银行通过要求证券公司用理财资金购买已经贴现的表内票据资产,即买断票据的所有权,达到将票据资产转移出表的目的。与此同时,银行的已贷款数目减少,存贷比下降,资本充足率提高,银行获得了额外的贷款额度。票据资产收益较高且稳定,同时增加了银行的中间业务收入。作为回报,银行向券商支付一定的管理费用。

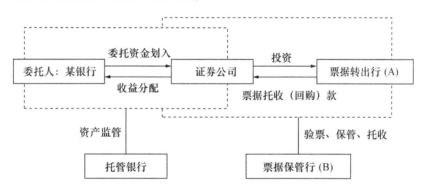

图 6.2 票据类定向资产管理业务的基本流程

2. 特定收益权类定向资产管理业务

特定收益权类定向资产管理业务是指证券公司接受银行的委托,投资于特定项目收益权的业务。其基本业务流程如图 6.3 所示:证券公司将委托人委托的资金投资于特定项目的收益权,项目收益权人(一般为项目开发主体)运用投资价款进行特定项目的开发。期末,证券公司将特定项目收益权回购价款(包括投资收益的支付和投资价款的返还)扣除相关费用后分配给委托人。目前,特定收益权主要是指银行的票据收益权,即证券公司通过发行理财产品募集资金,购买银行持有的尚未到期票据的收益权,但票据未转移出表外,依然占据着银行的信贷额度,银行只能获得短期周转资金。这种业务无须借助信托通道,通过银行贷款的表外发放,实现项目的直接投资,直接服务于实体经济。

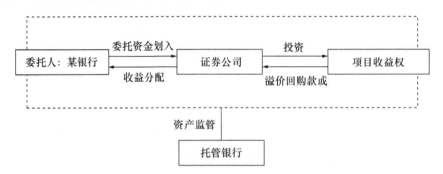

图 6.3　特定收益权类定向资产管理业务的基本流程

3. 银行间市场类定向资产管理业务

银行间市场类定向资产管理业务是指证券公司接受银行的委托,将资金投向银行间市场的业务。按照投资标的的不同,它可以分为非金融企业债务融资工具定向资产管理业务和债券正回购类定向资产管理业务两大类:

(1) 非金融企业债务融资工具定向资产管理业务是指证券公司根据银行要求,将资金投向全国银行间债券市场发行和流通的超短期融资券、短期融资券、中期票据、非公开定向债务融资工具(PPN)、资产支持证券(ABS)、资产支持票据(ABN)等非金融企业债务融资工具,持有到期或进行特定交易的定向资产管理业务,其基本业务流程如图 6.4 所示。非金融企业债务融资工具定向资产管理业务中,证券公司可以为银行提供主动投资管理服务,实现委托资产的保值增值。

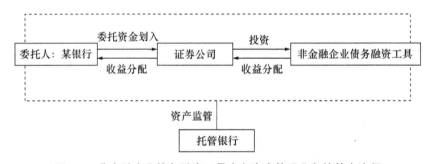

图 6.4　非金融企业债务融资工具定向资产管理业务的基本流程

(2) 债券正回购类定向资产管理业务是指证券公司接受银行委托,根据委托人的风险承受能力,通过债券正回购融入资金,放大投资的杠杆比例,并投资于委托人指定的投资品种,实现更高投资收益的业务。其基本业务流程如图 6.5 所示。委托人通过合同与证券公司确定债券正回购的杠杆比例及投资品种,将委托资产以现金或债券的形式划入定向资产管理计划托管账户;证券公司根据委托人的要求,进行债券正回购,并投资于委托人指定的投资品种,在控制风险的前提下,实现资产的稳定增值,期末将委托资产以现金或债券或现金与债券组合的形式分配给委托人。债券正回购类定向资产管理业务中,证券公司可以为委托人提供主动管理业务,通过正回购放大投资杠杆,控制风险的同时实现了收益的最大化。

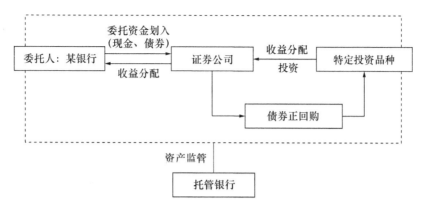

图 6.5　债券正回购类定向资产管理业务的基本流程

4. 股权质押回购类定向资产管理业务

股权质押回购类定向资产管理业务是指以股票质押作保障,对股票收益权进行转让和约定回购的业务。其基本业务流程如图 6.6 所示:证券公司发行定向计划募集资金,资金用于购买融资方的股票收益权,融资方与证券公司、托管银行签署相关协议,约定回购该收益权,并用质押股票担保;证券公司负责定时监控和履约管理,在发生违约的情况下,通过实现质权及其他救济措施,确保委托人收益得以保护。股权质押回购类定向资产管理业务通过股票收益权的转让与约定回购,盘活了股票资产的融资效用,为委托人提供更加稳定的理财收益,实现投资与融资的定向连接。

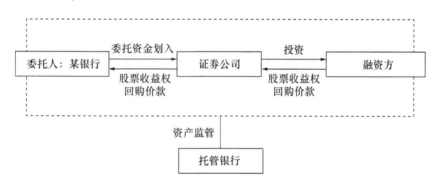

图 6.6　股权质押回购类定向资产管理业务的基本流程

5. 银证信合作型——信托贷款类(SOT)定向资产管理业务

信托贷款类定向资产管理业务是指证券公司接受银行的委托,用受托资金购买信托计划,信托计划投资于特定信贷项目,并在信贷资产到期后,将相关收益分配给委托人的业务。其基本业务流程如图 6.7 所示。委托人将自有资金或理财资金委托证券公司进行投资,证券公司运用委托资金购买信托计划,向信托计划支付资金,信托公司通过信托计划方式将收到的资金支付给特定信贷项目的借款人。期末,借款人归还贷款资金,信托公司将收到的资金及收益返还给证券公司定向资产管理计划,定向资产管理计划本金及收益划入委托人账户,定向资产管理计划终止。信托贷款类定向资产管理业务通过信托公司,实现银行贷款的表外发放,增加银行的中间业务收入,直接服务于实体经济。

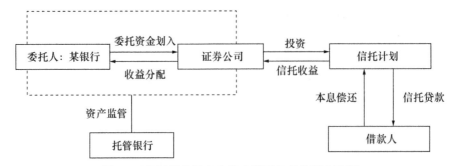

图 6.7　信托贷款类定向资产管理业务的基本流程

6. 银证保合作型定向资产管理业务

银证保合作型定向资产管理业务又被称为保险协议存款类业务,是指证券公司接受银行委托,将理财资金投向保险理财,然后保险理财再存回银行,变相将表外资金转变为表内存款的业务。其基本业务流程如图 6.8 所示。

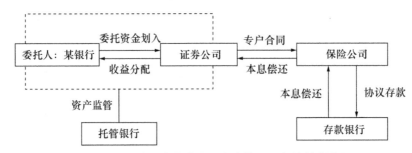

图 6.8　保险协议存款类定向资产管理业务的基本流程

(二) 主动管理型定向资产管理业务

主动管理型定向资产管理主要指各证券公司利用自身在资产管理业务上的优势,摆脱仅作为"通道"的被动地位,为委托客户(包括银行、保险公司及上市公司股东)量身定做投资方案,主要接受资金类、证券类委托,并按照资产管理合同约定的范围,主动投资于国内和国际市场[①](见表 6.9)。证券公司开展主动管理型定向资产管理业务的关键在于客户维护和对客户需求的把握。

表 6.9　2016 年证券公司主动管理定向业务投资情况

投资类别	2016 年年末		2015 年年末		增长率(%)
	投资金额(亿元)	占比(%)	投资金额(亿元)	占比(%)	
债券	15 552	55.7	7 168	45.5	117.0
信托计划	2 267	8.1	1 727	11.0	31.3
股票	1 792	6.4	1 613	10.2	11.1
券商集合计划	1 254	4.5	889	5.6	41.0
证券投资基金	1 007	3.6	642	4.1	56.9
资产收益权	168	0.6	420	2.7	−59.9

---

① 此类定向计划的投资范围包括但不限于:同业存款;交易所债券市场品种、上海清算所短融及银行间债券市场品种;银行承兑票据、固定收益类信托产品;其他委托人具有投资资格的投资品种。

（续表）

投资类别	2016 年年末		2015 年年末		增长率（%）
	投资金额（亿元）	占比（%）	投资金额（亿元）	占比（%）	
同业存款	370	1.3	281	1.8	31.8
股票质押回购	603	2.2	438	2.8	37.4
债券逆回购	1 045	3.7	474	3.0	120.7
其他	3 865	13.8	2 109	13.4	83.3

资料来源：根据中国证券投资基金业协会统计资料整理。

根据客户委托资产管理的目的不同，此类定向资产管理计划的运作模式也有多种类型，主要包括：设立定向资产管理计划，在银行出具保函、相关企业或人股东提供担保的前提下投向融资方企业某类资产的收益权；以上市公司大股东所持流通股或先售股票为质押，通过定向资产管理计划盘活存量资产；帮助股东减持股票，重配与自身风险收益匹配的投资品种并从中获取收益；按照客户要求，保持期初、期末的股份一致，对股票进行波段操作，获取价差收益；减持重配客户持有的投资品种，将客户所持有的股票作为质押物进行融资，用所融资金进行主动投资管理，为客户带来超过融资成本的收益；等等。表 6.10 摘自国泰君安证券股份有限公司套利通专户理财定向资产管理计划。

表 6.10　国泰君安证券股份有限公司套利通专户理财定向资产管理计划（摘录）

名称	国泰君安低风险套利理财产品（"套利通"）
投资理念	基于各类套利定价模型获取与市场方向无关的无风险或低风险套利收益。
投资范围	主要投资于在沪深交易所上市的各类基础证券及衍生证券，如股票、基金、可转债、ETF、权证、股指期货等。出于现金管理的需要，本产品也可投资于短期债券或逆回购，以及类货币市场基金。
投资策略	（1）对冲交易套利，即当价格在确定关联关系的证券间出现有利可图的偏差时，在价格低的一方建立多头（买入），在价格高的一方建立空头（卖出），以获取两者暂时性无风险错误定价偏离部分，如股指期货套利、ETF 套利，正股与认沽权证组合套利等。 （2）高折价套利，即基于科学精准的估值定价分析及严谨稳健的到期风险收益灵敏度分析，买入高折价证券以获取相对可观的折价收益率，如转债转股套利、权证行权套利、基金封转开套利等。 预计股指期货套利将成为本产品的核心项目。
预期风险与收益	"套利通"的预期风险相当于债券、远低于股票，预期年收益率在 6% 以上。估计在我国证券市场发展与创新步伐日益加快的进程中，特别是在股指期货推出的最初时期，市场会出现各类繁多的套利机会，届时预期收益率将更高。
适用范围	本产品适合对本金安全性要求较高，同时期望获得较高的绝对收益的投资者。
期限与流动性	通过产品契约约定有效管理周期，在管理期内，委托人可根据资金使用需求随时增加投资，亦可每月一次提取部分委托资产，但第一笔资产最短委托期不得低于 3 个月。
投资管理	单账户全权委托，程序自动监控套利机会，产品经理根据市场研判确定套利参数，程序化交易为主并辅以必要人工操作。
风险管理	拥有科学健全的风险动态监控系统，引入风险价值（VaR）作为主要风险管理指标，以保证本金在投资期末出现亏损的概率接近于零。

资料来源：根据网络资料整理。

时事链接 6.2

借道定向资产管理计划　上市公司股东涌入网下打新

2016年,我国新股发行制度实施重大调整,申购者无须按其申购量预先缴款,待其确认获得配售后,再按实际获配数量缴纳认购款。新股发行分为网上发行和网下发行两部分,其中网下发行是市值配售,只要是投资者的报价有效便可以按比例获配新股。众多上市公司的主要股东们凭借着其持有的大量A股股票资产,在定向资产管理计划的帮助下,非常轻松地成为网下打新市场中的大户。

2017年3月中旬,新南洋(600661.SH)发布了一则公告,称公司与方正证券合作设立了定向资管计划,委托资产总额为6 050万元。其中,股票资产为上海交大昂立股份有限公司股票825万股,市值约6 000万元,另外50万元为现金资产。新南洋在公告中称成立这一资产计划的目的是"进一步盘活公司持有的金融资产,增强存量资产的附加收益"。新南洋共持有1.17亿股交大昂立的股票,市值超6亿元。虽此前已减持过部分股票,但目前剩余的股份,依旧可以利用定向资产管理计划通过参与网下打新的方式来获得大约每年360余万元的收益(不考虑管理费及业绩分成)。新南洋只需投入50万元现金,就能够轻松盘活存量资产,并额外获得无风险收益。

对很多上市公司大股东来说,他们持有大量流通股,短期内不会减持,同时又无额外资金需求,通过这类定向资产管理计划将账上的巨额股票资产参与网下新股申购,获得无风险收益,同时又因为不涉及交易过户避免了公告的麻烦。

资料来源:根据相关新闻资料整理

第四节　专项资产管理业务

一、专项资产管理业务概述

(一) 专项资产管理业务的概念

专项资产管理业务是与集合资产管理业务和定向资产管理业务相区别的一类客户资产管理业务。证券公司以管理人身份发起设立专项资产管理计划,依照能够产生稳定现金流的基础资产发行资产支持受益凭证,受益凭证持有人据此享有该资产的收益分配。2005年8月,中国证监会批准了中金公司设立中国联通CDMA网络租赁费收益计划的申请,标志着我国券商专项资产管理计划产品的正式启动。截至2017年3月31日,我国证券公司发行的专项资产管理计划产品共131只,资产规模达995.44亿元人民币。[①] 相比于集合和定向资产管理业务,券商专项资产管理业务的规模仍相对较小。

《证券公司客户资产管理业务管理办法》(2013年修订)第十四条规定,证券公司为客户

[①] 资料来源:中国证券投资基金业协会2017年第一季度统计数据。此处专项资管计划不包括证券公司管理的ABS产品。

办理特定目的的专项资产管理业务,应当签订专项资产管理合同,针对客户的特殊要求和基础资产的具体情况,设定特定投资目标,通过专门账户为客户提供资产管理服务。证券公司可以通过设立综合性的集合资产管理计划办理专项资产管理业务。根据该管理办法第十五条的规定,取得客户资产管理业务资格的证券公司,要办理专项资产管理业务的,还须向中国证监会提出逐项申请。

时事链接6.3

中金公司首家获准设立专项资产管理计划

2005年8月,中国证监会批准了中金公司设立中国联通CDMA网络租赁费收益计划的申请,这标志着创新试点证券公司的业务创新活动进一步深入,以市场为主导的产品创新机制逐步形成。

该计划由中金公司面向境内合格机构投资者推广设立,所募集的委托资金专门投资于中国联通CDMA网络租赁费的收益权。根据投资安排的不同,该计划采取分期推广、分期设立的方法。该次获准的是一期计划和二期计划,期限分别为6个月和12个月,最低认购金额为100万元,通过向境内合格机构投资者询价的方式最终确定计划的投资收益率。中金公司作为计划的管理人和推广机构为计划的设立推广、资金使用、信息披露、收益分配、终止清算等活动提供全方位的服务。计划设立后,还须申请在上海证券交易所的大宗交易系统办理计划份额的转让业务。

中国联通CDMA网络租赁费收益计划是根据国际上相关证券业务的基本原理,基于特定目的、针对特定投资目标设立的资产管理计划,属于专项资产管理业务。专项资产管理计划是继限定性集合资产管理计划和非限定性集合资产管理计划之后证券公司资产管理业务的又一项重大创新,其进一步丰富了证券公司资产管理业务的内涵,对于引导和推动证券公司资产管理业务的规范发展具有重要意义。

资料来源:根据相关新闻资料整理。

(二)专项资产管理计划的特点

总体上看,专项资产管理计划具有如下特点:

第一,对投资者的资格有一定的要求。专项资产管理计划的投资范围较广,其涉及的部分投资标的本身就会对投资者的合格性有一定的要求。例如,《证券公司及基金管理公司子公司资产证券化业务管理规定》第二十九条指出,资产支持证券应当面向合格投资者发行,发行对象不得超过二百人,单笔认购不少于100万元人民币发行面值或等值份额。合格投资者应当符合《私募投资基金监督管理暂行办法》规定的条件,依法设立并受国务院金融监督管理机构监管,由相关金融机构实施主动管理的投资计划不再穿透核查最终投资者是否为合格投资者和合并计算投资者人数。[①]

[①] 穿透核查是指全面考察直接投资人的最终出资人,一直穷尽到最终出资人为自然人、公司等法人为止。而合并计算人数是指在穿透过程中,将每个层级的人数相加计算。

第二,对投资项目无限制。专项资产管理计划通常根据客户需求和资产规模设定投资目标,监管层目前对此并没有限制。因此,在证券公司三类客户资产管理业务中,专项资产管理业务是受限制最少的,往往被视为开展其他两类资产管理业务的一个通道和平台。

第三,不承诺"刚性兑付"。所谓"刚性兑付",是指金融产品到期后,即使项目出现风险,公司也要无条件兑付给投资者本金以及购买时标明的"预期收益"。不承诺"刚性兑付",有助于计划管理人拓展新的资产类别、探索新的投融资领域、研究新的风险控制手段、设计出不同风险收益特征的产品、为投资者提供更有针对性的金融服务。

二、专项资产管理业务的基本规范

中国证监会发布的《证券公司客户资产管理业务管理办法》(2013年修订)、《证券公司及基金管理公司子公司资产证券化业务管理规定》及配套的《证券公司及基金管理公司子公司资产证券化业务信息披露指引》《证券公司及基金管理公司子公司资产证券化业务尽职调查工作指引》等对证券公司开展资产管理业务,特别是以专项资产管理计划作为特殊目的载体开展资产证券化业务作出了相应的规范,包括相关当事人的职责、专项资产管理计划的设立、资产支持证券的挂牌及转让、信息披露及监管等。

(一) 关于专项资产管理计划原始权益人、管理人及托管人职责的规范

根据《证券公司及基金管理公司子公司资产证券化业务管理规定》,原始权益人的生产经营活动除应符合法律、法规、公司章程和内部规章文件的规定外,须有健全的内部控制制度和持续经营能力,且满足最近三年未发生重大违约、虚假信息披露或者其他重大违法违规行为的条件。原始权益人在专项资产管理计划存续期间,应当维持正常的生产经营活动或者提供合理的支持,为基础资产产生预期现金流提供必要的保障。

专项资产管理计划管理人应对相关交易主体和基础资产进行全面的尽职调查;在专项资产管理计划存续期间,督促原始权益人以及为专项资产管理计划提供服务的有关机构,履行法律及合同约定的义务;办理资产支持证券发行事宜;按照约定及时将募集资金支付给原始权益人;从资产支持证券投资者的利益出发管理专项资产管理计划的资产;建立相对封闭、独立的基础资产现金流归集机制,切实防范专项资产管理计划的资产被混同、挪用等风险;监督、检查特定原始权益人的持续经营情况和基础资产现金流状况,出现重大异常情况的,管理人应当采取必要措施,维护专项资产管理计划资产安全;按照约定向资产支持证券投资者分配收益;履行信息披露义务;负责专项资产管理计划的终止清算等职责。管理人以自有资金或其管理的集合资产管理计划、其他客户资产、证券投资基金认购资产支持证券时,应当按照有关规定和合同约定比例上限,并采取有效措施防范由此而产生的利益冲突。

专项资产管理计划的托管人与管理人不可为同一机构,一般由商业银行担任。托管人应安全保管专项资产管理计划资产;监督管理人对专项资产管理计划的运作,发现管理人的管理指令违反计划说明书或者托管协议约定的,应当要求其改正;未能改正的,应当拒绝执行并及时报告管理人住所地中国证监会派出机构;出具资产托管报告、计划说明书以及完成相关法律文件约定的其他事项。

(二) 关于专项资产管理计划的设立及运作规范

关于基础资产,《证券公司及基金管理公司子公司资产证券化业务管理规定》指出,基础资产不得附带抵押、质押等担保负担或者其他权利限制;原始权益人不得侵占、损害专项资产

管理计划的资产,必须确保基础资产真实、合法、有效,不存在任何影响专项资产管理计划设立的情形;列入专项资产管理计划的基础资产应该办理转让批准、登记手续,法律法规没有要求办理的,专项资产管理计划的管理人应当采取有效措施,维护基础资产安全;以基础资产产生现金流循环购买新的同类基础资产方式组成的专项资产管理计划资产,专项资产管理计划的法律文件应当明确说明基础资产的购买条件、购买规模、流动性风险以及风险控制措施。

关于信用增级和评级,专项资产管理计划可以通过内部或者外部信用增级方式提升资产支持证券的信用等级。同一专项资产管理计划发行的资产支持证券可以划分为不同种类,对同一种类的资产支持证券,投资人享有同等权益、承担同等风险。专项资产管理计划可以由经中国证监会核准的资信评级机构作出初始评级和跟踪评级。

关于资金归集方式,专项资产管理计划应当开立资产支持证券募集专户账户,用于资产支持证券认购资金的接收、验资与划转。管理人应当在专项资产管理计划设立后5个工作日内,将专项资产管理计划的设立情况向其住所地中国证监会派出机构报告。

(三)关于资产支持证券的挂牌和转让的规范

资产支持证券可以按照规定在证券交易所、全国中小企业股份转让系统、机构间私募产品报价与服务系统、证券公司柜台市场以及中国证监会认可的其他证券交易场所进行挂牌、转让。资产支持证券仅限于在合格投资者范围内转让。转让后,持有资产支持证券的合格投资者合计不得超过200人。资产支持证券初始挂牌交易单位所对应的发行面值或等值份额应不少于100万元人民币。证券公司等机构可以为资产支持证券转让提供双边报价服务。

(四)关于信息披露的规范

专项资产管理计划的管理人、托管人应当在每年4月30日之前向资产支持证券合格投资者披露上年度资产管理报告、年度托管报告。每次收益分配前,管理人应当及时向资产支持证券合格投资者披露专项资产管理计划收益分配报告。管理人及其他信息披露义务人应当及时、公平地履行披露义务,所披露或者报送的信息必须真实、准确、完整,不得有虚假记载、误导性陈述或者重大遗漏。发生可能对资产支持证券投资价值或价格有实质性影响的重大事件,管理人应当及时将有关该重大事件的情况向资产支持证券合格投资者披露,说明事件的起因、目前的状态和可能产生的法律后果,并向证券交易场所、中国基金业协会报告,同时抄送对管理人有辖区监管权的中国证监会派出机构。

三、专项资产管理业务的运作:以资产支持证券化专项资管计划为例

目前,我国证券公司发起的专项资产管理计划按所投资的受益凭证类型可以分为债权类专项、收益权类专项以及其他类别三种,产品一般分为资产证券化或创新型专项资产管理计划两种,后者主要是指高速公路、水利发电、租赁资产等新型的资产证券化业务。因此,专项资产管理业务的运作流程与本教材第三章的资产证券化业务有部分重叠。

(一)专项资产管理计划的参与主体

1. 发起人

发起人是基础资产的原始权益人和专项资产管理计划的融资人。发起人根据其自身业务需要和资本市场状况,确定其专项资产管理计划的融资目标和规模,据此对自身资产进行清理、考核和评估,整理相关资产文件,确定拟用于专项资产管理计划的基础资产并将其转移给特殊目的载体。

2. 特殊目的载体

特殊目的载体，是指证券公司专门设立的资产支持专项计划或者中国证监会认可的其他特殊目的载体。特殊目的载体从发起人处购买基础资产并以之为支持发行专项资产管理计划受益凭证。

3. 计划管理人

计划管理人是指为实现资产支持证券持有人的利益，对专项资产管理计划进行管理及履行其他法定及约定职责的证券公司。计划管理人负责发行受益凭证，设立专项资产管理计划，为投资者管理专项资产管理计划资产，并按照约定向投资者分配收益，监督发起人的持续经营情况和基础资产现金流状况，是专项资产管理计划中非常重要的角色。

4. 投资者

专项资产管理计划的投资者为机构投资者，其通过购买专项资产管理计划收益权份额来获取收益，享有提议召开受益凭证持有人大会的权利，并可行使表决权。

5. 受托管理人

受托管理人是指为实现资产支持证券持有人的利益，按照规定或约定对专项资产管理计划相关资产进行保管，并监督专项资产管理计划运作的机构。受托管理人一般由资信良好的信托机构或商业银行担任，在交易中代表投资者利益，管理特殊目的机构和投资者账户，负责基础资产现金流的管理，代理特殊目的机构向投资者偿付专项资产管理计划本息。

6. 信用支持机构

信用支持机构的作用是从外部为基础资产附加衍生信用以提高专项资产管理计划的信用质量和等级，从而降低发起人融资成本。

7. 信用评级机构

依据《证券公司及基金管理公司子公司资产证券化业务管理规定》，对资产支持证券进行评级，应当由经中国证监会核准的具有证券市场资信评级业务资格的资信评级机构作出初始评级和跟踪评级。

8. 律师事务所、会计师事务所及其他中介机构

律师事务所负责对专项资产管理计划的相关事宜发表法律意见，以维护相关方的合法权益。会计师事务所负责对发起人进行年度审计，并对基础资产销售收入进行专项审计工作。其他中介机构包括资产评估机构、中国证券登记结算有限公司等，其中资产评估机构应为具有证券从业资格的评估师事务所，负责对基础资产产生的现金流进行预测和评估。中国证券登记结算有限公司负责资产支持证券的登记结算业务。

(二) 专项资产管理计划的运作流程

证券公司资产支持证券化专项资产管理计划的运作过程如图6.9所示：

第一，发起人即原始权益人剥离基础资产，将基础资产真实出售给基于特殊目的设立的载体(专项资产管理计划)，组成资产池。第二，计划管理人设立专项资产管理计划，并对资产池的资产进行证券化设计。第三，信用评级机构对资产支持证券进行信用评估及评级；信用支持机构与计划管理人签订相关协议，将在协议额度内提供支持性贷款，起到信用增级作用。第四，计划管理人向投资者发行证券。根据《认购协议》约定，计划管理人获得认购资金，认购人获得资产支持证券。计划管理人向发起人支付资产购买价款。第五，资金监管与托管。专项资产管理计划管理人设立管理专项资产管理计划，其资金及证券由商业银行和托管机构代为

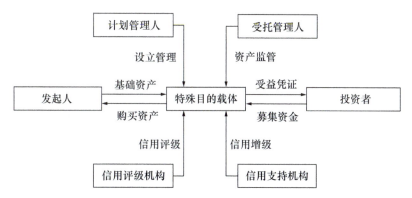

图6.9 资产支持证券化专项资产管理计划交易结构简图

管理。基础资产现金流产生之日,资金划转至专项资产管理计划在托管行的专有账户。托管银行将根据其与计划管理人签订的相关协议托管专项资产管理计划资产。托管银行对基础资产实现的现金流承担监管责任。第六,计划管理人进行资产管理,处置资产支持证券的预期收益和本金。计划管理人回收收益,并向资金托管行发出分配指定,偿付投资者本息。

下面我们以中信启航资产管理计划为例说明券商专项资产管理计划的实际运作过程。

2014年5月21日,中信证券公司的"中信启航专项资产管理计划"在深交所挂牌转让,这是我国首个交易所场内REITs。该计划募集资金52.1亿元人民币,期限为5年,投资标的为北京中信证券大厦及深圳中信证券大厦,中信证券是标的资产的原持有人,持有拥有目标资产的项目公司100%股权。"中信启航专项资产管理计划收益凭证"是以优先/次级分层机制集合不同风险收益特征的产品。该专项资产管理计划属于不保本浮动收益项目,优先级受益凭证评级为AAA,其固定回报部分的年预期收益率为7%,共募集资金36.5亿元人民币;次级受益凭证实际收益情况取决于未来目标资产的租金和增值情况,预期收益率为12%—42%,共募集资金15.6亿元人民币,优先级受益凭证和次级受益凭证募集资金数量之比为7∶3。优先级受益凭证募资对象为低风险投资者,500万元起购;次级受益凭证募资对象为中高风险偏好的投资者,3 000万元起购。图6.10为中信启航专项资产管理计划产品交易结构图。

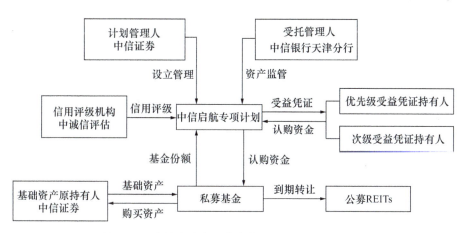

图6.10 中信启航专项资产管理计划交易结构简图

计划管理人中信证券公司设立专项资产管理计划,受益凭证认购人通过与计划管理人签订《认购协议》,将资金以专项资产管理的方式委托计划管理人管理,计划管理人根据约定,向专设的私募基金出资,认购其全部基金份额,该基金管理人为中信金石基金管理有限公司。由上述专设私募基金向基础资产持有人中信证券购买其全部两处物业的股权。存续期内,投资收益先满足优先级投资人,后将剩余收益分配给次级投资人,并在专项资产管理计划到期后将上述私募基金持有的全部股权转让给另行成立的公募 REITs 进行上市退出,或是交由第三方处置。

本章要点

- 客户资产管理是一种非常普遍的金融投资服务方式。从我国资产管理行业的市场格局来看,资产管理人已经从初期基金公司"一枝独秀"发展成为商业银行、基金公司、信托公司、保险公司、证券公司等多元参与的格局,受托管理资产的规模也迅速扩大。其中,商业银行和保险公司在资金端享有显著的竞争优势,也是资产管理产业链中最主要的资金来源渠道;基金公司和证券公司在产品端享有一定的比较优势,主动资产管理和资产配置能力较强;信托公司在资产端的资源储备相对丰富。

- 资产管理人是受托管理资产的主体,是资产管理行业的核心参与人。当前,全球范围内资产管理行业逐步形成了四大差异化运营模式,分别为全能资管、精品资管、财富管理和服务专家。

- 投资银行开展资产管理业务,以产品创设为核心,进行贯通投资方和融资方的多元化资源配置,将承销、咨询、经纪等业务链进行全面整合,充分发挥其在资产定价和产品设计上的核心竞争力,能够显著提升综合金融服务能力,推进行业盈利模式重构。

- 集合资产管理计划是证券公司与合格投资者之间建立起的"一对多"的委托代理关系,募集的资金可以投资中国境内依法发行的股票、债券、股指期货、商品期货、央行票据、短期融资券、中期票据、利率远期、利率互换、证券投资基金、证券公司专项资产管理计划、商业银行理财计划、集合资产信托计划等金融产品和投资品种。

- 定向资产管理业务是证券公司接受单一客户委托,根据合同约定的方式、条件、要求及限制,通过专门账户管理客户委托资产的业务。因其业务流程涉及银行、证券、信托等多种金融机构,关联货币市场、资本市场等多个金融市场,具有典型的跨机构、跨市场和跨行业的特征。

- 专项资产管理计划是证券公司以计划管理人身份面向投资者推广资产支持受益凭证,按照约定使用所募集资金购买原始权益人能够产生稳定现金流的基础资产,并将该资产的收益分配给受益凭证持有人的资产管理业务,其与资产证券化业务密切相关。

关键概念

- 客户资产管理业务
- 资产管理人
- 集合资产管理业务
- 结构化集合资产管理计划

- 定向资产管理业务
- 专项资产管理业务
- 通道业务
- 信托贷款类定向资产管理业务

思考题

1. 全球范围内资产管理行业有哪些典型的运营模式?对我国证券公司发展资产管理业务有哪些可资借鉴的经验?
2. 客户资产管理业务对我国证券公司的转型发展有哪些积极意义?
3. 比较分析不同类型集合资产管理计划的风险与收益特征。
4. 试探讨我国券商资管"通道业务"存在的风险及其监管。
5. 分析资产支持证券化专项资产管理计划的交易结构。

附录6.1 证券公司与其他金融机构资产管理产品的比较

	证券公司资产管理、阳光私募	银行理财产品	公募基金	信托	互联网金融
主要投资方向	货币市场、债券市场、股票市场为主	存款、项目融资、债券市场	货币市场、债券市场、股票市场为主	融资类业务为主,投向地产、实体企业、资本市场等	协议存款为主
预期收益	账户现金管理类:平均3%;债券型:平均8%;股票型:与资本市场形势有关	平均3%—6%,非保本型收益较高(5%以上),流动性紧张时理财产品收益提升,目前处于下降态势	货币型:平均3%;债券型:平均8%;股票型:与资本市场形势有关	视项目而异,一般集合信托为6%—8%;银信合作产品为5%—7%;房地产类项目在10%以下,未来有下行趋势	4%以下,随着进入降息通道,未来下降趋势大
风险	货币型:较低;债券型:较低;股票型:高	目前维持刚性兑付	货币型:较低;债券型:较低;股票型:高	目前维持刚性兑付	基本无风险
渠道	证券公司、信托、银行	银行	互联网、直销、银行	银行、信托直销、第三方机构	互联网
客户需求	有稳定收益,同时可以定制化,有较高配置需求,适合高净值客户和机构投资者	收益率偏低,有一定配置需求,适合中等富裕阶层	收益率波动性大,个性定制化低,大众均有一定配置需求	有稳定收益,同时可以定制化,有较高配置需求,适合高净值客户	收益率低,只有部分流动性需求,适合中等收入阶层

注:表中的"互联网金融"主要指互联网现金管理类产品,不包括P2P等高风险产品。

资料来源:中国证券业协会.中国证券业发展报告(2016)[EB/OL]. http://www.sac.net.cn/yjcbw/zqhyfzbg/fzbg2016/201605/t20160510_127780.html。

第三篇
自营交易与直接投资

第七章 证券交易业务[①]

本章概要

投资银行将债券或股票承销并销售给各类投资者后,这些金融产品就进入了证券交易市场。投资银行也是证券交易市场的重要参与者。本章重点介绍投资银行的自营业务和做市商业务。

学习目标

- 了解证券自营业务的特征和运营方式
- 理解投资银行证券自营业务的交易策略和风险管理方法
- 了解证券自营业务的禁止行为和监管
- 了解做市商制度的特点、形式和利弊
- 理解投资银行从事做市商业务的动机和交易策略

毕竟,只有当潮水退去时,你才知道谁在裸泳。
(After all, you only find out who is swimming naked when the tide goes out.)
——〔美〕沃伦·巴菲特(Warren Buffett,1930—)

第一节 证券自营业务

一、证券自营业务的特点

证券自营业务是指投资银行使用自有资金或依法筹集的资金,在证券市场进行以营利为目的,并独立承担风险的证券交易。在我国,证券自营业务是指经中国证监会批准经营证券自营业务的证券公司用自有资金和依法筹集的资金,以自己的名义开设证券账户,买卖依法公开

[①] 从广义上看,证券交易包含股票交易、债券交易、基金交易以及其他金融衍生工具的交易。关于基金交易和衍生金融工具的交易,我们分别在第五章和第八章介绍,本章的证券交易主要指股票和债券的二级市场交易。投资银行在证券二级市场的自有资金交易业务包括自营业务和做市商业务。

发行或中国证监会认可的其他有价证券,以获取盈利的行为。具体包含以下四层含义:

(1) 只有经中国证监会批准经营证券自营的证券公司才能从事证券自营业务。从事证券自营业务的证券公司最低注册资本为1亿元人民币,净资本不得低于5 000万元人民币。

(2) 自营业务是指证券公司以营利为目的,为自己买卖证券,通过买卖价差获得利润的一种经营行为。

(3) 在从事自营业务时,证券公司必须使用自有或依法筹集的资金。

(4) 自营买卖必须在以自己名义开设的证券账户中进行,并且只能买卖依法公开发行或中国证监会认可的其他有价证券。

根据中国证监会于2012年修订的《关于证券公司证券自营业务投资范围及其有关事项的规定》,我国证券公司从事证券自营业务,买卖证券的范围包括:一是已经和依法可以在境内证券交易所上市交易和转让的证券,主要是股票、债券、权证、证券投资基金等;二是在全国中小企业股份转让系统挂牌转让的证券;三是在符合规定的区域性股权交易市场挂牌转让的私募债券和股票;四是在境内银行间市场交易的证券,包括政府债券、央行票据、金融债券、短期融资券、公司债券、中期票据、企业债券等;五是经中国证监会或者其授权机构依法批准或备案发行并在境内金融机构柜台交易的证券,即开放式基金、证券公司理财产品等由商业银行、证券公司等金融机构销售的证券。此外,只有具备证券自营业务资格的证券公司可以从事金融衍生产品交易,不具备自营业务资格的证券公司只能以对冲风险为目的从事金融衍生产品交易。

投资银行开展证券自营业务,具有以下几方面的特征:

(1) 决策的自主性。这是投资银行自营业务的首要特征。投资银行从事自营业务在交易行为、交易方式、交易品种、报价方面具有自主性。投资银行在自营交易时可以自行决定是否买卖证券、买卖何种证券、以什么价格进行买卖、在交易所还是其他场外场所进行买卖等。

(2) 交易的风险性。风险性是投资银行证券自营业务区别于经纪业务的一个重要特征。在证券自营业务中,投资银行作为投资者,买卖收益与损失完全自行承担。但在代理客户买卖的证券经纪业务中,投资银行仅充当代理人的角色,证券买卖的时机、价格、数量都由委托人决定,由此产生的收益和损失也由委托人承担。

(3) 收益的不确定性。投资银行进行证券自营买卖,其收益主要来源于买卖价差、股利、股息等其他投资收益。但这种收益具有很大的不确定性,可能盈利,也可能亏损。尽管投资银行具有丰富的证券交易经验和大量的专业交易员,对自营业务有较为完善的内部决策和风险控制流程,但也无法百分百实现预期收益。

二、证券自营业务的准入条件

世界各国对证券交易的市场主体都有严格的监管,例如,美国《1933年证券法》《1934年证券交易法》都对证券交易商的资格和行为有明确的规范要求。根据我国《证券公司监督管理条例》《证券公司风险控制指标管理办法》的规定,证券经营机构必须在取得中国证监会认定的证券自营业务资格并领取中国证监会颁发的"经营证券自营业务资格证书"后,才可以从事证券自营业务。现阶段,我国综合类证券公司要取得证券自营业务资格,主要应满足以下几方面的要求:

1. 对资本金的要求

证券公司经营证券承销与保荐、证券自营、证券资产管理、其他证券业务等业务之一的,净资本不得低于5 000万元人民币;证券公司经营证券经纪业务,同时经营证券承销与保荐、证券自营、证券资产管理、其他证券业务等业务之一的,净资本不得低于1亿元人民币;证券公司经营证券承销与保荐、证券自营、证券资产管理、其他证券业务中两项及两项以上的,净资本不得低于2亿元人民币。

2. 对证券库存的要求

证券公司经营证券自营业务,必须符合下列规定:① 自营权益类证券及证券衍生品的合计额不得超过净资本的100%;② 自营固定收益率证券的合计额不得超过净资本的500%;③ 持有一种权益类证券的成本不得超过净资本的30%;④ 持有一种权益类证券的市值与其总市值的比例不得超过5%,但因包销导致的情形和中国证监会另有规定的除外。

3. 对从业人员的要求

证券经营机构2/3以上的高级管理人员和主要业务人员需获得中国证监会颁发的"证券业从业人员资格证书"。在取得"证券业从业人员资格证书"前,应当具备下列条件:高级管理人员应具备必要的证券、金融、法律等有关知识,且近两年内没有严重违法违规行为,其中2/3以上高级管理人员应具有两年以上证券行业或三年以上金融行业工作经历;主要从业人员应熟悉有关的业务规则及业务操作程序,且近两年内没有严重违法违规行为,其中2/3以上主要从业人员应具有两年以上证券行业或三年以上金融行业工作经历。

4. 其他要求

证券经营机构近一年内没有严重违法违规行为或在近两年内没有受到取消证券自营业务资格的处罚;证券经营机构成立并且正式开业已超过半年;证券经营机构的证券业务与其他业务分开经营、分账管理;设有证券自营业务专用的计算机申报终端和其他必要的设施。

证券经营机构申请证券自营业务资格须提交中国证监会要求的相关申请资料和文件,由中国证监会进行审查并决定是否批准。证券公司获得批准即可开展证券自营业务,但在其经营过程中必须遵守有关的法律法规。如在证券监管部门定期检查中不合格或在开展证券自营业务的过程中有操纵市场等重大违规行为,证券公司的自营业务资格将被暂停甚至取消。

三、证券自营业务的运行方式

自营业务按交易地点和方式不同,可以分为场内自营交易和场外自营交易。

(一) 场内自营交易

场内自营交易,即作为自营商的投资银行在证券交易所内从事自营业务。在证券交易所内进行自营业务的自营商需以自己的名义和账户通过竞价直接参与证券的买卖活动。其交易手续也较为简便,只需要填写证券买卖申请书,确定买卖证券的价格、数量,委托本公司的交易员参与竞价,成交后缴纳资金或交付证券即可。

自营商在证券交易所内活动,其行为受交易所的自律规范约束。国际大型证券交易所对自营商的交易都有较为复杂的规定。以美国纽约证券交易所为例,经营证券自营业务的机构或个人,主要分为交易厅自营商和自营经纪商两大类。交易厅自营商只进行证券的自营买卖业务,不办理委托业务。自营经纪商在自营证券买卖业务的同时,还兼营代理买卖证券业务,其代理的客户仅限于交易厅里的经纪商与自营商。自营经纪商自营证券的目的不是像自营商那样追逐利润,而是对其专业经营的证券维持连续市场交易,防止证券价格的暴跌与暴涨。

此外,还存在一类零股自营商。每笔交易额不足100股(一个成交单位)的小额交易,或大宗交易中不足100股部分的交易称为零股交易。在美国,专做零股交易的证券自营商被称为零股自营商。纽约证券交易所中,零股自营商不能直接在市场买卖股票,必须通过经纪人在证券交易所进行交易或调整各种证券存货。在其他证券交易所,如美国证券交易所及某些区域性证券交易所,零股交易由专业会员兼营。

(二) 场外自营交易

场外自营交易的证券交易价格是通过与投资者协议方式而非通过竞价方式产生的,其交易对象是未上市的证券。根据场外交易中交易对手的不同,场外市场的自营业务可以分为以下三种:

1. 自营商与客户直接交易

这种方式下,客户可通过面谈或书信、电话、电传等方式直接与自营商洽谈交易价格等交易条件和方式,是一种议价买卖(图7.1)。

图7.1 自营商与客户直接交易

2. 自营商与经纪商的交易

如果投资者无法直接与自营商进行交易,可选择一位证券经纪商代为在证券市场上与自营商进行协商定价等交易活动(图7.2)。

图7.2 经由经纪商的自营交易

3. 自营商间的交易

当自营商自己持有的证券不足时,可以通过与其他自营商直接议价买卖所需的证券,以满足证券交易的需要(图7.3)。

图7.3 自营商间的交易

四、证券自营业务的类型

(一) 投机交易

1. 投机的含义

投机(Speculation)是指证券投机商试图通过对价格水平变化的预期在短期内获取价差收

益并承担风险而进行证券买卖的行为。如果投机商认为某种证券价格将上升,那么他将买进这种证券,期望在短期内以较高价格卖出该种证券;反之,如果投机商认为某种证券价格将要下降,那么他将卖出或卖空某种证券,待价格回落时买回。在一个完善的市场中,单个投机商相对于整个市场来说是微不足道的,无法对市场施加影响以使价格朝着对他有利的方向发展。投机商靠准确预测而盈利,一旦预测失败,就会遭受损失。因此,投机者必须承担风险。

虽然投机与赌博都是依靠对证券走势的预测和判断来获得收益,但与赌博不同的是,证券自营商在进行投机交易时,要通过信息的收集和分析,根据证券市场基本面以及各种技术分析来对证券价格的变动进行预测,尽量降低风险。因此,证券自营商的投机是建立在理性分析、科学决策基础上的交易行为。证券自营商从事投机交易获得的收益主要是对其承担风险的补偿。

尽管个别投机商的买卖行为对市场价格的影响无足轻重,但多个投机者积累起来的交易行为和数量却会对市场价格产生很大的影响。投机性买卖引起的价格变动往往可以提前揭示市场供求变化和价格变化的趋势。没有投机,市场价格对市场条件变化的反应就较为迟钝,这种迟钝就意味着资源分配的低效率。因此,证券自营商的投机交易可以起到几方面的积极作用:一是有助于实现证券市场价格发现功能及起到平衡作用;二是活跃证券市场,提高证券的流动性,实现资源的有效配置;三是作为市场风险的重要承担者。

但是,证券市场中的过度投机容易造成价格的暴涨暴跌,影响市场自身乃至社会经济的稳定。如何抑制过度投机一直是世界各国证券市场集中和自律监管中的重要课题。

2. 投机交易策略

证券价格的变化可以分为绝对价格水平变化和相对价格水平变化。投机交易在策略上,可以分为绝对价格交易、相对价格交易和信用等级交易。

(1) 绝对价格交易。即自营商根据某种证券价格与其价值的偏离程度来预测未来该种证券价格的变化趋势并调整其持有头寸的交易行为。自营商对其持有的证券头寸不进行套期保值。例如,某投资银行的研究部门通过基本分析和技术分析,认为某种股票目前被市场低估,并且不久将上涨,于是买入该种证券,以期未来证券价格上涨而获利。

(2) 相对价格交易。即自营商根据对两种证券价格或收益率相对变化的预测,来调整其持有的证券头寸的交易行为。例如,两只债券 A 和 B 当前的收益率分别为 6.10% 和 7.20%。自营商通过对债券市场的分析,认为当前债券收益率曲线相对较陡,未来 10 天 A、B 债券收益率曲线将变缓,A 债券的收益率将为 6.00%,B 债券的收益率为 6.50%。那么,自营商当前应该增加 B 债券的头寸而减少 A 债券的头寸,因为未来 10 天 B 债券的价格较 A 债券的价格将有较大幅度的上涨。

(3) 信用等级交易。即证券自营商根据对某种证券信用等级变化的预测,而调整其持有该证券头寸的交易行为。这种投机策略以信用等级预测为交易的基础,主要应用在债券交易中。一般而言,某种债券的市场价格下降可能是由于利率上升,也可能是由于信用等级下降或其他因素的变化。假定其他因素不变,如果证券自营商预测某种债券的信用等级将被下调,则会抛售这些债券;反之,将买入信用等级上升的债券。投资银行的研究部门往往从事大量的信用分析并试图预测信用等级的变化,为证券自营商从事投机交易服务。美国三大评级公司对证券的信用评级结果对市场上投机商的交易决策也有着重要影响。

(二) 套利交易

套利(Arbitrage)是指利用资产定价的偏差、价格联系的失常或者市场缺乏有效性等条件,买进价格被低估的证券,同时卖出价格被高估的证券来获得收益的交易行为。它通常是利用证券在两个或两个以上市场的价格差异,同时进行买卖,从差价中获取利润。套利一般可分为无风险套利和风险套利两大类。

1. 无风险套利

无风险套利是指自营商在两个或两个以上不同的市场中,以不同价格同时进行同一种或同一组证券的交易,以利用市场价格差异获利。无风险套利具有两个特征:一是没有追加自有资金投入;二是没有损失风险。交易者观察到不同市场上同一种证券的价格差异,在高价市场抛售标的的同时在低价市场进行回补。由于买卖行为同时进行,其利润是可以确定的,没有时滞带来的风险。无风险套利的不断进行,最终会使不同市场上同一标的证券的价格趋于一致。

最早的无风险套利大多出现在货币市场上。日益增多的各种衍生证券与工具的出现为套利者提供了新的机会。人们可以搜寻一篮子基础证券及组合与衍生工具间的价差进行套利交易。由于衍生证券的形式多种多样,套利分析变得非常复杂,往往需要借助计算机和复杂的数学模型来处理其中的变量。无风险套利包括空间套利和时间套利。

(1) 空间套利,顾名思义,是套利者利用同一时间内处于不同地区的证券市场中某一证券的价格差异,贱买贵卖锁定收益。因此,空间套利也称地域套利。空间套利机会可以产生于同一区域的两位交易商,也可以产生于不同区域的两位交易商。例如,假定交易商A对某一债券的卖出报价为97.21875美元/份,而交易商B对同一债券的买入报价为97.28125美元/份。这一差价被套利商发现,于是他就从交易商A处买入债券并立即将其出售给交易商B。尽管差价小,但套利者可通过大量买卖而获得巨额利润。

(2) 时间套利,即跨期套利,是指通过对某些资产进行现货买进、期货卖出,或现货卖出、期货买进,从寻求现货价格与远期价格的差异中谋取利润的一种套利方式。跨期套利交易策略被投资银行和其他证券机构广泛运用于寻找股票现货与股票指数期货间的价格失衡。交易商利用充分的数据和高速信息处理设备来寻找在一篮子股票中哪些股票相对于股票指数期货是被高估的,哪些又是被低估的。当股票现货价低而期货价高时,套利商购入股票现货而出售股票指数期货;当股票现货价高而期货价低时,套利策略正好相反。

无风险套利要求交易者有敏锐的市场嗅觉和机会捕捉能力,因为不同市场间价格的失衡非常短暂,转瞬即逝,交易商必须对市场十分熟悉并随时掌握市场变化,才能通过无风险套利获取利润。交易商也往往利用不同证券的价格或收益的差异,构建套利组合,获得无风险利润。

2. 风险套利

风险套利(Risk Arbitrage)是指以证券市场上兼并与收购或其他股权重组活动为契机,通过买卖并购公司的证券来获利。风险套利有两种情况:一种情况发生在目标公司破产重组的过程中,公司处于破产诉讼时期,为避免破产,往往会进行债务重组;另一种情况发生在公司并购过程中。在以上两种情况下,目标公司的证券价格都会因资产重组和收购报价而变化。如果资产重组和并购顺利实现,以低价买进目标公司证券将会获得高额利润。但一旦资产重组和并购失败,证券价格便会下跌,套利者就会遭受损失。

风险套利的交易时间可能会延续几个月,甚至超过一年,而且重组或并购事项最终可能并不能完成。因此,套利的风险很大。尽管如此,风险套利还是吸引了不少套利者参与,而且套利商往往通过高比例杠杆来为套利交易融资,从而放大了收益率倍率和风险倍率。在美国,套利交易商包括独立的套利基金及其合伙公司、证券经纪公司、投资银行和其他金融机构的套利部门等。目前，大部分主要的投资银行都有风险套利部门或风险套利业务。

在国际市场上，并购套利活动往往与股市具有较大的相关性，市场较好时，并购活动频繁，并购套利获利丰厚，而当市场处于下跌过程中时，并购活动减少，并购套利的收益也随之减少。在第三次全球并购浪潮中，几大投资银行都建立了专门的并购套利部门。在第四次全球并购浪潮中，由于杠杆收购模式的兴起，并购套利进入黄金时代。在2002年以后的全球股市繁荣时期，对冲基金、私募基金等机构投资者纷纷参与并购套利，而且随着各种金融工具的出现，并购套利的形式也日益丰富。不过，由于参与者众多，并购套利的价差越来越小。

并购套利策略已经成为国际对冲基金的重要投资策略之一，国际并购套利基金的表现往往强于指数基金，而且风险更低。据统计，1997—2007年间，并购套利指数的收益率为9.87%，波动率为6.20%，而同期标准普尔500指数的收益率为6.42%，波动率为17.84%。

以下分别介绍风险套利的两种情况：

（1）债务重组中的风险套利。该类型风险套利是套利者套购重组公司发行的旧证券的行为。为实现债务重组，重组公司常常会发行新证券来替换旧证券，一般情况是旧证券以折价方式与新证券兑换。于是，套利者购进旧证券，等待兑换实现以获取价差收益。

例如，假设A公司为实现债务重组而在市场上出售短期债券，价格为97元/份。套利者经过对该公司财务情况的深入分析，认为该公司实现债务重组后，可能以2份、每份70元的新债券来兑换1份现有的债券，因此决定购买该种债券。若重组成功，该公司实施了套利者预期的新旧债券转换方案，那么，套利者可以获取43元/份的收益。当然，重组失败、新旧债券转换计划流产或者用来兑换的债券价值低于70元/份，这些都是套利者面临的风险。

（2）并购中的风险套利。该类型风险套利一般发生在并购案宣布后，套利者会卖出收购方公司的股票而买入目标公司的股票。这是由于目标公司的股权会获得收购溢价，而并购整合是否成功的不确定性可能拖累收购方公司的股价下行。

例如，在现金支付的收购案中，假设B公司股票目前的价格是每股30元，A公司宣布对B公司的收购价格为每股50元。这一消息令B公司的股价随即上涨至每股45元。假设套利商此时买入B公司股票。如果收购计划如期兑现，那么，套利商可以获取每股5元的收益。相反，如果收购计划被取消，B公司股票价格可能循环跌回原价位或更低水平，那么，交易商会因此每股损失15元甚至更多。一个典型的案例是1989年美国联合航空公司的母公司UAL集团的收购案。当时收购方出价为每股300美元，UAL集团董事会批准出售后，其股价一度升至每股296美元。但后来收购计划流产，其股价迅速下跌了近50%。1990年年初，收购方再次以每股201美元的价格收购该公司的计划又未兑现，结果股价再次下跌。最后，估计参与这次风险套利的交易商实际损失达10亿美元以上。

在换股交易方式下，如果收购方的股价同目标公司等量股票的市场价格存在差异，就为套利者提供了套利空间。例如，假设收购方公司股价为每股60元，目标公司股价为每股25元，换股比例为2股目标公司股票换取1股收购方公司股票。如果并购案实施，就存在10元的换股价差。这一差额的存在，一般是以下几方面的原因造成的：一是收购方向目标公司股东提供收购溢价，以换取他们对收购计划的支持；二是并购案宣布的时间表和公众期望收购成功完成的时间不一致，中间间隔短则1周，长则数月，这构成了价差中的时间报酬；三是收购最后可能无法完成，收购交易的不确定性形成了价差中的风险报酬，即风险溢价。三者中，风险报酬是主要的。

下面我们举一例说明并购风险套利的原理。

【例7.1】 假设甲公司现行股价为每股100元,乙公司为每股30元。现甲公司宣布对乙公司发起收购,支付条件是1股甲公司股票换取2股乙公司股票,估计收购完成需耗时2个月。套利者经过调研,认为该项收购能够顺利实施,因此出价每股45元向乙公司的股东购买乙公司的股票。此时,乙公司股东有两种选择:

选择一:乙公司股东以每股45元的价格将持有的乙公司股票出售给套利者,赚取每股15元的收益,并可立即兑现;

选择二:乙公司股东选择等待2个月,等并购实现时,以2股乙公司股票换取1股甲公司股票,这样,他们可以赚取每股20元的价差。

这两种方案中,若乙公司股东选择第二方案,每股可以较第一方案多得利5元。但是,这一方案存在风险。如果收购失败,或是收购成功后甲公司股票的市价低于每股100元,他们就赚不到额外的5元,甚至丧失第一方案下每股15元的利润。

假设乙公司股东为避险,选择了第一方案。那么,套利者会在购得乙公司股票的同时,以每股100元的价格卖空甲公司股票,预设每股5元的利润。① 当然,这5元只有在2个月后收购如期达成的情况下才有可能实现。届时,套利者会以2股乙公司股票换取1股甲公司股票,从而补上他先前卖空的甲公司股票。

从例7.1中我们可以看出套利者面临的风险:

一是收购失败。这是套利商的首要风险。套利者是从交易中获取收益,而不是从公司的经营中获利,因此,他们往往无意长期持有股票,而更关注收购能否完成、什么时间完成、以什么样的价格完成。一旦收购失败,乙公司股票价格就会复归至每股30元左右,套利商每股将损失15元。② 可见,套利商为获得每股5元的套利收益,要承担每股亏损15元的巨大风险。

二是时间风险。收购案顺利实施的等待期越长,套利交易的年报酬率就越低。如果2个月后收购如期完成,套利商获得每股5元的收益,在不考虑利息和其他交易成本的情况下,可转化为66.7%的年收益率。③ 如果收购案拖延至6个月后才完成,那么套利商的年收益率将下降为22.2%。④

风险套利的高风险使交易商在采用这种交易策略时必须十分谨慎。每笔交易前都要对相关公司和交易事项进行深入的调查研究,制订出周密的套利交易方案。尽管存在高风险,但高额的回报仍然使得许多投资银行热衷于此项业务,并通过高利率的短期拆借为套利融资。投资银行拥有一大批富有并购经验的专业人才,并且在为上市公司提供承销、投资代理及其他咨询服务过程中较为容易获得并购公司的关键信息,这些有利条件为投资银行的风险套利业务提供了竞争优势。但是从事这一业务也给投资银行带来可能的利益冲突。一个聘请投资银行作为其收购活动财务顾问的客户,或一个接受投资银行为其设计反收购策略的客户并不希望这家投资银行卷入与该并购案或反收购战相关的风险套利行为中去,以免损害自身的利益。此外,投资银行与客户的关联关系也使投资银行有利用内幕信息进行违规交易的嫌疑而招致

---

① [100 − (2×45)]/2 = 5(元/股)
② 45 − 30 = 15(元/股)
③ (5/45) × (12/2) = 66.7%
④ (5/45) × (12/6) = 22.2%

法律诉讼。各大投资银行为避免此类纠纷,绝大多数都会在收购意向对外公布后,即在收购方刊登标购公告后,才着手进行风险套利活动。

时事链接7.1

对辉瑞和惠氏并购案的风险套利交易

2009年1月26日,辉瑞公司(Pfizer)宣布以每股33美元现金加0.985股辉瑞股票对换惠氏公司(Wyeth)1股股票、以总对价680亿美元的价格收购惠氏。这桩交易是医药界十年来金额最大的一起超级并购,涉及多国市场,需要得到多个国家的批准。7月17日,收购案得到了欧盟的批准;7月20日晚,惠氏公司股东大会以压倒性多数通过了收购案;9月29日,中国商务部有条件通过该收购案;9月30日,收购案获澳大利亚竞争与消费者委员会附条件通过;10月14日,收购案通过了美国和加拿大的反垄断审查。该交易最终于2009年10月16日完成,持续264天。

收购案公布初期,由于此次交易涉及金额太大,市场估计会在监管审批方面遇到一定阻力,悲观情绪较重,目标公司惠氏公司的股票价格下跌。但从3月份开始,该项交易在美国各州陆续获批,市场预期转向乐观,并购套利资金涌入,股票价格持续上升。套利者在3月初股票价格走低时买入,持有到交易完成就能实现最大的并购套利。例如,保尔森基金(Paulson & Co.)在2009年第一季度大举购买惠氏公司股票,持仓市值达13.08亿美元。根据收购对价来计算,此时的理论套利回报率为11%。随着并购完成日临近,惠氏公司的股价持续上升,收购溢价被填平。2009年第四季度,保尔森基金抛出惠氏公司的股份,整个并购套利交易的回报率约为14%。

资料来源:节选改编自黄涛,黄玲玲.解读并购套利策略——并购套利的盈利性分析及其启示[J].国际金融,2011(2):73.

在并购中,套利者并不是完全被动的,他们的行动会对交易各方产生影响,对促成交易的最后完成具有一定的推动作用。风险套利在并购中的作用表现在以下几个方面:

一是风险套利者为目标公司股东转移风险提供了可能性。套利者对目标公司股票的收购可以让目标公司股东在并购完成前就平仓套现。大多数股东,特别是中小投资者缺少证券专营技能、时间和动力来深入分析所投资企业的接管收购。套利者取代他们承担了收购风险。

二是套利者为不急于套现的股东提供了间接服务。与一般股东相比,套利者在估价和谈判上更有技巧,并更关注收购的相关利益,希望在风险套利中实现利益最大化。因此,持有大量目标公司股票的套利者为自身利益可能会采取行动介入并购案,这会给仍然持有目标公司股票的股东带来间接的利益。

三是套利者可能支持收购方并促成并购交易。目标公司对老股东的吸引力常建立在不易量化的因素上,这对收购方构成了一定的障碍。套利者则不同,他们会将所持有的大量目标公司股票卖给出价最高的收购者。有时,收购方甚至需要谋求套利者的协助,以收集足够的股份来完成交易。有些收购方的财务顾问甚至违规向套利者透露消息,促使套利者大量囤积目标公司股票,导致目标公司管理层无法实施反收购防御策略,最终促成收购案。

五、证券自营业务的风险管理

(一) 证券自营业务的风险

投资银行从事自营业务,可能面临以下几方面的风险:

1. 合规风险

合规风险主要是指投资银行在自营业务中因违反法律法规和监管部门的规章、规范性文件和自律规则等而造成自营业务损失的风险。例如,从事内幕交易、操纵市场等行为可能使投资银行受到法律制裁、被采取监管措施、遭受财产损失或声誉损失等。

2. 市场风险

市场风险是指因不可预见和控制的因素导致市场波动,造成投资银行自营业务亏损的风险,包括系统性风险和非系统性风险。

系统性风险是由影响整个金融市场的因素所引起的投资收益的不确定性。这些因素来自社会、政治、经济等各个方面。投资银行多样化的投资组合也无法有效应对系统性风险。系统性风险主要包括市场风险、利率风险和购买力风险。这里的市场风险主要指由于经济周期性波动导致的证券行情整体变化的风险。利率风险是指市场利率变动引起证券投资收益变动的风险,利率变化对债券交易的影响最大。购买力风险又称为通货膨胀风险,是指由于通货膨胀、货币贬值给投资者带来的实际收益水平下降。

非系统性风险只在某个特定行业或个别企业产生,通常是由某一特殊的因素引起的,只对个别或少数证券产生影响。非系统性风险主要来源于个别企业的经营风险、财务风险、信用风险、道德风险等。

3. 经营风险

经营风险是指投资银行在自营业务中,由于投资决策失误、规模失控、管理不善、内控不严或操作失误而使自营业务受到损失的风险。

(二) 证券自营业务的风险管理

投资银行对自营业务进行风险管理时首先应确认风险,其次是衡量风险的大小并予以量化,最后再运用不同的避险工具规避风险。具体而言,包括以下几个方面:

1. 明确交易授权

建立健全相对集中、权责统一的投资决策与授权机制。自营业务决策机构应当按照董事会、投资决策机构、自营业务部门三级体制设立。投资银行要建立健全自营业务授权制度,明确授权权限、时效和责任,建立层次分明、职责明确的业务管理体系,制定标准的业务操作流程,明确自营业务相关部门、相关岗位的职责,保证授权制度的有效执行。自营业务的管理和操作由自营业务部门专职负责,非自营业务部门和分支机构不得以任何形式开展自营业务。自营业务的投资决策、投资操作、风险监控的机构和职能应当相互独立。自营业务的账户管理、资金清算、会计核算等后台职能应当由独立的部门或岗位负责,形成有效的前、中、后台相互制衡的监督机制。

2. 建立风险预警机制

投资银行要根据自身的经营管理特点和业务运作状况,建立完备的自营业务管理制度、投资决策机制、操作流程和风险监控体系,在风险可测、可控、可承受的前提下从事自营业务。投资银行应当建立自营业务的逐日盯市制度,健全自营业务风险敞口和公司整体损益情况的联动分析与监控机制,完善风险监控量化指标体系,定期对自营业务投资组合的市值变化及其对以净资本为核心的风险监控指标的潜在影响进行敏感性分析和压力测试。投资银行在自营业务管理中,应建立包括系统性风险和非系统性风险在内的各种分组分项风险监测指标和预警值,有关职能部门可根据监测数据计算自营业务风险,并在风险超过一定预设值时,发出预警信号。

3. 采取风险控制措施

首先,自营商应加强内部控制,防止过度交易,限制每一交易标的的投资比例和风险,以免因市场波动而带来超出承受能力的巨大损失。其次,自营商可通过多样化投资,选择彼此相关性较弱的资产,以降低整个资产组合的风险程度。最后,采取风险转移策略,利用合法交易方式和业务手段,如利用期货、期权、远期协议等衍生金融工具进行套期保值。

4. 实施风险补偿策略

自营业务中,风险损失发生的可能性很大,因此需要采取一定的风险补偿策略。例如,在资产报价中包含风险报酬;通过订立抵押条款,采取预备性补偿措施;采取保险方式,以风险资产为保险标的向专门的金融保险公司投保;等等。

5. 严格遵守监管要求

一是使用真实、合法的资金和账户,使用自有资金和依法筹集的资金。二是实施有效的业务隔离,将证券自营业务与证券经纪业务、资产管理业务、承销业务及其他业务分开操作,建立防火墙制度,确保自营业务与其他业务在人员、信息、账户、资金、会计核算等方面严格分离。三是遵守定期报告制度,按照监管部门和证券交易所的要求,报送自营业务信息,包括自营业务账户和席位情况,涉及自营业务规模、风险限额、资产配置、业务授权等方面的重大决策,以及自营风险监控报告等事项。

第二节　证券做市商业务

一、做市商制度概述

(一) 做市商制度的特点及作用

做市商制度是指某些特定的证券交易商,不断向公众交易者报出某些特定证券的买卖价格,并在所报价格上接受公众买卖要求的一种交易制度。做市商制度具有如下几个基本特点:① 做市商对某只特定证券做市,就该证券给出买卖双向报价,且随时准备在该价位买进或卖出;② 市场上的交易者间不直接进行买卖,所有交易者均与做市商进行交易;③ 做市商从其买进价格和卖出价格间的差额赚取差价;④ 如果市场波动过于剧烈,做市商觉得风险过大,可以退出做市,不进行交易;⑤ 在大多数做市商市场上,做市商的报价和客户的买卖订单都是通过电子系统进行传送的。

做市商制度以美国全国证券交易商协会的自动报价系统(NASDAQ)形式为代表,其最为著名,也最为完善。根据美国证券交易法律、SEC 及 NASD 的有关规定,做市商必须做到:一是达到规定的记录保存和财务责任标准;二是不间断地主持买卖两方面的市场,并在最佳价格按限额规定执行指令;三是发布有限的买卖双向报价;四是在交易完成后的 90 分钟内报告有关交易情况,以便向公众公布。

做市商制度有助于维护二级市场的稳定性和流动性。正如我们在第四章中介绍的,证券二级市场的成交规则包括指令驱动的竞价交易制度和报价驱动的做市商制度。竞价交易制度与做市商制度的差异,体现了二者对市场稳定性和流动性的作用不同。

首先,在竞价交易制度下,投资者在下达市价委托订单时不知道确切的交易价格,要承担价格风险,而在下达限价委托订单时,有可能因价格偏离而不能执行,客户还可能因缺少交易对手难以成交。在做市商制度下,做市商必须在其做市的证券上有一定的头寸,并承诺按所报价格执行订单,客户可按做市商的报价立即进行交易,而不必等待交易对手的买卖指令,因此,没有订单执行风险,有利于保持市场的流动性。

其次,竞价交易制度下,客户会因为信息分布不均衡或信息不充分而无法报出真正反映投资价值和市场供求关系的价格,使得价格波动频繁,波动幅度较大;而在做市商制度下,做市商拥有更多的市场订单信息,这种信息优势地位有利于做市商根据市场分析得出报价,而客户对报价的接受程度会促使报价趋近真实价格。在市场出现超买或超卖时,做市商及时处理大额订单的做法可以平抑价格波动,维持证券价格的稳定。

历史细节 7.1

做市商制度的产生

1875年,一件偶然的事情,为纽约证券交易所带来了一个新的变化。一位名叫鲍德的经纪人把腿摔断了,他不能再跑来跑去为客户代理买卖了。于是,鲍德想出了一个办法,他找来一把椅子坐在交易所内,并宣称他只买卖西方联合公司的股票。于是,其他经纪人只要接到西方联合公司的股票买卖订单就去找鲍德,而鲍德则保证以最合理的价格买入或卖出。所有经纪人都感到了方便,而鲍德也为自己谋到了买卖差价的收益,于是一种新的交易机制在纽约证券交易所诞生了,这就是所谓的做市商制度。当年的这把椅子已经变成了文物,收藏在纽约证券交易所里。今天在纽约证券交易所,担负这种做市商职能的人被称为专家经纪人。

资料来源:节选改编自中央电视台专题片《资本市场》第二集"交易之道"的解说词。

(二)做市商制度的形式

目前,在国际证券市场上,存在两种形式的做市商制度:一种是多元做市商制度,另一种是特许交易商制度。

1. 多元做市商制度

多元做市商制度(Multiple Dealer System)以美国纳斯达克市场为代表,也称为竞争性做市商制度。全美证券交易商协会规定,证券商只有在该协会登记注册、遵守该协会的规定、达到最低的财务标准和清算标准,才能成为纳斯达克市场的做市商。做市商提供做市服务完全是自愿的。在纳斯达克市场上市的每一种股票同时由多个做市商负责。通常每一种股票有十家以上做市商,活跃的甚至达到六十多家。做市商通过价格竞争吸引客户的订单,因此多元做市商制度是一种竞争性的市场制度。做市商必须拥有一定数量的自有资金和参与做市的证券存货,才能在此基础上买进或卖出证券,随时与客户进行交易。

美国全国证券交易商协会的自动报价系统为通过柜台市场买卖证券的客户提供证券买卖行情。如果某证券存在若干家做市商,那么自动报价系统可显示出该证券的全部买卖价格,并注明最高买价和最低卖价。经纪商可代表客户通过电话或传真,通知做市商已接受即时报价,为客户买入或卖出证券。在纳斯达克市场,做市商必须随时准备用自营账户买卖它所负责的证券,并有义务持续报出对该证券的买卖价格。做市商报出的价格必须与前一交易的市场价格有一定相关性,所报的买卖价差必须保持在规定的最大幅度内。同时做市商必须恪守自身报价,在其报价下执行1 000股以上的买卖订单。

美国全国证券交易商协会对做市商的报价作了以下几方面的规定:

(1) 做市商必须双向报价,所报差价须在允许的范围内。差价范围由美国全国证券交易商协会规定,并时常更新。

(2) 做市商的报价要和主流市场价格合理相关,否则必须重新报价。如果做市商没有及时重新报价,协会将取消它对一只或所有股票的报价资格。

(3) 做市商对属于纳斯达克全国市场的股票一个月内所报的平均买卖差价不能超过其他所有做市商所报平均差价的150%。如果这种情况发生,做市商将被取消做市商资格,并在20个营业日内,不得重新注册成为做市商。

(4) 在正常营业时间内,禁止做市商"锁定"或"交叉"市场,即对同一股票,某一做市商的买方报价不能等于或高于其他做市商的卖方报价,某一做市商的卖方报价也不能等于或低于其他做市商的买方报价。

2. 特许交易商制度

特许交易商制度(Specialist System)也称为专营商制度或垄断性做市商制度。实行特许交易商制度是纽约证券交易所区别于世界上其他证券交易所的重要特征之一。特许交易商是证券交易所指定的特种会员,其主要职责是为其专营的证券提供市场流动性并维持价格的连续和稳定。若特许交易商不履行这一职责就会失去特种会员资格。纽约证券交易所规定,特许交易商存放在自己账户里的资金数量不得低于交易所规定的最低资本要求。在纽约证券交易所挂牌上市的每一种证券,均由交易所指定一家做市商负责组织市场交易,但每家做市商可负责多种证券的专营事务,该做市商被称为特许交易商(Specialist)。特许交易商是唯一可以根据市场状况用自己的账户报价的交易商。因此,特许交易商是单一做市商,特许交易商制度也被视为垄断性做市商制度。

特许交易商具有多重职能和身份。它们是专家经纪人,可以与场内其他一般经纪人交易,撮合客户的买卖指令并收取一定的佣金。它们又是自营交易商,可以自营买卖它们专营的证券,即为自己的账户买卖证券,从而获得买卖差价,但在成交时必须保证客户委托优先于自己账户同价位的报单。特许交易商同时还充当做市商,是合法的市场"庄家"。在纽约证券交易所,市场被分为若干个交易站(Trade Post),每个交易站集中交易特定的某种或某几种证券,特许交易商作为每个交易站的主持人,负责组织、协助完成或参与所有的证券交易。这主要表现在:

(1) 每日开市或停市后恢复交易时,特许交易商组织集中竞价,产生其专营证券的开盘价,其后,继续组织连续竞价过程。特许交易商接受场内一般证券经纪人的买卖申报,按交易所规则确定并连续报出专营证券的买价和卖价,作为市场的有效竞价范围。

(2) 当一般经纪人接到客户的委托指令后,可直接与特许交易商的报盘成交。如果客户委托价格超过特许交易商确定的报价范围,经纪人可将委托转交给特许交易商,当市场价格变动到限价委托的价位时,由特许交易商代为执行委托,即特许交易商代理作为其客户的经纪人买卖证券。因此,特许交易商又被称为"经纪人的经纪人"。

(3) 特许交易商必须撮合买卖指令。只有当买卖比例失衡时,为了稳定市场,特许交易商才入市干预。当证券买卖双方的数量不平衡时,特许交易商有责任充当买主或卖主与对手进行交易,用自己的账户买入或卖出证券,以维持市场流动性。并且,特许交易商有责任避免价格的大幅波动。例如,当下一个可能成交的价格将大大低于上一个成交价时,特许交易商有义务充当购买者,以两个成交价间的一个价格,用自己的账户买入,以减缓价格下跌的速度;反之亦然。

由此可见,纽约证券交易所是竞价交易制度和做市商制度的混合机制,特许交易商也并非完全的或纯粹的做市商,通过特许交易商提供做市服务的交易量仅占整个市场交易量的一小部分。但特许交易商通过做市活动,确保了做市商制度的交易优先顺序得到遵循,维护了市场运行的秩序和公正。

一方面,特许交易商制度虽然可以保持交易的连续有序性进而为市场提供流动性,但由于受交易商数量及其实力的限制,在供需严重失衡特别是在交易无利可图时,特许交易商会无力承担活跃交易的责任而退出交易;另一方面,特许交易商利用其特殊地位为市场提供的流动性有限,并不能够完全弥补交易所内委托交易流动性较低的问题。

(三) 做市商制度的利弊

1. 做市商制度的优点

做市商制度的优点如下:

(1) 成交及时。投资者可按做市商的报价立即进行交易,而不用等待交易对手的买卖指令。尤其在处理大额交易订单时,做市商制度处理委托的能力是竞价交易制度无法比拟的。

(2) 保持价格的稳定性。在竞价交易制度下,证券价格随投资者买卖指令而波动,过大的买盘或卖盘会推高或推低价格,使证券价格出现较大波动。而在做市商制度下,由于受交易所做市商尽职责任的约束以及具备处理大额指令干预市场的能力,做市商具有缓和价格波动的作用。

(3) 矫正证券供求关系失衡现象。在竞价交易市场上,常常会发生买卖指令不均衡,造成证券价格巨幅波动的现象。在做市商市场,如果出现交易买卖指令不均衡,做市商可以承接买单或卖单,缓和买卖指令的不均衡,并抑制价格的波动。

(4) 抑制证券价格操纵。做市商对某种证券持仓做市,证券价格操纵者若抬高价格,会担心做市商抛压抑制证券价格上涨,因而在实施价格操纵时会有所顾忌。

2. 做市商制度的缺陷

做市商制度的缺陷如下:

(1) 缺乏透明度。在做市商制度下,价格由分散的做市商报出,缺乏买卖订单的汇总机制,甚至为抵消大额交易对价格的可能影响,做市商可能会要求推迟发布或豁免发布大额交易信息。这使得投资者无法及时了解市场供需的基本情况。

(2) 增加交易成本和投资者的负担。做市商通过聘请专业人员,不断买卖证券承担做市义务,为投资者提供流动性,但这些交易增加的经营成本和风险都将最终转嫁给投资者,增加投资者负担。

(3) 存在利益冲突,增加监管成本。采取做市商制度,做市商的经纪商角色与做市功能可能存在冲突,做市商间也可能合谋串通。因此,为保护投资者利益,需要制定详细的监管制度与做市商运作规则,并动用资源对做市商活动进行强有力的监管,这显然会增加监管成本。

历史细节7.2

混合型做市商制度的产生

传统做市商制度的最大缺陷之一就在于做市商利用自身做市的优势地位侵害其他投资者的权益。除了纳斯达克市场做市商的报价"合谋"外(参见历史细节4.1),美国SEC对纽约证券交易所特许交易商交易行为的调查发现,特许交易商也存在以下三类违规行为:(1) 抢在客户指令前交易,即为了获得一个更好的成交价格,特许交易商不顾客户已经提交的指令而抢在客户指令之前为自己的账户进行交易;(2) "插队交易",或者称为抢得价差交易,即特许交易商在两个交易单中间介入,抢先获得价差优势;(3) "冻结",即特许交易商将其他客户的委托指令搁置起来使之不能成交,以便自己能够进行第一个交易。

上述情况说明,无论是垄断性做市商制度还是竞争性做市商制度,都有其"天然"的缺陷,即利用信息不对称侵害其他投资者的权益。针对这一现象,政府监管部门和自律组织都作出了规则的调整,逐渐形成了混合交易制度。第一种情况是原先采用传统做市商制度的市场逐渐引入竞价交易制度,实现由竞争性做市商制度向混合型做市商制度的过渡,例如,1997年SEC推出了新的委托交易规则OHR(Order Handling Rules),促使纳斯达克市场建立起了竞价制度和竞争性做市商制度的混合模式。第二种情况是原先采用竞价制度的市场引入竞争性做市商制度。做市商的双边报价与投资者的委托共同参与集中竞价,交易仍然主要按照"价格优先、时间优先"的竞价原则进行,做市商或者承担连续报价的义务,或者只承担特定情况下报价的义务。其典型代表是1986年后引入竞争性做市商制度的英国伦敦证券交易所。

资料来源:节选改编自李学峰,徐辉. 不同做市商制度对资本市场运行的影响:比较研究与启示[J]. 产权导刊,2006(12):35.

二、投资银行的做市商业务

(一) 投资银行充当做市商的动机

投资银行主要出于以下几方面的考虑充当做市商。

1. 获利动机

做市商在维持市场流动性的同时,通过买卖报价赚取价差,作为提供做市服务的报酬。在市场比较稳定时,做市商提供买卖报价,应交易对手的请求成交,只要价格准确、符合市场供求关系,做市商就在市场上不断买卖证券,使所持有的头寸保持相对稳定,并同时赚取买卖价差。如果其报价过高,则将有更多人愿意向其出售证券,致使做市商证券存量上升而降低报价;相反,如果报价过低,更多人愿意从做市商这里买进证券,做市商证券头寸将减少,甚至成为空头。为避免自己所持有的证券价格大起大落,做市商必须控制证券头寸并相应调整价格。

2. 发挥定价技巧

投资银行进入二级市场充当做市商能够运用自身良好的证券定价技巧,辅助其一级市场业务的顺利开展。投资银行拥有众多资产定价方面的专业人才,他们在二级市场上积累了丰富的经验,拥有娴熟的定价技巧。投资银行将这种定价技术运用到新股的发行中,为发行公司订立一个较优的新股发行价,从而募集到更多的资金,同时不必出售发行公司更多的股权和承担超常的风险。一旦投资银行在二级市场定价方面获得行业肯定,就能增强其在一级市场业务上的竞争能力,扩大其在一级市场的业务规模和收益。

3. 承销业务的后续操作

新股发行后,发行公司需要寻觅一个愿意"做市"的金融机构,由它来对股票报价,使得市场上的投资者能够随时买卖该种证券,实现公司股票的流动性并保证较佳的股价走势。为争取更多的发行承销业务、保持与发行公司的良好关系,这种做市业务一般是由它的主要承销商来担任。因此,做市业务是投资银行承销业务的延续和需要。在承销业务完成后,投资银行有义务为该证券创造一个流动性较强的二级市场,并维持价格的稳定,直到其他自营商进入该股票,才考虑退出。因此,担任新股的做市商可以帮助投资银行检验并向市场展示其定价能力,而这需要投资银行长期涉足二级市场,提高其定价技巧。二级市场是投资银行不容忽视的业务领域。

(二) 做市商买卖报价的策略

1. 决定买卖报价差额的因素

有效的买卖报价差额是做市商职能中最关键的一环。一般来说,做市商的买卖报价差额由以下三方面因素决定:

(1) 保留差额。保留差额是指做市商能够用来抵补执行下一笔交易边际成本的差额。能够产生保留差额的买卖价格被认为是保留价格,适当的保留价格可以确保做市商连续不断而又非常顺利地向公众投资者报出证券买卖价格。保留差额的大小由做市商的委托单处理成本和风险承担补偿决定。

委托单处理成本包括设备成本、管理人员和操作人员的费用。这些成本越低,买卖差价就越小。20世纪60年代以来,随着计算成本及训练有素的人工费用的降低,这类成本已经下降。此外,做市商还必须为其承担的风险获得补偿。做市商在某一证券上维持多头头寸或空头头寸会有三种风险:① 价格风险。未来证券价格具有不确定性,任何情况下做市商都必须持有一定的证券头寸,多头头寸会面临证券价格下跌风险,而空头头寸则面临市场价格上涨的风险。② 流动性风险。这与做市商处置头寸预计需要的时间及其不确定性有关,主要取决于证券委托买卖抵达市场的速度和市场交易的处置速度。③ 信息不对称风险。尽管做市商能比一般公众获得更为充分的有关委托单流量的信息,但在某些交易中,有可能是做市商的交易对手占有更充分的信息,结果是交易对手获得一个更好的价格,使做市商蒙受损失。因此,只有当市场需求条件达到允许做市商的报价超过其保留差额时,才能补偿做市商提供服务的固定成本和风险,做市服务才能得以提供。所以,保留差额可视为做市商向市场提供买卖报价差额的最低盈亏线。

(2) 市场竞争。竞争决定着做市商报价能够超过其保留差额的程度。理论上,在一个没有竞争的市场上,由一家做市商垄断交易的情况下,买卖报价差额大大高于保留差额的可能性在某种程度上是无限的,做市商从而能够获取远远超过固定成本的垄断利润。在一个没有竞争的市场上,做市商有机会能够连续将买进报价设定为低于保留买进价格的水平,使卖出报价高于保留卖出价格的水平。这种状况显然是市场效率原则所不允许的。因此,纳斯达克市场规定,每只股票至少必须有两家做市商,以限制任何做市商的垄断报价行为,确保一定程度的正当竞争。当几家做市商为一只证券做市时,买卖报价因做市商的不同而异,这样就为公众参与者提供了多种选择的机会。虽然市场竞争的结果会使特定证券的价格趋于一致,但对全体做市商而言,市场存在理论意义上的最高买进价格和最低卖出价格,即"内部报价"(Inside Quote)。也就是说,同一证券的不同做市商之间是存在价格竞争的。

（3）限制性委托。做市商的买卖报价还面临来自普通投资者通过限制性委托而施加的竞争压力。在纽约证券交易所,尽管特许交易商们在股票交易中拥有特权,但个人投资者若发现买卖价格差额太大,可以就此下达限制性委托指令。这种限制性指令有缩小价格差额的作用。

综合来看,做市商的做市行为并非完全取决于自身的牟利意愿,更不是无所限制的非理性行为。竞争使不同做市商的买卖报价不会偏离太多,市场相互竞争的制衡力量将做市商的报价限定在一定范围内。当然,因不同库存头寸和其他因素的影响,做市商间仍会出现不同报价。

2. 影响证券买卖报价差额的因素

不同证券的做市商报价差额的大小相差很大,主要受以下这些因素的影响:

（1）证券交易量的大小。证券交易量越大,报价差额越小。一般而言,交易量大的证券,其流动性也大,可以减少做市商的库存风险,并能够使做市商在交易时实现一定的规模经济,降低成本,报价差额也随之变小。

（2）证券收益的变动性。对做市商而言,在给定持有期间内,收益率变动越大的证券所产生的风险越大,作为风险补偿,报价差额也越大。

（3）证券价格的变化情况。价格较低的证券交易额会趋于减少,做市商会要求有较大的比例性差额来弥补交易过程中的固定成本。反之,证券价格越高,比例性差额越小。

（4）交易商数量。证券交易中的做市商越多,报价差额越小。做市商数量越多,竞争越激烈,就越能有力地约束做市商保留差额的偏离程度。而且,拥有做市商数量越多的证券交易所,其交易越趋于活跃,流动性越大,做市商的风险也越小,作为风险补偿的差额也越小。

小知识 7.1

"做市"与"坐庄"的辨析

在我国香港及台湾地区,人们习惯上把做市商称为"庄家"。香港联交所就把做市商制度称为"证券庄家制度",这容易引起内地投资者对做市商制度的误解。实际上,"做市"和我国内地习惯语所称的"坐庄"有着很大的差异,主要表现在:

（1）性质不同。"做市"是合法合规的交易机制,而"坐庄"是违规操纵市场行为。

（2）运作目的不同。"做市"制度是以维持市场流动性为根本目标,而所谓的"庄家""坐庄"的目的是获得巨额灰色收益。

（3）主体不同。"做市"的主体是合规的证券自营商,而"庄家"的主体较为复杂,可能包括各类机构和个人交易者。

(4) 对市场影响不同。"做市"制度能够维持市场的流动性和稳定性,"坐庄"则会破坏交易的公平性,加剧市场波动。

我国于 2001 年开始在银行间债券市场实施做市商制度。2007 年 7 月,上海证券交易所运行固定收益证券综合电子平台,实行竞争性做市商制度和可执行的有效双边报价体系。2012 年 5 月 7 日,中国证监会主办的证券公司创新研讨会在北京召开,通过了《关于推进证券公司改革开放、创新发展的思路与措施(征求意见稿)》,其中提出的 11 条近期措施中就包括培育证券公司柜台交易业务,探索做市商制度,支持证券公司建立面向自己客户的 OTC 市场。2012 年 5 月 25 日,上海证券交易所发布《上海证券交易所交易型开放式指数基金流动性服务业务指引》,明确了国内首批 10 家做市商为华泰柏瑞沪深 300 交易型开放式指数基金提供流动性服务。随后,在深圳证券交易所上市交易的嘉实沪深 300 交易型开放式指数基金,也有 7 家券商获准成为其做市商。

三、投资银行的国债做市商业务

(一) 国债做市商概况

在第一章中,我们介绍了国债发行一般采取一级自营商制度。除了在一级市场上直接投标和承销国债外,一级自营商一般也是国债二级市场上的主要做市商。由于国债投资者以商业银行、保险公司、养老基金、共同基金等大机构为主,国债交易具有大宗交易的特点,这就使国债交易集中在场外市场,场内交易量很小。国债的场外大宗交易使做市商制度成为必然。

1. 美国

在美国国债市场上,由美联储认可的一级自营商就是国债的义务做市商,承担对所有可交易国债积极做市的义务,为市场提供充足的流动性。纽约联邦储备银行对一级自营商的做市行为进行严格考核。第一,必须保证报价合理、准确。第二,必须具有一定的投资者基础,满足投资者交易需求。1992 年以前,每个一级自营商与一般投资者的交易额(不包括一级交易商之间的交易额)占所有一级自营商与一般投资者交易额的比例不少于 1%,这就迫使一级自营商报价要准确合理,尽量缩小价差,否则投资者不会与其进行交易。随着美国国债市场流动性不断提高,1992 年,纽约联邦储备银行取消了 1% 的绝对比例限制,但与一般投资者的交易额仍然是考察一级自营商做市能力的主要参考指标。第三,一级自营商的国债交易量必须与其国债承销量相匹配,大量承销国债后直接持有到期的机构只是投资者,不适合做一级自营商。在二级市场上做市能力差的机构可能会被暂停一级自营商资格 6 个月,如果不能在规定时间内达到相关要求,更可能被取消一级自营商资格,且一年内不得再重新申请。

除了一级自营商有义务必须做市外,NASD 5 000 多家会员中,有 2 000 多家注册为国债交易商,对美国国债进行自愿做市。国债交易商自愿进行双边报价时,报价价差和报价数量等不受限制,可以根据市场情况随时调整。但由于美国国债市场是一个流动性好且高度竞争的市场,国债交易商为扩大客户群、赚取买卖差价,都会积极报价,且报价具有一定的竞争性和数量规模。同时,由于在二级市场上的做市能力是评价一级自营商的重要参考指标,那些希望成为一级自营商的国债交易商会非常积极地进行做市,与一级自营商共同构成国债做市商的主体。此外,国债交易商的报价还受 NASD 相关规则的制约,一旦报价就具有法律约束力,客户点击或询价委托时,国债交易商必须按照报价或更优价格与其成交,以保护投资者的合法权益。

2. 欧元区

1999年欧元诞生,大大促进了欧元区国债市场的快速发展。欧元诞生还使欧元区内一国投资者方便地购买他国发行的国债,加剧了各国发行主体间的竞争。为降低筹资成本,欧元区国家致力于发展国债二级市场,提高市场流动性。各国发行主体与国债交易商自发达成自律性流动协议(Liquidity Pact):发行主体承诺提高国债发行政策的透明度,并保证一定的发行数量,而国债交易商则为此承担二级市场连续报价的义务。欧元的诞生也加快了欧元区国债市场的一体化进程,使各国债券市场交易规则逐步统一。再加上电子交易系统的快速发展,使得各国交易商二级市场的报价趋于一致,欧元区债券市场真正发展成为跨国界的区域一体化市场。在众多电子交易系统中,MTS交易系统发展最为迅速,是欧元区国债重要的交易市场之一。

MTS交易系统起源于意大利。1988年,为提高国债市场流动性、国债交易效率和信息透明度,意大利财政部、意大利银行和一级自营商联合建立了MTS SpA公司,并于1994年设立意大利国债市场电子交易系统MTS。随后,MTS逐步发展为意大利国债市场中交易商之间的主要交易平台。随着在意大利的成功运作,1999年起MTS交易系统逐步向其他欧元区国家发展。MTS荷兰、MTS比利时、MTS葡萄牙、MTS法国、MTS德国等12个市场相继建立,并在伦敦建立了泛欧基准债券市场——Euro MTS。目前,所有欧元区国家发行的国债既可通过MTS本国市场进行交易,也可通过Euro MTS进行交易。

Euro MTS是交易商间的批发市场,一般投资者无法通过该系统进行交易。投资者买卖债券,可以利用另外的Bond Vision系统与交易商联系。为使投资者获得较好的市场报价,Bond Vision系统允许投资者一次可以向四个交易商提出买卖指令,要求交易商报价,然后从中选择最好的报价进行交易。Euro MTS的参与成员按不同的资格要求分为三类。第一类是欧洲一级交易商,其资产净值不低于3 900万欧元,且必须同时是欧洲三大国债市场——法国、德国和意大利市场中至少两个市场的做市商,或者是其中一个市场的做市商,但最近一年在三个市场的交易额总和不低于1 500亿欧元,且每一个市场的交易额不低于300亿欧元。第二类是单个市场做市商(Single Market Specialist),其资产净值不低于3 900万欧元,且必须至少是一个欧洲国家债券市场的一级自营商。第三类是一般交易商,其资产净值不低于3 000万欧元。三类成员中,一级交易商和单个市场做市商必须为指定券种做市,是市场组织者,而一般交易商没有做市义务,能且只能按照做市商报价进行买卖,是市场接受者(Market Taker)。

不同类型做市商的做市券种不同。欧洲一级交易商由于同时是法国、德国、意大利或其他国家债券市场的做市商,必须承担相应市场的做市义务。此外,Euro MTS还按照债券类型、期限、流动性等特征对上市债券进行分配,要求一级交易商对分配的券种承担做市义务。根据债券特征的变化,Euro MTS每月对一级交易商的做市券种重新进行调整。对单个市场做市商来说,其仅有对相应市场国债进行做市的义务。根据债券期限和流动性不同,Euro MTS对做市商的报价价差进行强制规定:期限短于2年的债券,买卖价差不得高于10个最小变动单位(Tick);期限长于2年的债券,则根据流动性差异又对其买卖价差进行分别规定,其中流动性好的不高于2个基点(Basis Point),流动性差的不高于4个基点。

3. 中国

目前,我国国债二级市场是由银行间债券市场、商业银行柜台市场所组成的场外交易市场和由上海证券交易所、深圳证券交易所所组成的场内交易市场构成。其中,银行间债券市场采取分步实施的策略,由双边报价商制度逐渐过渡到做市商制度。

2000年4月30日,中国人民银行发布《全国银行间债券市场债券交易管理办法》,明确金融机构经批准可开展债券双边报价业务,并规定了双边报价商的权利和义务。2001年3月,中国人民银行发布《关于规范和支持银行间债券市场双边报价业务有关问题的通知》,对报价商的资格认定、业务范围及相关政策支持作出了明确规定,将双边报价商最大报价价差核定方式由价格方式改为收益率方式,并规定了各期限品种双边报价债券的最大到期收益率差和双边报价最小金额。这些规定在客观上起到了规范报价行为、提高市场流动性的作用。

2004年7月22日,中国人民银行要求将"双边报价商"统一改称为"做市商"。2007年,中国人民银行发布《全国银行间债券市场做市商管理规定》,在我国银行间市场正式建立做市商制度;2008年,中国银行间市场交易商协会发布了《银行间债券市场做市商工作指引》,建立了做市商评价指标体系,并在2010年进行了修订。根据中国银行间市场交易商协会的统计,2010年,我国银行间债券市场交易量突破165.6万亿元。做市商制度在提高市场流动性、完善价格发现机制、优化市场收益率曲线等方面起到了重要作用。

2011年4月,中国人民银行和中国财政部联合发出公告,要求各家全国银行间债券市场做市商从2011年6月1日起应对1年、3年、5年、7年和10年5个关键期限中至少4个关键期限的新发国债进行做市,并且在每个关键期限最近新发的4只国债中至少选择1只进行做市。做市商对新发关键期限国债做市券种单笔最小报价数量为面值1 000万元人民币。做市商确定新发关键期限国债券种之后,当日不能变更,并且应当对所选定的做市券种进行连续双边报价,双边报价累计时间不能少于4小时,并且必须在开盘后30分钟内报价。

在交易所市场内,上海证券交易所于2007年7月25日开始运行固定收益证券综合电子平台,除一般金融机构作为普通交易商可以进场交易外,还建立了一级交易商制度。一级交易商对挂牌国债进行10个基点以内的双边报价,每家交易商每日持续报价时间超过两个小时。2008年5月,上海证券交易所发布《关于调整一级交易商国债做市有关事宜的通知》,提出指定做市国债的概念,即一级交易商联合对指定国债进行集体做市。

(二) 国债回购交易

国债做市商为满足双向报价和双向交易的需求,往往需要持有大量的国债存货和资金。在自有资金和国债存货有限的情况下,为履行不间断的做市义务,做市商需要进行融资融券交易。国债回购是做市商进行融资融券交易的主要手段之一。

1. 国债回购交易概述

国债回购交易是国债现货交易的衍生品种,是一种以国债为抵押品拆借资金的信用行为,在交易中买卖双方按照约定的利率(年利率)和期限,达成资金拆借协议,由融资方(买方)以相应的国债库存作足额抵押,获取一段时间内的资金使用权;融券方(卖方)则在此时间内暂时放弃资金的使用权,从而获得相应期限的国债抵押权,并于到期日收回本金及相应利息。一笔回购交易涉及两个交易主体(以券融资方和以资融券方)、两次交易契约行为(初始交易和回购期满时的回购交易)、两次清算。表7.1简要列示了上海证券交易所的国债回购交易流程。

表 7.1　上海证券交易所国债回购交易流程

	融券方(卖方)	上海证券交易所	融资方(买方)
回购成交日	放弃资金使用权,将其让位于买方	冻结买方国债,将资金使用权赋予买方	获得资金使用权,将国债抵押在上海证券交易所
回购期内	获国债抵押权	冻结国债	获资金使用权
回购到期日	收回本金及相应利息	解冻买方国债	还本付息,收回国债

国债回购交易的主体有融资方和融券方两个。融资方放弃一定时间内所抵押国债的占有权,获得相同时间内对应数量的资金使用权,期满后,以购回国债抵押权的方式归还借入的资金,并按照交易时的市场利率支付利息,在交易时做"买入"申报。融券方则放弃一定时间内的资金使用权,获得相同时间内对应数量的国债抵押权,期满后,以卖出国债抵押权的方式收回借出的资金,并按照成交时的市场利率获取利息收入,在交易时做"卖出"申报。

国债回购交易对于国债市场的发展具有重要的意义。首先,国债回购交易的开展有利于提高国债的流动性。当国债持有者需要资金,但又认为持有国债收益较高,不愿将其所有权作永久性转移时,可通过国债回购的方式在不放弃国债所有权的情况下融入资金。其次,国债回购交易的发展有利于国债一级市场的发展。回购业务的存在,增加了国债的流动性,降低了持有者的风险,增加了国债的吸引力。再次,国债回购交易的开展对利率市场化有积极的促进作用。国债回购交易价格是采用资金的年收益率报价的,利率的高低直接反映市场资金的价格水平。回购利率对于筹资者是筹资成本,对于出资者则是收益率,它是双方公开竞价的结果,反映了市场资金的供需状况。最后,国债回购交易的开展,为中央银行公开市场业务操作提供了工具。

2. 国债回购交易的类型

按照交易时证券的所有权是否转移,回购可以分为质押式回购和买断式回购。质押式回购是一种以债券为抵押品拆借资金的信用行为,是证券市场的一种重要的融资方式。买断式回购与质押式回购的区别在于,交易时证券持有人将证券卖给证券购买方,所有权随之发生转移。买断式回购下,标的债券在协议期内可以由债券购买方自由支配,只要保证在协议期满能够有相等数量的同种债券卖回给原所有人就可以了。

回购交易按期限不同可以分为隔日回购和定期回购。隔日回购也称隔夜回购,是指证券出售者在卖出证券次日即将该证券购回;定期回购是证券出售者在出售证券至少两天之后再将同一证券买回的交易。国外市场中最常见的回购协议不超过 1 年。目前,我国上海证券交易所债券质押式回购期限为 1 天、2 天、3 天、4 天、1 周、2 周、1 个月、3 个月、6 个月 9 个品种;深圳证券交易所有 1 天、2 天、3 天、4 天、1 周、2 周、1 个月、2 个月、3 个月、6 个月和 9 个月 11 个品种;全国银行间市场质押式国债回购分为 7 天、14 天、21 天、1 个月、2 个月、3 个月、4 个月共 7 个回购品种;上海证券交易所的买断式国债回购有 7 天、28 天和 91 天 3 个品种,全国银行间市场买断式国债回购的回购期限由交易双方确定,但不得超过 91 天。

从国债回购交易的交易流程上看,可以分为正回购和逆回购两类。正回购(Sell Repo)是一方以一定规模债券作为抵押融入资金,并承诺在日后再购回所抵押债券的交易行为。逆回购(Reverse Repo)是主动出借资金,获取债券抵押权的行为。

举例来看,假设某一级自营商 A 需为自己购入 1 000 万美元的国债存货融资,该存货的计划持有期为1天。此时该自营商的某一客户B手中有隔夜闲置的资金1 000万美元,并同意以国债回购的方式拆借给该自营商。此时,回购市场上的隔夜拆借利率为6.5%。交易的结果是,自营商A将1 000万美元的国债作为抵押品向客户B借入资金9 998 195美元,隔日以1 000万美元赎回国债。这一交易对自营商A来说是正回购,而对客户B来说即是逆回购。借入资金和赎回资金间的差额1 805美元即为本次隔夜拆借的利息。一般来说,自营商通过回购交易融资的成本要低于银行贷款利率。回购交易利息的具体计算公式为:

$$拆借利息 = 拆借本金 \times 回购利率 \times (回购期限/360) \qquad (7.1)$$

本例中,拆借利息1 805美元=9 998 195美元×0.065×(1/360)。

除了以国债回购交易融资融券外,中央银行和一级自营商间的正回购和逆回购交易,是中央银行控制市场流动性的重要手段之一。其中,正回购为中央银行向一级自营商卖出有价证券,并约定在未来特定日期买回有价证券的交易行为,正回购为中央银行从市场收回流动性的操作,正回购到期则为中央银行向市场投放流动性的操作;逆回购为中央银行向一级自营商购买有价证券,并约定在未来特定日期将有价证券卖给一级自营商的交易行为,逆回购为中央银行向市场上投放流动性的操作,逆回购到期则为中央银行从市场收回流动性的操作。例如,2009年3月19日,美联储宣布了3 000亿美元的国债逆回购计划,作为其实施定量宽松货币政策的一个具体措施,向市场注入流动性。又如,为确保春节长假期间市场资金的稳定供应,中国人民银行于2012年1月17日发布公告,以利率招标方式开展总量为1 690亿元人民币的逆回购操作,期限为14天,中标利率为5.47%。主动参与中央银行的国债回购交易是国债一级自营商的主要市场义务之一。

(三) 分离式国债交易

在美国国债交易市场上,有一类将国债本金和利息分割交易的模式。以投资银行为代表的做市商在创造国债分离式交易的进程中发挥了重要的推动作用。

本息分离式国债属于债券类产品,是指将某一国债产品的本金和利息剥离,并在贴现计算收益方法的基础上,将一个国债产品演化为若干个零息国债票据形式(Zero-Coupon Treasury Receipts)的组合工具。投资者既可以拆开持有或交易,也可以重新组合。

在20世纪80年代中期之前,美国并没有零息国债这样的品种。1982年8月,美林公司和所罗门兄弟公司首先开发了美国国债的本息剥离式收益凭证,创造出零息国债产品。美林公司将其产品命名为"国债收入增长收据"(Treasury Income Growth Receipts,TIGR),所罗门兄弟公司将其产品命名为"国债应计凭证"(Certificates of Accrual on Treasury Securities,CATS)。

零息国债产品的制造流程是这样的:发行机构先购买国债,将其存入银行信托账户,然后发行分别代表标的国债每次利息支付所有权及其到期价值所有权的收据,也就是将国债的本息分拆形成各自独立的收益凭证。随后,其他投资银行也创立了它们自己的同类产品。例如,雷曼兄弟发行的"雷曼投资机会票据"(Lehman Investment Opportunities Notes,LION)、E.F.哈顿公司发行的"国债收据"(Treasury Bond Receipts,TBR),等等。

举例来看,假设发行机构以面值为1亿美元、票面收益率为10%的10年期国债为标的来创造零息国债产品。该国债的预期现金流包括:20次的半年息,每次为500万美元(1亿美元×10%×1/2);10年末的1亿美元本金。这样,标的国债就被剥离成为21个零息债券组合,包括本金1张(期限为10年),半年息20张(期限分别为6个月、1年、1.5年……10年)(见图7.4)。

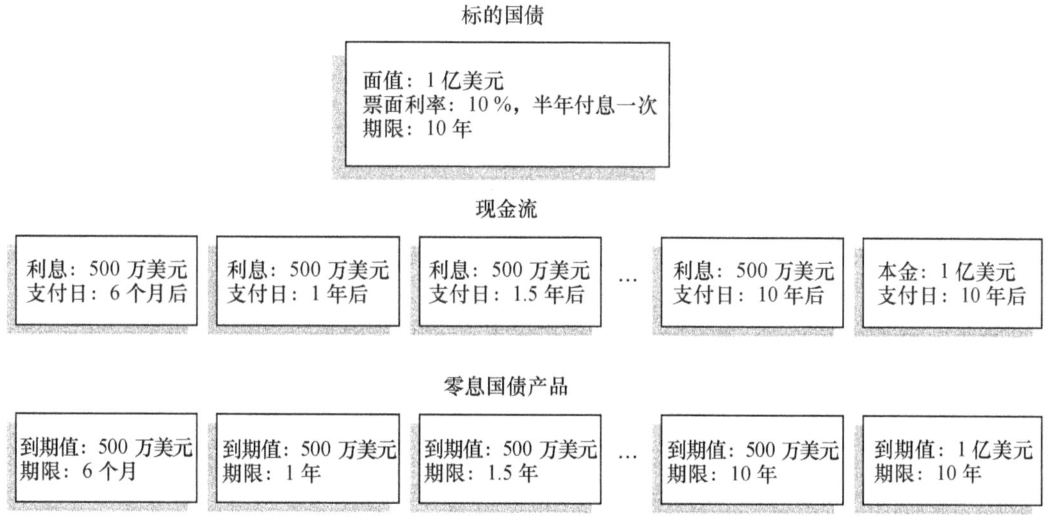

标的国债

面值：1亿美元
票面利率：10%，半年付息一次
期限：10年

现金流

| 利息：500万美元 | 利息：500万美元 | 利息：500万美元 | … | 利息：500万美元 | 本金：1亿美元 |
| 支付日：6个月后 | 支付日：1年后 | 支付日：1.5年后 | | 支付日：10年后 | 支付日：10年后 |

零息国债产品

| 到期值：500万美元 | 到期值：500万美元 | 到期值：500万美元 | … | 到期值：500万美元 | 到期值：1亿美元 |
| 期限：6个月 | 期限：1年 | 期限：1.5年 | | 期限：10年 | 期限：10年 |

图7.4 本息剥离零息国债的产生

虽然本息剥离零息国债产品的直接发行人不是美国财政部，但是其基础证券是存放于托管银行的国债，因此，此类产品的现金流是确定的。购买这些零息债券的普通投资者有两种可能的获利方式：一种方式比较传统，即以贴现价格购买，到期时按面值收回本金，其收益为票据面值与贴现价格之差；另一种方式是在到期前一旦发现市场中的套利机会，就及时在二级市场转让，其买卖差价也可使其获利。

初期的零息国债产品由不同的发行机构发行，一般被称为"商标零息国债"（Trademark Zero-coupon Treasury Securities）。不同的自营商一般不会交易其他机构发行的零息国债产品，这也抑制了此类产品的市场流动性。为了拓展市场、改善流动性，一些国债一级自营商自发订立协议发行通行的零息国债产品，而不再以个别发行人加以标识，统称为"国债收据"（Treasury Receipts, TR）。但无论是"商标零息国债"还是"国债收据"，都必须进行实物交割，这就增加了交易成本，降低了交易的效率。

1985年2月，美国财政部宣布发行自己的本息分离式债券（Separate Trading of Registered Interest and Principal of Securities, STRIPS）。此后，新发行的10年期以上（含10年期）国债均可进行分离操作。美国政府是本息分离式国债的直接债务人，债券交割清算直接通过美联储的登记结算系统进行，提高了交易效率。政府的参与结束了私人机构发行零息债券凭证的做法。初期，只有一级自营商可以参加国债本息分离业务。目前，所有国债交易商都可以参与进来，本息分离式国债也成为美国国债二级市场上的主要交易品种。

本章要点

- 证券交易是已发行的证券在二级市场上的买卖活动。投资银行在证券交易中往往担任多种角色，可以是证券经纪商，也可以是证券自营商和证券做市商。
- 证券自营业务是投资银行用自有资金或依法筹集的资金在证券市场进行以营利为目的并独立承担风险的证券交易。投资银行的自营业务按交易地点和方式的不同，可以分为场内自营交易和场外自营交易。

- 投资银行自营交易从策略上看,分为投机交易和套利交易。其中,投机交易在策略上可以分为绝对价格交易、相对价格交易以及信用等级交易;套利交易可分为无风险套利和风险套利,风险套利主要指对参与债务重组和并购业务的企业发行的证券进行套利交易,具有较大的市场风险。

- 投资银行自营业务的风险主要有合规风险、市场风险和经营风险。投资银行可以通过建立风险预警机制、采取有效风险控制措施和实施风险补偿策略等来防范风险。由于自营业务存在较大风险,各国对投资银行的自营业务都有较为严格的规定和监管。

- 做市商制度是指某些特定的证券交易商,不断向公众交易者进行某些特定证券的买卖"双向报价",并在所报价格上接受公众交易要求的一种交易制度。做市商制度有助于维护二级市场的稳定性和流动性。在国际证券市场上存在两种形式的做市商制度:多元做市商制度和特许交易商制度。

- 投资银行出于获利、发挥定价优势和市场竞争能力等原因充当做市商。买卖报价差额是做市商最关心的问题。保留差额、市场竞争、限制性委托等因素影响着做市商的报价策略。

- 作为国债一级自营商的投资银行,同时也是国债二级市场上的主要做市商。国债回购是投资银行作为做市商进行融资融券的重要途径,同时也是一级自营商配合中央银行进行公开市场操作、实现货币流动性调控目标的主要方式。

关键概念

- 证券自营业务
- 证券做市商
- 套利
- 无风险套利
- 本息分离式国债
- 多元做市商制度
- 特许做市商制度
- 投机
- 风险套利
- 国债回购

思考题

1. 投资银行证券自营业务具有哪些特征?有哪些运营方式?
2. 投资银行证券自营业务一般有哪些交易策略?
3. 投资银行证券自营业务面临哪些风险?应如何进行风险管理?
4. 什么是做市商制度?做市商制度有哪些优缺点?国际上,典型的做市商制度有哪些形式?
5. 试分析投资银行的经纪业务、自营业务和做市商业务之间可能存在的利益冲突。
6. 试探讨我国证券市场做市商制度的发展趋势。

第八章 金融衍生工具业务

本章概要

金融衍生工具的兴起和迅速发展是金融创新不断深入的产物,是金融领域发生的最引人瞩目的变革。投资银行既积极参与金融衍生工具的开发,又是金融衍生工具交易的主要参与者。本章在介绍金融衍生工具基本概念的基础上,重点说明期货、期权和互换的运作原理。

学习目标

- 掌握金融衍生工具的特征和功能
- 了解投资银行在金融衍生工具市场中的角色
- 熟悉期货合约的主要类型和交易制度
- 熟悉期权合约的主要类型和交易策略
- 了解互换合约的主要类型及其应用

衍生品是大规模杀伤性金融武器。
(Derivatives are financial weapons of mass destruction.)

——〔美〕沃伦·巴菲特(Warren Buffett,1930—)

第一节 金融衍生工具概述

20世纪70年代以来,基于基础性金融工具如股票、债券的价值变化而派生出来的创新交易方式不断涌现,交易量迅速增长,市场规模迅速扩大,金融衍生品日趋多样化、复杂化。现代金融衍生工具的兴起与迅猛发展是金融领域发生的最引人瞩目的变革,以衍生金融工具为核心的金融工程已经并仍在改变着整个金融体系。

一、金融衍生工具的特征及分类

(一)金融衍生工具的特征

金融衍生工具是由基础性金融工具衍生出来的各种金融合约及其各种组合形式的总称。

基础性金融工具主要包括货币、外汇、利率工具(如债券、商业票据、存单)、股票等。国际互换和衍生品协会(International Swaps and Derivative Association, ISDA)对衍生金融工具作了如下描述:衍生品是有关互换现金流量和旨在为交易者转移风险的双边合约。合约到期时,交易者所欠对方的金额由基础商品、证券和指数的价格决定。

金融衍生工具具有以下基本特征:

(1) 金融衍生工具的价格随基础性工具的变化而变化。金融衍生工具派生于传统金融工具,其价格受原生金融产品价格变动的影响。但较基础性金融工具而言,金融衍生工具对价格变动更为敏感,波动也较大。

(2) 金融衍生工具交易具有杠杆效应。根据通行交易规则,参与金融衍生工具交易的投资者,只需要支付少量保证金签订远期合约或互换不同金融产品的衍生交易合约,就可以进行数额巨大的交易,取得以小博大的效果。但这种杠杆效应同时也成倍放大了市场风险,所以金融衍生工具有着高风险、高收益的特征。

(3) 金融衍生工具结构复杂。在金融市场上,金融工程师可以采用各种现代定价和交易技术,根据客户的需要进行"量身定造",创造"再衍生工具",进行多重的资产组合,从而"发明"出大量的、特性各异、纷繁复杂的金融产品。

(二) 金融衍生工具的分类

目前,国际上金融产品创新频繁,金融衍生品种类不断增加。

1. 按交易方法分类

根据交易方法的不同,最基本、最常见的分类有金融远期、金融期货、金融期权、金融互换等。

金融远期(Financial Forwards),是指双方约定在未来的某一确定时间,按协议确定的价格买卖一定数量的某种金融资产的合约。金融远期合约规定了将来交换的资产、交换日期、交换价格、数量等。合约条款因合约双方需要不同而异。金融远期合约主要有远期利率协议、远期外汇协议、远期股票合约等。

金融期货(Financial Futures),是指协议双方同意在将来某个日期按约定的条件(包括价格、交割地点、交割方式)买入或卖出一定数量某种金融资产的标准化协议。金融期货合约的价格以在交易所内公开竞价的方式达成。金融期货主要有货币期货、利率期货、股票指数期货等。

金融期权(Financial Options),是指购买者持有在规定期限内按双方约定的价格购买或出售一定数量某种金融资产的权利的合约。金融期权一般包括外汇期权、利率期权、股票期权、股票指数期权等。在期权类金融衍生市场上,既有在交易所上市的标准化期权合约,也有在柜台交易的非标准化期权合约。

金融互换(Financial Swaps),是指两个或两个以上当事人按照商定条件,在约定的时间内交换一系列现金流的合约。金融互换主要有货币互换、利率互换、股权收益互换等。

2. 按基础产品种类分类

按照基础工具种类的不同,可分为股权衍生工具、货币衍生工具、利率衍生工具等。

股权衍生工具(Equity Derivatives),是指以股票或股票指数为基础工具的金融衍生工具,如股票期货、股票期权、股票指数期货、股票指数期权及上述合约的混合交易。

货币衍生工具(Currency Derivatives),是指以各种货币为基础工具的金融衍生工具,主要包括远期外汇合约、货币期货、货币期权、货币互换及上述合约的混合交易。

利率衍生工具(Interest Derivatives)，是指以利率或利率的载体为基础工具的金融衍生工具，主要包括短期利率衍生品，如远期利率协议、利率期货、利率期权、利率互换，和长期利率衍生品，如债券期货、债券期权等。

3. 按交易场所分类

根据交易场所的不同，可分为场内交易的金融衍生工具和场外交易的金融衍生工具。

场内交易，又称交易所交易，指所有供求方集中在交易所内，以公开竞价方式进行的交易。交易所事先设计标准化的金融合约，并负责审批交易者的资格，向交易者收取保证金，负责清算和承担履约担保责任。绝大部分的期货交易和部分的期权交易都采取该种交易方式。

2007年金融危机前，金融衍生品的场内交易市场维持了数年的上升态势，其中金融期货和期权增长较快。据国际清算银行(BIS)统计，金融期货合约数从2000年年底的2 537.7万张增长到2007年第一季度的历史最高峰15 671.3万张，增长了5.18倍；金融期权的合约数从2000年年底的2 769.6万张增长到2008年第三季度的历史最高峰16 536.1万张，增长了4.97倍。危机后，场内衍生品交易出现了一定程度的萎缩，不过下跌幅度较有限，至2009年，随着救市计划的实行和经济与金融市场的逐渐复苏，场内市场呈现出较明朗的好转态势。

场外交易，又称柜台交易，是指交易双方直接成为交易对手的交易方式。场外交易是一个无形市场，交易双方主要通过面对面或者电话、电传或者通过经纪人中介分散地达成交易。因此，场外交易要求参与者具有较高的信用。部分的期权交易、互换交易、远期交易以柜台交易为主。

场外衍生品由于其交易方式灵活、可满足风险管理的个性化需求等特点备受投资者的青睐。从2003年至金融危机爆发前夕，场外市场衍生品交易的增速一直高于场内市场。据国际清算银行的统计，2007年上半年，衍生品场外市场交易的名义金额总量达到516万亿美元，涨幅为9年来的最高水平。金融危机爆发后，场外衍生品市场的下跌幅度也远大于场内衍生品市场。2008年，场外衍生品市场的名义金额总量出现了自1998年以来的首次负增长。随着全球经济的逐步复苏，至2009年，场外市场衍生品交易也已呈现出回暖迹象。

二、金融衍生工具市场的发展

现代意义的金融衍生工具是在20世纪70年代固定汇率制解体、国际外汇市场动荡的情况下产生的。1972年5月，美国芝加哥商品交易所(CME)货币市场分部率先创办了国际货币市场(IMM)，推出了英镑、加元、德国马克、日元、瑞士法郎等货币期货合约，标志着第一代金融衍生产品的诞生。第一代金融衍生产品主要是与货币、利率有关的金融期货、期权，它们在各自不同的期权与期货市场内进行交易。

20世纪80年代，金融衍生品市场获得前所未有的发展。到20世纪80年代中期，已有美国、英国、德国、法国、荷兰、加拿大、澳大利亚、新西兰、日本、新加坡、巴西等11个国家和地区的交易所进行了金融期货交易。80年代后期，以期权和互换为代表的第二代金融衍生产品得到大幅发展。期权交易与互换技术相结合衍生出的互换期权也得到广泛运用，期权场外交易活跃。

20世纪90年代以来，金融衍生品的品种数量大增，市场深度得到迅速提高。在金融自由化浪潮推动下，更多非金融部门纷纷参与金融活动，外国银行与券商逐步进入本国市场。金融部门间、金融部门与非金融部门间及本国金融业与外国银行、证券业间的竞争日趋激烈。创造新的金融衍生产品是保有并扩大市场份额、提高自身实力的有效手段。金融机构为强化竞争、创造利润,同时也为协助企业和客户立足于瞬息万变的金融市场而推出了避险的各类新兴金融产品。据统计,现代国际金融市场上,金融衍生工具超过2 000种,全世界共有50多个交易所进行衍生产品交易。

总结起来,推动金融衍生工具产生与发展的主要原因有两个:

首先,规避金融市场上的价格风险是金融衍生工具产生的动力。20世纪70年代以后,金融环境发生很大变化,利率、汇率和通货膨胀呈现极不稳定和高度易变的状态,使金融市场的价格风险大增。虽然一些传统金融工具如远期外汇交易、证券投资基金等可在一定程度上控制风险,但人们特别是金融机构更希望借助先进的技术,通过低成本、高效率、高流动性的金融工具实现风险转移。因此,作为新兴风险管理手段的,以期货、期权和互换为主体的金融衍生工具成为金融业发展的客观要求。

其次,科技和信息技术发展为金融衍生市场发展提供了技术条件。通信技术和电子计算机信息处理能力的飞速发展使得国际金融交易信息得以瞬间传递,全球不同地区的金融市场被紧密联系成一个整体。经济情报的集中、处理、分析和存储变得简单、低廉。市场参与者可以在极短的时间内计算并及时选择合适的策略防范风险,这就在客观上降低了金融交易成本,提高了金融交易效率,同时也加剧了竞争,迫使金融机构通过金融工具创新来保持竞争优势。此外,伴随着信息技术的广泛运用,新兴金融分析理论和新兴信息处理技术设备将金融理论与实践结合起来,为开发和推广金融衍生工具奠定了基础。

三、金融衍生工具的功能

金融衍生工具在较短时间内得以迅速发展,除了客观经济环境的影响外,还是由它所特有的功能决定的。金融衍生工具的主要功能有:

(一) 规避风险

金融衍生工具提供了新的风险管理手段。传统的证券投资组合理论以分散非系统性风险为目的,无力应对系统性风险。金融衍生工具通过套期保值交易将市场风险、信用风险等系统性风险进行集中、冲销或重新分配,有效发挥风险转移的功能,从而更好地满足风险偏好不同的投资者的需求。例如,在利率变动频繁的市场环境中,投资者可以运用远期利率协议、利率期货、利率互换等衍生工具,在不改变资产负债结构的前提下控制利率风险,同时满足流动性和盈利性的要求。

(二) 价格发现

金融衍生工具交易特别是场内交易集中了众多的交易者。交易者在信息收集和价格分析的基础上,通过公开竞价方式达成买卖协议。协议价格能够充分反映出交易者对市场价格的预期,也能在相当程度上体现未来价格走势。同时,市场上各种形式的套利行为有利于缩小金融资产的买卖差价,修正金融市场的定价偏差。此外,金融衍生工具与基础证券的内在联系也提高了金融衍生市场的有效性。

(三) 获取收益

金融衍生产品交易一方面为投资者提供了一种避险手段,另一方面也为投资者和金融中介提供了盈利的机会。金融衍生工具交易的杠杆效应使投机者有可能以较少的资金获得较大的收益。而金融机构可凭借其高素质的专业人才、先进的技术设备,为投资者提供咨询、经纪服务,从中赚取手续费和佣金收入,增加收益。

四、金融衍生工具在我国的实践

金融衍生工具是金融市场发展到一定阶段的产物,是交易主体转移风险的重要工具。自20世纪90年代以来,我国金融市场取得了突飞猛进的发展,已经具备了发展金融衍生工具市场的基础。在世界金融衍生工具市场蓬勃发展的国际大环境下,金融衍生工具于20世纪90年代初登陆我国,并在短短几年之内获得了巨大发展。商品期货、外汇期货、认股权证、国债期货、利率远期及外汇期货等品种先后出现。在经历了"3·27"国债期货事件、认股权证热潮之后,我国的金融衍生工具市场逐步规范发展。

1992年6月,我国开始试办外汇期货交易。1995年4月,上海外汇交易中心开始试办人民币对美元的远期外汇业务。但是,由于严格的外汇管制,该业务没有得到普及,交易与投资并不活跃,市场规模很小。此后,我国外汇期货一直处于停滞状态。2005年7月,人民币汇率形成机制改革后,中国人民银行于2005年8月15日正式建立银行间人民币远期市场。2006年1月4日,中国人民银行在银行间外汇市场引入做市商制度,逐步掌握了人民币远期定价的主导权。

1992年12月,上海证券交易所首次推出国债期货交易。之后,国债期货市场在全国各地飞速发展,但一系列违规事件也随之而来。1995年,国债"3·27"事件爆发,国债期货在一系列恶性违规事件的打击下停止交易。在我国股票现货市场产生两年零四个月后,1993年3月,海南证券交易中心首次推出我国股票指数期货交易合约——深圳A股指数及深圳综合指数期货合约。由于中国股市刚起步,股市发展不稳定,管理和运作不规范,加之投资者对这一交易方式认识不足,到1993年9月底,股指期货交易被中止。随着中国证券市场的逐步发展和完善,2010年4月,中国证监会批准中国金融期货交易所沪深300股指期货合约正式上市交易。截至2017年5月,除沪深300指数期货外,中金所交易的产品还包括5年期和10年期国债期货合约、上证50和中证500股指期货合约。

五、金融衍生工具市场中的投资银行

在全球金融衍生工具市场上,摩根大通、德意志银行、花旗、汇丰、美国银行等大型金融集团以及摩根士丹利、高盛、瑞银等一流投资银行是主要的参与者。这些大型金融机构身兼数职,同时扮演金融衍生工具市场的产品提供者、交易商以及中间商的角色。

1. 投资银行是金融衍生工具的提供者

投资银行是资本市场上最主要的中介机构,具有不可替代的核心地位。投资银行拥有高、精、尖的人才优势,是金融衍生工具最主要的设计开发者。向市场提供创新的金融产品以满足客户和投资者需求,成为投资银行获得收益和扩大影响的重要方式和手段。

2. 投资银行是金融衍生工具的交易商

金融衍生工具设计开发完成后进入运营阶段,投资银行会积极寻找金融产品的需求者,随时根据交易对手的要求进行报价和交易。同时,投资银行也通过参与交易,利用衍生金融产品实现风险资产管理、获取套利和投机交易收益等目的。投资银行一方面作为交易的对手方参与衍生产品的交易,另一方面也充当衍生产品市场的做市商,维持市场的流动性。

3. 投资银行是金融衍生工具交易的中间商

投资银行利用自己的客户关系网撮合其他交易者,担任衍生品交易的经纪商,收取一定的手续费和交易佣金。特别是在场外交易市场中,投资银行是撮合成交的重要中间人。

4. 投资银行是金融衍生工具进一步发展的推动者

投资银行不断根据市场环境的变动,对金融衍生工具的功能进行修正,使之更适合新的市场环境和不同投资者的需求,推动金融衍生工具朝着使用范围更广、功能更加复杂细密、体系更加严密的方向发展。

第二节 金融期货合约及其应用

一、金融期货合约的基本概念

(一)金融期货合约的特点

1. 金融期货合约的概念

金融期货合约是指由期货交易所统一制定的、规定在将来某一特定的时间和地点交割一定数量和品种金融工具的标准化合约。目前,全球金融期货在全部期货交易中所占的比重高达75%以上。金融期货的出现,不仅改变了期货市场的格局,而且促进了世界期货市场的空前发展。金融期货按其先后出现的顺序,主要有外汇期货、利率期货和股指期货。2007年,美国芝加哥交易所(CBOT)与芝加哥商品交易所(CME)合并成全球最大的衍生品交易所——芝加哥交易所集团(CME Group);伦敦国际金融期货与期权交易所(LIFFE)和欧洲期货期权交易所(EUREX)则是欧洲两家最著名的期货和期权交易所;其他大型期货交易所还包括东京国际金融期货交易所(TIFFE)、新加坡国际货币交易所(SIMEX)等。

金融期货合约一般规定了标的金融产品的规格、品种、交割月份、交割方式、交易方式等。该合约唯一可变的是价格,它是在一个有组织的期货交易所内通过竞价产生的。下面以沪深300股指期货合约(表8.1)为例来作简要说明。

表8.1 沪深300股指期货合约

项目	内容
合约标的	沪深300指数
合约乘数	每点300元
报价单位	指数点
最小变动价位	0.2点
合约月份	当月、下月及随后两个季月
交易时间	9:15—11:30;13:00—15:15
最后交易日交易时间	9:15—11:30;13:00—15:00
每日价格最大波动限制	上一个交易日结算价的±10%
最低交易保证金	合约价值的12%
最后交易日	合约到期月份的第三个周五,遇国家法定假日顺延
交割日期	同最后交易日
交割方式	现金交割

(续表)

项目	内容
交易手续费标准	成交金额的万分之零点五
交易代码	IF
上市交易所	中国金融期货交易所

- 合约标的：沪深300指数是从上海和深圳证券市场中选取300只A股作为样本编制而成的成分股指数，指数样本覆盖了沪深市场60%左右的市值，具有良好的市场代表性。
- 合约乘数：合约乘数是为计算单张期货合约价值而事先规定的货币数量。沪深300股指期货合约的价值＝沪深300指数点×300元。
- 最小变动价位：公开竞价过程中，合约标的报价的最小变动数值为0.2点。每次报价必须是0.2的整数倍。
- 合约月份：合约月份是指期货合约到期交割的月份，交易所同时上市交易四个月份的合约，即当月合约、下月合约及随后的两个季月合约（3、6、9、12四个月份中距离目前最近的两个月份合约）。
- 交易时间：股指期货市场比股票市场早开市15分钟，可有效地扮演价格发现的角色，帮助现货市场在未开市前建立均衡价格，降低现货市场开市时的波幅；比股票市场晚收市15分钟，可降低现货市场收市时的波幅，在现货市场收市后，为投资者提供对冲工具，同时为套期保值者提供便利。
- 每日价格最大波动限制：涨跌停板为上一交易日结算价的±10%，主要根据现货市场涨跌停板幅度与沪深300指数的历史波动幅度确定。由于股票市场每日的涨跌幅度为±10%，为了与现货市场保持一致，股指期货合约的涨跌停板确定为上一交易日结算价的±10%。最后交易日涨跌停板幅度为上一交易日结算价的±20%。
- 最低交易保证金：交易所实行保证金制度。保证金分为结算准备金和交易保证金，股指期货合约最低交易保证金标准为合约价值的12%。期货交易过程中，出现一些特殊情况，交易所可以根据市场风险状况调整交易保证金标准，并向中国证监会报告。
- 最后交易日：沪深300股指期货合约的最后交易日为合约到期月份的第三个周五，最后交易日即为交割日。交割日的下一交易日，新的月份合约开始交易。
- 交割方式：股指期货合约采用现金交割方式。最后交易日收市后，交易所以交割结算价为基准，划付持仓双方的盈亏，了结所有未平仓合约。股指期货交割结算价为最后交易日标的指数最后2小时的算术平均价。计算结果保留至小数点后两位。交易所有权根据市场情况对股指期货的交割结算价进行调整。
- 交易手续费标准：交易所收取交易手续费的标准为合约成交金额的万分之零点五。另外，交割手续费标准为交割金额的万分之一。交易所有权对手续费标准进行调整。

2. 金融期货合约交易的特点

金融期货合约交易的特点如下：

（1）标准化合约。金融期货合约的合约规模、交割日期、交割地点等都是标准化的，由交易所统一规定，交易双方无须再商定。这一特征提高了金融期货合约的流动性。

（2）交易所结算。金融期货合约交易均在交易所进行，交易双方不直接接触，而是各自跟交易所的清算部或专设的清算公司结算。交易双方无须担心对方违约,因此并不需要去了解对方的信用情况。期货合约交易每日进行结算,即实行盯市交易制度。每日交易结束,交易所都要计算交易者的浮动盈亏。

(3) 对冲平仓。绝大多数金融期货合约都采取对冲的交易方式,即期货合约的买者或卖者可在交割日之前采取对冲交易以结束其期货头寸(即平仓),而无须进行最后的实物交割。据统计,最终进行实物交割的期货合约只有1%—3%。

(4) 公开竞价。期货交易的价格是由交易所买卖双方通过公开竞价确定的,价格信息较为充分,反映了交易双方对期货价格的预期,产生的价格较为合理,定价效率较高。

(二) 金融期货合约的交易制度

1. 期货市场的构成

期货市场的参与者主要包括期货交易所、期货结算所、期货经纪公司和投资者。

(1) 期货交易所。期货交易所是为期货交易提供场所、设施、服务和交易规则的机构。从世界范围来看,期货交易所的组织形式一般有会员制和公司制。会员制期货交易所是由会员通过缴纳资格费取得会员资格,全体会员共同出资成立,实行自律性管理的非营利性法人机构。公司制期货交易所则是由若干股东共同出资成立的,以营利为目的的股份制有限公司。公司下设股东大会、董事会、监事会及经理机构,各机构各司其职、相互制约。公司制交易所的股份可以按照有关规定进行转让,其盈利来自交易所收取的各种费用,但交易所不参与合约标的物的买卖。

期货交易所主要承担以下职能:提供有组织、有秩序的交易场所、设施及相关服务,确保期货交易的有序进行;提供公开的交易价格,传递市场信息;提供统一的交易规则和标准,促进交易的规范化;组织和监督期货交易,监控市场风险;负责期货合约买卖的结算,提供交易担保,保证合约履行,并监管交割执行;监督会员的交易行为,严厉查处会员的违法、违规行为,保证期货交易的公开、公平、公正。

(2) 期货结算所。期货结算所是结算会员为了便利期货交易而组建的清算、担保的非营利机构。期货结算所的主要功能是结算期货交易所内达成的每笔期货合约,结算交易账户,核收履约保证金并使其维持在期货交易规定的最低水平,监管实物交割,报告交易数据等。对期货合约的交易者而言,期货结算所是交易的第三方,是期货合约卖方的买方、买方的卖方,即"中央对手方"(Central Counter Part, CCP)。

国际上,期货结算所存在三种设置形式:一是交易所内设结算部门,如美国芝加哥商业交易所的结算机构是交易所的一个内部机构,我国的期货交易所也采用该种形式;二是由交易所完全控股的结算机构,如香港期货结算所由伦敦国际商品结算所设立,隶属于香港期货交易所;三是由多家交易所和实力雄厚的金融机构出资组成一家完全独立的结算机构,如英国伦敦结算公司(LCH),该机构为英国伦敦金属交易所、伦敦国际金融期货与期权交易所、国际石油交易所以及大多数英联邦国家及欧洲多家期货交易所提供结算服务。

(3) 期货经纪公司。期货经纪公司是客户参与期货交易的中介,其主要任务是代理客户进行交易,管理客户保证金,执行客户下达的交易指令,记录交易结果,并运用先进的设施和技术为客户提供期货行情、市场分析及相关的咨询服务。

(4) 投资者。期货市场投资者分为两大类:套期保值者和投机者。套期保值者主要是指机构投资者、证券发行人等,他们以相反的方向买卖现货和期货,以稳定自己现有或将来需要的金融产品价格。投机者则是各种风险投资者,他们并未实际持有金融产品,不需要抵补风险头寸,愿意通过承担金融产品价格变动的风险来牟取可能的巨额利润。

2. 期货合约的交易制度

为保障期货交易的公开、公平、公正以及期货市场的高效运转,各国对期货交易制定了较为严格的交易制度,主要包括:

(1) 保证金制度。保证金制度是指在期货交易中,交易者必须按照期货合约价值的一定比例缴纳资金,用于结算和保证履约。在我国,期货保证金分为结算准备金和交易保证金。结算准备金是由会员向交易所缴纳的,为交易结算预先准备的资金。交易保证金是期货交易者因持有期货合约而实际支付的保证金。交易保证金又分为初始保证金和维持保证金。初始保证金(Initial Margin)是交易者在交易前必须存入的一定数量的保证金,保证金比例通常为合约价值的5%—10%。在每日交易结束时,保证金账户都要根据期货价格涨跌进行调整。当保证金账户余额低于交易所规定的维持保证金(Maintenance Margin)水平时,交易者将会收到追加保证金通知。如果投资者未能及时追加保证金至初始保证金水平,将被强制平仓。在我国,维持保证金水平通常为初始保证金水平的75%。

(2) 每日结算制度。期货交易所实行每日无负债制度,又称逐日盯市制度,即每日交易结束后,交易所按当日结算价结算所有合约的盈亏、交易保证金及手续费、税金等费用,对应收应付款项同时划转,相应增加或减少会员的结算准备金。

(3) 涨跌停板制度。又称每日价格最大波动限制,是指期货合约在一个交易日中的交易价格波动不得高于或低于规定的涨跌幅度,超过该涨跌幅度的报价将被视为无效。设置涨跌停板制度的目的在于降低每一交易日价格波动,使交易所、会员和客户的可能损失被控制在相对较小的范围内。

(4) 持仓限额制度。交易所为防止市场风险过度集中于少数交易者、防范期货交易的市场操纵行为,会对会员和客户的持仓数量进行限制。例如,芝加哥商业交易所规定每一交易账户中标准普尔500指数期货各月份合约总的单边持仓量不能超过20 000份。

(5) 大户报告制度。期货交易所建立限仓制度后,当会员或客户投机头寸达到交易所规定的数量时,必须向交易所申报,以防止大户操纵市场的行为。例如,上海期货交易所的大户申报制度规定,交易者持仓量达到交易所限仓规定的80%时,会员或客户应向交易所申报其交易头寸和资金等情况。

(6) 强行平仓制度。当交易所会员或客户的交易保证金不足并且未在规定时间内补足、持仓量超出规定的限额或者违规时,交易所为了防止风险进一步扩大,将对其持有的未平仓合约进行强制平仓处理。

(7) 风险准备金制度。期货交易所从自己收取的会员交易手续费中提取一定比例的资金作为确保交易所担保履约的备付金。我国规定,交易所按手续费收入20%的比例提取风险准备金。

(三) 金融期货合约的交易策略

根据期货交易者交易目的的不同,期货交易可以分为套期保值交易、投机交易和套利交易三种类型。

1. 套期保值交易

套期保值(Hedging)交易是交易者买入或卖出与现货市场数量相当的,但交易方向相反的期货合约,以期在未来某一时间通过卖出或买入期货合约来补偿现货市场价格变动所带来的风险。期货之所以具有套期保值功能,是因为在一般情况下,期货合约的价格与现货的价格大多受相似因素的影响,从而它们的变动方向基本一致。因此,投资者只要在期货市场上建立与现货市场相反的持仓,则在市场价格发生变化时,必然在一个市场上亏损而在另一个市场上盈利。适当的套期保值比率可使投资者达到亏损与盈利的大致平衡,从而实现保值的目的。

套期保值交易按照其交易策略的不同,又可以分为买入套期保值和卖出套期保值。买入套期保值是指通过期货市场买入期货合约以防止因现货价格上涨而遭受损失的行为;卖出套期保值是指通过期货市场卖出期货合约以防止因现货价格下跌而造成损失的行为。例 8.1 是一个投资基金为其持有的股票投资组合进行的股指期货卖出套期保值。

【例 8.1】 假设某基金在 2009 年 7 月 30 日,收益率已达到 80%,鉴于后市不太明朗,下跌的可能性较大,为了保持业绩,到 12 月其决定利用沪深 300 股指期货实行保值。假定其股票组合的现值为 3.42 亿元,其股票组合与沪深 300 指数的 β 系数为 1(即其涨跌比完全一致)。假定 9 月 2 日的现货指数为 3 600 点,而 12 月到期的期货合约为 3 800 点。

$$卖出的期货合约头寸 = [3.42 亿 \div (3\,800 \times 300)] \times 1 = 300(张)$$

假定到了 12 月 22 日,现货指数跌到 3 240 点,而期货指数跌到 3 420 点(现货指数跌 360 点,期货指数跌 380 点),跌幅都是 10%,这时投资者买进 300 张期货合约进行平仓,则该基金的损益情况为:现货价值亏损 10%,减值 0.342 亿元;期货合约上赢得 0.342 亿元(300 元 × 380 点 × 300 张),两者相等(未考虑相应的交易手续费等)。

例 8.1 是对已经建仓的股票用卖出套期保值来对冲系统性风险。对于没有建仓的基金,也可以运用卖出套期保值降低建仓成本。例如,我国的公募基金在新发基金后有 3—6 个月的建仓时间限制。如果建仓期市场正处于下跌趋势,则对控制建仓成本不利,如果基金能合理地在市场上进行适当的卖出套期保值操作,则可能适度平抑建仓成本。此外,融资融券推出后,如果券商接受了客户的融券申请,则直接出借自身已有的标的证券,或从二级市场购入自身未持有的标的证券后出借给客户,此时券商可能承担借出股票市值下跌的风险。当券商向客户借出证券后遭遇股市下挫,也可依靠少量资金做空股指期货来为所借出的自有证券进行套期保值,从而在取得融券费用的同时,对冲了持仓市值的损失。

买入套期保值的应用范畴也很广。比如,新基金都有一个建仓过程,由于资金量大,如果建仓过快,则可能推高市场价格从而增加建仓成本。如果在市场上先买入一定的股指期货合约,然后在现货市场缓慢建仓,这样在牛市行情下也能较好地控制建仓成本。另外,融资融券推出后,客户融资购买股票期间,券商可能面临股票上涨所带来的踏空机会成本,降低自有资金盈利效率。当券商出借资金为客户融资后遇到股市单边上涨,则可用少量资金同时做多股指期货,利用股指期货的高杠杆性,在取得融资费用的同时亦可分享股市上涨的收益。

2. 投机交易

期货投机(Speculation)是指在期货市场上单纯以牟取利润为目的而买卖标准化期货合约的行为。投机者根据自己对期货价格走势的判断,作出买进或卖出期货合约的决定。如果投机者预期未来某金融资产价格将上升,于是先行买入该品种期货合约即做多投机;反之为做空投机。如果投机交易者的判断与市场价格走势相同,则投机者平仓后可获得投机利润,否则将承担投机损失。以股指期货为例,最简单的投机策略就是利用股市指数期货预测市场走势以获取利润。若预期市场价格回升,便购入期货合约;若预期市场价格下跌,便卖出期货合约。

相对于投资股票,股指期货的低交易成本和高杠杆比率更加吸引投机交易者。

投机交易在期货市场中不可或缺。投机者承担了套期保值者力图规避和转移的风险,使得套期保值成为可能。同时,投机者交易较为活跃,增加了期货市场的交易量,提高了市场的流动性。这既使得套期保值交易需求能得到及时满足,又能减少交易者进出市场可能引起的价格波动。和其他交易行为相比,投机交易行为具有以下几个特征:

(1)以获取利润为目的。投机者参与期货交易的目的是在汇集各方面市场信息的基础上,采用一定的分析方法对期货价格走势进行预测,通过低价买进、高价卖出获得价格变动的差额收益。因此,投机交易的目的是营利。

(2)主动承担风险。投机行为和套期保值行为对待风险的态度是完全不同的。套期保值的目的是规避价格波动的风险,而投机交易则是主动承担价格波动的风险。因此,投机交易者应当具备较强的风险承受能力。

(3)一般不进行交割。投机者没有买卖合约标的物的实际需求,一般不会在期货市场上进行交割,而是选择在期货合约到期之前将合约平仓。所以,投机者关心的并不是实际的标的物,而是合约价格变动的趋势和差额。

3. 套利交易

套利交易(Arbitration)又称价差交易,是指在买入或卖出某种期货合约的同时,卖出或买入相关的另一种合约,并在某个时间同时将两种合约平仓的交易方式。在期货交易中,套利交易提供了一个极低风险的对冲机会。一般情况下,合约间价差的变化比单一合约的价格变化要小,因此,套利可以获取无风险收益。期货合约的套利交易可以简单地分为三类:

(1)跨期套利,即利用股指期货不同月份合约之间的价格差价进行反向交易,从中获利,具体又分为多头跨期套利和空头跨期套利。例如,当股票市场趋势向上时,交割月份较远的股指期货合约价格会比近期月份合约的价格更易迅速上升,投资者可进行多头跨期套利操作,即卖出近期月份合约买入远期月份合约获利。相反,在股票市场趋势向下时,交割月份较远的股指期货合约价格会比近期月份合约的价格下降幅度更大,套利者可以买进近期月份的股指期货合约、卖出远期月份的股指期货合约进行空头套期获利。

(2)跨市套利,即套利者在两个交易所对两种类似的期货合约同时进行方向相反的交易。例如,当同一股指期货合约在两个或更多的交易所进行交易时,由于区域间的时区差别和地理差别,各合约间存在一定的价差关系。以日经225指数期货为例,它分别在大阪证券交易所(OSE)、新加坡交易所(SGX)和芝加哥商业交易所上市交易。三种期货合约的标的资产都是日经225指数,但合约乘数、报价单位及交易时间不尽相同。其中,大阪证券交易所上市的日经225指数期货合约,以日元报价,合约乘数为1 000日元/指数点。新加坡交易所和芝加哥商业交易所则既有日元报价的日经225指数期货合约,又有美元报价的日经225指数期货合约;日元报价的指数期货合约,合约乘数为500日元/指数点,美元报价的指数期货合约,合约乘数为5美元/指数点。而且,在芝加哥商业交易所开仓买卖的日经225指数期货合约,可以在新加坡交易所对冲平仓,而新加坡交易所的交易时间又比大阪证券交易所长,这就为三个交易所的日经225指数期货合约的跨市套利提供了机会和方便快捷的交易通道。

(3)跨品种套利,即利用两种不同的、具有相互替代性或受到同一供求因素影响的品种之间的价差进行套利交易。比如,某套利者预测美国NASDAQ(纳斯达克)指数相对于纽约证券交易所综合股票指数在一段时间内将呈强势,他会买进NASDAQ指数期货合约,卖出纽约证券交易所综合股票指数期货合约,并适时进行对冲,就可以从跨品种套利交易中获利。

二、金融期货合约的主要类型

金融期货是以金融工具如证券、货币、汇率、利率、股票指数等为标的物的期货合约,其交易品种主要有外汇期货、利率期货、股指期货等。

(一) 外汇期货

外汇期货(Foreign Currency Futures),是指在固定场所交易的,规定在将来某一特定时间和地点交收一定金额某种货币的标准化合约。外汇期货是金融期货中历史最长的一个品种。1972年5月16日,芝加哥商业交易所成立了国际货币市场分部,首先推出了包括英镑、日元、澳大利亚元、加拿大元、德国马克、瑞士法郎和法国法郎在内的7种外汇期货合约。随后,其他国家和地区也纷纷效仿。目前,从世界范围看,外汇期货的主要市场仍在美国,其中又基本集中在芝加哥商品交易所的国际货币市场分部、中美洲商品交易所(MCE)和费城期货交易所(PBOT)。

从交易目的来看,外汇期货也存在套期保值、投机和套利等交易形式。外汇期货市场上的套期保值主要是指国际经贸交往中的债权人和债务人为防止其预计收回的债权或将要支付的债务因计价货币贬值或升值而蒙受损失,将汇率风险控制在一定程度内,而在市场上做一笔与现货市场头寸相反、期限对称、金额相当的外汇期货交易,以达到保值的目的。外汇期货市场的投机是指交易者根据其对未来市场走势的预测和判断,通过买卖外汇期货合约,从中赚取差价的交易行为。

不同货币之间的汇率波动也创造了套利交易的机会。例如,假设某年6月,一套利者在东京外汇市场上买卖日元期货合约。当时,8月交割的日元期货价格为:1美元=88日元;10月份交割的日元期货价格为:1美元=87日元。该套利者预期8月交割的日元期货价格的涨幅将大于10月交割的日元期货价格的涨幅,于是买入8月份的日元期货合约而卖出相同数量的10月份的日元期货合约。假如他预测准确,到7月份时,8月份的日元期货价格为:1美元=87日元;10月份的日元期货价格为:1美元=86.5日元。如果这时套利者以此价格平仓,假设每份合约的金额为880 000日元,那么,他在8月份的日元期货合约交易上可盈利115美元(880 000÷87-880 000÷88),而在10月份的日元期货合约交易上损失58.4美元(880 000÷87-880 000÷86.5)。两者相抵,共盈利56.6美元。如果保证金比率为5%,那么,买卖两种期货合约的总投入资金约为1 000美元(880 000×2÷88×5%),年收益率达33.96%(56.6÷1 000÷2×12)。

(二) 利率期货

利率期货(Interest Rate Futures),是指由交易双方签订的,约定在将来某一时间按双方事先商定的价格,交割一定数量与利率相关的金融资产的标准化期货合约。1975年10月,世界上第一张利率期货合约——政府国民抵押协会抵押凭证期货合约在美国芝加哥期货交易所诞生。其后,芝加哥商品交易所国际货币市场分部先后于1976年1月和1981年12月推出了3个月期美国短期国库券期货合约以及3个月期欧洲美元定期存款期货合约。1977年8月22日,美国长期国债期货合约在芝加哥期货交易所上市。目前,在期货交易比较发达的国家和地区,利率期货已经超过农产品期货成为成交量最大的一个期货类别。在美国,利率期货的成交量甚至已占到整个期货交易总量的一半以上。

利率期货交易具有以下几个特征:① 特殊的交易对象。利率期货的交易对象并不是利率,而是某种与利率相关的特定的金融证券或支付凭证,如国库券、债券、大额定期存单、欧洲美元存款证等。② 特殊的价格变动方式。由于与利率相关的债券类标的资产的价格通常与实际利率呈反方向变动,因此,利率期货价格与实际利率也呈反方向变动,即利率越高,利率期货价格越低;利率越低,利率期货价格越高。③ 特殊的交割方式。利率期货主要采取现金交割方式。

按照合约标的的期限长短,利率期货分为短期利率期货和长期利率期货。短期利率期货是以期限不超过1年的货币市场金融工具作为交易标的的利率期货,如短期国库券期货合约、欧洲美元期货合约、商业票据期货合约、大额可转让存单期货合约等。由于短期货币市场工具通常是按照贴现方式发行的,因此短期利率期货交易采用独特的"指数"报价方式(公式8.1)。假设某一短期国库券的收益率为8.25%,以该国库券为标的的利率期货合约的报价指数为91.75,即[(1-8.25%)×100]。指数与利率期货合约价值成正比,指数越高,合约价值相应越大。

$$短期利率期货合约报价指数 = (1 - 贴现率) \times 100 \tag{8.1}$$

长期利率期货是以期限超过1年的资本市场金融工具作为交易标的的利率期货,如各种中长期国债期货合约等。与短期利率期货的指数报价形式不同,长期利率期货合约采取价格报价法。长期利率期货合约的报价方式与中长期债券的报价方式一致,以合约的标的债券为基础,报出其每100单位货币(如100美元)的价格。一般来说,长期利率合约价格的最小变动单位为一个基本点(Basis Point)即0.01%。由于美国政府中长期债券的报价是以(1/32)%或(1/64)%为最小变动价位,因此,美国中长期国债期货合约的报价也以此为最小变动价位。例如,芝加哥期货交易所的30年期美国国债期货合约的交易标的面值为10万美元,最小变动价位为(1/32)%,即每个最小变动价位为31.25美元[100 000×(1/32)%];而芝加哥期货交易所的5年期和10年期美国国债期货合约的最小变动价位为(1/64)%,即15.625美元[100 000×(1/64)%]。因此,若30年期美国国债期货合约报价为"98-15",合约价值即为98 468.75美元[100 000×98% + 100 000×(15/32)%]。

投资者通过对利率变化的预期,可以进行利率期货的套期保值、投机和套利等交易。若投资者预期未来利率水平将下降,从而利率期货价格将上升,便可先行买入期货合约,即做多;反之,若投资者认为未来利率水平将上升,从而利率期货价格将下降,则先行卖出期货合约,即做空。例8.2是一个短期利率期货的套利交易。

【例8.2】 假设2012年3月20日现货市场上3个月后到期的短期国库券的收益率为10.00%,而1年后到期的短期国库券的收益率为11.47%,短期国库券的收益曲线向上倾斜。某套利投资者认为该收益曲线过于陡峭,在未来的6个月内将会趋于平缓,那么,相应的不同月份期货合约之间的价差将会缩小。于是,他按当前的市场价格买入1份远月(12月份)的短期国库券期货合约(指数报价为86.50),卖出1份近月(9月份)的短期国库券期货合约(指数报价为87.50),两份合约之间的价差为1.00点(87.50 - 86.50)。

假设到了4月30日,12月份短期国库券期货合约的收益率从13.50%下跌到11.86%(指数报价为88.14),9月份短期国库券期货合约的收益率则从12.50%下降到10.98%(指数报价为89.02),收益曲线真的趋于平缓,两者之间的价差缩小为0.88点(89.02 - 88.14)。若该投资者选择此时对冲平仓,9月份的短期国库券期货合约亏损了1.52点(87.50 - 89.02),12月份的短期国库券期货合约盈利1.64点(88.14 - 86.50)。两者相抵,可获净利0.12点。即便期货合约的收益率上升,只要两者的价差收窄,投资者就可从中获利。

（三）股指期货

股指期货(Stock Index Futures),是以股价指数为交易标的的一种期货合约。最早的股指期货——价值线综合股价指数期货是于1982年2月在美国的堪萨斯谷物交易所推出的。1982年4月和5月,芝加哥商业交易所和纽约期货交易所又相继推出了标准普尔500指数期货合约和纽约证券交易所综合指数期货合约。1984年7月芝加哥期货交易所开创了主要市场指数期货(Major Market Index Futures)交易。此后,其他国家也纷纷效仿美国,相继推出了股指期货交易。如英国伦敦国际金融期货交易所的"金融时报—证券交易所100种股价指数"期货交易,香港期货交易所的恒生指数期货交易,新加坡国际货币交易所的日经225股价指数期货交易。2010年4月,中国金融期货交易所沪深300股指期货合约正式上市交易。

股指期货交易具有以下几个方面的特点:① 股指期货的交易标的虽是股价指数而非具体股票,但合约价格的变动与股票市场价格变动同步,并且承担股票价格波动带来的风险。② 股指期货有助于规避股票市场的系统性风险。③ 股指期货的交易单位和合约规模是由指数"点"和每个指数"点"所代表的价值来共同决定的。④ 股指期货合约到期时,交易双方采用现金结算,而无须进行实物交割,故交易中也不会发生任何股东权利和义务的转移。

与其他期货合约交易一样,投资者可以通过股指期货交易达到套期保值或获得投机利润和套利收益的目的。此外,股指期货和其他期货合约工具组合使用,还可应用于调整投资组合的资产配置。例如,某基金现有的投资组合中,股票占比为40%,债券占比为60%。该基金经理预期股票市场近期将出现一轮上涨行情,希望尽快将股票资产的比例提高到60%,债券资产的比例降低为40%。此时,如果直接在市场上抛售债券买入股票,因投入资金量大,会给市场价格带来较大的冲击,也会提高基金的资产转换成本。于是该基金经理决定买入一部分股指期货,卖出一部分国债期货,将资产比例调整到计划水平。接下来的几个月,股票市场出现了30%的上涨。尽管该基金实际持有的股票资产比例没有发生变化,但因参与了股指期货市场交易,仍然获得了一个比较好的收益。此时,如果基金经理判断股票市场会回落,可以将期货头寸平仓;如果他认为股票市场仍然会维持相当长一段时间的良好表现,可以在现货市场上逐步挑选合适的股票建仓,同时将股指期货头寸平仓,并逐步减持债券头寸,同时将国债期货空头平仓,将现货比例调整到股票60%、债券40%的水平。

第三节　金融期权合约及其应用

1973年4月26日,美国最大的期货交易所之一——芝加哥期货交易所创办了世界上第一个集中性的期权市场——芝加哥期权交易所(CBOE),开始了场内股票看涨期权的交易。此后,期权交易得以在全球迅速发展。2003年,全球期权交易量为51.42亿手,到2011年达到120.27亿手,增长1.34倍。即使在2008年金融危机后,期权交易量的年增长率仍然达到28.5%。

一、金融期权合约的基本概念

（一）期权的概念

期权(Option)又称选择权,是指期权的买方通过支付一定的权利金,获得在某一限定时期内按某一指定的价格买进或卖出某一特定商品或合约的权利。买方拥有的是一种权利,而并非必须执行的义务。

期权具有以下几个方面的特征:① 买方要想获得权利必须向卖方支付一定数量的费用,又称权利金或保险费;② 期权买方取得的权利是在未来一段时间内,或在未来某一特定日期可以选择性履行的;③ 期权买方在未来买卖的标的物和价格是在期权合约中事先约定的;④ 期权可以赋予买方买进标的物的权利,也可以赋予其卖出标的物的权利;⑤ 期权买方取得的是买卖的权利,而不负有必须买进或卖出的义务,期权的买方可以选择执行合约,也可以选择放弃合约。

(二) 期权合约的基本要素

1. 期权的买方和卖方

期权买方(Buyer)又称为期权的多头方,指买进期权合约的一方,是支付一定数额的权利金而持有期权的一方。需要强调的是,这里的买方是指买进期权合约的一方,而不一定是买进标的物的一方。比如某股票看跌期权的买者在履约时具有卖出该股票的权利。买方在标的资产价格朝自己预期的方向变化时有执行合约的权利,以获得收益;而当价格朝不利于自己的方向发展时,有放弃执行期权合约的权利。因此,期权买方仅承担有限的风险,却掌握了巨大的获利潜力。

期权卖方(Seller)也称期权的空头方,指从期权买方收取权利金,卖出期权合约的一方。期权卖方在买方执行权利时承担履约的义务。期权交易中买卖双方的权利义务是不对等的,买方拥有的是买进或卖出的权利,而不是必须买进或卖出的义务;而卖方只有履约的义务,没有不履约的权利。如果买方提出履约,期权的卖方应在期权合约所规定的时间内或规定的某一特定履约日无条件履行期权合约规定的义务。

2. 期权费或期权价格

期权费(Premium)即期权的价格或权利金,是期权买方为获得期权合约的权利而必须向卖方支付的费用。对卖方来说,它是卖出期权、承担履约义务的报酬。期权费一旦支付,无论买方是否执行期权均不予退回。由于期权费是由买方负担,是买方在合约标的资产价格出现最不利变动时需承担的最高损失金额,因此,期权费也被称为保险金。期权费的重要意义在于将期权买方可遭受的最大损失控制在期权费的范围内,而对于卖方而言,可以马上获得一笔收入,但不需要马上进行合约标的物的交割。期权费的高低取决于期权到期月份及所选择的履约价格等,是由买卖双方竞价产生的。

3. 执行价格

执行价格(Strike Price/Exercise Price)也称履约价格,是期权合约规定的、期权买方行使权利时标的资产的实际执行价格。在期权合约有效期内,无论标的物的市场价格如何变化,只要期权买方要求执行期权,期权出售者都必须以协定价格履行期权合约规定的义务。

4. 通知日

当期权买方要求履行标的物交割时,他必须在预先确定的交割日之前的某一天通知卖方,以便让卖方做好准备。这一天便是通知日。

5. 到期日

到期日也称履行日,是期权合约买卖双方必须履约、交割标的资产的时间。

(三) 期权与期货的区别与联系

1. 期权与期货的区别

期权与期货的区别如下：

(1) 交易双方的权利和义务不同。在期权交易中，买方享有在有效期内买进或卖出一定数量金融资产的权利，但不负有必须买进或卖出的义务；期权卖方却只负有履行期权合约的义务。在期货交易中，期货合约交易双方的权利和义务是对等的，合约到期日前合约交易双方必须实行对冲平仓，否则就要在合约到期日后进行实物交割。

(2) 标准化程度不同。期权交易有场外交易和场内交易两种方式。在美国，场外交易的现货期权一般是非标准化的，在交易所交易的现货期权和所有的期货期权都是标准化的。但期货合约都是标准化的，都在交易所中交易。

(3) 交易中的履约保证金不同。在期权交易中，期权买方因为在购买期权时已经支付了期权费，不需要缴纳履约保证金。而期权卖方由于负有履约义务，在交易中面临较大的风险，必须预先缴纳一笔保证金以表明其具有履约的财力。在期货交易中，交易双方都要根据交易所的规定，向交易所预先缴纳一定数额的履约保证金。

(4) 交易中的盈亏风险不同。在期权交易中，期权买方亏损是有限度的，最大亏损额为购买期权时支付的期权费，但其盈利可能是巨大的；而期权卖方的损失可能是巨大的，盈利却是有限的，即期权费。在期货交易中，交易双方承担的盈亏风险都是无限的。

2. 期权和期货的联系

期权和期货的联系如下：

(1) 两者结合构成新的金融衍生工具——期货期权。期货期权的交易在期货交易所内进行，是以买卖某金融期货合约的权利为交易对象的一种交易方式。这种交易方式以期货交易、期货合约为基础，是期货交易的延伸、发展和高级表现形式。

(2) 期权和期货交易都具有金融衍生工具的功能。两者都可以用来套期保值，当市场价格出现不利于交易者的变动时，可以提供最大限度的价格保护，同时也给投机和套利交易者提供了利用价差变动获得利润的机会。

二、金融期权合约的主要类型

(一) 看涨期权和看跌期权

按照期权购买方的权利，期权可以划分为看涨期权和看跌期权。

看涨期权(Call Option)赋予期权买方在预先规定的时间按照履约价格从期权卖方买进一定数量标的物的权利。看涨期权是一种买的权利，买方只有在判断后市标的资产价格会上涨时才会买进看涨期权。例如，A 股票当前价格为 50 元/股，甲投资者认为未来该股票价格将要上涨，于是买入一个月有效期的看涨期权，期权费为 3 元/股，执行价格为 52 元/股。一个月后，该股票涨至 60 元/股，该投资者可选择与期权卖方执行期权，以 52 元/股的价格买入 A 股票，并在市场上以 60 元/股的价格卖出。则该投资者将获得 5 元/股的收益(60 - 52 - 3)。

看跌期权(Put Option)赋予期权买方在预先规定的时间以协定价格向期权出售方出售标的资产的权利。看跌期权是一种卖的权利，买方只有在判断后市标的资产价格将要下跌时才会买进看跌期权。例如，B 股票当前价格为 48 元/股，乙投资者认为未来该股票价格将要下降，于是买入一个月有效期的看跌期权，期权费为 2.5 元/股，执行价格为 48 元/股。一个月后，该股票果然跌至40元/股,该投资者可选择与期权卖方执行期权,从市场中以40元/股的价格购入B股票,再以48元/股的价格出售给看跌期权卖方,获得5.5元/股的收益(48-40-2.5)。

无论是看涨期权还是看跌期权,都存在双重买卖关系(见表8.2):

表8.2 期权的双重买卖关系

	看涨期权	看跌期权
期权买方	以执行价格买入标的资产的权利	以执行价格卖出标的资产的权利
期权卖方	以执行价格卖出标的资产的义务	以执行价格买入标的资产的义务

(二)欧式期权和美式期权

按期权购买方执行期权合约的时限,期权合约可分为欧式期权和美式期权。

欧式期权(European Option)是指期权合约的买方在合约到期日才能决定其是否执行权利的一种期权。期权购买者不能提前或推迟履约。如果提前,期权出售者有权拒绝履约;如果推迟,期权可以作废。

美式期权(American Option)是指期权合约的买方在合约有效期内的任何一个交易日均可决定是否执行权利的期权。这意味着,美式期权购买者可以在期权有效期内根据市场价格变化选择对自己有利的时机履行合约,而期权出售方则因为必须随时做好与买方履约的准备而承担较大的风险。因此,在其他条件一定的情况下,美式期权的期权费通常比欧式期权的期权费要高一些。

(三)实值期权、虚值期权和平值期权

按期权合约内在价值的不同,期权合约可分为实值期权、虚值期权和平价期权。期权合约的内在价值是指立即履行期权合约时可获得的收益现值。它是由期权合约的执行价格与其标的资产的市场价格关系决定的。

实值期权(In the Money)是指内在价值为正的期权,即立即执行期权可使期权投资者获得正现金流。看涨期权的执行价格低于标的资产的市场价格或者看跌期权的执行价格高于标的资产的市场价格时,期权合约为实值期权。

虚值期权(Out of the Money)是指内在价值为负的期权,即立即执行期权可使期权投资者获得负现金流。看涨期权的执行价格高于标的资产的市场价格或者看跌期权的执行价格低于标的资产的市场价格时,期权合约为虚值期权。

平值期权(At the Money)是指内在价值为零的期权,即期权执行价格与标的资产的市场价格相等时,期权合约为平值期权。

(四)现货期权和期货期权

按标的资产性质不同,期权合约分为现货期权和期货期权。

现货期权(Option on Physicals/Option on Actual)是指以各种金融工具本身为期权合约标的资产的期权,即现货期权履约后将转换为现货交割,如股票期权、外汇期权、利率期权及股票指数期权等。

期货期权(Futures Options)是指以各种金融期货合约为期权合约标的资产的期权,如利率期货期权、外汇期货期权和股价指数期货期权等。期权合约履约后将转换为期货合约。大多数的期货合约都有相应的期货期权合约。

在美国,这两类期权通常由不同监管机关加以管理,现货期权交易由SEC管辖,而期货期权交易则由期货管理委员会(U.S. Commodity Futures Trading Commission, CFTC)管辖。

三、金融期权合约的损益分布

期权盈亏分布状况对制定期权交易策略具有至关重要的作用。

(一) 看涨期权的损益分布

1. 看涨期权买方的损益分布

【例8.3】 假设某投资者购买了100张A公司股票的欧式看涨期权合约,合约有效期为1个月,合约执行价格为100元/股,期权价格为5元/股。如果合约到期日A公司股票价格为100元/股,不考虑交易费用,投资者将亏损5元/股(100-100-5),此时无论选择履行合约还是放弃履行合约,投资者都将损失期权费5元/股;如果合约到期日A公司股票价格低于100元/股,那么投资者将选择放弃履行期货合约,损失5元/股的期权费;如果A公司股票价格高于100元/股,投资者将选择履行合约。当股票价格在100元至105元之间时,投资者履行合约的亏损额将低于5元/股,股票价格越高,投资者的收益就越高。欧式看涨期权合约买方的损益分布可用图8.1表示。

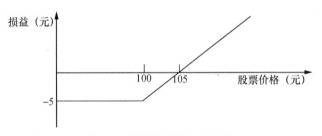

图8.1 看涨期权买方损益图

2. 看涨期权卖方的损益分布

对于例8.3中欧式看涨期权合约的卖方来说,如果合约到期日A公司股票价格低于100元/股,投资者选择放弃履行期权,卖方可以获得5元/股的期权费收入。如果合约到期日A公司股票价格高于100元/股,买方选择履行合约,卖方的收入将低于5元/股,而且,股票价格越高,卖方损失越大。欧式看涨期权合约卖方的损益分布如图8.2所示。

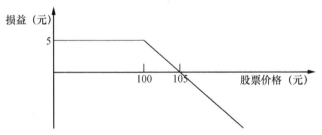

图8.2 看涨期权卖方损益图

(二) 看跌期权的损益分布

1. 看跌期权买方的损益分布

【例8.4】 假设乙投资者购买了若干张A公司股票的欧式看跌期权合约,合约有效期为2个月,合约执行价格为98元/股,期权价格为7元/股。如果合约到期日A公司股票价格为

98元/股,不考虑交易费用,投资者将亏损7元/股(98-98-7),此时无论选择履行合约还是放弃履行合约,投资者都将损失期权费7元/股;如果合约到期日A公司股票价格高于98元/股,那么投资者将选择放弃履行合约,损失7元/股的期权费;如果A公司股票价格低于98元/股,投资者将选择履行合约。当股票价格在91元至98元之间时,投资者履行合约的盈利额将低于7元/股;股票价格越低,投资者的收益将越高。欧式看跌期权买方的损益分布可用图8.3表示。

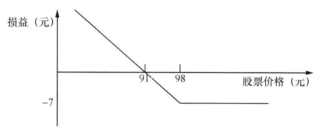

图8.3 看跌期权买方损益图

2. 看跌期权卖方的损益分布

对于例8.4中欧式看跌期权合约的卖方来说,如果合约到期日A公司股票价格高于98元,投资者选择放弃履行期权,卖方可以获得7元/股的期权费收入。如果到期日A公司股票价格低于98元/股,买方选择执行合约,卖方的收入将低于7元/股,而且,股票价格越低,卖方损失越多。欧式看跌期权合约卖方的损益如图8.4所示。

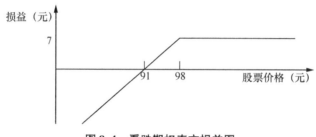

图8.4 看跌期权卖方损益图

四、金融期权合约的交易策略

期权合约的交易策略有很多,下面我们讨论两种类型的基本期权交易策略:裸策略(Naked Strategies)和抵补策略(Covered Strategies)。

(一)裸策略

裸期权又称无保护期权、无掩护选择权,是指期权买方或卖方在本身未持有期权标的资产的条件下进行的期权交易。基本的裸策略有四种:(1)多头看涨策略(买入看涨期权);(2)空头看涨策略(卖出看涨期权);(3)多头看跌策略(买入看跌期权);(4)空头看跌策略(卖出看跌期权)。这些策略的盈亏取决于期权标的资产价格的变化。从上一部分期权买卖方的损益分析可以看出,期权买方的最大损失就是期权费。同时,期权买方保留基础资产价格有利波动(对于看涨期权来说是价格上升,对于看跌期权来说是价格下降)的好处。相反,期权的卖方可实现的最大收益就是期权费,但其会被暴露在所有与价格不利变动相关的风险中。

多头看涨策略能从预期标的资产的价格上涨中获益,同时把最大损失限制在期权费内,是最直接的期权策略。对于投资者来说,在预计标的资产价格将会上扬的情况下,买入看涨期权比投资持有现货成本更小。如果投资者相信标的资产价格会下跌或变化不大,则可以通过出售看涨期权,即采用空头看涨策略以获得收益。但如果价格出现不利变动,采取空头看涨策略的交易者承受的风险较大。

如果投资者既想从预计的标的资产价格下跌中获益,又不希望过度承担由于价格可能上涨带来的不利后果,则可采用多头看跌策略。如果投资者预计某个标的资产的价格将会上涨或变化不大,则可采取空头看跌策略,卖出看跌期权,若预测准确,则可获得期权费收益,当然,若预测不准确,价格大幅下跌,则可能面临巨大损失。

除了以上四种基本的裸策略外,机构投资者通常还会使用两种裸策略。一种策略是买入看涨期权的同时购买无风险产品。例如,投资者可以将资产组合中的一部分资金购买股票的看涨期权,同时把剩余资金投资于无风险或低风险的货币市场工具,如国库券或商业票据。这种交易策略比起将所有资产都配置为股票来说,风险更小。持有看涨期权可以使投资者从股票价格上涨中获益,同时,无风险或低风险货币工具的收益可以弥补由于股票价格下跌而损失的期权费。

另一种策略是持有现金并卖出看跌期权。这种策略可以满足投资者以预定价格持有基础资产的需要。例如,当投资者希望以低于当前市场价格的价位购买某只股票时,他可以卖出看跌期权,将执行价格设为其理想价格。当股价下跌至此价位时,看跌期权的买方将会选择行权,此时卖方就能以持有的现金储备在理想价位购入。

(二)抵补策略

与裸策略不同,实施抵补策略时,期权的买方和卖方持有期权的标的资产。抵补策略的目标是用所持有的一个头寸抵消另一个头寸不利的价格变动。最常见的抵补策略有两种:一是抵补卖出看涨策略,二是保护性买入看跌策略。

1. 抵补卖出看涨策略

抵补卖出看涨策略是指投资者在持有标的资产的同时,卖出相应的看涨期权。如果此后标的资产的价格下跌了,投资者持有的现货将会遭受损失,但同时看涨期权产生的收益将会完全抵消或部分抵消该损失,甚至可以产生净收益。当然,也会存在净损失的情况。

【例8.5】 假设某基金经理管理的资产组合中有100股的ABC公司股票,其目前市场价格为100元/股。该项资产的总值为10 000元。同时,假设3个月后到期的欧式看涨期权,标的资产为100股ABC公司股票,其执行价格为100元/股,期权费为700元。此时,该期权为平值期权。当该基金经理选择卖出一份该期权后,由于现货市场价格的不同变化,该抵补卖出看涨策略的净收益也会出现不同的情况(以下未考虑其他交易成本和税费):

(1)假如到期日ABC公司的股票价格超过100元/股,则期权的买方将会要求行权。基金经理以执行价格出售持有的股票现货,收入10 000元,同时,他可以获得700元的期权费收益,该策略的总收益为10 700元。当然,如果股票价格上涨超过107元,该策略就会存在超额的机会成本(潜在损失)。

(2)假如到期日ABC公司的股票价格刚好等于100元/股,则期权的买方不会要求行权。该基金经理保有价值10 000元的股票资产,同时获得700元的期权费收益。

(3)假如到期日ABC公司的股票价格低于100元/股而高于93元/股,则期权的买方将会弃权。卖方的净收益将会少于700元期权费。例如,股票价格为95元时,股票资产的价值为 9 500 元,减值 500 元,与期权费收入 700 元相抵,净收益为 200 元。

(4) 假如到期日 ABC 公司的股票价格刚好等于 93 元/股,则期权买方将会弃权,卖方股票资产价值为 9 300 元,加上期权费收入 700 元,组合净收益为零。

(5) 假如到期日 ABC 公司的股票价格低于 93 元,在买方弃权的情况下,卖方所得的 700 元期权费已经不足以抵补现货的损失,组合出现净亏损。

2. 保护性买入看跌策略

保护性买入看跌策略是指投资者在持有标的资产的同时,买入相应的看跌期权。当投资者需要防御其所持有的现货资产价格下跌的风险时,可以采用保护性买入看跌策略,即购买一个理想价位的看跌期权。这样在标的资产市场价格下跌时,仍可以按照看跌期权设定的价格出售,扣除期权费后即为净收益。如果基础资产的现货价格上升,投资者会放弃行权,获得资产价格上涨的收益(需扣除期权费)。

【例8.6】 假设某基金经理管理的资产组合中有 100 股的 ABC 公司股票,目前市场价格为 100 元/股。该项资产的总值为 10 000 元。同时,假设 2 个月后到期的欧式看跌期权,标的资产为 100 股 ABC 公司股票,执行价格为 100 元/股,期权费为 500 元。在期权到期日,该保护性买入看跌策略的净收益有以下几种情况(未考虑其他交易成本和税费):

(1) 假如 ABC 公司的股票价格超过 105 元/股,则基金经理放弃行权。例如,当价格为 110 元/股时,股票资产价值为 11 000 元,扣除期权费 500 元,该组合策略的净收益为 500 元。

(2) 假如 ABC 公司的股票价格等于 105 元/股,基金经理放弃行权,股票资产价值升至 10 500 元,扣除期权费 500 元,该组合策略的净收益为零。

(3) 假如 ABC 公司的股票价格低于 105 元/股而高于 100 元/股,基金经理放弃行权。例如,当价格为 102 元/股时,股票资产价值上升为 10 200 元,扣除期权费 500 元,该组合净亏损 300 元。

(4) 假如 ABC 公司的股票价格低于 100 元/股,基金经理选择行权,确保股票资产以 10 000 元出售。此时若股票价格高于 95 元/股,其保值收益将少于 500 元期权费,有净损失;若股票价格低于 95 元/股,其保值收益将超过期权费成本,有净收益。

第四节 金融互换合约及其应用

一、金融互换合约的基本概念

(一) 互换的含义及特征

根据国际清算银行的定义,互换(Swap)是指"双方签约同意,在确定期限内互相交换一系列支付的一种金融活动"。因此,互换是两个或两个以上当事人按照商定条件,在约定的时间内,交换不同金融工具产生的一系列支付或收入款项的合约。

互换交易一般具有以下几个特征:(1) 互换交易是场外交易,合约根据交易双方的需要进行定制,交易非标准化,具有较高的灵活性;(2) 互换交易是表外交易,不会引起交易方资产负债表内事项发生变化,但却可以为它们带来收益或降低风险;(3) 互换交易可以在不必出售原始资产或负债的情况下,改变资产或负债的风险与收益。

在国际互换交易市场上,主要的参与者有三类:互换合约的最终用户(End-users,包括有互换需求的机构投资者和企业)、互换经纪商(Swap Brokers)和互换自营商(Swap Dealers)。由于互换合约内容复杂,多为满足最终用户某种特定的需求而定制,因此,需要由大型金融机构如投资银行参与,为其设计合约条款并寻找合适的交易方。很多情况下,中介机构本身就需要作为客户的交易对家。由于互换交易缺少活跃的二级市场,具有较大的信用风险和市场风险,因此,从事互换自营业务的多为实力雄厚、风险控制能力强的国际性金融机构,互换交易市场基本上是金融机构的同业市场。

(二) 互换的发展

1973年布雷顿森林体系瓦解后,世界各国大多实行浮动汇率和利率制度。汇率和利率随行就市,波动较大,给跨国公司的国际业务带来了巨大风险,从而促使其走上金融创新之路,以降低投资风险和损失。金融互换正是在20世纪70年代初期英国公司为逃避管理当局的外汇管制而安排的平行贷款和背对背贷款业务的基础上发展起来的。

平行贷款(Parallel Loan)是由在不同国家的两个母公司分别在国内向对方公司在本国境内的子公司提供金额相当的本币贷款,并承诺在指定到期日,各自归还所借货币。例如,美国母公司向在其境内的英国公司的子公司贷款,而英国母公司则向在其境内的美国公司的子公司贷款,用于各自的投资。平行贷款涉及两个单独的贷款合同,由贷款银行作为中介完成,两个子公司的两笔贷款分别由其母公司提供担保。由于平行贷款是两个独立的合同,若一方违约,另一方仍须执行合同,因此,存在较大的信用风险。

背对背贷款(Back to Back Loan)是为了解决平行贷款中的信用风险问题而产生的。它是指两个国家的母公司相互直接贷款,贷款币种不同、币值相等、到期日相同,双方各自按期支付利息,到期各自偿还原借款货币金额。与平行贷款不同的是,背对背贷款是两个母公司直接提供贷款,双方只要签订一个贷款合同,因此有效降低了信用风险。但是,背对背贷款涉及跨国借贷,存在外汇管制问题。因此,背对背贷款是在1979年英国取消外汇管制后才作为一种金融创新工具出现。

背对背贷款已非常接近现代货币互换。但就其本质而言,背对背贷款属于借贷行为,贷款将改变交易双方的资产负债状况。而货币互换则是不同货币资产、负债的交换,是表外业务,不产生新的资产与负债。1981年8月,由投资银行所罗门兄弟公司促成的IBM公司与世界银行之间的货币互换协议被视为互换这一新金融工具的开端。第一个利率互换则是1982年由美林公司与瑞士信贷第一波士顿安排的德国银行在卢森堡完成的互换交易。

在货币互换与利率互换产生后,互换交易得到了飞速发展。从成交量来看,1983年互换成交量为400亿美元,1984年为1000亿美元,增长150%。经过20年的发展,到了2004年,互换市场交易量已超过180万亿美元。从互换交易结构看,利率互换一直是互换交易的主要品种,占互换交易名义本金的近90%。货币互换的成交金额保持较稳定增长,而股票互换的成交金额增长相对比较缓慢。

在金融市场上,互换已成为降低长期资金筹措成本和进行资产负债管理、防范利率和汇率风险的有效工具之一,其使用者涉及公司、银行、投资机构、政府等各类部门。在互换交易中,投资银行往往以经纪人或交易商的身份出现。它们为互换交易双方牵线搭桥,设计交易结构,从中赚取佣金,或者作为交易商充当互换交易的对手,满足自身资产和负债风险管理的需要。

二、金融互换合约的主要类型及应用

(一) 利率互换

利率互换(Interest Rate Swap)是指互换交易双方达成协议,同意在未来的一定期限内,以名义本金为基础,相互交换具有不同性质利率的现金流。在利率互换中,交易双方采用同一种货币,不必进行本金的互换。用于计算互换现金流量(即利息)的交易额只是一种名义本金。交换的结果只是改变了双方的资产或负债的利率。互换的对象是不同种类的利率,如固定利率与浮动利率的互换、浮动利率与浮动利率的互换等。

利率互换的主要原因在于双方在固定利率或浮动利率市场上具有比较优势,但有时候在比较优势市场上由于双方的筹资条件和资产并不匹配,会导致利率风险暴露。互换不仅能降低并锁定融资成本,而且能改变资产或负债的性质或种类,满足资产负债管理的需要。

【例8.7】 假设有A、B两家公司,A公司以固定利率筹资有比较优势,B公司以浮动利率筹资有比较优势(见表8.3)。但是,A公司持有的资产主要是短期投资,收益受市场利率波动的影响较大。它在固定利率市场上借贷产生的负债与其持有的资产不匹配。同样,B公司持有的资产是固定收益的长期投资,如抵押贷款,其资产与负债也不匹配。在这种情况下,两家公司都面临利率风险。此时,通过利率互换就能解决利率风险问题。下面以1年期1 000万美元的借款为例。

表8.3 A、B公司的借款利率

	信用等级	固定利率	浮动利率
A公司	AAA	12.0%	LIBOR+0.1%
B公司	BBB	13.4%	LIBOR+0.6%

从表8.3中的信息看,无论是固定利率还是浮动利率,A公司的借款利率均比B公司低,即A在两个市场都具有绝对优势。但在固定利率市场上,A公司比B公司的绝对优势为1.4%,而在浮动利率市场上,A公司比B公司的绝对优势仅为0.5%。这就是说,A公司在固定利率市场上有比较优势,而B公司在浮动利率市场上有比较优势。这样,双方就可利用各自的比较优势为对方借款,然后进行利率互换,从而达到共同降低筹资成本的目的,即A公司以12%的固定利率借入1 000万美元,而B公司以LIBOR+0.6%的浮动利率借入1 000万美元。由于本金相同,故双方不必交换本金,只需交换利息的现金流。即A公司向B公司支付浮动利息,B公司向A公司支付固定利息。

假设该笔互换是由交易双方直接进行的,没有金融中介参与。互换后,双方总的筹资成本降低了0.9%[1],这就是互换利益。互换利益是双方合作的结果,应由双方分享。具体分享比例由双方谈判决定。假定双方各分享一半,则双方都将使筹资成本降低0.45%。互换后,A公司实际承担的利率成本为LIBOR-0.35%[2];B公司为12.95%[3]。根据实际筹资成本与公司借款成本的差异,可以明确双方支付的现金流,即A公司以LIBOR浮动利率向B公司支付

---

[1] LIBOR+0.1%+13.4%-LIBOR-0.6%-12.0%=0.9%
[2] LIBOR+0.1%-0.45%=LIBOR-0.35%
[3] 13.4%-0.45%=12.95%

利息,B 公司则以 12.35% 的固定利率向 A 公司支付利息。A、B 公司的利率互换流程如图 8.5 所示。

图 8.5　用户直接利率互换流程

在上述互换交易中,双方只需在半年一次的付息日进行固定利率与浮动利率差额的结算,而无须进行全额的利息支付。假定某一支付日的 LIBOR 为 12%,则 B 公司应向 A 公司支付 1.75 万美元①的利息差额。由此可见,利率互换只交换利息差额,信用风险很小。

在互换市场上,由于交易需求不同,由交易双方直接完成的互换机会很少。投资银行、商业银行等金融机构则充分发挥自身的优势,充当中介或做市商,促成互换交易的完成。假设在例 8.7 的条件下,A、B 公司通过金融机构 C 进行利率互换,协议规定三者共同分享互换利益:A、B 公司和金融机构 C 各自可以分享 0.3% 的互换收益。互换后,A 公司实际承担的利率成本为 LIBOR − 0.2%②;B 公司为 13.1%③。这样,根据实际筹资成本与公司借款成本的差异,可以明确三方的现金流,即 A 公司以 LIBOR 浮动利率支付给金融机构 C 利息,同时获得金融机构支付的 12.2% 的利息;B 公司则以 12.5% 的固定利率向金融机构 C 支付利息,并获得 C 以浮动利率 LIBOR 支付的利息。同样,三方只需半年一次进行固定利率与浮动利率差额结算就可以了。A、B 公司和金融机构 C 的利率互换流程如图 8.6 所示。

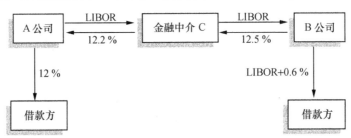

图 8.6　中介参与的利率互换流程

(二) 货币互换

货币互换(Currency Swap)是指一定数量的一种货币与相当数量的另一种货币进行交换。货币互换要求互换的货币等值,期限一致,但币种不同。与利率互换相近,货币互换也是交易双方依据各自不同的交易目的和市场融资比较优势达成的交易。其基本业务流程通常分为三步,先是交易双方在期初进行本金互换,然后按预定日期进行利息支付,最后在期末换回本金。下面,我们以固定利率对固定利率的货币互换为例来说明。

【例 8.8】　假定欧元和美元之间的汇率为 1 欧元兑换 1.30 美元。A 公司想借入 1 000 万欧元,B 公司想借入 1 300 万美元,期限均为 3 年,每年付息一次。但由于 A 公司的信用等级高于 B 公司,两国金融市场对 A、B 两公司的熟悉状况不同,因此市场向它们提供的固定利率也不同(见表 8.4)。

---

① 1 000 万 × (12.35% − 12%) × 0.5 = 1.75 万
② LIBOR + 0.1% − 0.3% = LIBOR − 0.2%
③ 13.4% − 0.3% = 13.1%

表 8.4　市场向 A、B 公司提供的借款利率

	信用等级	美元	欧元
A 公司	AAA	10%	12%
B 公司	BBB	12%	13%

可以看出,A 公司在两个市场上的借款利率都具有绝对优势,但绝对优势大小不同,在美元市场上为 2%,在欧元市场上仅为 1%。也就是说,A 公司在美元市场上的借款利率有比较优势,而 B 公司在欧元市场上的借款利率有比较优势。这样,双方可以利用各自的比较优势借款,然后通过互换分享筹资成本降低的收益。此项货币互换的交易流程为:

(1) 期初进行本金互换:A 公司在美元市场借入 1 300 万美元支付给 B 公司,B 公司在欧元市场借入 1 000 万欧元支付给 A 公司。

(2) 定期支付利息的流程:经过互换,A、B 公司可约 1% 的利息总成本。① 若 A、B 公司平分互换收益,则各节约利息成本 0.5%。那么,A 公司实际承担利率为 11.5%②;B 公司实际承担的利率也为 11.5%③。A 公司每年向 B 公司支付 115 万欧元利息④,B 公司每年向 A 公司支付 130 万美元利息⑤,A、B 公司各自将利息支付给各自的贷款者(见图 8.7)。若担心未来汇率水平变动,A、B 公司还可以通过购买美元期货来规避汇率风险。

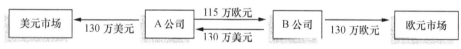

图 8.7　货币互换后利息支付流程

(3) 期末再次进行本金交换:第三年年末,A 公司向 B 公司支付 1 000 万欧元,B 公司向 A 公司支付 1 300 万美元,然后 A、B 公司再分别将美元和欧元偿还给市场的贷款者。

在金融机构参与的情况下,其交易原理与上述直接互换是一致的,只是各期的货币互换需要通过金融机构完成,每期的利息支付是 A、B 公司分别与金融机构进行结算。承例 8.8,如果金融机构 C 参与货币互换,假设互换协议规定金融机构 C 收取名义本金 0.2% 的佣金,A、B 公司平分剩余的互换收益,则它们分别节约利息成本 0.4%。那么,A 公司实际承担的利率为 11.6%⑥;B 公司实际承担利率也为 11.6%⑦。据此,A 公司每年向金融机构 C 支付 116 万欧元利息⑧,金融机构 C 向其支付 130 万美元利息⑨;B 公司向金融机构 C 支付 130 万美元利息⑩,并获得金融机构 C 支付的 114 万欧元利息⑪。然后,A、B 公司各自将利息支付给各自的贷款者(见图 8.8)。例 8.8 是以两种货币固定利率对固定利率的互换来说明货币互换的交易

---

① 12% + 12% − 10% − 13% = 1%
② 12% − 0.5% = 11.5%
③ 10% + (13% − 11.5%) = 11.5%
④ 11.5% × 1 000 万 = 115 万
⑤ 10% × 1 300 万 = 130 万
⑥ 12% − 0.4% = 11.6%
⑦ 10% + (13% − 11.4%) = 11.6%
⑧ 11.6% × 1 000 万 = 116 万
⑨ 10% × 1 300 万 = 130 万
⑩ 10% × 1 300 万 = 130 万
⑪ 11.4% × 1 000 万 = 114 万

原理，实践中还存在两种货币浮动利率对固定利率的互换，以及两种货币浮动利率对浮动利率的互换。

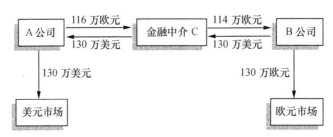

图 8.8 中介参与的货币互换利息支付流程

（三）股权互换

股权互换（Equity Swap）是指互换交易双方达成协议，同意在未来的一定期限内，以相同货币、相同金额的名义本金为基础，相互交换与不同股票指数收益相关的现金流。

【例 8.9】 假设有 A 养老基金和 B 共同基金两家机构投资者。A 养老基金目前配置有大量的美国股市股票，而 B 共同基金则持有较大比例的德国股市股票。双方都希望在不变动自身现有投资组合的情况下，使收入来源更为分散。经协商，双方同意以 8 000 万美元为名义本金开展为期五年的股权互换。依照约定，A 养老基金将以每年标准普尔 500 指数的收益率乘以名义本金支付给 B 共同基金，而 B 共同基金将以每年德国 DAX 指数的收益率乘以名义本金支付给 A 养老基金。这样，双方无须调整资产结构即可获得不同的股权投资收益。假设第一年标准普尔 500 指数的收益率为 14%，而德国 DAX 指数的收益率为 10%。那么，A 养老基金将支付给 B 共同基金 1 120 万美元[1]，B 共同基金将支付给 A 养老基金 800 万美元[2]。

通过股权互换，可以在不改变资产结构、不增加资产配置成本的条件下，使投资者的收入多元化。此外，股权互换还有助于投资者绕开跨境投资的准入壁垒。当然，股权互换后支付和收到的现金流完全取决于所选定的股票指数的波动，交易者可能面临较大的市场风险。

（四）利率与股权互换

利率与股权互换（Interest Rate-equity Swap）指互换交易双方达成协议，同意在未来的一定期限内，以相同货币、相同金额的名义本金为基础，相互交换与特定利率和股票指数收益相关的现金流。利率与股权互换可以使交易者在持有债权资产的同时获得与股权相关的收益，或者在持有股权资产的同时获得与债权相关的收益，而无须调整实际的资产配置。

【例 8.10】 假设有 A 养老基金和 B 共同基金两家机构投资者。其中，A 养老基金持有大量固定收益的长期国债，而 B 共同基金持有较大比重的上市公司股票。此时，股票市场正处在上升期，A 养老基金的管理者希望能够从中分一杯羹但又不改变资产组合的风险值。同时，B 共同基金则希望收入的增长能更为稳健。经协商，双方同意以 5 000 万美元为名义本金开展为期一年的利率股权互换。依照约定，A 养老基金将以名义本金的 10% 支付给 B 共同基金一笔固定金额，即 500 万美元[3]，而 B 共同基金则以标准普尔 500 指数的收益率减去 200 个基本点乘以名义本金支付给 A 养老基金。假设当年标准普尔 500 指数的收益率为 14%，那么 B 共

---

[1] 14% × 8 000 万 = 1 120 万
[2] 10% × 8 000 万 = 800 万
[3] 10% × 5 000 万 = 500 万

同基金将支付600万美元①给A养老基金。

利率与股权收益的互换涉及两种不同性质现金流的配置,应用范围很广。投资银行等金融机构可以利用它为客户创造出新的金融产品来。

【例8.11】 假设有A企业计划以固定利率融资1亿美元,期限5年。聘请B投资银行为其设计融资方案。B投资银行认为,在目前的市场条件下,若发行5年期固定利率债券,需提供高达8%的收益率。同时,B投资银行的另一位机构投资者客户C基金管理公司需要在其投资组合中配置一定比例的债券资产,并且要求债券的年收益和标准普尔500指数的市场表现挂钩。因此,B投资银行建议A企业发行收益与标准普尔500指数挂钩的债券。但是,这样A企业就不能确定其融资成本,将会面临市场风险。为了解决这一问题,B投资银行协助A企业设计了以下的债券发行和互换交易:

(1)1月1日,A企业发行5年期、总额为1亿美元的债券,年收益为标准普尔500指数的年收益率减去300个基本点,设定最低收益率为零。由B投资银行担任债券承销商,年息支付日为12月31日。

(2)A企业与B投资银行达成一项利率与股权互换协议:名义本金1亿美元,为期5年,A企业支付给B投资银行7.9%的固定利率,B投资银行支付给A企业的利率为标准普尔500指数年收益率减去300个基本点,如果标准普尔500指数的年度实际增幅减去300个基本点后为负,那么B投资银行就无须支付任何金额给A企业。互换的支付日也定为12月31日。

根据以上方案,A企业的实际年度融资成本为:

支出债券利息:标准普尔500指数收益率-300基本点

支付给B投资银行:7.9%

收到B投资银行的支付:标准普尔500指数收益率-300基本点

净融资成本:7.9%

也就是说,A企业的实际融资成本比当时的市场水平低了0.1%。从C基金管理公司的角度看,可能由于监管法规的限制不能大幅变更现有的资产组合配置或是大量持有股权类资产,但通过持有A企业发行的债券,即可满足其获得股权投资收益的需求。从B投资银行的角度看,由于互换协议,它承担了从A企业转移来的股市价格风险。作为投资银行,它还可以采取其他多种方式来管理风险头寸。

第五节 金融衍生工具交易的风险

金融衍生品的出现,主要是为了满足投资者规避风险的需求,同时具有价格发现和活跃市场的功能,但由于其高杠杆交易模式,不仅吸引了更多的投机交易者,也因此比基础金融产品更容易产生和传播风险。2007年开始的全球金融危机中,不但金融衍生品市场受到重创,金融衍生品的不当创新更被认为是危机的源头。从事金融衍生品开发和交易的投资银行不仅自身遭受重大损失,也被认为是金融危机的主要推手。

从根本上说,金融衍生品交易是一种有效率的制度安排,能够为金融和社会经济体系提供一定的效率和效益,否则就无法解释金融衍生品市场在全球迅猛发展的事实。而投资银行等

---

① (14%-2%)×5 000万=600万

金融机构在进行金融衍生品交易的过程中,除了利用衍生工具进行风险管理之外,更应当注意自身内部控制制度的建立和有效执行,以避免引致系统风险。

一、金融衍生品交易的风险

根据巴塞尔银行监管委员会1994年发布的研究报告,与金融衍生品交易相关的风险可分为企业特定风险(Firm-specific Risk)和系统性风险(Systemic Risk)两类。

企业特定风险主要有五种:(1)市场风险,即金融衍生品价格对衍生品的使用者发生不利影响的风险,也就是金融衍生品的价格发生逆向变动而带来的价值风险。(2)信用风险,即交易对手无力履行合约义务的风险,这是场外金融衍生品交易的一种主要风险。(3)流动性风险,包括两方面的内容,一是市场流动性风险,即市场业务量不足,无法获得市场价格,使得交易者无法平仓;二是资金流动性风险,即交易者流动资金不足,出现合约到期无法履行支付义务或无法按合约要求追加保证金的情况。(4)操作风险,即由于技术问题(如计算机故障)、报告及控制系统缺陷以及价格变动反应不及时等引致损失的风险。(5)法律风险,指合约内容在法律上有缺陷或无法履行的风险,法律风险在金融衍生品交易中经常出现。

系统性风险是由涉及整个金融活动的经济、政治和社会因素造成的,它指的是金融体系抵御动荡的脆弱性,尤其是金融衍生品在本质上是跨越国界的,系统性风险将更多地呈现出全球化特征。金融衍生品市场的发展之所以增大了金融体系的系统风险,主要是因为它具有极大的渗透性。

20世纪80年代以来,金融衍生品市场得到超乎寻常的扩张和增长,但也出现了一系列由于衍生品交易造成巨额亏损的风险事件。以近期法国兴业银行(Societe Generale)事件为例。2008年1月24日,法国第二大银行兴业银行披露,由于旗下一名交易员私下越权投资金融衍生品,该行蒙受了49亿欧元(约合71.6亿美元)的巨额亏损,成为有史以来金融衍生品市场单笔涉案最大的风险事件。实际上,法国兴业银行的交易员从事的是低风险套利交易,总体上采取市场中性策略,或是利用股指现货与期货、近期与远期的基差失衡来获利,或是通过场内外对冲从保证金利息中获利。但其交易员通过欺诈手段,在2007年到2008年间持有了大量的单边投机头寸,远远超出对冲头寸,导致面临巨大的市场风险。从一系列事件来看,金融衍生工具交易的风险有以下特点。

(一)极大的流动性风险

金融衍生工具种类繁多,可以根据客户所要求的时间、金额、杠杆比率、价格、风险级别等参数进行充分设计。但是,这种高度定制化的产品,流动性风险极大。同时,由于各国监管法律的制定和国际协调赶不上金融衍生工具创新的步伐,某些合约及其参与者的法律地位往往不明确,其合法性难以得到保证,要承受很大的法律风险,进一步抑制了金融衍生工具的流动性。从本质上说,金融衍生工具只是将风险和收益在不同偏好交易者之间重新分配,并未消除整体风险。金融衍生工具在为单个交易主体提供市场风险保护的同时,将风险转移到了另一个主体身上。这样往往会使金融风险更加集中、更加隐蔽,其爆发也更加突然,增强了金融风险对金融体系的破坏力。

(二)风险的突发性和复杂性

一方面金融衍生工具交易多是表外业务,不在资产负债表内体现;另一方面它具有极强的杠杆作用,这使其表面的资金流动与潜在的盈亏相差很远。同时,由于金融衍生工具交易具有高技术性、复杂性的特点,会计核算方法和监管一般不能对金融衍生工具的潜在风险进行充分的反映和有效的管理。因此,金融衍生工具风险的爆发具有突然性。把基础商品、利率、汇率、期限、合约规格等予以各种组合、分解、复合出来的金融衍生工具,日趋复杂、精致,甚至连专业人士也很难全盘把握其风险特征。近年来一系列金融衍生工具灾难产生的一个重要原因,就是因为人们对金融衍生工具的特性缺乏深层了解,无法对交易过程进行有效监督和管理。

(三) 风险蔓延的网络效应

由于投资者只需投入一定的保证金,便有可能获得数倍于保证金的相关资产的管理权,强大的杠杆效应诱使各种投机者参与金融衍生工具的投机交易。金融衍生工具交易风险会通过自身的特殊机制及现代通信传播体系传播扩展,导致大范围甚至是全球性的反应,引起金融市场大幅波动,乃至区域性或全球性的金融危机。网络传播效应加大了金融衍生工具的风险。

二、金融衍生品交易的风险成因

金融衍生品交易的风险成因有两个方面,一方面是交易机构本身对风险的认识不足、管理不严密和交易员操作的失误;另一方面是宏观金融环境日益宽松,交易技术手段不断改进,诱使交易者去尝试新的冒险。

(一) 微观成因

1. 管理层监管缺失

金融衍生品只有在一定条件下,才能实现复杂的风险管理和降低交易成本的目标。如果金融机构的决策层对于金融衍生品的潜在风险估计不足,不能对交易的产品种类、期限、杠杆系统以及时机等具体细节有全面的把握,往往就会错失防范危机的关键时机。此外,巨额投机交易头寸都不是在一个很短的时间内建立起来的,在各种事件中,大量违规交易长期存在却未被及时发现,暴露了金融机构存在严重的监管缺位现象。

2. 内部控制薄弱

内部控制不严密,对交易员缺乏有效的监督,是造成金融衍生品灾难的一个重要原因。以法国兴业银行为例。作为全球衍生品市场的领头羊,法国兴业银行在业界有着良好的声誉,其风险管理也是较为完善的。正常情况下,大额股指期货的单边投机交易会导致风险指标超出正常范围,银行的风险管理系统应自动启动警告与禁止程序。但是,违规交易员在交易系统中输入大量的虚假交易用来掩盖单边头寸,并且盗用多个系统密码篡改财务系统数据,都未被内部控制系统发现和阻止。风险事件多数发生在金融衍生品场外交易市场上,如复杂的期权交易和互换等。这些交易基本都是一对一的,市场极易被内部人员操纵,一旦市场价格发生不利变化,即会形成风险事件的触发点。

3. 激励机制的滥用

大多数金融机构都把衍生品交易员的业绩与收入密切联系起来,这对调动交易员的积极性无疑起到了重要作用,但同时也激发了他们的冒险精神。交易员为了增加收入,在交易过程中会逐渐增加交易金额,调高风险系数。此外,交易员及其所在部门的年度红利都是按当年盈利来计算的,这会导致交易员漠视交易带来的远期风险。在利润指标和业绩奖励的驱使下,交易员忽视了最基本的风险管理与防范。

(二) 宏观成因

1. 金融自由化

金融衍生品是金融自由化的产物。随着各国对金融市场管制的放松,市场规模扩大,市场机制作用增强,衍生品得到迅猛发展。但与此同时,它的副作用给金融机构乃至整个金融体系都带来了潜在的威胁:金融衍生品的不断创新,模糊了各金融机构的界限,加大了金融监管难度;大量新的金融衍生品的出现,使资产的流动性增强,各种金融工具类别的区分越来越困难,用来测量和监管金融交易的传统手段逐渐失效。

2. 衍生品业务的表外化

大多数金融衍生品交易都属于表外业务,不会影响交易者的资产负债表。金融衍生品交易规模日趋扩大,出于营利目的进行的投机交易越来越多,不但使整个市场的潜在风险增大了,而且传统的监管手段也受到前所未有的挑战。传统的财务报表变得不准确,许多与金融衍生产品相关的业务没有得到真实的反映,金融机构的经营透明度下降。

3. 金融技术的现代化

一方面,现代金融工程理论和技术层出不穷;另一方面,硬件设备及信息处理技术的快速升级,使这些金融理论在市场交易中更易于实现。大型金融机构广泛招募各类人才,利用现代化交易设备,从事高风险的金融衍生品创造和交易。金融衍生品的创造是如此复杂,以至于人们习惯地把金融工程师称为"火箭科学家"(Rocket Scientists)。虽然他们也为交易机构本身提供了规避风险的条件和工具,但从整个市场来看,风险依然存在且更为敏感,风险传染链条更长。随着交易量的剧增,偶发的支付和信用风险随时都可能导致一场巨大的金融危机。

4. 金融市场的全球化

随着发达国家对国际资本流动限制的取消,各国金融市场的逐步开放,投资者在全球范围内追逐高收益、高流动性,并由此实现投资风险的分散化。通过计算机和卫星网络,全球性的资金调拨和融通在几秒钟之内便可完成,将遍布世界各地的金融中心和金融机构紧密联系在一起,形成了全时区、全方位的一体化国际金融市场,极大地方便了金融衍生品的交易,但同时也增大了金融监管难度。在缺乏有效的国际协调的情况下,对跨境金融衍生品交易乃至恶性投机的管制十分薄弱。

三、金融衍生品交易的风险防范

(一) 加强金融机构的内部管理

金融机构是进行金融衍生品交易的投资主体。第一,最高管理层应该明确交易目的是降低和分散风险,扩大盈利能力,提高经营效率和深化金融发展。在战略决策上要适度控制冒险意愿。第二,要加强内部控制,严格控制交易程序,加大对越权交易的处罚力度。第三,提高风险管理部门的工作效率,准确评价、度量和防范金融衍生品交易过程中面临的各种风险。第四,调整、优化激励约束机制,针对金融衍生品交易种类确定科学合理的利润目标,制定适当的考核评价与长效激励约束机制,引导相关部门和交易员合规操作,不过度追求短期盈利。

(二) 完善交易所系统的自律监管

交易所是衍生品交易的组织者和市场管理者,它通过制定场内交易规则,监督市场的业务操作,保证交易在公开、公正、公平的条件下进行,对抵御金融衍生品风险起至关重要的作用。首先,要完善交易制度,合理制定并及时调整保证金比例,以避免发生连锁性的合同违约风险。根据各机构实际资本大小确定持仓限额,区别套期保值者、投机者、套利者与造市者,鼓励套期保值,适当抑制投机交易,避免发生内幕交易和操纵市场的行为。其次,加强财务监督和信息披露,根据衍生品的特点,改革传统的会计记账方法和原则,制定统一的资料披露规则和程序,以便管理层和用户可以清晰明了地掌握风险暴露情况,制定相应对策,建立合理科学的风险控制系统,降低和防止风险的发生。

(三) 提高场外衍生品市场的标准化程度

场外衍生品和场内衍生品之间的重要区别之一就是合约的标准化问题。场外金融衍生品结构复杂多样,非标准化特征增加了交易者对其风险认知的难度。正是这一点使场外衍生品市场的风险远远高于场内市场。许多场外衍生品甚至无法被赋予明确的定义,更谈不上对其实施监管了。因此,加强场外衍生品市场风险监管首先要逐步实现场外衍生品的标准化交易,在场外金融衍生品市场上建立起较为统一的交易平台,形成场外衍生品交易的多边净额清算乃至中央对手方集中清算模式。其次,要求衍生品的设计者充分说明金融衍生品的交易结构与基础资产状况,揭示复杂结构背后的风险关联因素,以保护投资者利益、维护市场正常运行。目前,国际上部分场外金融衍生品市场已实行了交易报告制度,但信息采集的时效性、风险预警的及时性仍需进一步完善。

本章要点

- 金融衍生工具是由金融基础工具衍生出来的各种金融合约及其各种组合形式的总称,主要包含期货、期权、互换等产品,具有高风险性、高杠杆性、复杂性和灵活性等特征。
- 金融衍生工具具有规避风险、发现价格、盈利等功能。投资银行是金融衍生工具的提供者以及金融衍生工具市场上重要的中间商和交易商。
- 期货合约是由期货交易所统一制定的标准化合约。金融期货是以金融基础工具如证券、货币、汇率、利率、股票指数等为标的物的期货合约。交易者可利用期货交易实现套期保值、投机交易、套利交易等目标。
- 期权又称选择权,是期权的买方通过支付一定权利金,获得在某一限定时期内按某一指定的价格买进或卖出某一特定商品或合约的权利。期权盈亏分布状况对制定期权交易策略具有至关重要的作用。
- 互换是交易双方相互交换一系列现金流的金融活动,是交易者进行资产负债管理的重要手段。互换工具可以使参与者利用各自的比较优势,从交易中获得收益或降低交易成本。互换主要有利率互换、货币互换、股权互换等。
- 金融衍生品的出现,主要是为了满足投资者规避风险的需求,同时具有价格发现和活跃市场的功能,但由于其高杠杆交易模式,吸引了更多的投机交易者,也因此比基础金融产品更容易产生和传播风险。投资银行等金融机构在进行金融衍生品交易的过程中,除了利用衍生工具进行风险管理之外,更应当注意自身内部控制制度的建立和有效执行,以避免引致系统风险。

关键概念

- 金融衍生工具
- 套期保值
- 期权
- 看跌期权
- 利率互换
- 期货合约
- 套利交易
- 看涨期权
- 互换
- 货币互换

思考题

1. 金融衍生工具具有哪些功能?
2. 投资银行在金融衍生工具市场中扮演什么角色?
3. 张先生就职于某投资银行,目前他负责为 A 制造公司 2 000 万股股票的初次公开发行提供承销服务。按照承销协议,张先生所在的投资银行将以每股 10 元的价格包销其中的部分新股。就此,张先生向其所在部门的经理陈先生提出应运用股票指数期货合约来抵补此次承销业务的风险。你认为,陈先生对此提议会作何反应?
4. 某基金经理发现,从今年年初开始,标准普尔 500 指数就在一定的区间内上下波动。该指数成分股的半数来自成长型企业,该基金经理认为这部分股票已经处于超买状态,而另外一半的指数成分股仍有一定的上涨空间。成分股的这种分化,使指数变化维持在一定的区间之内。该基金经理认为,此时可以卖出以该区间的上限为执行价格的看涨期权。目前,该基金已经持有 1 000 份此类空头看涨期权头寸。试分析该基金经理这种交易策略的风险和收益。
5. 金融衍生品交易的风险有哪些特点?其基本成因是什么?

第九章 直接投资业务

本章概要

近年来,投资银行已不满足仅从传统的投资银行业务和中介服务中赚取利润,其越来越多地通过直接投资来更深层次地挖掘客户价值,更大范围地拓展利润来源,并以此带动资产管理、并购咨询等其他业务的快速发展。本章将介绍投资银行直接投资业务的发展情况,重点了解在全球范围内迅速发展的风险投资业务。

学习目标
- 了解投资银行直接投资业务的特点
- 了解我国投资银行开展直接投资业务的情况
- 熟悉全球风险投资业务发展的特点
- 掌握风险投资活动的运行模式

倘无行动,世界仍只是个想法。
(Without actions, the world would still be an idea.)
——〔美〕现代风险投资之父:乔治斯·多里奥特(Georges F. Doriot,1899—1987)

第一节 直接投资业务概述

作为资本市场的中介机构,投资银行较之其他投资主体能够更快、更准确地把握国内外经济和产业发展的趋势,这使它们拥有进行直接股权投资的天然优势。通过直接股权投资,投资银行和产业部门建立起了密不可分的利益关系,进一步为自身的证券承销、并购咨询等核心业务锁定长期客户。历史上,投资银行曾以直接股权投资的方式参与组建了许多大型企业,J.P.摩根就是其中的典型代表。1892年,J.P.摩根在收购爱迪生电气公司的基础上创办了通用电气公司;1901年,J.P.摩根又将之前收购的卡耐基钢铁公司和其他钢铁公司整合在一起组建了美国钢铁公司,此公司占当时全美钢铁总产量的60%。当代投资银行仍然保持着与实体经济部门的密切联系。它们积极投资创业企业等非上市企业,协助企业完善其管理制度和资本结构,再利用自身娴熟的资本市场运作技巧协助企业发行上市,最后从中获利退出。这是目前投资银行进行直接股权投资的主要模式。

一、直接投资业务的含义

直接投资业务是指投资银行利用自身的专业优势寻找并发现优质投资项目或企业,以自有或募集的资金进行股权投资,并通过企业上市或并购出售股权兑现的、以获取收益为目的的业务。在开展直接投资业务的过程中,投资银行还可以通过发起募集投资基金等方式获得基金管理费收入,并有机会进一步通过证券承销、并购咨询等中介服务获取报酬。目前,投资银行直接投资的业务领域主要涉及高科技企业等风险投资项目以及基础设施建设等产业投资项目。

直接投资业务中,投资银行通过提供金融中介服务将实体经济与资本市场紧密联系起来,扩大了自身资产管理业务的服务范围。首先,投资银行的直接投资部门寻找并发现具有良好发展潜力的投资项目,并将其与产业资本联系起来,起到"资本运作纽带"的作用。其次,直接投资部门通过参与所投资企业的经营管理,一方面帮助企业解决融资问题,另一方面也有助于其规范运作,促使企业尽早成熟。最后,直接投资业务还是投资银行传统资产管理业务的延伸,通过帮助高端客户投资有上市潜力的企业,扩大其投资范围和渠道。

2007年9月,中国证监会批准中信证券、中金公司开展直接投资业务试点。根据试点方案,中信证券、中金公司以不超过净资本15%的自有资金设立直接投资专业子公司,实现母、子公司之间的法人隔离。在总结试点经验的基础上,我国监管部门逐步允许符合条件的证券公司申请开展直接投资业务试点。2009年4月,中国证监会发布了《证券公司直接投资业务试点指引》,规定开展直接投资业务试点的证券公司的净资本原则上不低于20亿元人民币,需具有完善的内部控制和风险管理制度,具有较强的投资银行业务能力,最近3个会计年度担任股票、可转债主承销的项目在10个以上,或者主承销金额在150亿元人民币以上。

2011年7月,中国证监会发布了《证券公司直接投资业务监管指引》,并宣布将直接投资业务纳入常规监管。该监管指引要求证券公司对直投子公司、直投基金、产业基金及基金管理机构的投资金额合计不超过公司净资本的15%;严禁券商投资银行人员违规从事直投业务,要求投资银行和直投子公司建立信息隔离墙。鉴于证券公司的直接投资业务与其保荐、承销业务之间具有极强的利益关联,该监管指引规定:"担任拟上市企业的辅导机构、财务顾问、保荐机构或者主承销商的,自签订有关协议或者实质开展相关业务之日起,公司的直投子公司、直投基金、产业基金及基金管理机构不得再对该拟上市企业进行投资",明确禁止了保荐后突击入股的行为,即"保荐+直投"的模式。

二、直接投资业务的经营模式

目前,各国投资银行直接参与直接投资的经营模式一般有两种:

1. 事业部制

投资银行作为直接投资业务的主体,在机构内部设立专门的直接投资业务部,负责该项业务的开展,既可以直接运用证券公司自有资金开展业务,也能够以专项资产管理形式募集资金,开展直接投资业务。例如,全球特殊机会集团(The Global Special Opportunities Group, GSOG)是 J. P. 摩根专门从事直接投资的业务部门,其投资范围涉及多个地域、行业和种类;高盛公司的直接投资部负责产业投资和风险投资业务,房地产直接投资部负责房地产项目的直接投资业务。国际市场上最活跃的直接投资基金大多由大型投资银行下属的直接投资部门进行专业化管理。为避免与投资银行内其他部门(投资银行业务部、并购业务部、研究部等)在业务上产生利益冲突,该部门在人员、财务、信息交换等方面与其他业务部门隔离。

2. 子公司制

这一机制下,由投资银行发起设立直接投资子公司(全资、控股或参股),通过专项理财计划募集资金用于直接投资业务。例如,J.P.摩根于2010年4月在北京出资注册成立了摩根大通(中国)创业投资有限公司,主要以新能源、节能环保、先进装备制造、信息产业、医疗健康、交通物流、消费品、教育、服务等行业中具有核心竞争力的高新技术企业与成长型企业为投资对象。同时,公司依托J.P.摩根的全球资源,根据被投资企业的需要,在财务优化、战略制定、国内外上市融资、企业收购与兼并以及引入国际先进管理体系、开拓海外市场等方面提供咨询、支持与帮助。投资银行与子公司之间是股权控制关系,子公司具有高度独立性,与母公司实现了完全的风险隔离。子公司独立开展直接投资业务,不受投资银行其他业务行为的影响。因此,子公司制更有利于建立较为完善的投资银行直接投资业务风险控制机制。此外,投资银行还可通过引入其他战略投资人参股,提高直接投资子公司的信誉和业务能力。

三、直接投资业务的主要特点

投资银行从事直接投资业务的目的主要是发掘有价值的企业,推动企业规范、快速成长,实现企业股权价值的最大化。从目前的实践情况来看,投资银行开展直接投资业务具有以下一些特点:

1. 资金来源广泛

投资银行主要利用自有资金或向少数机构投资者和个人募集资金来筹集直接投资业务所需的资金。以投资基金方式募集和管理的直接投资基金,其销售和赎回主要是管理人通过非公开方式与投资者协商进行的。与其他投资主体相比,投资银行长期从事资本市场直接融资中介服务,十分熟悉各种融资工具的使用,并充分掌握市场上主要投资者的投资偏好和资金数量等信息,能够有效地筹集直接投资业务所需的资金。

2. 以股权投资为主

投资银行的直接投资业务多采用普通股、可转让优先股或可转债等金融工具。通过控股或参股的形式,投资银行或其子公司对被投资企业的管理决策享有一定的表决权,并以此为基础向被投资企业输出管理、财务咨询服务等,协助被投资企业实现公司治理制度和资本结构的整合。

3. 投资回报周期长

投资银行直接投资业务主要投资于非上市的中小型企业,以高科技企业或高风险项目为主。投资银行通过注入资金协助被投资企业迅速扩大规模、提升竞争力、稳定市场份额,从而提高企业的市场价值,然后通过股权出售或公开发行上市等方式退出,实现投资收益。虽然在大多数情况下,投资银行的直接投资业务并不以长期拥有被投资企业控制权为目的,但与承销、自营和经纪等业务相比,直接投资业务仍有着较长的回报周期,在短期内对投资银行整体业绩的影响不显著。

4. 退出渠道多样化

投资银行退出被投资企业的途径与股权资本退出的一般模式没有太大差别，通常包括公开发行上市、股权出售、兼并收购、回购等。投资银行直接投资业务所面临的主要难题就是如何选择有价值的企业并提高被投资企业的上市成功率，或是能够以其他方式实现投资的安全退出。

四、投资银行从事直接投资业务的优势

相较于其他投资主体，投资银行从事直接投资业务的优势主要体现在以下几个方面：

1. 丰富的资本市场运作经验

投资银行长期从事资本市场业务，在证券承销、资本重组、项目融资等领域积累了大量的经验和资源，能够向企业提供多层次的融资、并购和顾问服务，并可以利用其所掌握的投资者关系，为企业的业务发展提供帮助，通过价值挖掘、价值创造等过程促进企业价值的持续提升。

2. 全球化的资源整合能力

在经济全球化的大趋势下，国内外市场的关联度日益提高。投资银行对各国的经济政策、市场环境和行业发展均有广泛而深入的研究。特别是国际性的大型投资银行，具有良好的国际视野和广泛的国际经济网络，能够为被投资企业引入国际市场的先进经验、管理方法和技术，并协助本土企业实现国际化和海外市场拓展。作为股权投资者，投资银行能在协助企业制定可持续发展策略、完善治理结构、建立健全激励机制等方面提供显著的附加值。

3. 高度专业化的管理团队

从人员配置上看，投资银行从事直接投资的主要团队成员在企业投融资、重组、上市和企业并购等方面一般都具有丰富的经验，能够高效地向企业提供价值创造服务。在直接投资业务的运作流程和内部管理上，考虑到在其他业务领域的市场声誉，投资银行一般都能够秉持较为严格的投资流程管理，并实施良好的风险控制程序，具有较高的专业服务能力。

五、我国投资银行发展直接投资业务的意义

我国证券经营机构在发展的早期阶段就曾开展过直接投资业务。20世纪90年代初，当时的南方证券、华夏证券等公司就曾在房地产等行业大规模开展直接投资，但随即在海南房地产泡沫中蒙受了巨大的损失。中国国际金融有限公司于1995年就设立了直接投资部，负责对非上市公司的直接投资业务，先后投资了新浪、鹰牌陶瓷、南孚电池等项目。2000年，大鹏证券等部分券商再次掀起直接投资热潮，纷纷成立创业投资公司。但由于创业板市场未能在市场预期的期限内出现，证券公司在直接投资项目上无法实现预期的发行上市退出，损失惨重。总体上看，由于那一时期证券公司整体素质不高，公司治理水平较低，风险控制能力较差，甚至产生了挪用客户资金进行直接投资等许多违规行为，造成了极大的负面影响，也给市场积累了很大的风险，不利于我国金融市场和证券行业的健康发展。

2001年4月，中国证监会决定停止各证券公司的直接投资业务并进行清理整顿，但仍有一些券商的直接投资业务转入地下，成为私募股权基金。2006年2月，国务院颁布了《关于实施〈国家中长期科学和技术发展规划纲要（2006—2020年）〉若干配套政策的通知》，明确指出证券公司在符合法律法规和有关监管规定的前提下，可以开展创业风险投资业务。

政策性障碍被打破后,国内主要证券公司纷纷开始试水股权直接投资。从长期来看,直接投资业务的开展和完善能够拓宽我国投资银行的业务范围,丰富其收入来源。同时,投资银行作为资本市场重要的中介组织,在企业投资项目发掘、选择、培育以及与资本市场连接方面具有天然的优势。通过开展直接投资业务,投资银行的价值链向前延伸,有利于实现市场资源的有效整合。从宏观上看,我国投资银行加快发展直接投资业务具有以下一些现实意义。

1. 满足我国直接投资市场发展的需求

进入 21 世纪的第二个十年,我国开始了新一轮的产业结构调整和经济增长模式转变。结构升级往往是拉动投资需求的主要动力。一些产业的缩减同时意味着另一些产业的扩张,也就孕育了新的投资机会。一方面,国内高新技术、基础设施投资需求显著增长,而政府面临财政压力和职能转变,需要减少债务,并将投资风险转移到私营部门;另一方面,在国内经济保持增长的前提下,社会资金较为充裕,但投资渠道不畅,包括保险资金、社保资金在内的机构投资者都在积极寻找有稳定现金流回报而又能与其负债结构相匹配的投资项目。在这一转型过程中,以产业投资基金为代表的直接投资活动在我国迅速发展起来,但却一直未能与资本市场形成良性互动。特别是缺少高水准、专业化的中介服务机构参与,直接投资业务发展并不顺利。在这种情况下,投资银行的专业能力正是满足我国直接投资市场发展需求的重要因素。除了提供中介服务外,投资银行还可以以资金和服务为纽带,加快直接投资市场的业务创新和制度创新。

2. 提升我国投资银行应对国际竞争的能力

当前,国际投资银行在传统业务领域的竞争十分激烈。大型的跨国投资银行已不满足于仅仅从承销、咨询等业务中赚取利润,而越来越热衷于通过直接投资来更深层次地挖掘客户价值,更大范围地拓展利润来源。同时,在金融全球化的大背景下,国内市场国际化的趋势日益显著。仅就直接投资而言,我国长期持续高速的经济增长吸引着全球资本,其中也包括了跨国投资银行的直接投资资本。在获准成立合资证券经营机构之前,它们就已经开始了在我国境内的直接投资业务。例如,摩根士丹利早在 20 世纪 80 年代中期就已进入中国,并于 1993 年开始在中国进行长期直接投资业务。迄今,其在我国国内投资的企业包括平安保险、南孚电池、蒙牛乳业、恒安国际、永乐家电、山水水泥、百丽国际等多家行业龙头企业。又如,高盛在我国的直接投资业务也十分活跃。该公司于 1992 年即在我国开始了直接投资业务,其中较大规模的直投项目包括:1994 年向中国平安保险公司投资 3 500 万美元;2001 年向中国网络通信公司投资 6 000 万美元;2001 年向中芯国际集成电路公司投资 5 000 万美元;2006 年,投入 25.8 亿美元获得中国工商银行 4.9% 的股权。以股权投资为基础,跨国投资银行进一步取得了这些大型企业在海内外上市的承销业务和其他资本市场业务,不断增强其在我国市场上的竞争力。为应对激烈的国际国内竞争,我国的投资银行业需加快发展直接投资业务,与产业部门建立起更为紧密的业务联系。

时事链接 9.1

中行工行"摇钱树"

2006 年,中国银行和中国工商银行的上市,连创当年全球 IPO 的新纪录,从中获利的不仅是两家企业,还有在上市前入股的境外战略投资者。

2005 年 8 月 18 日,中国银行宣布,苏格兰皇家银行(RBS)出资总计约 30.5 亿美元购入该行约 209 亿股股份;这 30.5 亿美元并非由 RBS 一家承担,其中美林出资约 7.5 亿美元购得约 52 亿股股份。2006 年 6 月 1 日中国银行登陆 H 股后,以发行价 2.95 港元计算,美林账面净利润约为 12.5 亿美元;若以 2006 年 12 月 29 日的收盘价 4.28 港元计算,美林账面净利润约为 21 亿美元。

2006 年 5 月,高盛出资 25.8 亿美元购入中国工商银行约 165 亿股股份。2006 年 10 月 27 日,中国工商银行 A 股、H 股同时上市,以发行价 3.07 港元计算,高盛账面净赚约 40 亿美元;若以 2006 年 12 月 29 日的收盘价 4.83 港元计算,高盛账面净赚约 76 亿美元,收益率达 195%。这是高盛自 1869 年创立以来,所有交易中获利最丰的一笔。

资料来源:根据媒体相关报道整理。

3. 有利于完善我国投资银行的业务结构

我国投资银行业的发展时间较短,已有的业务结构较为单一。从当前国际投资银行的发展趋势看,投资银行业务竞争的前沿已经扩展到了直接投资业务领域。直接投资业务已成为拉动投资银行业务发展的火车头。从总体上看,直接投资业务带动资产管理业务,资产管理业务又能带动并购咨询业务,这已经成为当前投资银行打造核心竞争力的关键。直接投资业务除了能给投资银行带来可观的股权投资回报外,更具有极大的战略价值。开展直接投资业务有利于我国证券公司传统投资银行业务的延伸和市场服务功能的健全。一方面,通过直接投资业务,证券公司能够为企业在每一个不同发展阶段提供完善的资本市场中介服务;另一方面,证券公司通过开展直接投资业务,还能为委托其从事资产管理业务的大客户提供投资良机。因此,发展直接投资业务,有利于我国证券公司提高服务质量,丰富中介服务功能,完善业务结构。

第二节 风险投资业务

在直接股权投资中,那些能够快速成长的新兴行业或企业最有可能给投资者带来高额的回报,但这些新企业的发展又面临着较大的风险,投资失败的可能性也很大。实践中,我们习惯把专注投资于新创、高成长性企业的股权资本称为"风险资本"(Venture Capital[①]),将风险资本与创业企业的结合称为风险投资。风险投资是一种集金融、创新、科技、管理与市场于一体的资金运作模式,它是风险投资家利用自身的知识、经验、管理能力和社会关系,与创新者共同创业的一种专业投资。目前,投资银行涉足风险投资业务有不同的层次:一是采用私募形式为新创企业筹集资本;二是直接投资于某些潜力巨大的公司;三是发起设立"风险基金"或"创业基金"向创业企业提供资金来源。本节主要从风险投资业的整体运行模式来介绍风险投资业务。

一、风险投资的产生与发展

早在大航海时代,那些为跨洋探险活动提供的资助就具有了风险投资的性质。但一般来说,现代意义上的风险投资起源于美国。美国也是当今世界上风险投资最为发达、相关法律制度最为完备的国家。19世纪末20世纪初,美国的财团就将资金投向铁路、钢铁、石油以及玻璃工业等当时的新兴行业,成为风险投资的早期形态。20世纪20—30年代,当时某些富裕的家族和个人投资者向他们认为较有发展前途的一些新办公司提供启动资金,如美国东方航空公司、施乐公司和IBM公司等,都是当时富有的投资者投资过的企业。在资本逐利冲动之外,真正有目的地把风险投资与新兴产业的发展联系在一起的,专业化、制度化的风险投资始于1946年成立的美国研究发展公司(American Research and Development Corporation,AR&D)。

(一)风险投资的早期发展时期(20世纪40—60年代)

美国研究发展公司的发起人是拉尔夫·弗兰德斯(Ralph Flanders)和乔治斯·多里奥特(Georges Doriot)。20世纪40年代,在当时美国的新英格兰地区,传统的纺织业和机械制造业出现了大面积亏损,地区经济处于衰退之中。弗兰德斯和多里奥特经过调查分析后认为,该地区经济困境产生的原因有两个:老工业的亏损和新兴工业的缺乏。他们发现,尽管该地区及周围有很多著名的大学,如麻省理工学院(MIT)等,拥有巨大的技术和人才资源,但由于对新办企业投资不足,以及缺乏优秀的、有经验的企业管理人才,该地区新办企业成长艰难。基于这些共识,他们发起创办了美国研究发展公司,其宗旨是:募集资金,支持和促进该地区的科研成果尽快转化为消费者所能接受的市场产品。由于美国研究发展公司所选择的投资对象不符合当时的主流思维,股市低迷的大环境更使其面临融资困境。从1946年到1951年,美国研究发展公司的整体业绩不佳。从1951年年底开始,美国研究发展公司投资的公司开始盈利,这种投资模式渐渐受到投资业的瞩目。

在美国研究发展公司成立后,美国的一些富裕家族也开始创设私人基金,向有增长潜力的中小新兴企业投资。但这些零星的私人投资基金解决不了广大中小新兴企业的融资需求,资本的供给仍远小于资本的需求,许多发明和创新也无法转化为现实的生产力。20世纪50年

[①] 从字面上看,Venture有两重意思,其基本含义是冒险、投机,表示被投资对象具有较大的经营风险。同时,美国人习惯称新创企业为"New Venture",称合资企业为"Joint Venture"。当前对"Venture Capital"的中文表述有不同意见,例如"创业投资"等。我国《创业投资企业管理暂行办法》(2005)中界定:"创业投资企业,系指在中华人民共和国境内注册设立的主要从事创业投资的企业组织";"创业投资,系指向创业企业进行股权投资,以其所投资创业企业发育成熟或相对成熟后主要通过股权转让获得资本增值收益的投资方式";"创业企业,系指在中华人民共和国境内注册设立的处于创建或重建过程中的成长性企业,但不含已经在公开市场上市的企业"。本书仍沿用"风险投资"一词。

代,面对苏联的技术创新竞争压力,美国政府希望通过提高私人部门的创新能力来积极应对。1958年,美国国会通过了《小企业投资法》(Small Business Investment Act),授权小企业管理局(Small Business Administration,SBA)批准设立小企业投资公司(Small Business Investment Companies,SBIC),给予此类私人投资公司税收优惠和政府低息贷款。例如,小企业投资公司的发起人每投入1美元便可以从政府得到4美元的低息贷款。

据美国小企业管理局的统计,在1958年到1963年间,有692家小企业投资公司成立,它们管理着4.64亿美元的资金。但是,许多小企业投资公司运营不久后就破产倒闭了。仅1966年至1967年间就有232家小企业投资公司宣布破产。小企业投资公司受挫的具体原因有以下几点:第一,整个经济形势和市场状况不景气;第二,它们缺乏经验丰富的职业金融家和高质量的投资管理者;第三,它们吸引的资本主要来自于个人投资者而非机构投资者,个人投资者往往具有对股市的涨跌过于敏感、投资期限不愿太长等弱点;第四,许多小企业投资公司得到政府的优惠待遇后没有将资本投向新兴的高科技企业,而是投向成熟的低风险企业,违背了政府立法支持的宗旨和目的;第五,政府提供的低息贷款期限较短,不能满足风险投资的长期股权性质要求。

(二) 风险投资的发展波动时期(20世纪70—80年代)

20世纪70—80年代,在宏观环境、立法等诸多因素的影响下,美国的风险投资业经历了从萧条到复兴再到萎缩的发展波动过程。20世纪70年代,有限合伙制(Limited Liability Partnership,LLP)开始成为美国风险投资的主要组织形式。与公司制的风险投资机构相比,有限合伙制不受美国《1940年投资公司法》的约束。有限合伙制可以向普通合伙人提供与业绩挂钩的薪酬激励,从而吸引了大量有企业管理经验和投融资经验的专业人才投身于风险投资业。从1969年到1973年,有29家有限合伙制的风险投资机构成立,总融资额达3.76亿美元,平均资本规模达到近1 300万美元。这与小企业投资公司平均不足100万美元的风险资本相比,在规模上已经有了长足的进步。

然而,1969年开始,美国股市连续下跌,对小企业造成了极大的冲击。同年,美国实施税收改革,把长期资本收益税的最高税率从29%提高到49.5%,使风险投资者的税负大幅度增加。对风险投资业影响最大的法律变革是1974年的《雇员退休收入保障法》(Employment Retirement Income Security Act,ERISA)。其中的"谨慎人"(Prudent Man)规则规定,养老基金投资必须基于"谨慎人"的判断,即投资的风险必须控制在相当的范围内。这导致养老基金的管理者不得不从所有高风险投资中撤出。直到1978年9月,美国劳工部对"谨慎人"规则进行了重新解释:只要不危及整个养老基金的投资组合,养老基金可以投资于风险资本市场。1979年6月劳工部的这个决定开始生效,养老基金为风险投资机构提供了巨大的资本来源,小企业股票和新股发行市场立即活跃起来。自此,养老基金成为美国风险资本的最大提供者。

进入20世纪80年代,政策环境的改善促进了美国风险投资业的发展。1981年,资本收益税税率从28%进一步下调到20%。1986年,美国国会颁发了《1986年税收改革法案》(Tax Reform Act of 1986),规定满足条件的风险投资机构投资额的60%免征收益税,其余40%减半课税。《1980年小企业投资促进法》(Small Business Investment Incentive Act of 1980)针对风险投资的特点,将符合有关规定的风险投资公司视为"企业发展公司",以突破投资者人数超过14人就必须按投资顾问注册并运作的法律限制。这样,一流的风险投资家纷纷进入投资者人数较多的大型风险投资公司,从而保证了风险投资业的人才资源供给。《1982年小企业发展法》(Small Business Innovation Development Act of 1982)规定,年研究开发经费超过1亿美元的联邦机构都要实施"小企业创新研究计划"(Small Business Innovation and Research),每年需拨出其研究经费的1.25%用于支持新兴小企业的创新活动。上述立法及相关政策的变化,以及20世纪70年代投入的风险资本在80年代初期所产生的巨额回报,使得计算机、生物技术、医疗卫生、电子和数据通信等行业迅猛发展。美国的风险投资业在20世纪80年代有了巨大的发展。从每年的风险资本流入量来看,1980年为10亿美元,1982年为20亿美元,1983年超过了40亿美元,到1989年美国的风险资本总额已达334亿美元。机构投资者提供的风险资本比例不断提高,从1978年的15%上升到1988年的46%。

20世纪80年代末,美国的风险投资业又开始萎缩。主要原因是:第一,优秀的、经验丰富的风险投资家没有随着资本的大幅增长而成比例增加。投资与管理人才的紧缺使一些缺乏经验、能力不足的人挤进了风险投资行业,整个行业的投资回报率随之降低,对投资者的吸引力逐步减弱。第二,投资机会相对缺乏。风险资本的大幅增长使得投资项目变得相对缺乏,投资机构与接受投资的企业之间的谈判地位产生了有利于后者的变化,投资成本随之增长,从而降低了风险投资的回报率。

(三) 风险投资的规范发展时期(20世纪90年代以来)

进入20世纪90年代以来,信息产业、生物工程、医疗保健等新兴行业蓬勃发展,重新吸引了大量的风险资本。美国国会在总结了《1958年小企业投资公司法》(Small Business Investment Companies Act of 1958)不足的基础上,于1992年通过了《小企业股权投资促进法》,对小企业投资公司计划进行了改革。改革的核心内容主要包括两个方面:一是政府为小企业投资公司在资本市场发行的长期债券提供担保,以此替代原先的政府直接提供短期贷款的方式;二是在资本额度、股权结构、管理人资质等方面提高了小企业投资公司的门槛。小企业投资公司主要投资于种子期及初创期的创业企业,与主要投资于扩张期及以后阶段创业企业的一般创业投资机构形成了有益的补充与衔接。1997年美国通过了《投资收益税降低法案》,对减税额和适用范围作出了明确规定,并进一步降低了投资收益税税率。小企业管理局于2001年颁布了《新市场风险投资计划》(New Markets Venture Capital Program, NMVC Program)。该计划是为了使低收入地区及其居民实现财富增长,增加就业机会,从而促进此类地区的经济发展。依据该计划,小企业管理局会选择那些符合要求的新成立的风险投资机构,与其签订参与协议,为向低收入地区小企业进行股权投资的风险投资机构提供担保。该计划促进了美国低收入地区风险投资业的发展。

根据美国国家风险投资协会(National Venture Capital Association, NVCA)的统计,20世纪90年代以来,美国风险投资基金的数量及管理的风险资本总量呈快速上涨趋势(见图9.1)。2007年以后,受美国金融危机的影响,两者均有所下降。截至2010年年末,美国国内共有791家风险投资机构,管理着1 183只风险投资基金,风险资本总量达到1 767亿美元。从风险投资活动情况来看(见图9.2),伴随着网络概念企业的迅速发展,美国风险投资总额在2000年达到986.3亿美元的顶峰。其后,由于网络经济泡沫破灭等因素,风险投资规模受到较大影响。

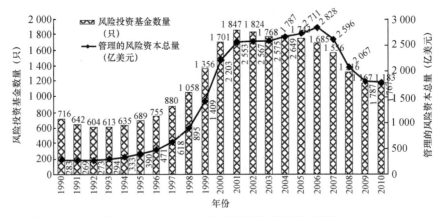

图 9.1　1990—2010 年美国风险投资基金概况

资料来源：National Venture Capital Association Yearbook 2011 [EB/OL]. http://www.nvca.org/index.php?option=com_content&view=article&id=344&Itemid=103。

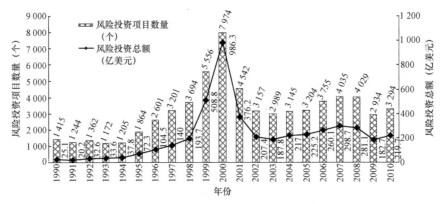

图 9.2　1990—2010 年美国风险投资活动概况

资料来源：同图 9.1。

（四）风险投资在其他国家的发展

风险投资在美国兴起之后，很快在世界范围内产生了巨大影响。1945 年，英国诞生了全欧洲第一家风险投资公司——工商金融公司（ICFC）。英国的风险投资业起步虽早，但发展却很缓慢。直至 20 世纪 80 年代英国政府采取了一系列鼓励风险投资业发展的政策和措施后，风险投资业在英国才得以迅速发展。其他一些国家如加拿大、法国、德国的风险投资业随着新技术的发展和政府管制的放松，也在 80 年代有了相当程度的发展。

日本是除美国以外风险投资业发展最显著的发达国家。与美国不同的是，日本的风险投资机构有相当一部分是由政府成立的。这些投资机构也大多不是从事股权投资，而是向高技术产业或中小企业提供无息贷款或贷款担保。20 世纪 70 年代，日本政府确立了"科技兴国"的战略方针，以科学技术进步推动经济发展。一些具有技术革新型、研究开发型特点的风险企业，伴随着微电子等高新技术的飞速发展而大批涌现。日本政府在东京、大阪和名古屋三个主要工业区各设置了一家资助性的投资公司财团法人——"中小企业投资会社"。其主要任务是购买新创风险企业的股票和可转换债券，并为新创风险企业提供各种咨询服务，建立"中小企业金融公库""国民金融公库""工商会金融公库"等，为一般中小企业提供优惠贷款。1975

年,通产省设立"风险投资公司",为风险企业贷款提供80%的担保。另外,一些组织也建立起来,为风险企业提供无息贷款或承担财务保证,扶植中小企业发展。

我国的风险投资业发展始于20世纪80年代中期。1984年,当时的国家科委科技促进发展研究中心在《新的科技革命与中国的对策》的研究中,就提出了"风险投资"的概念。当年11月,国家科委向中央有关部门呈报《对成立科技风险投资公司展开可行性研究的建议》的报告。1985年,中共中央在《关于科学技术体制改革的决定》中明确指出,"对于变化迅速、风险较大的高技术开发工作,可以设立风险投资给予支持"。中国第一个风险投资公司——中国新技术创业投资公司于1985年9月成立。但该公司很快就面临了较大的经营风险,投入巨资生产的高新技术产品销路不畅,不得不转向房地产投资、贷款、债券回购等领域,成为一家信托投资公司。由于在若干重大项目包括房地产、期货、股票等上的投资出现巨额亏损,1998年6月22日,中国人民银行责令其停业关闭,当时公司的总债务已达60亿元。

1989年6月,由国家科委、国防科工委、招商局集团有限公司所属的四家公司共同出资创建中国科招高技术有限公司(简称"中科招"),这是中国最早的创业投资机构之一,也是第一家中外合资的创投公司,主要从事高新技术企业投资。1992年前后,各地方政府牵头成立了多家风险投资机构,重点扶持符合国家经济政策的高新技术企业发展。这一阶段我国风险投资业发展的特点是政府主导、科技导向、风险投资机构事业化管理。

20世纪90年代后期,我国的风险投资业进入一个新的发展阶段。从1996年年底到2001年,我国风险投资机构由38家发展到246家,管理的风险投资总量从36.08亿元增加到405.26亿元。中国经济的持续快速增长以及市场制度的不断完善吸引了大量的国外风险资本进入。我国于2003年颁布了《外商投资创业投资企业管理规定》。自2001年以后,本土风险资本投资额占我国整体风险资本投资总量的比例呈逐年下降趋势,2001年为50%,2002年为45%,2003年为30%,2004年为25%。2006年,由外资风险投资机构主导的投资额超过109.29亿元,占总投资额的76.1%。自金融危机以来,外资风险投资机构在我国的投资减缓,本土风险投资机构的投资比例上升。2010年,本土风险投资的投资案例数和投资金额分别占境内全年风险投资总量的64.4%和50.5%。从风险投资数量来看,我国在2010年达到一个新的高峰(见图9.3)。

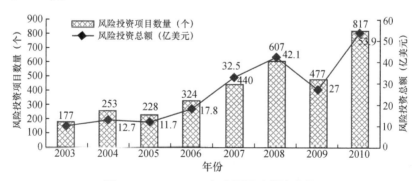

图9.3　2003—2010年中国风险投资总量

资料来源:清科研究中心. 2010年度中国创业投资年度研究报告 [EB/OL]. http://www.zero2ipogroup.com/research/reportdetails.aspx? r=5045f16c-05b2-4de4-82b9-059beb237b76。

二、风险投资的特点和作用

风险资本是投入到新兴的、迅速发展的、具有巨大竞争潜力的企业中的权益资本。从投资行为的角度来讲,风险投资是把资本投向蕴藏着失败风险的高新技术及其产品的研究开发领域,旨在促使高新技术成果尽快商品化、产业化,以取得高资本收益的一种投资过程。从运作方式来看,风险投资是指由专业化人才管理下的投资中介向特别具有潜能的高新技术企业投入风险资本的过程,也是协调风险投资家、技术专家、投资者之间关系,利益共享、风险共担的一种投资方式。

（一）风险投资的特点

1. 风险投资是长期权益投资

风险投资是一种权益资本(Equity Capital)投资,而不是借贷资本(Debt Capital)投资。风险投资向风险企业投入的权益资本一般占该企业资本总额的30%以上。风险投资是一种长期性的(平均投资期为5—7年)、流动性弱的权益资本。一般情况下,风险投资家不会将风险资本全部一次性投入风险企业,而是会随着企业的成长不断地分期分批注入资金。由于创业企业的发展前景不确定,风险较大,一般较难获得银行贷款等借贷资本的支持。而风险投资机制与银行贷款完全不同:首先,银行贷款以安全性为首要条件,回避较大的经营风险;风险投资偏好高风险项目,以管理风险、获得风险回报为主要目标。其次,银行贷款以流动性为本;风险投资作为非上市企业的股权资本,流动性很弱。再次,银行贷款关注企业的发展历史和现状、当前的资金周转以及偿债能力;风险投资则看重未来的收益和高成长性。最后,银行贷款需要抵押、担保,对成熟型企业的支持力度较大;风险投资则重点支持无实物资产提供担保的新创企业。

2. 风险投资是资本和管理的结合

作为权益投资者,风险投资家既是投资者又是经营者。与银行家不同,风险投资家不仅是金融家,而且是企业家。风险投资家在向风险企业投资后,便加入企业的经营管理团队。他们为风险企业带来的不仅仅是资金,更重要的是专业特长、管理经验和社会资源网络。风险投资的收益与创业企业的利益紧密相连。风险投资家不仅参与企业的长期或短期发展规划、企业生产目标的设定、企业营销方案的建立,还要参与企业的资本运营过程,向企业追加投资或为其开拓资金渠道,甚至参与企业重要人员的选聘等。从各国的实践来看,风险投资家多是由企业家或高级管理人员转型而来,具有对产业发展趋势的敏锐判断能力以及企业经营管理的专业背景。

3. 顺利退出是风险投资获利的关键

尽管风险投资是权益资本投资,但其投资目的并不是长期拥有企业的所有权,而是在企业发展到一定阶段、在其股权具有较高市场价值的时候,选择适当的方式通过股权转让退出企业而获利。风险投资从风险企业退出有首次公开发行、被其他企业兼并收购或股本回购、破产清算等方式。显然,公开发行上市是使风险投资收益最大化的途径,破产清算则意味着风险投资的部分或全部损失。在作出投资决策前,风险投资家就制定了具体的退出策略,即以什么方式、在什么时间退出可以使风险投资收益最大化。以何种方式退出,在一定程度上是风险投资成功与否的标志。

（二）风险投资的作用

1. 风险投资推动技术创新

风险资本的主要投资领域是技术创新型企业,虽然到目前为止,对风险投资推动技术创新

的作用机理的研究还没有形成系统的理论,但我们可以从以下一些角度进行思考:

一是提供互补性资源。资本是企业技术创新不可或缺的要素。但是,技术创新,特别是中小企业技术创新的高风险性使得银行贷款和其他形式的融资不能成为技术创新的主要资金来源。而风险投资恰好适应了技术创新的特点,因此成为其首选的融资形式。创业者提供关键技术,风险投资家提供资本和管理经验。一个活跃的风险投资行业应拥有大量富有经验的投资家,这样可以大大提高创业的成功率和技术创新率。

二是形成预算硬约束。技术创新一般有两个特点:低成功率和企业家的高私人收益。银行和内部资本在对创新项目的融资上不可避免地会遭遇预算软约束问题。而风险投资却能够通过限制融资量和分阶段融资等手段,形成预算硬约束,可以相对更有效地为创新项目融资,从而提高技术创新的效率。

三是创新价值创造模式。风险投资作为一种新的合约方式和组织机制,通过共同组建企业,突破了创新技术产业化开发的制度障碍。一方面,风险投资对应用研究、基础研究领域的介入,大大加快了技术创新的发展速度,推动技术创新过程向前延伸;另一方面,风险资本的介入加强了技术创新各阶段的联系,减少了中间环节,从而加快了技术创新的速度。

2. 风险投资培育中小企业

一般来说,规模较大的成熟型企业,已经有了较为稳定的市场份额和盈利能力,其快速创新的动力有限。而中小企业为了在激烈的市场竞争中脱颖而出,通常具有很强烈的创新意愿,但又往往受到资金的掣肘。国际经验表明,中小企业很难从银行取得生产经营和技术创新活动所需的发展资金,这不仅有中小企业的信誉、规模以及财务状况等方面的原因,更是因为技术创新有很大的风险性,与银行贷款的安全性要求相矛盾。而风险投资的特点恰好与中小企业的发展相吻合,是对中小企业发展最有效的支持方式之一。从美国风险投资的发展历程来看,这一点表现得十分突出。美国小企业管理局成立的初衷就是为美国人自己创办的小企业提供最初或早期发展的资本。美国小企业管理局对小企业的界定是:必须是独立的营利性机构,雇员在500人以下,且企业至少有51%的雇员是美国公民或永久居民。目前,通过提供各种组合贷款、债券担保、救济贷款和风险投资,美国小企业管理局已成为美国最大的公共风险投资提供者。可以说,美国小企业管理局对中小企业的政策性支持是现代美国风险投资业发展的重要基础和引导。

3. 风险投资创造就业

从世界各国的经济发展来看,中小企业都是创造就业机会的主要来源。风险资本对中小企业创新活动的支持在很大程度上维持并提高了中小企业创造就业的能力。据美国国家风险投资协会的统计,2010年,有风险资本参与的美国企业共提供了1 190万个就业岗位,占整个私营部门的11%。根据美国国家统计局2011年公布的最新数据,2009年,美国国内企业的资本支出总额为10 900亿美元。当年,美国国内风险投资的总额为182.7亿美元,只占前者的1.7%。风险投资创造就业的能力远远超过其他类型的投资活动。在风险资本的支持下,快速成长的创新型企业吸纳了大量的社会劳动力:一是需要大量基层劳动力的创新型企业,如美国的星巴克(Starbucks)、联邦快递(FedEx)等服务业企业;二是高新技术行业吸纳了大量的技术型人才。截至2010年,由风险投资支持的企业在美国软件、生物技术、半导体/电子、计算机、电信行业中提供的就业岗位占全行业的比重分别为90%、74%、72%、54%和48%。

4. 风险投资促进经济增长

风险投资业是国民经济的一个重要组成部分,它对科技成果的转化、高新技术产业的发展具有不可替代的重要作用。英国前首相撒切尔夫人曾经说过：欧洲在高科技及其产业方面落后于美国，并不是由于欧洲的科技水平低下，而是由于欧洲在风险投资方面落后于美国10年。美国许多著名的高科技企业如微软、英特尔、苹果、数字设备、雅虎、亚马逊等公司发展的初期都有风险资本的扶持，风险投资为这些企业的超常规发展提供了巨大的推动力。除此之外，风险投资还可以促进科技创新体系的建立和完善，促进产业结构和经济结构的调整，完善企业融资体系和优化资本配置，提供大量的就业机会并增加国民财富。据美国国家风险投资协会（NVCA）关于风险投资对美国经济的贡献的研究，其投入产出比例为1比11。也就是说，虽然风险投资总量只占整个社会投资总量的不到1%，但凡是接受过风险投资而发展至今的企业，其产出占国民生产总值的比例高达11%。

三、风险投资的运营模式

（一）风险投资活动的参与者

一般来说，参与风险投资活动的主要群体有四类：创业企业家（Entrepreneur）、天使投资人（Angel）、投资者（Investor）和风险投资家（Venture Capitalist）。

1. 创业企业家

创业企业家具有创新型的商业思维，并有能力组织实施企业的经营活动。他们一般具有创办新企业所需的知识和技术，并已经为此进行了初期的准备工作，如完成了新技术的研发、制造出新的产品雏形或是建立了新的服务提供模式。同时，作为创业者，他们也具有承担风险和经营失败的心理准备。但创业者一般缺乏足够的资金在较长一段时间内支持创业企业的生存和发展，他们是风险资本的潜在需求者，愿意与风险投资者分享企业的所有权。

2. 天使投资人

人们习惯把创业企业的早期投资者称为天使投资人[①]。天使资本主要有三个来源：曾经的创业者、传统意义上的富翁、大型高科技公司或跨国公司的高级管理者。在部分经济发展良好的国家中，政府也扮演了天使投资人的角色。很多天使投资人本身是企业家，了解创业者面对的困境，是初创企业的最佳融资对象。他们不一定是百万富翁或高收入人士，也可能是创业者的邻居、家庭成员、朋友、公司伙伴、供货商或任何愿意提供资金的人士。不同的天使投资家对于投资后管理的态度不同。一些天使投资人会积极参与投资后的管理，而另一些天使投资人则不然。一般而言，天使投资人可以分为以下三种情况：

支票天使：他们相对缺乏企业管理经验，仅仅负责出资，而且投资额较小，单个投资项目约1万—2.5万美元；

增值天使：他们较有经验并参与被投资企业的运作，投资额也较大，单个投资项目约5万—25万美元；

超级天使：他们往往是具有成功经验的企业家，对新企业提供独到的支持，每个项目的投资额相对较大，在10万美元以上。

---

① 天使投资一词源于纽约百老汇，特指富人出资资助一些具有社会意义的演出的公益行为。对于那些充满理想的演员来说，这些赞助者就像天使一样从天而降，使他们的美好理想变为现实。后来，天使投资被引申为一种对高风险、高收益的新兴企业的早期投资。相应地，这些进行投资的富人就被称为投资天使、商业天使、天使投资者或天使投资家，那些用于投资的资本就叫天使资本。

3. 投资者

从全球范围来看,风险投资的直接出资人主要包括富有的个人和家庭、商业银行和保险公司等金融机构、社会保障基金和企业养老基金、捐赠基金等。在美国风险投资业的发展进程中,20世纪60年代以前,富有的个人和家庭是风险资本的主要提供者。随着有限合伙制的出现,机构资金和企业资金成为两大主要来源,其中养老基金等社会保障基金机构所占的比重一直最大,其投资策略的长期稳定性对美国风险投资业的发展发挥着重要的作用。相比之下,大多数欧洲国家和日本的风险资金主要来自金融机构和企业。此外,为扶持本国的产业创新,政府资金也多作为引导基金成为国内风险资本的一个重要来源。

4. 风险投资家

风险投资家是指具体运作和管理风险资本的人,他们负责评估风险投资项目的可行性,制定投资决策并实施投资方案。由于他们与投资项目的成败密切相关,因此必须具有较为全面的知识和素质,包括工程技术专业基础知识、金融投资实践经验、现代财务会计知识、现代企业管理知识、法律知识等。此外,他们还需要具有团队协作的精神,在业内具有较高的知名度和信誉,具有敏锐的判断力、高超的组织协调能力,善于把握时机、果断决策。许多风险投资家都有相关行业的从业背景,对于高潜能的投资项目具有敏锐的观察力和判断能力。在投资完成后,风险投资家往往会进入被投资企业的董事会,为企业提供管理咨询,协助企业成长。

时事链接 9.2

《福布斯》:2010年科技界十大顶级风险投资人

2011年4月7日,《福布斯》发布了2010年科技界"十大顶级风险投资家排行榜",对那些具有点石成金能力的投资人进行了盘点:

1. 詹姆斯·布雷耶(James Breyer),Accel 合伙公司。该公司持有 Facebook 10% 的股份,持有量仅次于 Facebook CEO 马克·扎克伯格(Mark Zuckerberg),布雷耶持有其中的1%。
2. 迈克尔·莫里茨(Michael Moritz),红杉资本。莫里茨是谷歌、雅虎、PayPal 的早期投资者。
3. 里德·霍夫曼(Reid Hoffman),Greylock 合伙公司。
4. 彼得·芬顿(Peter Fenton),基准投资。芬顿在 Twitter 还是个只有25名员工的小公司时向它提供了支持。
5. 斯科特·森德尔(Scott Sandell),恩颐投资,前微软产品经理。
6. 凯文·埃法西(Kevin Efrusy),Accel 合伙公司。作为 Groupon 的早期投资者,埃法西目前是 Groupon 的董事会成员。
7. 彼得·泰尔(Peter Thiel),Founders 基金。泰尔目前是 Facebook 董事会成员。
8. 彼得·巴里斯(Peter Barris),恩颐投资。巴里斯对 Groupon 进行了初始投资。
9. 大卫·史(David Sze),Greylock 合伙公司。作为产品营销专家,大卫曾领导 Greylock 对 Facebook 等公司进行投资。
10. 马克·安德森(Marc Andreessen),安德里森-霍罗威茨基金。安德森对 Twitter 和 LinkedIn 进行了种子投资,目前是 Facebook、eBay、惠普和 Skype 等公司的董事会成员。

资料来源:根据相关新闻资料整理。

（二）风险投资机构的运营模式

风险投资机构,包括风险投资公司或风险投资基金等,是连接风险资金来源与投资项目的金融中介,是风险投资最直接的参与者和实际操作者,同时也最直接地承受风险、分享收益。风险投资机构作为金融中介,首先从投资人那里筹集一笔以权益形式存在的资金,然后又以掌握部分股权的形式,对一些具有成长性的企业进行投资。当创业企业经过营运、管理获得成功后,风险投资机构再安排其股份从创业企业中退出。在风险投资的融资和投资过程中,风险资本家居于决策者的中心地位。

由于风险投资机构在风险投资体系中的关键作用,风险投资机构要由一些具备各类专业知识和管理经验的人组成,同时其所有权结构要提供一种机制,使得投资者与提供专业知识管理技能的人得到合理的回报,并各自承担相应的风险。为适应风险投资体系的这种要求,经过几十年的发展和制度选择,目前,在西方发达国家有十多类风险投资主体的组织方式,在整个风险投资体系中发挥着不同的作用。有限合伙制是目前风险投资机构的主流模式,有限合伙人和普通合伙人的权利与义务通过精心设计的所有权结构来协调和保证。

1. 有限合伙制

在全球风险投资业最发达的美国,有限合伙制是风险投资机构的典型组织形式。在有限合伙制风险投资机构中,存在两类合伙人:有限合伙人(Limited Partner,LP)和普通合伙人(General Partner,GP)。其中,风险投资机构的主要出资者称为有限合伙人,有限合伙人通常负责提供风险投资所需要的主要资金,但不负责具体经营;而主要的经营管理者称为普通合伙人,普通合伙人作为风险投资机构的专业管理人员,统管投资机构的业务,同时也要对机构投入一定量的资金。由于普通合伙人全面负责投资决策和资本管理,因此,他们在机构收益分配中居于主要地位,可以从有限合伙人的净收益中按10%—30%的比例提取报酬。这种合作通常是有期限的,一般是7—10年,但主要还是依据公司投资生命周期和普通合伙人的意愿。

普通合伙人对经营承担无限责任,但出资比例很低(一般为总投资的1%),取得的回报很高(总利润的20%加管理费)。有限合伙人承担有限责任,一方面用合同条款对普通合伙人进行约束,同时也进入董事会对重大决策施加影响。美国的私人投资家往往扮演普通合伙人的角色。这些私人投资家即真正意义上的风险资本家,既有风险投资经验,又有管理的专门技能,而且有很强的冒险精神与追求高回报的欲望。其操作方式一般为先注册一个有限责任公司,私人投资者以股东身份控制该公司,再以该公司作为普通合伙人来发起设立风险投资机构。有限合伙人则往往是各类机构投资者,包括养老基金、保险公司、共同基金甚至银行等,也包括个人投资者。风险投资机构对有限合伙人的出资比例一般有限制(高限与低限均有)。这种所有权结构靠精心设计的各类合同来保证各合伙人的权利与义务,是一个相当精巧的机构设计方案。

有限合伙制的出现是与美国充分发育的资本市场以及特有的税制相联系的。美国风险投资机构之所以经常采用有限合伙制,在很大程度上是因为养老基金、大学和慈善机构等投资者均为免税实体,这一结构保证了它们的免税地位(如采用公司制则需缴公司税)。有限合伙制风险投资机构一般有2—5个合伙人,大一点的机构常雇用2—5个产业分析人员,并聘请一些兼职分析人员,机构规模在5—10人之间,最多不超过30人。其资金主要来自机构投资者、富有个人和大公司,以私募形式征集,主要投资于获利阶段以前的新兴公司,通常是高科技公司,一般在企业成熟后即以上市或并购等方式退出。

合伙人的集资有两种形式。一种是基金制,即大家将资金集中到一起,形成一个有限合伙制的基金。另一种是承诺制,即有限合伙人承诺提供一定数量的资金,但起初并不注入全部资金,只提供必要的机构运营经费,待有了合适的项目,再按普通合伙人的要求提供必要资金,并直接将资金汇到指定银行,而普通合伙人则无须直接管理资金。这种形式对有限合伙人和普通合伙人都十分有益:对有限合伙人来讲,可以降低风险;对普通合伙人来讲,省去了平时确保基金保值增值的压力。所以后一种形式已被越来越多的有限合伙制风险投资机构所采用。

时事链接9.3

我国修订《合伙企业法》

2006年8月27日,我国修订通过了新的《中华人民共和国合伙企业法》(以下简称《合伙企业法》),增加了"有限合伙"这种新的合伙企业形式。其中,第六十一条规定,有限合伙企业由二个以上五十个以下合伙人设立;有限合伙企业至少应当有一个普通合伙人。根据修改后的《合伙企业法》,除国有独资公司、国有企业、上市公司以及公益性的事业单位、社会团体不得成为普通合伙人外,其他法人企业、组织均可以成为普通合伙人,但并不禁止上述法人组织成为有限合伙人。新的《合伙企业法》第十六条规定,合伙人可以用货币、实物、知识产权、土地使用权或者其他财产权利出资,也可以用劳务出资;第六十条规定,有限合伙人不得以劳务出资。据此,普通合伙人可以以劳务出资。第七十三条规定,有限合伙人可以按照合伙协议的约定向合伙人以外的人转让其在有限合伙企业中的财产份额,但应当提前三十日通知其他合伙人。这使有限合伙人在转移其所持有的合伙企业资产时更为灵活。分析认为,新的《合伙企业法》对有限合伙制在我国的发展有积极作用。

2. 公司制

公司制是指以股份公司或有限责任公司的形式设立的风险投资公司的组织模式。公司制风险投资机构投资于新企业的方式与有限合伙制风险投资机构基本相同。但与有限合伙制相比,在公司制条件下,决策权控制在董事会手中,决策过程可能较为复杂,会对决策效率产生一些影响。此外,公司制形式下风险投资公司及投资者都是纳税主体,存在重复纳税问题。有少数的风险投资公司在公开资本市场筹集资金,它们通常由专门的基金管理机构发起,在公开市场上向公众募集资金。依照证券市场监管的要求,这类公司必须向公众公开其经营情况,所以它们更容易被投资者了解,可能在募资上有一定的优势。

3. 子公司制

子公司制也是风险投资的一种组织模式。这里的子公司指的是大的金融机构或实业公司以独立实体、分支机构的形式建立的风险投资公司。这类风险投资机构的主要目的是在大公司资金的支持下为母公司寻求新技术。子公司的管理人员大多由母公司派遣,一般不参与投资收益分配。当大公司投资于一个新创公司时,一般意图是建立技术窗口,再视之后的发展情况看是否将其转为附属企业,其主要目的在于为母公司提供创新动力。在日本,平均有74%的风险投资公司隶属于银行或证券公司。这是由日本的投融资习惯和政府的政策导向等因素决定的。欧洲风险投资组织模式也是以金融机构附属风险投资公司的形式为主。在欧洲各国的主要风险投资政策与计划中,其重点扶持的投资主体是银行,如英国的信贷担保计划、德国的风险投资促进计划等,都是针对银行等金融机构从事风险贷款制订的贴息与担保计划,其目的是鼓励金融机构进行风险投资。

(三) 风险投资的运行程序

一般而言,风险投资的运作始于风险投资机构筛选风险企业提交的商业计划书,继而完成投资,直至最终风险资本从企业中退出。整个过程可分为投资、管理和退出三个阶段。

投资阶段解决"钱往哪儿去"的问题。专业的风险投资机构通过项目初步筛选、尽职调查、估值、谈判、条款设计、投资结构安排等一系列程序,把风险资本投向那些具有巨大增长潜力的创业企业。

管理阶段解决"价值增殖"的问题。风险投资机构主要通过监管和服务实现价值增殖。"监管"主要包括参与被投资企业董事会、在被投资企业业绩达不到预期目标时更换管理团队成员等;"服务"主要包括帮助被投资企业完善商业计划和公司治理结构以及协助被投资企业获得后续融资等。价值创造型的管理是风险投资区别于其他投资的重要特点。

退出阶段解决"收益如何实现"的问题。风险投资机构主要通过首次公开发行、股权转让和清算等方式退出所投资的创业企业,实现投资收益。退出完成后,风险投资机构还需要将投资收益分配给提供风险资本的投资者。

从国际风险投资的运作过程来看,以上三阶段一般包括以下几个必经程序:

1. 初次筛选

风险投资机构每天都会收到大量的商业计划书。在初次筛选(Initial Screening)时投资专家通常只看商业计划书的执行总结(Executive Summary)部分,每份通常只花大约几分钟时间。只有发现感兴趣的项目,他们才会投入更多时间看完整个商业计划书,或要求创业者提供更为翔实完整的文本。因此,投资申请登记表或商业计划书的第一部分——执行总结对融资者来说就显得非常重要。在大型的国际性风险投资机构中,相关的专业人员会定期聚会,讨论已经通过初审的项目计划书,决定是否需要进一步与创业者面谈,或者回绝。

2. 面谈

如果风险投资机构对创业企业家提出的项目感兴趣,则会直接与企业家接触面谈(Presentation),了解其职业背景、管理队伍构成和企业创办情况,这是整个过程中较为重要的一环。通过面对面的沟通,风险投资家可以对投资项目的可行性进行基本判断,这是项目是否能够进入实质性审查阶段的前提。

影响风险投资家对项目可行性分析的因素依次可分为人、市场、技术和管理:① 人的因素,即创业者的素质。风险投资家会从各个不同角度对创业者及其创业团队进行考察,如技术研发能力、市场开拓能力、融资能力、综合管理能力等。② 市场因素。任何一项技术或产品如果没有广阔的市场前景,其潜在的增值能力就是有限的,就不可能达到风险投资家所追求的将新生公司由小培育到大的成长目标。长期来看,风险资本通过转让股份而获利的能力也就极为有限,甚至会造成投资失败。③ 技术因素。主要判断风险企业或风险项目中技术是否首创、是否未经试用或至少未产业化,其市场前景或产业化的可能性如何。通常情况下,许多风险投资机构会选择他们熟悉的技术领域进行投资。④ 管理因素。主要看创业团队的管理协同能力。风险投资机构宁可选择一流管理、二流技术的风险企业,也不会选择那些技术领先、管理混乱的企业。

3. 项目审查

在项目审查(Due Diligence)环节,风险投资机构将对项目的相关材料进行尽职调查。风险投资家会将感兴趣的商业计划书提交给机构的投资小组进行初步审议。通过了初步审议,风险投资机构通常会建立一个项目评估小组,对项目进行进一步全面审议。他们会向申请风险融资的企业要求更全面的企业背景资料,通常包括注册登记文件、企业章程、董事会和股东资料、董事会纪要、重要的业务合同、法律和财务合同、详细财务报告、资产清单、知识产权方面的文件、管理团队的背景资料和员工情况、法律诉讼和保险资料、政策法规资料等。项目审议将会涉及的方面有行业审议、技术审议、市场审议、财会审议和法律审议。这一程序包括与潜在的客户接触,向技术专家咨询并与管理队伍举行几轮会谈。

4. 项目谈判

审查阶段完成之后,如果风险投资机构认为所申请的项目前景看好,那么便可开始进行投资形式和估价的合作谈判(Negotiation)。风险投资机构的项目评估小组依据投资条款清单(The Term Sheet)与企业的管理层或创业者就有关问题进行谈判。涉及的主要问题通常包括投资形式、融资计划、资金使用、股本结构、股权转化价格、股权注册权限、其他股东的义务、上市计划、董事会组成、核心人员招募、财务状况披露、股份购买协议、交易达成的前提条件、排他性条款和交易费用等。

5. 交易完成

谈判顺利完成后,就进入签订投资协议的阶段。风险投资机构将与被投资企业或创业者签署有关法律文件,这些文件通常需要有关的律师来准备。文件同时涉及对企业的现有章程进行修改,并须报有关部门批准和备案等。风险投资机构将力图使它们的投资回报与所承担的风险相适应,基于各自对企业价值的评估,投资双方通过谈判达成最终成交价值。从初次筛选到交易完成(Deal Close)通常需要90—150天。

6. 投资生效后的监管

投资生效后,风险投资机构便拥有了风险企业的股份或其他合作方式的监管(Monitoring)权利。多数风险投资机构在董事会或合作中扮演着咨询者的角色。风险投资机构的一名普通合伙人或投资专家将参与所投资企业的董事会,跟踪项目的实施、商业计划的执行和经营管理情况等,同时帮助企业制定有关的商业策略和进一步融资计划,并提供一切必要的支持。风险投资机构会全力以赴地协助企业发展,保证其风险投资能够获得成功,资本最大限度地得以增值。这种跟踪和帮助会持续到风险资金退出为止。

7. 退出

退出(Exit)机制是风险投资运行中重要的组成部分,它不仅为风险资本提供了持续的流动性,也保证了风险资本持续发展的可能性。风险资本赖以生存的基础是资本周期性的高度流动,流动性的存在构筑了资本退出的有效渠道,使资本在不断的循环中实现增值。因此,股权变现是风险资本进入下一个投资循环阶段的关键。即使被投资企业能实现资本增值,如果没有有效可行的退出机制,风险资本就不能变现,无法持续运营。所以,退出机制是结束风险资本阶段性投资的重要手段,有效的退出机制使资本不断循环,赋予风险资本活跃的生命力。一般在投资后5—10年,取得一定股权增值收益后,风险投资方会退出被投资企业。当然,如果企业仍处在持续快速的成长阶段,风险资本的退出时间也可能延迟。通常,风险资本退出的主要方式有公开上市、企业并购(出售)、股份回购和清算。

（1）公开上市,即首次公开发行。在风险企业成熟壮大后,将其改组为上市公司,公开在证券市场上发行股票。风险投资家将其持有的股权在公开市场中抛售,收回投资和收益。首次公开发行是风险投资非常重要的一个退出方式,特别是在资本市场较为成熟的发达国家。根据美国国家风险投资协会的统计,2010年全美实施首次公开发行的104家企业中,72家是由风险资本投资的,占比为69.23%,仅次于2000年网络经济繁荣时74.93%的水平。

（2）企业并购（出售）,通过非公开市场渠道出售被投资企业的股份。由于各国证券市场对风险企业上市都有较严格的要求,因此只有少数风险投资项目能以这种方式完成。在这种情况下,股份转让就成为风险投资退出的另一种有效方式。在股权交易中,一种特殊情况是第二期收购（Secondary Buyout）。第二期收购是指风险企业被另一家风险投资公司收购,接手进行第二期投资。风险投资机构出于种种原因需要从风险企业撤资,而风险企业在其发展到一定规模以前,其他类型的投资者仍难以判断该企业的经营前景,无法对风险企业进行合理的估价。而其他风险投资机构则有条件对该风险企业的发展进行更为准确的判断,一旦认定其具有投资价值,便可以从原有的风险投资机构手中认购该企业股权。

（3）股份回购,即风险企业向风险投资家购回股份。股份回购计划通常会在签订投资协议时即予以设定。在投资期满、风险企业无法上市或无法转售给其他公司的情况下,由风险企业或创业家购回风险投资家所拥有的股份。风险企业的股份回购主要有三种方式:管理层收购,即风险企业的管理层通过杠杆融资方式将风险资本所持股份购回并持有;员工收购,即风险企业的一般员工将风险资本所持股份购回并持有;卖股期权与买股期权,卖股期权是指风险投资家可以要求创业家或企业以预先商定的形式与价格回购其持有的公司股票,买股期权则赋予创业者或公司以相同或类似的形式购买风险投资方所持股权的权利。

（4）清算,即风险企业在计划经营期内经营状况恶化,或者与预计目标偏差较大,风险企业无法偿还到期债务同时无法继续融资时,进行风险资本的清算退出。虽然以清算方式退出对风险投资机构来说就意味着投资失败,但在很多情况下这是必须果断采取的方案。若不能及时退出,可能会给风险投资机构带来更大的损失。即使是仍能正常经营的企业,若成长缓慢、收益很低、没有发展前途,也要果断退出。因为沉淀在此类公司的资本机会成本很大,风险投资家不愿意承担这种巨大的投资成本。清算退出通常有两种形式:① 破产清算。在企业资不抵债的情况下,无法继续进行生产经营活动,申请破产。通过破产清算,风险资本可以按照法律规定的偿付顺序,收回一定的资金。② 解散清算。为了回避破产清算复杂的法律程序,如果一个失败的项目没有其他债务或只有少量债务,又不能得到进一步融资,那么风险投资者会同风险企业家通过协商的方式结束合作,实施主动性的停产解散,并决定企业残值的分配,这样可以减少不必要的清算成本。

四、风险企业的阶段性融资

美国国家风险投资协会从风险投资的视角依据风险企业不同的融资特点将风险企业的成长分为四个阶段:种子期（Seed Stage）、成长期（Early Stage）、扩张期（Expansion Stage）和成熟期（Later Stage）。从该协会的统计数据来看（表9.1、表9.2）,扩张期和成熟期的风险企业所获得的投资额较大,而在投资项目数量上,成长期和扩张期的风险企业占比较大。考虑到不同阶段风险企业的融资需求和规模不同,可以判断扩张期的风险企业是风险资本的重点投资对象。

表9.1　2000—2010年美国风险投资总额阶段分布　　　　　　　　　（单位:%）

年份	2000	2001	2002	2003	2004	2005	2006	2007	2008	2009	2010
种子期	2.94	1.83	1.48	1.74	2.09	4.09	4.78	5.00	6.18	9.52	7.74
成长期	23.42	21.11	17.65	18.44	17.34	16.80	16.08	19.05	18.82	25.16	24.22
扩张期	57.61	56.62	56.49	49.83	41.98	36.99	42.26	36.40	36.66	31.61	39.06
成熟期	16.04	20.43	24.38	29.99	38.60	42.12	36.88	39.55	38.34	33.71	28.99

资料来源:National Venture Capital Association Yearbook 2011 [EB/OL]. http://www.nvca.org/index.php?option = com_content&view = article&id = 344&Itemid = 103。

表9.2　2000—2010年美国风险投资项目数量阶段分布　　　　　　（单位:%）

年份	2000	2001	2002	2003	2004	2005	2006	2007	2008	2009	2010
种子期	8.83	6.08	5.64	7.03	7.06	7.99	10.33	12.32	12.68	11.93	11.05
成长期	36.05	28.27	27.87	27.10	28.04	26.44	25.73	26.52	26.98	31.22	35.00
扩张期	46.63	53.78	50.93	45.90	39.59	34.46	36.78	31.47	30.40	28.80	31.09
成熟期	8.49	11.86	15.55	19.97	25.31	31.12	27.16	29.69	29.93	28.05	22.86

资料来源:National Venture Capital Association Yearbook 2011 [EB/OL]. http://www.nvca.org/index.php?option = com_content&view = article&id = 344&Itemid = 103。

(一) 种子期

"种子"这个词很形象地反映了这一时期风险企业的特点:风险企业刚刚创立,新的商业概念正在形成,新的产品或服务的运作模式还在研发中。这一阶段,创业者们多是利用业余时间进行创业活动,创业项目还未经过市场的检验,失败的可能性极大。在种子期的创业项目需要的资金额度并不大,主要用于产品研发、市场调查和招募创业团队人员等。此时,由于创业项目尚未进入市场,其可行性和发展前景很不明朗,投资风险较大,因此难以获得主要风险投资机构的青睐,主要的出资人是创业者自身或亲人朋友以及一些自愿资助人,再有就是天使投资人。

(二) 成长期

度过了种子期的风险企业,已经拥有了核心的管理团队,经营活动开始正规化,新产品或服务进入测试期,创业者和核心的技术、管理人员已经开始了全职工作。但是,企业尚未取得稳定的收入,仍需依靠新资本的投入才能维持生存和发展,企业经营失败的风险仍然较高。这一时期被视为风险企业的成长期,持续时间从六个月到四五年不等。为了完成产品进入市场前的全面准备工作,企业有持续融资需求,其融资规模视所处行业不同而各异,例如,服务业、软件业所需的额度可能较小,而计算机芯片或硬件厂商所需的额度可能较大。这一时期能够为风险企业提供资金支持的主要有从事成长期企业投资的风险投资机构、产业投资基金等。

(三) 扩张期

当新产品或服务开始稳定供给目标客户并取得收入后,风险企业开始进入扩张期。这一时期,风险企业的管理架构和运行规范已经基本完成,更多的职业经理人开始进入企业,管理团队较为完整。企业开始进行下一代产品或服务的研发。此时,企业所需的主要是营运资金,用以应对随着供给增加而需扩充的生产和销售能力,包括满足应收账款和存货占款的需求。这一阶段,企业可能已经有了利润,也可能尚处于盈亏平衡的边界,风险资本对企业的进一步成长仍很重要。但此时企业已经具有较明朗的发展前景,能够吸引更多的风险投资机构,并且,风险投资在企业中所扮演的角色也开始更多地倾向于战略意义,而非雪中送炭型的支持。风险资本期待能够在风险企业快速提升的企业价值中获得较大的回报。

(四) 成熟期

这一阶段的企业已经具备了较强的市场竞争能力,不断完善和改进产品或服务,管理架构和资本运作日益规范,收入稳定增长,经营活动已经能够创造较大的净现金流。此时,企业的融资意愿主要在于充分改善财务结构,为股票公开上市发行作准备,是公开发行之前的最后融资期。这一时期的企业能够吸引包括大型风险投资机构在内的战略投资者,企业也倾向于选择在金融业和产业界具有较大影响力的投资者,以提高企业的知名度并作为自身投资价值的有力证明,为下一阶段的公开发行融资做准备。从扩张期到成熟期,风险企业通常会经过几个轮次(Round)[①]的所有权融资以快速达到公开发行上市的资本结构要求。

在风险企业的阶段性融资过程中,创业企业家以企业的所有权换取风险资本的支持,但同时随着企业的快速成长,股权的单位价值也在急速增长。以携程公司(Ctrip)为例,携程公司于1999年6月在上海成立,注册资本200万元人民币。2000年10月,携程公司并购了当时国内较早的酒店分销商——北京现代运通商务旅游服务有限公司。2002年1月,携程公司再次并购了华北地区的机票代理公司——北京海岸公司,并将机票预订业务整合到上海统一处理,成为除民航系统外全国最大的机票中央预订系统。

成立之初,携程公司的股权完全属于创业团队。1999年10月,美国风险投资机构国际数据集团(International Data Group,IDG)向携程公司投资43万美元,获得公司12.5%的股权;2000年3月,国际数据集团和其他四家风险投资机构向携程公司提供第二轮投资450万美元,获得公司30%的股权;2000年11月,在第三轮融资中,凯雷集团(Carlyle Group)向携程公司投入1000万美元,获得公司30%左右的股权。风险资本的逐步进入使企业的规模迅速扩大,携程公司的整体估值不断上升,初始建立时为200万元人民币,第一轮融资后达到344万美元,第二轮融资后约1500万美元,第三轮融资后约3200万美元。虽然创业团队的股权比重由初创时的100%逐轮下降为87.5%、61%和43%,但是,随着企业价值的增长,创业团队所拥有的股权价值也在迅速上升,由200万元人民币逐轮增加为300万美元、920万美元和1740万美元。2003年12月5日,携程公司在美国纳斯达克市场公开发行三级存托凭证(American Depository Receipts,ADR),发行数量约占扩大后总股本的28%,公司市值达到2.7亿美元。此时,创业团队的股权价值已经超过1亿美元。

---

① 由于风险企业发展的不确定性很大,一般来看,大约15%—25%的投资会获得巨大成功,25%—35%的投资获得一定成功,25%—35%的投资能盈亏平衡,15%—25%的投资失败。为了控制投资风险,在投资时,风险投资家不是把资金一次全部投入,而是按照企业发展的阶段分多个轮次投入,这使得风险投资家能够适时中止对那些前景黯淡的项目的投资,多轮次投资也是风险投资家限制创业企业家的一个筹码。

小知识 9.1

估值调整机制(Valuation Adjustment Mechanism, VAM)

在风险投资过程中,未来发展的不确定性使得创业企业和风险投资方对企业估值可能存在分歧。一般来说,创业企业对自身的盈利能力持乐观态度,而投资方则相对谨慎。估值调整机制是投资方与融资方在达成融资协议时,对于不确定性条件下企业估值的一种约定。如果企业未来获利能力达到某一标准,则融资方享有一定权利,用以补偿企业价值被低估的损失;否则,投资方享有一定权利,用以补偿高估企业价值的损失。由于结果不确定,与赌博类似,在我国被形象地翻译为"对赌协议"。

对赌协议被国际投资银行和其他投资机构广泛使用。在西方资本市场,VAM 几乎是每一宗投资必不可少的技术环节,目的是通过设定目标盈利水平和触发条件,来避免不可预知的盈利能力风险。除了风险投资外,对赌协议在对成熟型企业的投资以及并购活动中也经常出现。对赌协议可以有效保护投资人利益,但对融资方来说如果未能达到合约条款要求的内容,则可能陷入困境。目前,对赌协议在我国资本市场还没有成为一种制度安排。监管层明确要求上市时间对赌、股权对赌协议、业绩对赌协议、董事会一票否决权安排、企业清算优先受偿协议等五类对赌协议,都必须在企业上市前清理完毕。

五、风险投资活动中的投资银行

在参与全球风险投资活动的过程中,投资银行作为资本市场中介的功能得到了充分发挥。从目前的发展情况来看,投资银行涉足风险投资领域主要有两个方向:一是作为直接投资业务的重要组成部分,以自有资金发起成立风险投资基金,以机构的名义担任投资基金的普通合伙人;二是发挥其市场中介职能,协助其他风险投资机构或风险企业募集资金,或协助风险企业实现公开上市。

(一)发起和管理风险投资基金

一般来说,投资银行主要作为普通合伙人参与创建风险投资基金,管理运作风险资本。由于投资银行长期从事资本市场的投融资中介活动,与主要的机构和个人投资者有着密切、长期的合作关系,因此,它们在组织和发起风险投资基金上有很强的优势。即便不作为主要发起人,知名的投资银行也有可能被邀请加入风险投资机构,以提高机构的融资能力。

投资银行直接投资于新兴企业,其目的除了获取高额回报率外,还有将企业推介上市的预期。并且,大部分投资银行倾向于对处于成熟期的风险企业提供风险资本,如第二期投资、过桥贷款和借贷收购资金等。其中,二期投资主要用来支持新产品已经打开销路但生产规模急需扩大的企业,以供它们添置设备、厂房或增购原料。过桥贷款用来支持处于首次公开发行前的未成熟的新兴公司。这类公司已初具规模实力,产品和市场较为稳定,投资风险较处于创业期的公司小。借贷收购资金主要用来支持新兴企业收购其他企业以扩大生产规模,也能为风险企业家回购企业股权提供资金。投资银行提早介入有公开发行上市可能的企业,不仅能使它在风险企业进行首次公开发行时揽到承销业务,而且也能大大提高该企业股票的价值,上市后在二级市场出售它所持有的股份,获得丰厚的回报。

由于风险企业成功上市的不确定性很大,因而投资银行往往要求其提供很高的股权募集报酬。此外,投资银行还常常要求企业提供认股权证,这样一旦风险企业股票上市且价格上涨,投资银行就处于非常有利的地位;如果风险企业经营不善,投资银行可不执行认股权。在很多情况下,投资银行还会要求企业确认日后的公开发行由该投资银行来负责承销。

(二) 提供融资中介服务

除了直接投资外,投资银行一般还会为风险投资活动的参与者提供各种类型的融资中介服务,主要有以下两种情况。

一是为风险投资机构筹集资金。多数风险投资机构能够依靠自身的渠道完成筹资任务,但当筹资规模较大时,也可能需要借助投资银行所拥有的广泛的投资者关系网络。一般来说,除了公开上市的风险投资公司外,大多数的风险投资机构都采取私募方式筹集资金,在这一过程中,投资银行就担任了私募中介的角色。通常投资银行会为此类业务收取较高的佣金。

二是为风险企业首次公开发行或股权转让提供中介服务。首次公开发行和股权转让是风险企业发展到成熟期时,前期投资者退出的主要途径。此时,投资银行可以以市场中介的角色为风险企业及其投资者提供资本运作的技术支持。从股权转让角度看,投资银行提供的中介服务包括资产重组和并购方案策划、搜寻并与潜在购买者谈判、协助企业实施战略性财务管理提高企业价值等;从公开上市角度看,包括上市前整合、上市辅导和推荐、证券承销等。

本章要点

- 投资银行开展直接投资业务有其天然优势。它们能够充分发挥其在资本市场上的融资中介职能,以部分自有资金为主集合其客户的大量资金。同时,以对宏观经济和产业部门发展的深入研究为基础,它们能够迅速实现对投资项目的评价和决策。此外,它们的持续融资能力和市场运作能力也对融资方具有极大的吸引力。

- 我国证券经营机构早期开展的直接投资业务由于机构整体素质不高、监管缺位、宏观环境不利等原因积累了很大的风险。从2001年到2011年,经过10年的改革发展,券商的直接投资业务开始进入新的规范发展阶段。近年来,国际投资银行在我国的直接投资活动十分活跃,并且取得了极大的收益。为应对激烈的国际竞争,我国的投资银行业需加快发展直接投资业务,与产业部门建立起更为紧密的业务联系。

- 风险资本是投入到新兴的、迅速发展的、具有巨大竞争潜力的企业中的权益资本。从发达国家特别是美国的情况来看,风险投资在推动技术创新、培育中小企业、创造就业和促进经济增长等方面取得了显著的成绩。经过几十年的发展和制度选择,目前,有限合伙制是发达国家风险投资机构的主流组织形式。其中,作为普通合伙人的风险投资家居于主导地位。

- 风险投资的运行程序一般可分为初次筛选、面谈、项目审查、项目谈判、交易完成、投资生效后的监管、退出七个环节。依据风险企业的融资特点可将其成长过程分为四个阶段:种子期、成长期、扩张期和成熟期。

- 投资银行涉足风险投资领域主要有两个方向:一是作为直接投资业务的重要组成部分,以自有资金发起成立风险投资基金,以机构的名义担任投资基金的一般合伙人;二是发挥其市场中介职能,协助其他风险投资机构或风险企业募集资金,或协助风险企业实现公开上市。

关键概念

- 直接投资业务
- 直接投资子公司
- 风险资本
- 风险投资
- 天使投资人
- 风险投资家
- 风险投资机构
- 有限合伙制
- 风险资本退出机制
- 多轮次投资

思考题

1. 结合我国证券经营机构直接投资业务的发展历程，探讨其发展趋势。
2. 比较分析事业部制和子公司制两种模式下发展直接投资业务的特点。
3. 为什么有限合伙制会成为风险投资机构的主要组织形式？
4. 如何理解我国正日益成为全球风险投资业关注的热点？
5. 我国创业板市场的成立对风险投资业的发展有什么影响？

附录9.1 投资银行与私募股权投资

私募股权投资，是指通过私募形式融资后对私有企业，即非上市企业进行的权益性投资。广义的私募股权投资涵盖企业首次公开发行前各阶段的权益投资，即对处于种子期、初创期、发展期、扩展期、成熟期和上市前(Pre-IPO)各个时期的企业所进行的投资。相关资本按照投资阶段可划分为创业投资、发展资本(Development Capital)、并购基金(Buyout/Buyin Fund)、夹层资本(Mezzanine Capital)、重振资本(Turnaround)、Pre-IPO资本(如过桥融资)以及其他如上市后私募投资(Private Investment in Public Equity, PIPE)、不良债权(Distressed Debt)投资和不动产(Real Estate)投资等。狭义的私募股权投资主要是指对已经形成一定规模并产生稳定现金流的成熟企业的股权投资，即创业投资后期的私募股权投资，这其中并购基金和夹层资本在资金规模上占最大的一部分。目前，在我国的私募股权投资主要是指这一类投资。

在美国，私募股权投资市场出现于1945年。近年来，越来越多的大型综合性金融机构或投资银行，如J.P.摩根、高盛、瑞信集团等均设立了私募股权投资实体，为其自营账户从事未上市公司股权投资。以高盛为例，其私募股权投资产品主要包括以下几部分[①]：

- 高盛资本合伙人基金(GS Capital Partners)：迄今已面向全球发起设立共六期高盛资本合伙人基金，另有一期"高盛资本合伙人亚洲基金"、一期"高盛资本合伙人基金2000"。其中，于2007年发行的第六期高盛资本合伙人基金募资达207亿美元。该系列基金主要投资于美国、欧洲和亚洲的多个行业，投资目标在2亿美元至8亿美元之间，目标投资回报率为投资成本的2—3倍。

- 高盛夹层合伙人基金(GS Mezzanine Partners)：高盛夹层合伙人系列基金是世界上规模最大的夹层基金系列，自1996年来对100多个公司投资超过170亿美元。2007年，高盛设立了第五只夹层基金——高盛夹层合伙人基金第五期，共募资130亿美元。

- 基础设施投资合伙人基金(GS Infrastructure Partners)：目前该部门管理着2006年和

---

① 高盛网站，http://www2.goldmansachs.com/what-we-do/investing-and-lending/direct-private-investing/index.html。

2010年发行的高盛全球基础设施合伙人基金第一期和第二期,融资总额分别为65亿美元和31亿美元。该基金是高盛直接投资基础设施以及与基础设施相关资产和公司的主要工具,主要在法律、政治和监管框架成熟的发达国家市场寻找大型投资机会。

- 房地产机会投资基金(Real Estate Opportunities Funds):自1991年以来,高盛的房地产直接投资部门筹集了约290亿美元的资本,其中最著名的即白厅基金(Whitehall)。"白厅2007"拥有约48亿美元资金,其中包括高盛及其员工的约20亿美元资金。"白厅2008"筹集了约23亿美元资金,包括高盛及其员工的约9亿美元资金。

当被投资企业首次公开发行时,同属于一个金融控股集团的投资银行部门很自然地就会成为发行承销商。这样承销商的关联方往往就是前期的投资方。如何保护其他公众投资者的利益就成为证券监管的一个重要问题。对公开发行证券过程中投资银行的承销业务与私募股权投资业务间利益冲突的问题,最早美国证券商协会制定了NASD规则2720"会员和关联机构的证券分销——利益冲突"进行规制。为了更新和简化该规则,2009年6月15日,美国SEC批准了美国金融业监管局针对NASD规则2720的修正案,该修正案已于2009年9月14日生效。该规则对公开发行中存在的利益冲突进行规制,要求在公开发行中引入合格独立承销商(Qualified Independent Underwriter)。

例如,Dollar General公司于2009年11月首次公开发行。其中,KKR、高盛和花旗银行共拥有Dollar General 98%的未上市股份。但这三家机构仍可作为其首次公开发行的联席主承销商,因为J.P.摩根被引入作为联席主承销商之一和合格独立承销商,满足了规则2720修正案的要求。

美国金融危机后,奥巴马总统于2010年7月签署了《多德-弗兰克华尔街改革和消费者保护法》,其中包括著名的"沃尔克规则",旨在对银行及其关联机构从事私募基金业务施加新的限制。"沃尔克规则"出台的一个重要理由是防止或减少综合性金融机构存在的潜在利益冲突。"沃尔克规则"的适用对象也包括了转制为银行控股公司或金融控股公司的机构,例如摩根士丹利和高盛。

第四篇
投资银行经营与监管

第十章 投资银行的组织管理

本章概要

和其他产业部门的企业一样,完善的企业治理结构和高效的内部管理系统对投资银行的经营成败来说也是非常关键的。作为金融中介机构,投资银行的组织与管理在适应现代资本市场需要的过程中不断得到发展。本章主要介绍投资银行产权制度的演进、现代投资银行的内部组织架构、投资银行的风险管理、客户关系管理与人力资源管理。

学习目标

- 了解投资银行产权制度的演变
- 熟悉具有代表性的现代投资银行的内部组织架构
- 掌握投资银行面临的风险类型及其风险治理结构
- 熟悉投资银行客户关系管理的主要模式
- 了解投资银行人力资源管理的主要内容

我相信企业的成功与失败之间的真正差别往往可以追溯到这样一个问题:组织如何能够激发出人们的巨大活力和才能。

(I believe the real difference between success and failure in a corporation can be very often traced to the question of how well the organization brings out the great energies and talents of its people.)

——〔美〕IBM 前董事长:小托马斯·沃森(Thomas J. Watson, Jr., 1914—1993)

第一节 投资银行的组织结构

从历史上看,投资银行的组织结构,主要包括产权制度和内部组织,受市场环境、行业发展和企业自身经营理念等因素的影响,呈现出一个较为显著的变化过程。从整体上说,现代投资银行的组织结构具有多元化的特点,我们不能断言哪一种模式是最优的,但每一种模式都是投资银行从自身的经营理念和价值取向出发、能够支持其生存发展的制度选择。

一、投资银行产权制度的演进

企业产权制度是指企业的财产制度,是企业制度的核心,它决定了企业财产的组织形式和经营机制。一般来说,企业产权制度有三种基本形态,即业主制、合伙制和公司制。业主制是最早出现的企业产权制度形态。合伙制是由业主制企业的扩张而形成的、与业主制无本质区别的一种企业产权制度。公司制是一种现代企业产权制度,它的突出特点是企业投资者(股东)负有限责任。在投资银行的历史进程中,合伙制、混合公司制和公众持股的现代公司制三种企业产权制度形态十分具有代表性。

(一) 合伙制

合伙制企业是指由两个或两个以上合伙人拥有企业所有权并分享利润的企业产权制度形态。合伙制的主要特点是:合伙人共享企业经营所得,并对经营亏损共同承担无限责任;可以由所有合伙人共同参与经营,也可以由部分合伙人经营,其他合伙人仅出资并自负盈亏;合伙人的组成规模可大可小。从投资银行出现到第二次世界大战之前,合伙制在投资银行业中占主导地位。传统投资银行采取合伙制模式有以下两个方面的原因。

首先,早期的投资银行多由从事贸易融资或票据承兑贴现的家族企业发展而来。这些家族商号多数又由亲缘后代继承,除了出现多个继承人按份共有的合伙制组织外,还有几个家族合伙经营的情况。家族制合伙企业不仅继承了祖辈的财富,更重要的是保持了与其客户的长期社会关系和业务关系。早期的证券投资者主要是企业和富有的家族,并不面向一般社会公众。证券发行和承销形式更接近于今天我们所说的私募发行。早期的投资银行都有十分固定的客户网络,商号之间极少发生争抢客户的情况。家族之间的社会关系对市场交易活动有着重要的影响。此外,合伙人对企业承担无限责任,这也可以看做是维系不同家族企业之间紧密关系的制度保障。

其次,作为中介服务类行业,关键性人才的专业技巧和经营能力是投资银行取得成功的基础:"19世纪,绝大多数历史悠久的合伙制企业都是由这样一些强有力的家长式的人物领导的,他们为自己的商号定下日常议程。他们会决定自己的商号能够在一笔交易之中承担多大的风险;他们的商号能够参与什么样的行动。通常,他们的视野就决定了商号的成功。"[①] "多年来,最成功的合伙制企业是那些由某个家族进行控制或者由熟知家族获取商业成功秘方的雇员继承其衣钵的商行。"[②] 早期成功的投资银行家,如摩根、雷曼兄弟、梅里尔(美林公司创始人)等,不仅将他们的经营理念和经验借由合伙制企业传承下去,而且,他们的姓氏也成为同名投资银行声誉、市场地位和能力的代表。直到当代,尽管这些投资银行早已经成为公众持股的上市公司,但仍然保留了合伙企业的名称,作为其悠久历史和实力的见证。

随着业务规模的不断扩大,纯粹的家族合伙企业已经不适应投资银行发展的需要,它们开始引入家族以外的合伙人,合伙人的数量不断增加。以高盛为例,到1992年年底,高盛就拥有162个普通合伙人和60多个有限合伙人。但是,资本市场的快速发展、监管政策和业务模式

---

① 查尔斯·R.盖斯特.华尔街投资银行史:华尔街金融王朝的秘密[M].北京:中国财政经济出版社,2005:364—365.
② 同上书,6—7.

的转变都使合伙制投资银行的局限性日益突出。

一是资本金供给不足。尽管通过增加合伙人数量的方式可以扩大企业的资本金,但其募资能力仍然受到合伙人数量及其财力规模的限制。特别是当某些合伙人退出时,企业的资本存量不可避免地会减少。随着证券发行量的不断扩大,加之发行制度改革、机构竞争加剧等因素,全额包销逐渐成为投资银行证券承销的主要方式。这就需要承销商,特别是惯常担任主承销商的各大投资银行能够在短时间内提供包销所需的大额资金。在这样的制度安排下,合伙制企业的资本金不足问题日益严峻:"合伙制企业弱点的核心仍然是资本金短缺问题。账面上没有足够的资本,投资银行不能承销足够的交易项目,也不能令华尔街感觉到它们的影响力,它们的声誉和地位将迅速受到质疑。即使在商号拥有盈余资本的情况下,它们的未来仍然是很不稳定的,因为,当它们的合伙人退休时,会抽走自己的资本金,从而缩小商号的财务基础。很少有合伙人会在离开之后还把资本留在商号内部。……除非能够迅速找到新的资本来源,否则,商号将很难在原有规模上进一步开展业务。合伙人资本的短缺成为许多商号寻求与其他商号合并的理由。最终,合伙人的资本短缺问题变得太过棘手,商号不得不谋求公募上市。"①

二是企业领导者能力的局限性凸显。经过几代人的传承,尽管合伙制企业仍然保有早期知名投资银行家的名号,但其后继管理者中已经较少有早年那些具有绝对市场领导力的投资银行家。由于传统上合伙制企业都十分依赖个别精英领导者的决策来控制企业的全面运行,企业内部的管理和运行机制并不完善。掌舵人去世或离开企业,都可能导致企业的经营陷入困境:"华尔街合伙制企业历来存在一些严重的弊病,这些弊病也正是多年来证券业的显著特征。绝大多数合伙制企业,尤其是那些从19世纪开始就在华尔街摸爬滚打的合伙企业,都没有正规的管理体制,它们许多获取生意并保持业务的程序,充其量不过是心血来潮的权宜之计。企业的部门划分也很简单,各位合伙人分别照管自己最了解、最在行的那部分业务。伴随着这些合伙人在个人事业上的成功,整个企业也将受益并发展。当合伙人去世或者离开原来的商行时,通常也没有什么正式的机制以保持业务的发展。"②特别是,随着交易额的不断扩大,如果缺乏科学的内部决策系统,仅仅依靠主要合伙人的个人判断,错误决策的后果将十分严重。

(二) 混合公司制

混合公司通常是由在职能上没有紧密联系的资本或公司相互合并而形成规模更大的资本或公司。20世纪60年代以后,在大公司生产和经营多元化的发展潮流中,投资银行部门是被收购或联合兼并成为混合公司的重要对象。其中包括投资银行机构之间的并购、其他金融机构和非金融机构企业对投资银行的并购。在这一过程中,投资银行业逐渐开始了由合伙制向现代公司制度的转变。

金融业的发展受经济周期的影响十分显著,因此,投资银行业也是一个周期性很强的行业。在经济增长期,实体经济部门和投资者对资本市场的产品和服务的需求迅速增加,使投资银行业快速扩张;在经济衰退期,实体经济不景气,企业和居民收入减少,对资本市场的需求就相应减弱,使得投资银行业也陷入紧缩期,一些机构倒闭或是被收购。例如,20世纪70年代

---

① 查尔斯·R.盖斯特.华尔街投资银行史:华尔街金融王朝的秘密[M].北京:中国财政经济出版社,2005:364—365.
② 同上书,6—7.

初美国经济衰退时期,由于市场交易的大幅萎缩,大量的投资银行面临亏损,甚至无法达到监管上的资本金要求。纽约证券交易所的会员中有129家公司或破产清算,或与其他公司合并,或被完全接管。1969年1月,共有10.52万人在华尔街工作,但到了1974年,这个数字下降了28%,只剩下7.5万人。1987年,美国股市再次经历大崩盘,投资银行合并之风又开始盛行,占总数20%左右的小型投资银行倒闭或被兼并,几乎所有大的投资银行都经历了重组与合并。2007年美国金融危机后,投资银行的大规模并购重组又再次出现。除了投资银行业内部的重组外,其他金融机构和非金融机构企业对投资银行的收购也十分活跃。它们将投资银行作为母公司的一个事业部或是一个子公司,主要动机就是迅速扩大母公司的经营范围,这是混合制公司的一个主要特征。

以雷曼兄弟为例。自1850年创设至1969年,该公司一直是雷曼家族控制下的合伙制投资银行。1969年,罗伯特·雷曼(Robert Lehman)去世后,企业已不再由家族成员掌控。1977年,雷曼兄弟与历史悠久的投资银行科恩娄布(Kuhn,Loeb & Co.,成立于1868年)合并,组成雷曼兄弟科恩娄布公司(Lehman Brothers, Kuhn, Loeb Inc.),成为当时美国第四大投资银行。1984年雷曼兄弟公司的投资银行家和交易员之间的争斗导致该公司被以3.6亿美元的价格出售给了谢尔逊美国运通(Shearson/American Express)公司。

美国运通成立于1850年,当时已成为一家大型的旅游服务和付款卡企业。20世纪70年代末期,和同时代的很多大公司一样,美国运通开始了全球整合战略,认为多元化的经营战略可以为公司带来更多的收入来源,并能有效避免公司核心业务受挫给公司带来的重创。朝着这一目标,公司开始了大规模的收购活动。谢尔逊公司就是其于70年代末收购的证券经纪公司。1984年5月11日,被收购后的雷曼兄弟改名为谢尔逊雷曼美国运通(Shearson Lehman/American Express)公司,成为美国运通旗下的一个子公司。并购还在继续。1988年,该公司又收购了投资银行E. F. 哈顿(E. F. Hutton & Co.,成立于1903年),组成谢尔逊雷曼哈顿公司(Shearson Lehman Hutton Inc.)。由于20世纪80年代末到90年代初正值美国经济由萧条再度繁荣的转折期,进军金融业的多元化战略并未给美国运通带来预期的收益。到1993年之前,谢尔逊雷曼哈顿公司已经亏损40亿美元。因此,美国运通开始调整策略,剥离相关业务。1994年,美国运通将雷曼兄弟科恩娄布分拆出来,重新冠以雷曼兄弟公司(Lehman Brothers Holdings, Inc.)之名,以首次公开发行的方式将其股权出售给公众投资者,在纽约证券交易所上市。

(三) 公众持股的现代公司制

现代公司制度赋予公司以独立的人格,这是以企业法人财产权为核心和重要标志的。法人财产权是企业法人对包括投资和投资增值在内的全部企业财产所享有的权利。法人财产权的存在显示了法人团体的权利不再表现为个人的权利。广泛采取现代公司制度,特别是公众持股的现代公司制度是现代投资银行与传统投资银行在产权制度形态上的根本区别。现代公司制度在资金筹集、财务风险控制、经营管理现代化等方面都为现代投资银行赋予了传统合伙制所不具备的优势。

1. 融资能力迅速提高

第二次世界大战之后,美国的资本市场迅速发展。20世纪50年代中期开始,华尔街进入大牛市时期。1954年,纽约证券交易所的年交易量为5.73亿股,是30年代金融危机以来的最高点。到1959年,年交易量第一次超过了10亿股。20世纪60年代后半叶,牛市止步了,但交易量却在持续上升,纽约证券交易所的日交易量从1965年的620万股上升到1975年的750万股。而合伙制投资银行却受到资本金的制约,难以应付激增的市场交易,不少投资银行开始转制成为有限责任公司。例如,1959年,美林公司结束了合伙制历史,转为有限责任公司,其资本金规模是当时华尔街投资银行中最大的。在20世纪40年代之前,纽约证券交易所要求其会员机构必须是合伙制。后来,虽然允许采用公司制,但仍要求机构的股票必须全部为私人持有。1970年开始,纽约证券交易所允许其会员公司对公众出售股份。1971年,美林公司成为第一家在纽约证券交易所挂牌上市的交易所会员公司。转制使美林公司的融资能力大大提高,这也为其争取了很大的市场竞争优势。到20世纪70年代中期,美林公司已经成为华尔街排名第一的券商,其资本金超过了5亿美元,是位列第二的所罗门兄弟公司资本金的数倍。

2. 管理决策现代化

所有权和经营权的分离是现代公司制度下企业治理结构的一个核心特征。对投资银行而言,现代公司制度可以使其实现管理活动的专业化和利益协调的规范化。一方面,经营权和所有权的分离使管理活动职业化、知识化,管理人员取得了相对独立的地位;另一方面,投资银行内部各利益主体的互相制约和内部激励机制的建立与规范化,促进了投资银行经营效率的提高和收益的增长。特别是对于公开上市的大型投资银行来说,因受到资本市场的监督和约束,机构自身必须保持旺盛的竞争意识和创新精神,不断开拓新的业务领域,增加企业的市场价值,这也刺激了机构内部的管理和决策优化。与传统合伙制企业不同,投资银行的重要经营决策不再完全依靠个别精英合伙人的个人能力,而是以规范的内部决策机制为基础。尽管决策失误的情况仍然存在,但在巨大的交易量面前,现代公司的管理效率是传统合伙企业不能比拟的。

3. 有效的内部激励机制

随着市场交易数量的不断增长,现代投资银行需要由一支规模庞大的员工队伍来支持,需要更多的人员来从事相关的市场交易、研究分析和客户服务。并且,员工所承担的责任和面临的压力也不断提高。这使得投资银行的内部管理问题凸显出来。而在传统的合伙制机构中,这个问题通常是被忽视的:"他们(员工)之中绝大多数人都没有得到雇主的合理对待,他们的工作环境和工作条件也极其糟糕,收入水平极低,有些人甚至根本就没有受过证券交易操作方面的相关训练。"[1]相比之下,现代公司制度有助于建立更为规范、有效的内部激励约束机制,处理好委托代理关系中的信息不对称和激励不相容问题。现代公司制度也使长期股权激励制度的建立成为可能。一方面,股权激励使员工的利益和股东价值最大化保持一致,另一方面它也能够更有效地吸纳高素质的人才。

二、现代投资银行的内部结构

投资银行的内部结构主要指其架构设置和职能分工。从整体上看,不同投资银行的内部组织及其发展路径和方式千差万别。不过,多样化的组织和成长方式背后,一定有规律可循。组织结构本质上应该取决于其业务结构,同时受到公司管理理念和客户需求的影响。不同的内部组织架构并没有绝对的优劣之分,使企业高效运转才是根本目的。管理学中的权变理论

---

[1] 查尔斯·R.盖斯特.华尔街投资银行史:华尔街金融王朝的秘密[M].北京:中国财政经济出版社,2005:259.

认为,企业管理没有什么普遍适用的、最好的管理理论和方法,而应该根据企业所处的内部条件和外部环境权宜应变、灵活掌握。

(一) 现代投资银行的内部架构

现代投资银行多采取现代公司制度,很多大型投资银行是公共持股的上市公司。在公司治理结构中,股东大会、董事会和监事会是最高的权利、决策和监察机构,董事会一般下设执行委员会、薪酬委员会、审计委员会、战略委员会等专门的高层决策机构,其中执行委员会是最重要的常设决策机构。许多大型投资银行会针对其主要业务分设若干业务执行委员会,由少数经验丰富的投资银行家担任主席,全面负责该项业务。

在业务执行层面上,现代投资银行的内部组织一般分为两大部分:一是发挥总体行政协调支持作用的职能部门,二是从事市场营运的业务部门。各大投资银行在内部组织架构上的差异主要体现在业务部门系统上。从总体上看,目前西方大型投资银行普遍实行"大事业部"的业务组织架构,在各大业务部门下面又以业务团队的形式组成规模不一的项目组,分权运作、独立考核,最大限度地提高经营效率。同时,这些不同层次的业务部门和团队又能够根据市场发展变化的需要而快速实现"模块化"的重新整合,以适应现代资本市场业务创新和竞争的需要。

1. 直线型

直线型是一种最早也是最简单的组织形式。它的特点是企业各级行政单位从上到下实行垂直领导,下属部门只接受一个上级的指令,各级主管负责人对所属单位的一切问题负责。直线型组织结构的优点是:结构比较简单,责任明确,命令统一。职权直接从高层开始向下"流动"(传递、分解),经过若干个管理层次达到组织最低层。其具体特点有:① 组织中每一位主管人员对其直接下属拥有直接职权;② 组织中的每一个人只对他的直接上级负责或报告工作;③ 主管人员在其管辖范围内,拥有绝对的职权或完全职权,即主管人员对所管辖的部门的所有业务活动行使决策权、指挥权和监督权。

早期的投资银行业务比较单一,主要收入来自承销和经纪业务,多采用直线型的组织结构。在直线型组织结构中,公司按照业务、职能的不同划分为不同的部门,每个部门的领导服从公司最高决策层的直接指挥。直线型是最为简单的一种形式,优势在于权力集中,决策过程简单明了。我国的证券公司发展历史较短,规模上不足以与跨国投资银行相比,在组织结构上采取比较简单的直线型以简化决策流程,控制内部成本,提高公司效率。以中信证券为例,在企业最高管理层下,根据业务划分为不同的部门,业务范围较广的部门还可以再细化为更小的单位(见图10.1)。

2. 事业部制

事业部制是指以某个产品、地区或顾客为依据,将相关的研究开发、采购、生产、销售等部门结合成一个相对独立单位的组织结构形式。它表现为,在总公司领导下设立多个事业部,各事业部有各自独立的产品或市场,在经营管理上有很强的自主性,实行独立核算,是一种分权式管理结构。事业部制又称 M 型组织结构,即多单位企业、分权组织或部门化结构。目前,事业部制被广泛地应用于大型跨国企业和金融机构的组织结构设置中。

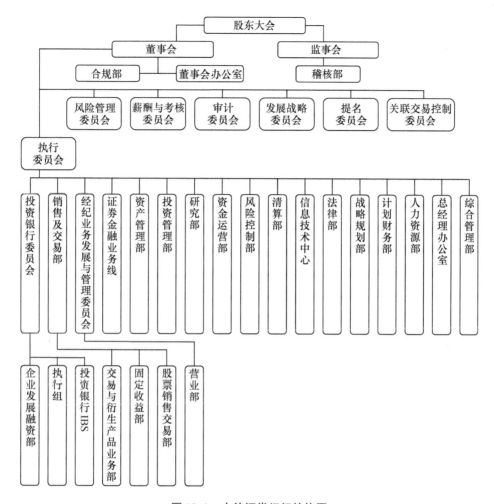

图 10.1 中信证券组织结构图

资料来源:中信证券网站,http://etrade.cs.ecitic.com/webtrade/html/tzzgx/nexus/structure.jsp。

投资银行的组织结构随着不断扩张的业务而发展。随着金融产品的增加、经营范围的扩大,最初的直线型组织结构已经不适应发展的需要。事业部制将公司划分为几个独立的利润中心和投资中心,将日常经营的决策权下放到事业部领导手中,使公司的最高领导者可以将注意力集中到战略、协调、人事安排等重大管理事务中。事业部制减少了企业内部交易和沟通的成本,提高了大中型企业的管理效率。事业部制既可以按照产品来划分,每一种产品的经营分别管理、分别核算、自负盈亏,也可以根据地域划分,分为亚洲区、美洲区、欧洲区等。每个事业部的业务团队根据自身的需要设立下属部门,实行垂直管理,事业部之间是平行的合作关系。当然,事业部只是公司管理的一种方式,并不具有法律意义,与分公司有着本质的不同。

事业部的分设能够充分反映投资银行业务的重心及其转移。以美林公司为例,成立于1914年的美林公司创造性地以面向公众的私人零售经纪业务在与摩根士丹利、雷曼兄弟等老牌投资银行的竞争中脱颖而出。20世纪90年代初,根据客户对象的不同,美林公司分为两大事业部:私人客户部(Private Clients Group)和企业与机构客户部(Corporate and Institutional Client Group)。1997年年初,鉴于国际业务的不断拓展和资产管理业务的日益活跃,美林公司确立了四个事业部的业务管理架构:美国私人客户部(U.S. Private Client Group)、国际私人客户部(International Private Client Group)、资产管理部(Asset Management Group)和企业与机构客户部。此外,美林公司再分设五个地区事业部:欧洲/中东/非洲、亚洲/太平洋、拉丁美洲/加拿大、日本、澳大利亚/新西兰,各地区事业部除了独立领导该地区的业务发展外,还直接对国际私人客户部和企业与机构客户部两大事业部的主管负责,并与资产管理部协同。

2000 年,美林公司的资产管理部更名为美林投资经理部(Merrill Lynch Investment Managers)。2001 年,企业与机构客户部改为全球市场与投资银行部(Global Markets and Investment Banking)。2002 年,美林公司的美国私人客户部和国际私人客户部又再合并为全球私人客户部(Global Private Clients)。2006 年,美林公司将投资经理部剥离,与贝莱德集团(BlackRock Inc.)合并成立一家新的独立企业,成为全球规模最大的资产管理公司。新公司以贝莱德公司为名进行经营。在合并后的公司里,美林公司的股权比例为 49.8%,表决权比例为 45%。同时,美林公司内部新组成全球财富管理部(Global Wealth Management),包括原先的全球私人客户部和全球投资管理部门(Global Investment Management)。这样,金融危机之前,全球财富管理部和全球市场与投资银行部成为美林公司的两大事业部。各事业部是集团内部独立核算的利润中心,美林公司的年度报告会分别报告各事业部的盈利情况。

与美林公司相似,摩根士丹利、高盛等大型投资银行都采取了多维的事业部制组织架构,除了总部的各个后台支持部门外,在划分产品事业部的基础上,加强了地域管理,从而形成纵横交错的多维、网状业务管理结构,强化各部门、地区之间的协作和控制,以适应更为复杂多变的市场要求。

3. 金融控股公司下的投资银行事业部

随着金融市场的发展和管制的放松,投资银行和商业银行业务之间的隔离被打破。传统的商业银行向投资银行业务渗透,为客户提供全方位的服务,打造全能的"金融超市"。传统的投资银行也在不断地拓展自己的私人银行业务,力争为高净值客户提供一站式服务。大规模的银行控股公司和金融控股公司出现了。在这些金融机构内部,投资银行的各类业务被纳入一个或多个事业部进行管理。

以美国银行(Bank of America)为例。这是一家以商业银行业务为主的大型金融控股公司。在 2008 年收购美林公司之前,其主要有三大事业部:全球消费者与小企业银行部(Global Consumer & Small Business Banking)、全球企业与投资银行部(Global Corporate & Investment Banking)、全球财富与投资管理部(Global Wealth & Investment Management)。2008 年,三个事业部的收入分别占公司总收入的 79%、18% 和 11%[①],商业银行零售业务的比重很大。在收购美林公司并完成了初步业务整合后,美国银行现有六大事业部:存款业务部(Deposit)、全球银行卡服务部(Global Card Services)、住房贷款与保险部(Home Loan & Insurance)、全球商业银行部(Global Commercial Banking)、全球银行与市场部(Global Banking & Markets)、全球财富与投资管理部(Global Wealth & Investment Management)。原美林公司两大事业部的业务被分别并入全球银行与市场部、全球财富与投资管理部。2010 年度,在全部 1 114 亿美元的营业收入中,这六大部门的盈利占比依次为 11.8%、23%、9.5%、9.8%、25.6%、15%。[②] 对美林公司的

---

① 美国银行 2008 年年度报告,http://media.corporate_ir.net/media_files/irol/71/71595/reports/2008_AR.pdf。
② 美国银行 2010 年年度报告,http://media.corporate_ir.net/media_files/irol/71/71595/reports/2010_pdf。

并购迅速提升了美国银行在投资银行核心业务和资产管理业务领域的规模。

(二) 现代投资银行的海外分支机构

随着金融全球化的日益深入,国际大型投资银行的业务触角也延伸到世界各个国家和地区。除了设立区域性的国际事业部外,为了加强各地区的业务拓展和管理,投资银行还通过设立分支机构的方式来进行市场渗透。投资银行的海外分支机构实际上是其事业部组织架构的延展。

1. 设立分支机构的影响因素

以下三方面因素可能对投资银行选择分支机构的组织形式产生影响。

(1) 东道国(地区)的环境。东道国(地区)的法律和政策环境是影响跨国投资银行海外分支机构组织形式选择的最主要因素。即使是在开放条件下,各国和地区也会依照自身的经济发展和市场成熟度来对外资金融机构的准入进行监管。以我国为例,根据2001年加入WTO的相关协议,我国金融业对外开放有一个时间表。其中,证券业的开放包括以下四项内容[1]:

- 外国证券机构可以不通过中方中介,直接从事B股交易。
- 外国证券机构驻华代表处,可以成为中国所有证券交易所的特别会员。
- 允许设立中外合资的基金管理公司,从事国内证券投资基金管理业务,外资比例在加入时不超过33%,加入后3年内不超过49%。
- 加入后3年内,允许设立中外合资证券公司,从事A股承销、B股和H股以及政府和公司债券的承销与交易,外资比例不超过1/3。

2002年颁布的《外资参股基金管理公司设立规则》《外资参股证券公司设立规则》对中外合资基金管理公司和证券公司的设立进行了具体的规范。2002年12月,中国证监会批准成立我国加入WTO后的首家中外合资证券公司——华欧国际证券有限责任公司。中外合资双方分别为湘财证券公司和法国里昂证券公司,其中湘财证券公司占67%的股份,法国里昂证券公司占33%的股份。2004年,我国启动了证券公司综合治理工作,到2007年8月底结束。在此期间,我国暂停了合资券商项目的审批。截至2007年年底,我国共有7家中外合资证券公司、28家中外合资基金公司,其中19家的外资股权已达40%以上,有4家外资证券机构驻华代表处成为上海、深圳证券交易所特别会员,有39家和19家境外证券机构分别在上海、深圳证券交易所直接从事B股业务。

此外,从1999年起,中国即允许符合条件的外资投资银行、证券经营机构、基金管理公司等证券经营机构设立驻华代表机构,从事咨询、联络、市场调查等非经营性活动。截至2009年年底,经中国证监会批准,境外证券类机构在中国境内设立了166家外资代表机构。

(2) 母国的环境。投资银行总部所在国的法律和政策同样也对其海外分支机构的设立产生重要影响。母国的法律环境直接规定和限制了投资银行总部的对外投资和业务合作活动。仍以我国为例,与许多贸易服务类行业相同,证券经营机构的海外业务拓展也是以香港为"桥头堡"的。2005年之前,已有10多家内地证券公司在香港设立分公司或者国际业务部。其中,国泰君安、申银万国、广东证券、光大证券、中银国际等已在香港设立分公司,而国信证券、湘财证券等券商则开设了相关的国际业务部门,借此与香港券商开展业务合作。但在香港的

---

[1] 中国人民银行条法司,http://www.pbc.gov.cn/publish/tiaofasi/273/1385/13854/13854_.html。

这些内地分设机构中,只有申银万国香港公司和国泰君安香港公司是得到批准设立的,在它们之后,监管部门就再也没有批准其他证券公司在境外直接设立分支机构。2005年9月,招商证券收购了招商证券(香港)有限公司,成为首家经主管机关批准设立海外分支机构的券商。[①]同年,中信证券也获批设立了中信证券(香港)有限公司,收购了中信集团在香港的投资银行业务。截至2011年9月底,国内已有20家证券公司、14家基金管理公司、6家期货公司获准在香港设立分支机构。

(3)业务类型。投资银行设立海外分支机构还受其开展的业务类型的影响。一般来说,投资银行的海外业务主要是以大企业、大银行、非银行金融机构和政府等机构客户为对象的批发业务,这类业务适合由附属行或分行来开展,而办事处、代理行等形式的分支机构适用于从事信息咨询等业务。

2. 海外分支机构的组织形式

海外分支机构的组织形式有以下几种:

(1)代表处。代表处(Representative Office)是境外企业在东道国(地区)设立的代表机构,是代表母公司在东道国(地区)境内进行业务联络的机构。代表处并不是一个独立的法人实体,不能进行直接的、营利性质的商业活动。但是代表处可以开立银行账户、拥有工作人员来实现其业务联络的目的。代表处可以以公司总部的名义与客户及供应商签订合同。一般来说,境外企业在东道国(地区)建立合资企业、独资企业之前,会通过建立代表处的方式来了解所在国(地区)的市场情况和经营环境。跨国投资银行在东道国(地区)设立的代表处,不能经营一般的投资银行业务。设立代表处的主要目的是扩大市场声誉和影响,为机构总部招揽生意,宣传和解释其业务特点,调查和分析东道国(地区)的政治、经济信息以及客户信用状况和环境,为总部未来在该国家(地区)采用的经营战略提供依据。例如,摩根士丹利早于1994年2月就在上海设立了首家代表处,同年8月在北京设立第二家代表处,主要开展与投资银行业务相关的咨询服务及前期客户开发服务,包括企业融资、并购咨询及房地产投资服务、股票研究及私募股权投资等。

(2)代理行。大型投资银行可以通过委托其他国家和地区的金融机构代理自己的业务。代理行(Correspondent Bank)不是投资银行的派出机构,投资银行通常也不向代理机构派驻业务人员。投资银行和代理行之间的关系只是某种业务合作关系,它们之间的接触通常是双方管理人员的互访。对投资银行拓展海外市场来说,与代理行的合作具有经营成本低、有利于回避市场管制等好处,但其对合作业务的控制力较弱。

(3)附属行与联属行。附属行(Subsidiary)或联属行(Affiliate)这两种形式是指在东道国(地区)注册的、作为独立法人的经营主体。它们主要是由跨国投资银行与东道国(地区)相关企业或金融机构共同出资设立,或通过对当地相关机构的兼并、收购而成立的,跨国投资银行因持股关系而承担有限责任。两种形式的区别在于:附属行的大部分股权为跨国投资银行所有,而联属行的大部分股权由东道国(地区)机构掌握,两者一般以50%为界限进行区分。附属行或联属行通常被认为是所在国(地区)的本土机构,在业务和市场准入上受到的限制较

---

① 招商证券(香港)有限公司前身是招商局金融集团2000年收购友联银行实施资产剥离后保留的证券业务部分,2004年更名为招商证券(香港)有限公司。严格意义上说,招商证券此次收购属于招商局集团内部的资源整合,以便让此前处在灰色地带的内地证券公司在香港的分支机构获得名正言顺的"身份"。

少,能够最大限度地参与东道国(地区)市场。

(4) 分行。分行(Branch)是跨国投资银行根据东道国(地区)法律设立并经营的境外机构,不具备独立的法人地位,是母公司的一个组成部分。分行受委托代表母公司在海外经营各种国际投资银行业务,其资产负债表直接列入母公司的资产负债表,经营战略也与母公司保持一致,母公司则需为其承担无限责任。分行可以最大限度地利用投资银行本部的品牌、客户、资金等资源,也便于总部贯彻其全球经营战略,但分行的设立和运营既受制于母国的法律和政策,同时又受到东道国(地区)的监管规制。

第二节 投资银行的经营管理

现代投资银行业务范围广、业务量大、分支机构遍布全球,这就要求其具有高效、安全的内部管理系统。风险管理、客户关系管理和人力资源管理是现代投资银行经营管理的三个重要方面。

一、风险管理

投资银行从诞生之日起,就在赢取高收益的同时,面临着高风险。20世纪90年代以后,随着业务全球化进程的加快,投资银行所面临的风险更加复杂化。风险控制与管理是投资银行经营中最重要的内容之一,也是各国政府监管的重点,本部分主要介绍投资银行内部的风险控制与管理制度。

(一) 投资银行的风险类型

1998年5月,国际证券委员会组织[①](International Organization of Securities Commissions, IOSCO)下属的技术委员会提交了一份名为《证券公司及其监管者的风险管理和控制指引》(Risk Management and Control Guidance for Securities Firms and Their Supervisors)的研究报告。该报告的重点是关于风险管理及控制的政策、程序和内控制度的指引,目的是增强证券经营公司和监管当局对国内、国际风险管理及控制的意识。国际证券委员会组织将证券公司所面对的风险划分为市场风险、信用风险、流动性风险、操作风险、法律风险和系统风险等六大类型。这六种类型的风险同样也是投资银行所面对的主要风险。

1. 市场风险

市场风险(Market Risk)是指因市场波动而导致某一资产或资产组合遭受损失的可能性。这些市场波动包括:利率、汇率、股价、商品价格及其他金融产品价格的波动;收益曲线的变动;市场流动性的变动;其他市场因素的变动。除股票、利率、汇率和商品价格的波动带来的不利影响外,市场风险还包括融券成本风险、股息风险和关联风险。

市场风险是投资银行最经常面对的一种风险,是风险管理中的重点内容。以美国橘郡(Orange County)破产事件为例。从20世纪70年代开始,该郡持续将通过发行债券募集的资金投资于证券市场,获得了较大的收益。但从1994年2月开始到该年年底,美国联邦利率上

---

① 国际证券委员会组织是国际上各类证券管理机构所组成的国际合作组织,总部设在加拿大的蒙特利尔市。1974年创建于美洲,始称美洲间证券委员会和类似组织。该组织由世界银行和美洲国家发起,成立的宗旨是帮助发展拉美市场,头十年,该组织的活动仅限于年度会议。1983年,该组织正式成为全球性组织。中国证监会在该组织1995年的巴黎年会上加入,成为其正式会员。

升了2.25%,该郡所投资的金融衍生产品的市场价值大幅下降,出现了16.9亿美元的巨额亏损,于是宣布破产。这给市场带来了很大的冲击,持有大量橘郡投资基金的投资银行也蒙受了损失。

2. 信用风险

信用风险(Credit Risk)是指合同的一方不履行义务的可能性,包括贷款、掉期、期权交易及在结算过程中因交易对手不能或不愿履行合约承诺而使交易者遭受的潜在损失。这些合约包括:按时偿还本息;互换与外汇交易中的结算;证券买卖与回购协议;其他合约义务等。投资银行在签订融资融券协议、场外交易合同时,将面临信用风险。2008年,全球最大的保险公司美国国际集团因交易对手违约而发生高达数百亿美元的巨额亏损,并迫使美联储紧急宣布采取1 800亿美元的一篮子拯救计划,就充分暴露出交易对手信用风险可能引发的巨大灾难。从机构的角度来看,目前只能通过要求对手保持足够的抵押品、支付保证金和在合同中规定净额结算条款等最大限度地降低和规避信用风险。

3. 流动性风险

流动性风险(Liquidity Risk)是指投资银行因资产结构不合理、流动比率过低、财务结构缺乏流动性、金融资产不能变现、流动资金紧张等原因导致无力进行即期支付和债务偿还而产生的风险。由于投资银行一般为高杠杆经营的金融机构,需要通过频繁的短期融资来应付流动性问题,如果遭遇市场流动性停滞等情况,就会陷入兑付危机。投资银行在从事衍生品市场交易时,如果无法以合理的价格迅速卖出或将该工具转手而导致损失,包括不能对头寸进行冲抵或套期保值的风险,也是流动性风险的表现。

4. 操作风险

操作风险(Operational Risk)是指因交易或管理系统操作不当或缺乏必要的后台技术支持而引致的财务损失,具体包括:操作结算风险,指定价、交易指令、结算和交易能力等方面的问题导致的损失;技术风险,指由于技术局限或硬件方面的问题,使公司不能有效、准确地搜集、处理和传输信息所导致的损失;公司内部失控风险,指由于交易超过风险限额而未被觉察、越权交易、交易部门或后台部门的欺诈(例如账簿和交易记录不完整、缺乏基本的内部会计控制)、职员业务操作技能不熟练、电脑系统不稳定并易于进入等原因而造成的风险。投资银行多从事高风险的市场交易,操作风险带来的损失可能非常严重。

1995年2月巴林银行的倒闭突出说明了实行操作风险管理及控制的重要性。英国银行监管委员会认为,巴林银行倒闭的原因是新加坡巴林期货公司的一名职员越权交易并隐瞒衍生工具交易带来的巨额亏损,而管理层对此却没有丝毫察觉。该交易员同时兼任不受监督的期货交易、结算负责人的双重角色,巴林银行未能对该交易员的业务进行独立监督,并且未将前台和后台职能进行严格分离等,是这些操作风险导致了巨大损失并最终毁灭了巴林银行。

操作风险可以通过正确的管理程序得到控制,主要包括完整的账簿和交易记录、基本的内部会计控制、强有力的内部审计部门(独立于交易和收益产生部门)、清晰的人事限制和风险管理及控制政策。1993年,所罗门兄弟公司的财务部门及其独立审计师安达信事务所报告,在账务核对时发现公司实际总分类账中存在一些差异。为了加强内部控制,所罗门兄弟公司于年中进行了一次详细的检查,以确保总分类账准确无误,并具备适当的核对程序。这次详细的财务检查发现了大量无凭证的余额,以及需列入1994年3.03亿美元盈利的税前费用等。随后,该公司改进了账务核对和控制程序。由于实行严格的风险管理和控制,1996年1月所罗门兄弟公司发现了来自计算错误的期权头寸的交易损失。当时,交易员运用了不正确的波动值来掩盖交易损失。公司的内部控制架构,包括由风险管理部门实施的常规抽查对此作出了及时反应,发现了这些差异,将损失降低到1500万美元。

5. 法律风险

法律风险(Law Risk)是指因不能执行的合约或因合约一方超越法定权限的行为而导致损失的风险。法律风险包括合约潜在的非法性以及对手无权签订合约的可能性。在金融全球化的环境下,大型投资银行因其业务性质和业务范围而面临着大量的法律诉讼风险。前述美国橘郡投资金融衍生产品遭致破产后,就指控介入该郡投资活动的美林公司不负责任地向其销售大量高风险的金融衍生产品。他们在对美林公司的控告中指出,美林公司应该知道合约违反了加利福尼亚宪章的一些条款,因此该郡签订的衍生工具合约在法律上是无效的,要求美林公司赔偿因越权行为而造成的损失。

6. 系统风险

系统风险(System Risk)是指因单个公司倒闭、单个市场或结算系统混乱而在整个金融市场产生"多米诺骨牌效应",导致金融机构相继倒闭的情形。从技术层面上说,现代资本市场上,大型投资银行通常都是某一个或几个交易市场上的做市商,特别是在那些高风险、定制化的金融衍生品市场上,机构间往往互为交易对家,维系着市场的整体流动性。如果一家投资银行倒闭,就意味着与它相关的交易合约全部失效,这将给其他机构带来严重影响。从心理层面上说,金融机构倒闭会给市场上的交易者带来"信心危机"。特别是当倒闭事件发生在市场波动的关键时期,其影响将更为重大。2008年9月15日,拥有158年历史的华尔街第四大投资银行雷曼兄弟公司向法庭提交破产保护申请后,全球股市就迎来了仅次于"9·11"的黑色星期一,任何一个市场都难以独善其身。为避免全球金融市场出现系统性风险,各国央行纷纷向金融系统注资,各国政要也先后出面讲话稳定局面,避免恐慌心理蔓延。

(二) 投资银行的风险管理

1. 投资银行的主要风险管理工具

除了自营、直接投资业务外,投资银行在承销、并购咨询、资产管理等业务的延伸服务中,都需要持有大量的各类型金融资产,从而使自身暴露在市场风险之下。因此,投资银行风险管理的基础工作之一就是对其金融资产的市场风险进行测量。从国际投资银行的实践来看,在险价值法(VaR)是它们评估短期市场风险的常规工具,而压力测试法(Stress Tests)则被用于监控较长时期内市场的非常规变化可能带来的风险。此外,压力测试法还被应用于监测信用风险、流动性风险和操作风险等。

(1) VaR方法。对于不断创新发展的金融产品,特别是金融衍生品来说,传统的资产负债管理(Asset-liability Management)过于依赖报表分析,缺乏时效性;利用方差与β系数来衡量风险太过于抽象,不直观,而且反映的只是市场(或资产)的波动幅度;而资本资产定价模型(Capital Asset Pricing Model)又无法糅合金融衍生品品种。在上述几种方法都无法准确定义和度量金融资产的市场风险时,G30集团在研究衍生工具品种的基础上,于1993年发表了名为《衍生产品的实践和规则》的报告,提出了度量市场风险的VaR(Value-at-Risk)方法,它是目前金融机构测量市场风险的主流方法。之后由J. P. 摩根推出的用于计算VaR的Risk Metrics风险控制模型更是被众多金融机构广泛采用。目前国外一些大型金融机构已将其所持资产的VaR风险值作为定期公布的会计报表的一项重要内容。

VaR 方法按字面解释就是"在险价值",指的是在市场正常波动下,即在一定概率水平(置信度)下,某一金融资产或证券组合价值在未来特定时期内的最大可能损失。其基本内涵可用公式表示为:

$$\text{prob}(\Delta P > \text{VaR}) = \alpha \tag{10.1}$$

其中:prob,资产价值损失小于可能损失上限的概率;

ΔP,某一金融资产在一定持有期 Δt 内的价值损失额;

VaR,给定置信水平 α 下的在险价值,即可能的损失上限;

α,给定的置信水平。

$$\text{VaR} = \alpha \cdot \sigma \cdot P \cdot \sqrt{t} \tag{10.2}$$

其中:σ,金融资产收益率的日波动率;

t,持有期天数。

从统计意义上讲,VaR 值本身是个数字,是指面临"正常"的市场波动时"处于风险状态的价值",即在给定的置信水平和一定的持有期限内,预期的最大损失量(可以是绝对值,也可以是相对值)。例如,某一投资公司持有的证券组合在未来 24 小时内,置信度为 95%,在证券市场正常波动的情况下,VaR 值为 520 万元,其含义是,该公司的证券组合在一天(24 小时)内,由于市场价格变化而带来的最大损失超过 520 万元的概率为 5%,平均 20 个交易日才可能出现一次这种情况。或者说,有 95% 的把握判断该投资公司在下一个交易日内的损失在 520 万元以内。5% 的概率反映了金融资产管理者的风险厌恶程度,可根据不同的投资者对风险的偏好程度和承受能力来确定。

由上述定义出发,要确定一个金融机构或资产组合的 VaR 值或建立 VaR 模型,必须首先确定以下三个系数:

一是持有期 Δt,即确定计算在哪一段时间内的持有资产的最大损失值,也就是明确风险管理者关心资产在一天内、一周内还是一个月内的风险价值。持有期的选择应依据所持有资产的特点来确定,比如,对于一些流动性很强的交易头寸往往需以每日为周期计算风险收益和 VaR 值,如 G30 集团在 1993 年的《衍生产品的实践和规则》中就建议对场外交易的衍生工具以每日为周期计算其 VaR 值,而对一些期限较长的头寸如养老基金和其他投资基金则可以以每月为周期。从投资银行总体的风险管理看,持有期的选择取决于资产组合调整的频度及进行相应头寸清算的可能速率。

二是置信水平 α。一般来说对置信区间的选择在一定程度上反映了金融机构对风险的不同偏好。选择较大的置信水平意味着其对风险比较厌恶,希望能得到把握性较大的预测结果,要求模型对于极端事件的预测准确性较高。根据各自的风险偏好不同,各投资银行选择的置信区间也各不相同。

三是观察期间(Observation Period)。观察期间是对给定持有期限的回报的波动性和关联性考察的整体时间长度,是整个数据选取的时间范围,有时又称数据窗口(Data Window)。例如,选择在未来 6 个月或是 1 年的观察期间内,考察某资产组合每周回报率的波动性(风险)。这种选择要在历史数据重现的可能性和市场发生结构性变化的危险之间进行权衡。为克服商业循环等周期性变化的影响,历史数据越长越好,但是时间越长,收购兼并等市场结构性变化发生的可能性越大,历史数据因而越难以反映现实和未来的情况。

VaR 值实质上是在一定置信水平下经过某段持有期资产价值损失的单边临界值,在实际应用时它体现为作为临界点的金额数目。它可以用来简单明了地表示市场风险的大小,没有任何技术色彩。没有任何专业背景的投资者和管理者都可以通过 VaR 值对金融风险进行评判。VaR 值可以事前计算风险,而不仅仅是在事后衡量风险大小;它不仅能计算单个金融工具的风险,还能计算由多个金融工具组成的投资组合风险,这些是传统市场风险测量方法所无法做到的。

投资银行利用 VaR 方法进行风险控制,可以使每个交易员或交易单位都能准确地了解他们在进行多大风险的金融交易,并可以为每个交易员或交易单位设置 VaR 限额,以防止过度投机行为的出现。同时,VaR 方法还可以用于交易员的业绩评估,评价其对交易风险的控制能力。此外,VaR 方法还可以用于估算投资银行面临市场风险时所需的适量资本,即风险性资本(Risk-based Capital),以防止公司发生无法支付的情况。

(2) 压力测试法。VaR 方法是依据金融资产过去的收益特征进行统计分析来预测其价格的波动性和相关性,从而估计可能的最大损失。该方法的一个重要隐含前提假设就是金融资产组合的未来走势与过去相似。但金融市场的一些突发事件表明,有时未来的变化与过去没有太多的联系。特别是,如果市场出现极端情况,历史数据变得稀少,资产价格的关联性被切断,或是因为金融市场不够规范,金融市场的风险来自人为因素、市场外因素的情况下,VaR 方法的效果便大打折扣了。而从长期来看,市场总是会出现这样那样的突然变故,投资银行所面临的信用风险、操作风险等,也更多地受到交易对家的信用状况、内部交易人员的业务素质等不确定因素的影响。压力测试法就成为投资银行评估上述不确定事件影响的主要工具。

所谓压力测试(Stress Testing)是指将整个金融机构或资产组合置于某一特定的(主观想象的)极端市场情况下,如假设利率骤升 100 个基本点、某一货币突然贬值 30%、股价暴跌 20%、交易对家突然违约等异常变化,然后测试该金融机构或资产组合在这些关键市场变量突变的压力下的表现状况,看是否能经受得起这种市场的突变。

压力测试包括敏感性测试(Sensitivity Measures)和情景测试(Scenario Tests)等具体方法。敏感性测试旨在测量单个重要风险因素或少数几项关系密切的因素由于假设变动对投资银行风险暴露和银行承受风险能力的影响。情景测试是分析假设多个风险因素同时发生变化以及某些极端不利事件发生对银行风险暴露和银行承受风险能力的影响。

压力测试能够帮助投资银行充分了解潜在风险因素与其财务状况之间的关系,深入分析投资银行抵御风险的能力,形成供董事会和高级管理层讨论并决定实施的应对措施,预防极端事件可能给投资银行带来的冲击。压力测试已经成为各类数量模型方法的重要补充。同时,压力测试也能够帮助政府监管部门充分了解单个金融机构和整个金融体系的风险状况与风险抵御能力,成为政府加强金融机构监管的一个主要工具。

2. 投资银行的内部风险管理架构

20 世纪 90 年代以来,用统计学模型来测量市场风险已成为世界范围内金融机构风险管理的主要内容,风险管理几乎成了风险测量的同义词。风险计量模型的使用能够大大增加投资银行风险管理的可靠性,但这些数学模型的作用仍是有限的,它们并不能精确地量化重大的金融事件。对于投资银行来说,金融产品和市场的风险只是其整体风险的一个部分,更大的风险往往来自其内部的业务操作与管理。风险是投资银行业务经营的固有特性,与其相生相伴,如何恰当而有效地识别、评价、检测和控制每一种风险,对其经营业绩和长期发展关系重大。投资银行的风险管理是一个多层次、多角度的问题,是一个与有关的专业产品和市场不断地进行信息交流并作出评价的独立监管过程。因此,在充分利用风险测量模型的基础上,各大投资银行都十分重视建立完善的内部风险管理架构。

实践中,投资银行的内部风险管理架构一般由三大层次组成:第一层次是包含董事会及其直属的风险委员会(Risk Committee)、最高层管理决策人员在内的最高风险监控部门;第二层次是管理委员会(Management Committee)及其下辖的各类风险管理分委员会,在董事会授权下负责对各种业务风险和特定风险的评估与管理政策的制定;第三层次是各业务事业部和职能部门内部的风险管理。我们以高盛的风险管理治理架构为例(见图10.2)。

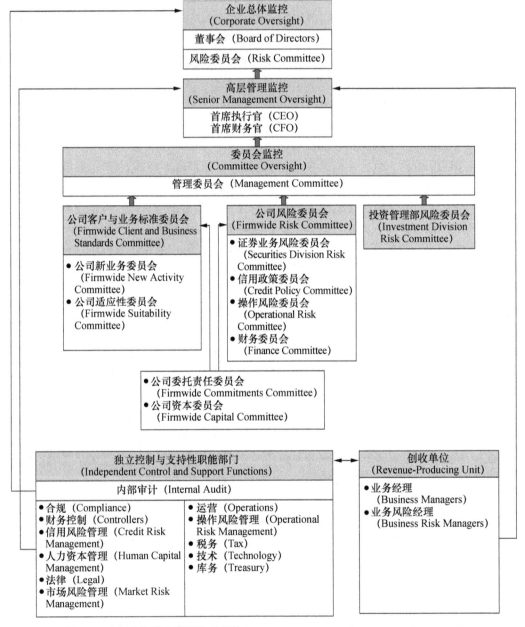

图10.2　高盛的风险管理治理架构(Risk Management Governance Structure)
资料来源:Goldman Sachs 2010 Annual Report, p.70.

在第一个层次上,董事会直接并同时通过其下的风险委员会对公司的风险管理负最高的监管责任。其中,风险委员会由公司的独立董事组成。董事会定期听取公司职能部门的风险管理报告。公司的最高管理人员(如首席执行官、首席财务官)一方面对董事会负责,另一方面作为公司管理委员会的主要成员,直接领导或参与各类风险管理分委员会的活动,并统筹协调公司内部各事业部和职能部门的风险管理工作。

在第二个层次上,居主导地位的是管理委员会。该委员会以公司的首席执行官为主席,其成员包括了公司的绝大部分最高管理者,是整个企业的最高管理机构。管理委员会下辖各类分委员会,负责统筹管理公司的各类业务运营。其中,主要承担风险管理责任的有三个:公司客户与业务标准委员会、公司风险委员会和投资管理部风险委员会。它们又分别下辖若干个负责特定业务风险管理的分委员会。各委员会的架构和职责概括如下:

(1) 公司客户与业务标准委员会,由董事长和首席运营官(Chief Operating Officer, COO)担任主席,主要负责制定公司的业务标准、管理客户关系、处理与公司声誉有关的风险问题,下设两个分委员会:

- 公司新业务委员会,负责审查和监管公司新业务的风险,并实时监督公司现有业务的风险是否仍保持在合理水平之下。
- 公司适应性委员会,负责制定相关标准,用以评估公司在产品、交易和客户管理等方面的适应能力,组织开展跨部门的适应性评估工作。

(2) 公司风险委员会,负责对公司允许承受的最大风险、各事业部的风险限额、特定新兴市场和业务单位的风险限额、主权信用风险限额等进行审核,下设四个分委员会:

- 证券业务风险委员会,负责审核公司固定收益产品、货币工具和大宗商品、权益类产品的风险限额。
- 信用政策委员会,负责建立和评估主要的信用政策和参数。
- 操作风险委员会,负责监督和指导与操作风险相关的管理政策、管理框架和管理方法的完善,以保证操作风险监控和管理的有效性。
- 财务委员会,制定公司的流动性政策并保证政策的执行,对某些证券的库存头寸设定限额,对公司的流动性风险、信用评级负责;定期评估公司的资金头寸和资本价值并根据评估结果和风险敞口作出调整。

(3) 投资管理部风险委员会,负责对与公司投资管理业务有关的全球市场管控、交易对家信用风险和流动性风险进行监管。

除了上述各级委员会外,另有公司资本委员会负责审批和监管债券类产品承销业务和其他涉及公司资本义务的交易活动;公司委托责任委员会负责审批和监管权益类产品承销业务。这两个委员会需同时对公司客户与业务标准委员会和公司风险委员会负责,确保公司的各类承销活动符合法律和商业规范,维护公司的声誉不受破坏。

在第三个层次上,公司的各职能部门和业务事业部从各自的具体业务活动出发承担相应的风险管理责任。在职能部门中,内部审计部是公司风险控制的主要执行机构,其他的包括合规部、财务部、法律部、信用风险部、操作风险部、市场风险部、人力资源部、税务部、技术部、库务部等都承担有风险管理的责任。各事业部作为利润中心,其业务主管和业务风险主管对本级组织的风险管理负直接责任。各事业部及事业部下属一级单位的风险限额由上述各类别风险委员会制定,下属一级单位的负责人再将风险限额分配到各个交易组。

3. 投资银行内部风险管理的特点

从上述高盛公司的内部风险管理架构来看,现代投资银行的内部风险管理有如下几个特点:

(1) 公司董事会和最高管理层对风险管理负有最高责任。这是风险管理是否有效的关键。各级各类风险管理委员会要完成风险识别、风险测量、风险管理、风险报告的各个流程,首先必须跨越公司各事业部和职能部门的边界收集数据和信息。当业务部门发生超越风险限额的情况时,还必须对其进行处理。这在一定程度上可能与业务部门产生利益冲突。如果没有董事会和公司最高管理人员的授权和协调,风险管理工作将非常难以落实。

(2) 风险管理部门要有高度的独立性。各级各类风险管理委员会需独立于业务部门,这样才能避免因利益冲突而无法客观地开展风险管理工作。

(3) 风险管理活动具有高度的协调性。一方面,市场风险、信用风险、操作风险等各类风险隐藏在投资银行的各种业务项目中,风险管理部门虽然具有独立性质,但只有全盘了解业务及相关作业流程,才能胜任其职责。另一方面,风险管理部门必须有能力协调各业务部门,才能有效监控和管理各项风险。实践中,投资银行的高层管理人员和事业部主管往往兼任各风险委员会的主席或成员,有效提高了业务部门与风险管理部门的信息沟通效率。

二、客户关系管理

客户关系管理(Customer Relationship Management,CRM)指的是一个不断加强与顾客交流,不断了解顾客需求,并不断对产品及服务进行改进和提高以满足顾客需求的连续的过程,是以客户为核心的企业营销的技术实现和管理实现。客户关系管理在现代企业管理链条中凸显出来,是以产品为导向的企业经营理念向以客户为导向转变的结果。最早发展客户关系管理的国家是美国,在 20 世纪 80 年代初期便提出了"接触管理"(Contact Management)的概念,即专门收集客户与企业联系的所有信息。到 90 年代则演变成以电话服务中心支持下的客户资料分析为主要内容的"客户关怀"(Customer Care)。1999 年,Gartner Group Inc. 公司提出了 CRM 这一概念。

对客户关系管理的理论内涵有许多不同的表述,归根到底,其核心思想就是:客户资源是企业的一项重要资产,通过加强客户价值挖掘,满足不同价值客户的个性化需求,提高客户忠诚度和保有率,与客户建立长期和有效的业务关系,实现客户价值持续贡献,从而全面提升企业盈利能力。从管理科学的角度来考察,客户关系管理源于市场营销理论;从解决方案的角度来考察,客户关系管理是将市场营销的科学管理理念通过信息技术的手段集成在软件上,从而在全球大规模地普及和应用。当一个企业开始关注客户关系管理时,往往也伴随着其业务流程的调整,通过重新设计产品、重建组织流程,使之成为创新企业价值的核心。

对投资银行来说,作为金融服务提供商,客户资源和客户关系管理对其来说尤为重要。正如高盛商业原则(The Goldman Sachs Business Principles)第一条所说:"客户利益永远在第一位,经验表明,如果我们能够很好地服务于我们的客户,随之而来的就是我们自己的成功。"[1]

---

[1] 原文为:"Our clients' interests always come first. Our experience shows that if we serve our clients well, our own success will follow." 节选自 Goldman Sachs 2010 Annual Report。

(一) 投资银行强化客户关系管理的必然性

1. 客户需求具有明显的差异性

投资银行是提供资本市场中介服务的机构,其所面对的客户包括私人客户、企业与机构客户等,具有不同的市场需求,这就需要投资银行针对他们的需求特征设计完全不同的服务方案。作为金融服务机构,投资银行需要提供的是高度差异化和复杂化的产品(见图10.3)。投资银行对每个主要客户都要从识别需求开始设计整个业务流程。投资银行在开展业务的过程中必须与客户进行充分有效的沟通,找到客户真正的利益点,通过周密的计划和安排选择恰当的方案,通过投资银行的服务为客户创造最大的价值。这个过程往往需要耗费相当多的时间和资源。客户需求的差异性使投资银行更需要对其实行一对一的营销服务,即客户关系管理。

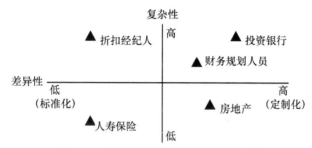

图 10.3 金融服务产品的结构性定位①

2. 客户对专业服务的依赖度较高

投资银行为客户提供的是资本市场运作的中介服务,这是一个高风险的市场环境。无论客户是投资者还是融资者,资本市场的专业知识和信息对他们来说都是有限的。随着金融创新的不断推进,市场交易的品种与方式日益丰富和多元化,客户对各种中介咨询和信息服务的需求不断增加。作为市场中介,投资银行的专业化价值对其客户来说越来越重要。投资银行业中聚集着大量的专业人才,他们对市场进行了充分的考察和研究,集中了大量的宏观经济和行业发展信息,有能力利用专门的方法、工具和手段进行投资决策和风险管理。投资银行还是金融创新的主要推动者,他们利用自身的专业知识和技能为客户量身定制专项金融服务。许多金融服务,如承销、并购重组等,都需要进行大量的前期基础工作,当客户与投资银行建立了初步的交易关系后,其转换服务提供商的成本很高,这也强化了客户对投资银行服务的依赖性。

(二) 投资银行客户关系的类型

现代投资银行几乎涉及资本市场的所有业务活动,服务于各种不同类型的客户。以下按照客户主体和服务需求两种分类进行概要介绍。

1. 按照客户主体分类

按照投资银行客户主体的不同类型可以分为私人客户、企业与机构客户、政府客户三类。

(1) 私人客户。从世界各国的情况来看,当国民经济发展到一定阶段,随着居民收入水平的提高和个人财富的积累,就会出现一部分富有的人群,对资本市场的产品和服务产生稳定的需求。为了实现自身财富的保值、增值,居民个人会通过投资银行等金融中介机构寻求有效的

---

① 詹姆斯·A. 菲茨西蒙斯,莫娜·J. 菲茨西蒙斯著,张金成等译. 服务管理——运营、战略和信息技术(第二版)[M]. 北京:机械工业出版社,2000:59.

资产管理渠道,比如,进行证券投资或直接股权投资等。一般来说,私人客户需求的差异性较大,某些客户可能只需要交易中介服务,而另外一些客户可能需要投资银行能够提供全面的财富管理服务。绝大多数私人客户并不专门从事投资活动,他们缺乏对金融产品和市场的了解,对金融中介机构的依赖性较大。从自身绩效的角度来看,投资银行倾向于开发拥有较高财富水平的私人客户,即所谓的高净值(High-Net-Worth)个人和家庭。

(2) 企业与机构客户。企业与机构是投资银行最主要的客户,包括企业、金融机构、投资基金、养老基金和其他各种类型的机构客户。企业的流动性管理和资本运作都必须借由金融市场工具来实现。由投资银行提供的专业服务支持,如并购咨询、证券承销、财务顾问、投资管理等,使企业能够有效提高资源配置效率,这是现代企业创造新财富和新价值必不可少的环节。此外,包括投资基金、养老基金、捐赠基金等在内的各种类型的基金要达到资产保值增值的目的,也需要投资银行提供全流程的资产管理服务。与私人客户相比,企业与机构客户的需求更加专业化,对投资银行资产管理和交易运作的能力要求也更高。

(3) 政府客户。早期的投资银行与政府之间就有非常密切的业务关系,投资银行主要负责协助政府发行债券募集财政资金。今天,大型投资银行仍然是政府债券一级自营商的主要成员。此外,现代投资银行还积极扮演政府财务顾问的角色,为政府投融资规划、经济发展战略等提供咨询、分析、方案设计等服务。例如,高盛凭借其在通信、电信等基础设施产业重组方面的专业优势,自20世纪80年代末开始担任德国政府的财务顾问,协助政府设计电信市场开放的总体方案,并提供相应的发展战略咨询、产业重组咨询、管理咨询及投融资金融服务。经过长达8年的努力,于1997年完成德国电信企业民营化改造,推进德意志电信公司在纽约证券交易所成功上市,筹集资金超过130亿美元。高盛不仅因此获得了巨额收益,而且进一步确立了其品牌的市场地位。

2. 按照客户需求分类

虽然单个客户的需求差异性很大,但从总体上说,投资银行客户的最终需求主要有两个:投资和融资。

(1) 投资类客户。投资是实现资产增值的主要途径。当客户在满足流动性需要之外有了一定额度的财富积累时,他们就有了投资需求。对于财务投资者来说,现代金融市场上投资工具种类繁多,风险和收益的特性各不相同,投资银行能够从客户的风险承受能力和需求出发为其选择合适的投资产品,某些金融工具的交易还必须经由投资银行等机构担任中间商或交易商才能实现。对于产业投资者来说,投资银行能够协助其完成各类行业信息的收集、整理,分析投资的可行性,对投资项目进行估值,等等。此外,投资银行还会将自己的投资类客户作为其承销的股票、债券和基金产品的优选募资对象。

(2) 融资类客户。各类型企业是投资银行最主要的融资类客户。在企业发展的不同生命周期,为实现流动性管理、资本金扩充、资产重组、收购兼并等经营管理目标,都可能需要有外源性资金支持。投资银行可以充分利用自身的信息与技术优势,协助企业设计融资结构、选择融资工具、判断融资时机。最重要的是,投资银行拥有丰富的投资者资源,能够有效地组织股权、债权和其他权益形式的资金,满足企业的融资需求。此外,投资银行的融资类客户还包括政府、各种类型的集合投资计划或信托计划等,投资银行协助他们以公募或私募方式筹集资金。

(三) 投资银行客户关系管理的主要方式

作为服务性行业的一员,投资银行建立和维持与各类型客户间的长期合作关系是非常重要的。投资银行的专业声誉和职业素质(包括技术水平和服务态度)是赢得长期客户的基础。此外,建立有效的客户培育和管理系统是投资银行获得客户价值的主要途径。从需求特点、客户价值和管理实践等角度综合考察,现代投资银行对私人与小型企业客户、大型企业与机构客户一般采取不同的客户关系管理方式。

1. 私人与小型企业客户

私人与小型企业客户群的一个主要特点就是数量众多、需求差异大。众多的私人与小型企业客户对各类产品和服务的需求和价格敏感度不同,为投资银行提供的客户价值也不同。如何在庞大的客户群体中及时完成客户信息的加工处理和客户需求的分析整合,并将其迅速与投资银行的产品和服务挂钩,成为投资银行在客户关系管理中需要首先解决的问题,这也在很大程度上决定了投资银行经营效益的高低。实践表明,现代信息技术支持下的客户分级管理系统是投资银行私人与小型客户关系管理的有效方式。美林公司的客户关系管理系统是其中的一个典型代表。

多年以来,美林公司一直都在探索如何与客户建立更加紧密的关系,尤其是上百万的个人投资者和小型机构客户。大量的客户信息分别储存在公司的不同业务部门,信息系统反馈的速度很慢,且准确度不高。为了提高客户信息挖掘的效率,美林公司开发出了强化客户关系的商业智能(Business Intelligence)应用系统。1996 年,美林公司提出了利用商业智能对美国的客户进行客户关系管理的计划。该计划主要包括三个主要步骤:

- 将分散存放于各处的客户数据集成并组成"数据仓库",即管理信息决策分析支持系统(Manage Information Decision Analysis System,MIDAS)。
- 通过提供尽可能多的有关客户投资活动和生活方式的相关信息,并对其不断充实与更新,在 MIDAS 上建立完整的客户档案。
- 为美林公司的员工提供访问 MIDAS 上客户信息的各种手段和方法。

借助于 MIDAS,美林公司可以找出最重要的客户群,并发现他们购买行为的特点。商业智能系统同时也帮助美林公司找到在产品及服务上需要改进与完善之处(即客户的潜在需求),这些潜在需求可能连客户自己都没有意识到。例如,某位证券经纪业务的客户也许刚刚开办了自己的公司,需要了解创业保险产品。又如,正抚育两个孩子的客户,可能对美林公司有关住房贷款与教育储蓄方面的产品感兴趣。对客户全新的、深刻的了解能使美林公司的一万多名理财顾问在满足客户当前需求的同时,预见到客户未来的需求,并在此基础上提供更好的理财指导。通过将客户的交易数据与客户的档案资料对比分析,美林公司可以将其产品和服务进行组合与匹配,提供几乎无限的产品与服务组合来满足每一位投资人的个性化需求。同时,公司能够监测每一种产品与服务组合的利润率。MIDAS 使美林公司能够有效测评客户关系管理对公司营业额与市场份额的影响。

借助于 MIDAS,美林公司根据客户投资额的大小确定其与不同级别的投资顾问(Financial Consultant)的联系方式和紧密程度,并建立了分级服务体系。围绕着核心客户群,美林公司规划了三个层次的服务。

- 富裕客户群:通过金融顾问中心(FAC)为客户提供服务,所有中心的客户都可以得到以金融顾问团队为基础的服务,这种服务通过电话和互联网进行,每周 7 天,每天 24 小时。

- **优先客户群**：提供传统的全能服务手段，给每个客户配备一个金融顾问，为客户提供财务计划、股票、基金和债券的买卖、信托服务、离岸业务服务等。
- **最重要客户群**：提供最优秀的私人财富顾问（PWA），集中全公司的资源帮助客户解决所有问题。公司专门设立主席办公室，高层几乎每天与客户交流、会面；安排客户访问计划，让客户直接接触到公司执行管理层，并享受到投资银行和产品专家的周到服务，在纽约等城市设立客户访问团队；在纽约等城市设立客户服务中心，让客户与专家会谈，满足客户的各种需求；每年组织客户参加美林公司全球研究会议和财富管理会议，维系稳定的客户关系。

以美林公司的模式为典型，现阶段各大投资银行私人与小型企业客户关系管理的特点主要是：对不同资产规模的客户提供不同的服务；为客户提供多样化的投资组合产品；根据客户的需要，设计特定投资组合；整合公司资源，采用团队协作的服务模式。目前我国的一些证券公司也十分重视私人客户关系管理，但主要集中在证券经纪服务上。而且我国证券公司的客户关系管理还存在一定的问题：一方面，缺乏有效的客户信息采集处理方法，多数是采用简单的社会人口统计指标和静态资产进行分级；另一方面，缺乏面向分级客户的具有针对性的差异化服务和营销对策。投资银行在构建分级服务体系时，必须将以客户行为和价值为核心的客户分级服务体系提升到战略高度，并且持续进行深入的客户研究来推动品牌建设和产品研发。

2. 大型企业与机构客户

积极维护与大型企业与机构客户的关系，这是投资银行在其发展早期就一贯秉持的经营理念。从某种意义上说，投资银行与大型企业机构之间存在着长期的战略合作关系。大型企业及机构的投融资业务和资产管理业务的规模都很大，能够为投资银行带来优厚的利润。同时，投资银行绝大多数的直接投资业务机会都源自其大企业客户网络。此外，能够拥有知名企业客户，对于投资银行市场声誉和竞争地位的确认与提升都具有重要的意义。因此，投资银行都十分重视与大型企业及机构客户之间的关系。

一般来说，投资银行主要采取业务团队或项目小组的方式来一对一地管理其大企业与机构客户关系。这些项目团队，依托投资银行自身的研究部门，针对企业客户类型，跟踪宏观经济和行业动态，并对股权收购、资产置换、债务重组等问题进行专题研究，定期将研究成果提交给客户，力求站在行业前沿满足客户的需求。同时，投资银行还要整合内部各类业务资源，向客户提供包括并购重组、股权投资、证券投资、股权回购、资产管理等在内的全面金融解决方案，提高企业资本运作的效率与灵活性。为满足大型企业与机构客户的投融资需求，投资银行还会为其量身定制特殊的金融工具或为其提供有别于一般二级市场交易模式的大宗交易方式。

为了强化与大型企业客户的关系，国际投资银行往往还实行主办投资银行制度。与主办银行制度相似，主办投资银行制度是指通过签订协议或股权参与的形式，在投资银行与企业间建立起一种长期、密切、稳定的关系，以降低双方的交易费用和运营成本。主办投资银行全面负责企业的投资银行业务，成为企业资本运营战略的总策划。

历史细节 10.1

新老投资银行的客户争夺

20世纪70年代,美国投资银行承销业务的竞争十分激烈。国际商用机器公司(IBM)一直是摩根士丹利引以为荣的蓝筹客户之一。1979年,当IBM正在计划发行一笔规模巨大的债券时,IBM提出让所罗门兄弟公司也加入进来,并且担当此次发行的联合管理人。如果摩根士丹利接受这个要求的话,那么,当交易完成之后,所罗门兄弟公司的名字将出现在所有主要报刊的发行广告的顶端。广告顶端的位置从来都是被投资银行家悉心保护的,绝不会轻易地拱手让与竞争对手。摩根士丹利拒绝了IBM的要求,理由是只有摩根士丹利自己才可以作为一笔交易的主承销商列在首位。但IBM拒绝让步,并将这笔交易交给了所罗门兄弟公司。所罗门兄弟公司则邀请美林公司担任联合管理人。

一个长期以来亲密有加的客户竟然会考虑选用另一位主承销商,这令摩根士丹利始料未及。但是,木已成舟。以销售和交易见长从而树立起良好声誉的华尔街新兴实力派商号,现在公开向古老庄严的传统承销商挑战,开始争夺老商号的客户资源了。

资料来源:节选改编自查尔斯·R.盖斯特.华尔街投资银行史[M].北京:中国财政经济出版社,2005:235—236。

三、人力资源管理

投资银行业是一个知识密集型的金融服务产业,从某种意义上说,投资银行最大的财富就是它汇集的优秀人才。许多大型投资银行都拥有一些"明星级"的投资银行家,他们是投资银行声誉、能力和市场地位的重要指标。除了这些核心人才外,各部门员工的素质和积极性也是一家投资银行成功的关键因素之一。因此,如何网罗、培养并留住优秀人才成了众多投资银行经营管理中的一个重要问题。

投资银行的人力资源部门一般都有三大职能:一是事务性职能,包括最基本的日常工资发放、医疗保险、养老基金、档案管理、签证等事务性工作;二是人事咨询功能,由人事顾问面向各业务部门的经理及员工做招聘、雇用、员工发展等方面的咨询;三是人事战略功能,包括建立大学招聘网络、人力资源管理工具开发,如招聘、薪酬福利、领导艺术、培训课程、人事政策开发、法律事务等,并为下属分支机构提供相应的政策指导。

(一)投资银行人力资源需求的主要类型

对于投资银行来说,拥有一批不同业务范围内的高素质人才是其人力资源管理工作的重点。作为综合性金融服务提供商,现代投资银行的人力资源需求类型主要有以下几种:

1. 研究型

随着投资银行业竞争的日益加剧,为了抢占市场先机并为客户提供更多的增值服务,现代投资银行都十分注重强化其内部研究能力,对研究型人才的需求呈上升趋势。投资银行业务涉及面广,影响因素错综复杂,需要的专业研究范围包括产业研究、宏观经济研究、金融研究、证券研究、投资研究等。除了专门的研究部外,无论从事哪一类业务性工作,投资银行的从业人员都需要有一定的研究能力,这是其提高业务创新能力和竞争力的基础。

2. 创新型

投资银行的生命力在于不断创新。纵观国际投资银行业务的发展,从传统的证券承销业务开始,发展到兼并收购、基金管理、资产证券化、金融工程等,均是不断创新的结果。投资银行的业务创新来源于其拥有的大批创新型人才,这些人才必须有科学的创新思维,需要对社会经济、金融市场和交易技术等的发展有突破性、超前性、预见性的认识。从交易技术、信息处理到营销手段,创新都是投资银行保持市场竞争力的重要条件。

3. 工程型

投资银行所需要的工程型人才包括两种类型:① 金融工程型人才。金融工程包括创新型金融工具与金融手段的设计、开发与实施,以及对金融问题的创造性解决。金融工程是20世纪80年代中后期在西方发达国家随着公司理财、银行业和投资银行业的迅速发展、扩张而产生和发展的高端金融服务技术。与传统的金融理论研究和金融市场分析不同,金融工程更加注重金融市场交易与金融工具的可操作性,将最新的科技手段、规模化处理方式(工程方法)应用到金融市场上,创造出新的金融产品、交易方式,从而为金融市场的参与者赢取利润、规避风险或完善服务。为满足不同类型客户对收益和风险的多样性要求,投资银行对这类工程型人才的需求很大。② 信息工程型人才。投资银行需要汇集、处理巨量的各类信息,除了要确保信息安全之外,还要不断提高信息处理的速度和准确性,这是所有业务顺利开展的基本保证。因此,投资银行需要大量的计算机和信息系统人才。

4. 管理型

现代投资银行的内部组织由各类业务事业部组成,这些事业部除了完成自身的业务拓展外,还需要与其他业务团队保持高效的协作关系,服务于投资银行的总体战略。因此,各事业部和业务团队需要强有力的管理者负责统筹和协调工作。他们必须是具有高瞻远瞩的战略眼光、掌握现代管理知识、精通资本市场运作规律、能够处理好各方面关系的综合管理型人才。

5. 营销型

在激烈的市场竞争环境下,要保持业务的持续增长,投资银行需要大量善于与客户沟通的营销型人才。不仅是专门的销售业务岗位,证券经纪、咨询服务等岗位的业务人员都需要具有良好的公关与沟通能力,能够准确地将产品服务的信息传递给客户,确保在业务开展的各个环节上都能快速有效地满足客户需求。

除了上述五种类型外,无论何种岗位的员工都必须具备高度的团队协作能力和抗压能力。现代投资银行的业务运营以业务部和项目团队为主要组织形式,整合机构内部资源向客户提供综合性金融服务。这种运营模式必须靠高效的协作才能得以顺利运作。因此,投资银行所需要的员工都必须具备团队合作精神和协同工作能力。此外,资本市场的全球联动和激烈竞争使得投资银行的员工需要面对极大的工作压力,这要求他们具备较好的心理素质。

(二) 投资银行的聘用与培训机制

1. 投资银行的聘用机制

投资银行业的人员流动性很大,加之不断扩张的业务规模,投资银行的人力资源管理部门需要及时为各部门补充所需的岗位人员。一般来说,投资银行主要通过机构内部和外部两种渠道来选聘合格的人员。

(1) 内部招聘。由于对员工能力的准确评价和团队磨合都需要一段时间,同时内部员工对公司文化和战略的理解更为透彻,因此投资银行主要的人力资源配置方式之一是内部招聘。内部招聘主要通过企业内部人员调动、晋升来实现。例如,德意志银行内部有一个劳动力市场,当某个岗位缺员时,首先会在公司内网上发布招聘启事,任何有意者都可应聘。当内部招不到合适人选时再向社会公开招聘。该行每年录用的新员工里90%来自内部劳动力市场,10%来自公司外部。内部招聘方式能够为空缺的岗位及时配置合格的人员,缩短岗位适应和磨合的时间。

(2) 外部招聘。除了内部招聘外,投资银行还需要持续从外部招聘人员。外部招聘一般有两种情况:① 招募有经验的投资银行或相关行业的从业人员。这主要通过员工推荐、猎头服务、广告招聘等渠道来实现。挖掘其他投资银行内部人员的情况也时常出现。招募富有经验的成熟型人才,可以减少投资银行的培训投入。并且,这些人员在不同机构间的流动对投资银行经营理念、业务技术的发展也具有一定的积极影响。② 招募"新鲜人"。这主要通过校园招聘等方式,直接选拔具有一定职业潜能的大学毕业生加入。例如,高盛针对一所高校一般会派出12—15人的团队,由合伙人带队,每年都要拜访校方10次左右,要求学校推荐优秀学生,再对其进行面试考核。20世纪五六十年代,高盛是华尔街最早面试工商管理硕士(MBA)学生的公司。聘用实习生也是投资银行进行人才招募和储备的一个重要方式。例如,20世纪60年代,高盛开始招聘暑期实习生,人数逐年增加。招聘实习生给公司带来低成本的甄选候选人的机会,同时也是一种长期评估候选人的有效方法。

2. 投资银行的员工培训机制

员工培训是投资银行人力资源管理工作的一个重要组成部分。投资银行所处的是一个快速变化的行业,对员工的持续培训是提升机构竞争力的基础之一。例如,高盛就设立了专门进行在职培训和内部培训的项目——高盛大学(Goldman Sachs University),对员工进行专业和金融技能培训。一般来说,投资银行的员工培训可分为入职培训和在职培训两大部分。

(1) 入职培训。在员工进入投资银行之初,将经历最为密集的入职培训。除了与本部门产品和业务相关的培训外,新员工还将参加跨部门的培训项目,从更全面的角度熟悉全公司的业务,深入了解公司的历史和文化,与其他员工共享他们的个人经验,初步建立起员工在公司内部的人际关系网络。入职培训的内容主要包括以下两方面:

- 初始培训,包括公司的业务和文化;公司所有业务部门的客户关系、产品与服务;员工所在部门在公司内部的角色与职责等。
- 部门培训,每个部门都有自己的入职培训项目,包括部门的战略、客户与产品;部门所需要的核心技能,例如销售、技术培训和客户服务等;与具体产品和职能相关的技能,以及员工所在岗位要求参加的专业考试;业务的实际操作训练等。

(2) 在职培训。在正式入职之后,投资银行还会持续安排一系列的培训活动,帮助员工进一步充实理论知识、提高业务技能,使其职业发展能更顺利地进行。一般包括:

- 产品与市场,帮助员工深入理解资本市场及公司提供的产品,学习新产品的运用,掌握如何实施复杂的客户策略等。
- 职业技能,帮助员工掌握提高业绩最重要的技能,包括销售与客户关系、做报告、谈判、时间管理与商务写作等。
- 领导与管理能力,为各个级别的员工提供领导能力的培训,为将来晋升管理岗位做准备,包括内部协同、上司辅助等。

上述这些培训项目可以采取定期集中式课堂培训的方式进行,也可以通过网络视频的方式进行,便于投资银行员工根据自己的工作安排进行有效的时间管理。

(三)投资银行的激励机制

现代投资银行的激励机制一般具有激励工具多元化、层次多样化、目标长期化等特点,并且重点向高层管理人员倾斜。

1. 薪酬制度

薪酬制度始终是激励机制的核心,是投资银行最主要、最直接、最有效的激励手段。从美国投资银行薪酬结构的特点来看,其与一般现代企业的薪酬构成基本一致,主要包括基本薪酬、年度(短期)奖金、长期激励和各种福利津贴四个组成部分。各部分在支付时间及风险方面都有不同的特点。

(1)基本薪酬。基本薪酬定期支付,通常每月支付一次或两次(也有按周支付的)。基本薪酬是最安全的薪酬形式,只涉及就业风险,风险程度非常低。投资银行员工基本薪酬的高低主要受三个因素的影响:市场整体因素,即根据其他同类机构所支付的基本薪酬水平来决定;机构自身的因素,即投资银行自身的经济效益和支付能力;员工个人因素,即员工的等级、岗位、工作责任等。

(2)年度奖金或短期激励薪酬。这部分薪酬通常每年支付一次,主要依据对员工及其部门、公司整体的绩效考核来分配,不同部门和级别的员工得到的年度奖金数目也不相同。尽管有些短期薪酬激励计划每季度或每半年测量绩效一次并支付绩效薪酬,但通常新绩效标准始于投资银行的每个财务年度。年度奖金计划涉及未来就业风险与公司的未来绩效低于目标水平的风险。在行业不景气时期,投资银行的各级员工能够领取的年度"红包"数额就会大大"缩水"。

(3)中长期激励薪酬。为了控制员工的流失比例,特别是留住中高端人才,投资银行一般会实施一定的中长期激励薪酬计划,包括股票期权、股票增值权、受限制的股票、虚拟股票、绩效股份(现金)等。中长期激励薪酬计划的时间跨度从3年至10年不等。中长期激励薪酬计划涉及未来就业风险、未来公司绩效与股市风险等。由于此类激励计划的时间跨度都比较长,如果员工在计划执行期之前离职,就会丧失其权利。同时,一般的中长期激励薪酬都是以公司自己的股份为直接或间接的支付工具,如果公司的市场表现不佳,或者公司经营不善结束营业了,这部分所得就会蒙受巨大损失。例如,2008年,雷曼兄弟倒闭后,24 000名雷曼兄弟的员工因持有雷曼兄弟的股票损失高达100亿美元。此前,雷曼兄弟的员工持股比例约为30%。

(4)福利计划。投资银行提供给员工的福利计划分为法定福利与公司内部补充福利,包括养老基金计划、医疗计划与牙医服务、储蓄计划、寿险计划、伤残计划等。福利计划覆盖范围包括在职、退休、残障、死亡的员工,以及因公司合并、重组或其他原因导致就业终止的员工。法定福利的风险通常比补充计划小。公司补充福利计划包括延期支付现金计划、高层经理的补充退休金计划、超额退休金计划、补充医疗与残障计划、补充寿险计划等。补充福利计划涉及未来就业风险与公司的未来绩效风险。投资银行补充福利计划的设计实施通常与公司绩效的关联度很大。

(5)其他待遇。这部分主要是提供给投资银行的高级管理人员的,包括成为各类俱乐部会员、享用公司汽车与飞机、专用住所及配套园林花草、家庭安全保卫系统、带薪长假、公费娱乐与旅游等。一般只要高层经理在职,这些待遇通常就是永久性的。

2. 职业发展激励

除了薪酬制度外,投资银行还会通过一些制度设置,使员工获得在职业成就感等方面的激励,主要包括参与决策激励与职业晋升激励。

(1) 参与决策激励。现代投资银行内部一般会设立一定的机制允许员工对公司的经营管理提出意见和建议,以加强上下级之间的沟通。鼓励员工参与决策,能够使员工对公司的发展有参与感,有利于进一步激发员工的工作积极性。参与决策的方式可以灵活多样,包括建立公司内部的信息通报系统、为专项决策开设专门的建议通道、开展员工年度调查等。尽管员工的意见和建议只是对公司的决策提供一些外围参考意见,但在上传下达的过程中,能够使员工和公司之间增进了解,营造更为良性的内部环境。

(2) 职业晋升激励。投资银行一般都会有一套完整的内部人员绩效考核、测评、晋升选拔制度,使员工能够通过自身的努力实现薪酬收入之外的职业发展目标。在传统的合伙制投资银行中,对优秀员工的最高职业奖励就是接纳其成为合伙人。各大投资银行转型为现代股份制公司后,旧的合伙人制度消失了,但大多数投资银行仍保留了合伙人这一设置,成为合伙人是投资银行从业人员事业成功的一个重要标志。以高盛为例,其合伙人的数量保持在400—500人。通常投资银行高级管理者中表现突出的人会被选拔为合伙人,他们的薪酬收入水平很高并与公司整体效益紧密关联。

本章要点

- 历史上那些成就卓著的合伙人,他们的姓氏作为市场声誉和历史地位的标志仍被现代投资银行沿用着。但毋庸置疑,现代企业制度在资金筹集、财务风险控制、经营管理现代化等方面都给投资银行赋予了传统合伙制所不具备的优势。
- 从总体上看,目前西方大型投资银行普遍实行"大事业部"的业务组织架构,在各大业务部门下面又以业务团队的形式组成规模不一的项目组,分权运作、独立考核,最大限度地提高经营效率。同时,这些不同层次的业务部门和团队又能够根据市场发展的要求快速实现"模块化"的重新整合,以适应现代资本市场业务创新和竞争的需要。
- 作为其事业部组织架构的延续,投资银行通过设立代表处、代理行、附属行、分行等分支机构的方式来进行海外市场拓展。
- 风险管理是现代投资银行经营管理的重中之重。除了应用数量模型进行风险测量外,投资银行还建立了全面的、多层次的内部风险管理架构。
- 现代投资银行提供的是高度差异化、专业化和复杂化的金融产品和服务。建立有效的客户培育和管理系统是投资银行获得客户价值的主要途径。
- 作为知识密集型的金融服务机构,从核心人才到各部门各层级员工的招募、培训和激励是影响投资银行经营成败的关键因素。

关键概念

- 合伙制
- 现代公司制
- 事业部制
- 市场风险
- 信用风险
- 流动性风险
- 操作风险
- VaR方法
- 压力测试法
- 客户关系管理

思考题

1. 从合伙制向公司制转型对现代投资银行的发展有什么意义？
2. 为什么现代投资银行倾向于采取"大事业部制"的业务管理架构？
3. 投资银行面临的主要风险有哪些？需如何应对？
4. 投资银行应如何加强客户关系管理？
5. 现代投资银行的激励机制有哪些主要内容？

附录 10.1　高盛的 IPO 历程

高盛是最后一个通过公开发行上市由合伙制转型为公众持股现代公司制的美国大型综合性投资银行。在它之前，美林、摩根士丹利和雷曼兄弟分别于 1971 年、1986 年、1994 年在纽约证券交易所上市。20 世纪 70 年代末开始，高盛进入了华尔街顶级投资银行之列。1983 年，高盛拥有 98 位合伙人，其中 75 位是普通合伙人，23 位为有限合伙人。由于高盛强大的盈利能力，它能够在不必担心扩张所需的新增资本金不足的情况下扩张自己的业务。1986 年，它的利润达到了创纪录的 7.5 亿美元。同时，高盛也吸收一些外部机构投资者担任有限合伙人。1986 年，日本的住友信托(Sumitomo Trust)和夏威夷的卡米哈米哈教派/主教遗产信托(Kamehameha Schools/Bishop Estate)入股高盛。

为了适应变化的市场以及反映合伙人的贡献，高盛的合伙人协议每隔一年便要重签一次。到 1993 年，高盛拥有 150 位合伙人。在 1994 年之前，没有人想过要提前抽离资本，也没有人想过要另谋发展，这家合伙制企业实在是太有价值了。有限合伙人也通常将他们的资本留在高盛内部，虽然他们并不像普通合伙人那样分享利润，但是，他们却可以从自己的持股之中获得股息。在高盛一帆风顺、事事如意的时候，暂时性的资本短缺并不是一个问题。但是，当时机不好、日子艰难的时候，高盛不得不对合伙人制度进行反思。

1992 年，高盛两位联合主席之一的罗伯特·鲁宾离开了高盛，加盟克林顿政府，担任经济顾问。1994 年，美联储突然开始提高利率。这种变动出乎华尔街的预料，它已经习惯于较低的利率水平。受打击最大的是债券和外汇交易商，它们都对利率极为敏感。高盛在债券和外汇领域都拥有庞大的头寸，随着自营头寸价格的暴跌，它开始遭受巨大的损失。交易损失对高盛的利润损害颇大，令其元气大伤。但带来毁灭性打击的还是合伙人抽离资本金的问题。1994 年，高盛的利润是多年来最低的，于是合伙人开始大举撤军。到 1994 年年底，超过 30%的合伙人退出了高盛。与鲁宾同期的另一位联合主席斯蒂芬·弗里德曼也在 1994 年离开了高盛，这加速了其他德高望重的合伙人离去的脚步，他们都认为抢在自己的资本尚未受损之前离开乃是最佳的选择。他们的离去表明高盛也难逃所有合伙制企业固有的问题：不论商号多么努力地希望将合伙人的资金留在商号内部，资本的撤离都只是时间问题。

如果高盛希望保持自己在华尔街上的崇高地位的话，公募上市是唯一的选择。然而，要在一群只了解合伙制企业组织结构的雇员面前陈述这个事实是困难的。高盛是一个很有说服力的案例。1996 年，高盛的合伙人们拒绝了首次公开发行的建议。高盛开始采取措施，令合伙人难以抽取资金，从而暂时性地解决了资本金短缺问题：合伙人在退出时，将他们的资金放入一个资本账户，在 3 年之内付给退出者。这种措施在一定程度上保证了资本金的稳定性。1998 年，高盛的利润达到 10 亿美元以上，情况不错。但是，大型机构间的并购使高盛再次面临危机。

  当时,美联储已经允许商业银行收购投资银行。1999年年末,《格拉斯-斯蒂格尔法》将正式被《金融服务现代化法案》所替代。如果高盛不能迅速扩大自己的资本金规模,就很有可能成为实力雄厚的商业银行的首要收购目标。1998年8月,高盛向SEC提交了备忘录,但就在此时,市场却由于亚洲金融危机的爆发而突然暴跌。高盛的首次公开发行也被推迟到环境更加有利的时候。1999年,当市场好转之后,高盛终于顺利实现了首次公开发行。高盛决定让公司现有的合伙人持有48%的股份,另外22%的股份分配给员工,18%给退休的合伙人和两个高盛的长期投资人——住友信托和卡米哈米哈教派/主教遗产信托,剩余大约12%的股份出售给公众,发行价格为每股53美元。高盛首次公开发行是当年全球第二大规模的首次公开发行项目,并且取得了10倍的超额认购率。亨利·保尔森(Henry Paulson, Jr.)成为董事长兼首席执行官。高盛得到了它需要的资本,结束了它作为华尔街最有效率也最具盈利能力的合伙制企业的历史。由于发行价格大大高于预期,这种价值定位确保了高盛的独立性,使高盛的股本大大提高,许多潜在的收购者只好望而却步。

  资料来源:节选改编自查尔斯·R.盖斯特著,向桢译.华尔街投资银行史:华尔街金融王朝的秘密[M].北京:中国财政经济出版社,2005:354—362.

第十一章 投资银行的监督管理

本章概要

投资银行几乎介入了全球金融市场的各项业务,在经济全球化的条件下,一旦投资银行发生重大危机,将对全球经济产生难以估量的影响,2007年美国金融危机就是最好的例证。加强对投资银行的监管是维护金融体系安全与稳定的重要内容。本章首先介绍金融监管的基本情况,然后从政府监管和自律监管、市场准入监管、证券交易监管、金融衍生品监管等四个方面来介绍与投资银行相关的监管问题。

学习目标

- 掌握金融监管的概念、意义、目标
- 了解主要国家金融监管体制的特征和差异
- 了解我国金融监管的发展情况
- 了解政府监管和自律监管的区别
- 了解投资银行市场准入监管的不同模式
- 熟悉证券交易监管的主要内容
- 了解金融衍生品监管的发展趋势

不能把依靠市场规律与采取自由放任政策相混淆。相反,市场规律往往需要政府监督的支撑。

(Reliance on market discipline should not be confused with a policy of laissez-faire or benign neglect. To the contrary, market discipline often needs to be buttressed by government oversight.[①])

——〔美〕美联储前主席:本·伯南克(Ben Bernanke,1953—)

---

① 摘自2007年5月15日,本·伯南克在亚特兰大联邦储备银行2007年度金融市场会议上所作的名为"监管与金融创新"(Regulation and Financial Innovation)的讲话,http://www.federalreserve.gov/newsevents/speech/bernanke20070515a.htm。

第一节 金融监管概述

金融业在各个国家(地区)的经济生活中都扮演着重要的角色,因此,对金融业的监管也是各国(地区)政府的重要职能之一。从历史上看,政府行为对金融业的发展产生了深刻的影响。就如我们在前面的章节中所提到的,独立发展的现代投资银行,正是美国等国家在20世纪30年代经济危机之后对金融业实施严格管制的产物。金融机构等各类市场主体会根据监管政策的要求调整自身的市场行为,监管部门则会根据金融市场的发展变化调整监管政策,双方形成了密切的互动关系。投资银行业所涉及的业务范围遍布金融市场的各个领域,从世界各国的金融监管实践来看,对投资银行及其业务的监管是整个金融监管体系的有机组成部分。

一、金融监管的意义

金融监管有狭义和广义之分。狭义的金融监管是指中央银行或其他金融监管当局依据国家法律规定对整个金融业(包括金融机构和金融业务)实施的监督管理。广义的金融监管在上述含义之外,还包括了金融机构的内部控制和稽核、同业自律性组织的监管、社会中介组织的监管等内容。实施金融监管具有以下几方面的意义。

(一) 应对金融市场失灵

有效率、低成本地配置资源是竞争性市场最重要的特征和功能。当市场自身无法顺利实现这一功能的时候,人们就称之为市场失灵(Market Failure)。理论上说,市场失灵是指市场无法有效率地分配商品和劳务的现象。在经济学中,市场失灵通常用于描述市场无效率状况特别重大,或非市场机构(如政府)较私人部门能够更有效率地配置资源的情况。金融市场失灵主要是指金融市场对金融资源配置的无效率。与其他市场的情况相同,垄断、外部性、信息不对称等都是导致金融市场失灵的原因。金融市场失灵的典型表现就是金融危机。

当金融市场无法依靠自身的调节机制来保持充分的市场竞争、有效地配置金融资源时,政府出于维持金融市场和经济稳定的目的,就会考虑更加主动地介入金融市场的活动。历史上,世界各国对金融管制的强化往往都出现在严重的金融危机之后。例如,现代美国的金融监管框架很大程度上就是1929年证券市场大崩溃和1930年经济大萧条的产物;2007年美国金融危机之后,美国政府再次展开了加强金融监管的改革。

(二) 抑制金融机构的道德风险

道德风险(Moral Hazard)是20世纪80年代西方经济学家提出的一个经济哲学范畴的概念,指从事经济活动的人在最大限度地增进自身效用的同时作出不利于他人的行动,或者说,当签约一方不完全承担风险后果时所采取的自身效用最大化的自私行为。在委托-代理理论中,道德风险是指契约的甲方(通常是代理人)利用其拥有的信息优势采取契约的乙方(通常是委托人)所无法观测和监督的隐藏性行动或不行动,从而导致的(委托人)损失或(代理人)获利的可能性。

现代金融产品种类繁多,金融市场活动的专业性极高。对于大多数市场交易者来说,必须依赖金融机构提供中介服务。金融机构相比其客户而言,拥有更多的信息优势,承担的风险却相对较小,这就潜藏了大量的道德风险。例如,证券承销商为了获得承销收入,可能对投资者隐瞒了发行人的重要缺陷;证券经纪商可能为了增加佣金收入而诱导客户从事不当的市场交易;证券自营经纪商可能利用客户委托账户与自营账户进行不当的关联交易;等等。当金融市场上积累了大量的道德风险,特别是发生了某些典型事件时,例如2001年和2002年安然、世通公司的财务丑闻等,就会使公众失去信心,严重影响交易活动。当金融机构及其自律组织无法自行纠错时,为了保证市场的正常运转,就需要政府制定一些法规来约束和制止欺诈行为。

(三) 防范金融创新风险

客观地说,金融创新活动都具有两面性:一方面,它提高了金融体系的资源配置效率,使投融资活动更加便捷,推动经济繁荣和扩张;另一方面,它对金融风险的分散、转移和重构并不会减少市场的整体风险,反而将其集中在某些局部上。金融系统是多米诺骨牌效应最为典型的经济系统之一。市场的某一环节出现危机都会引起连锁反应,最终导致整个金融体系的崩溃。特别是在当今金融全球化日益加剧的环境下,始于一国的金融危机更加直接、迅速地扩散到全球金融市场。住房抵押贷款证券化就是一个最好的例子,它一直被视为20世纪70年代以来最为成功的金融创新之一,已经在全球范围形成了较为成熟、活跃的二级市场。然而,其中的次级贷款证券化产品却成为2007年美国金融危机爆发的主要诱因。

20世纪80年代以来,发达国家全面放松了对金融市场的管制,金融创新活动的活跃度大大增加。金融创新在促进金融发展的同时,也会带来新的金融风险并增加金融监管的难度。一般来说,监管机构对新的金融活动有一个了解熟悉的过程,对金融创新风险的鉴别和准确度量也需要一定的时间,对金融创新的监管会有一定的滞后性。但当金融危机将金融创新活动的主要风险作了最直接的揭示之后,监管机构的监管目标就会更为明确,并在一定时期内实施更为严厉的监管政策。

二、金融监管的目标

金融监管的目标是实现金融有效监管的前提和监管当局采取监管行动的依据。金融监管的目标可分为一般目标和具体目标。世界各国金融监管的一般目标都是建立和维护一个稳定、健全和高效的金融体系,保证金融机构和金融市场健康发展,从而保护参与金融活动各方,特别是存款人的利益,推动经济和金融发展。大多数国家的具体监管目标体现在各自的银行法或证券法等金融法规上。无论各国采用什么样的监管组织体制,其监管的具体目标基本是一致的,通常被称为三大目标体系:第一,维护金融业的安全与稳定;第二,保护存款人、投资者和其他金融消费者的利益;第三,促进金融体系公平、有效竞争,提高金融体系的效率。

(一) 维护金融业的安全与稳定

金融业是经营风险的特殊行业。在现代经济体系中,金融业已经和实体经济部门结成了密不可分的共生关系。每次金融危机都不可避免地对其他产业部门造成冲击,金融业的安全稳定对整个国民经济有着重要的影响。因此,政府需要对金融机构实施持续的审慎监管,督促金融机构稳健经营,从而防范金融危机的发生,保障整个金融和经济体系的稳定。维护金融业安全和稳定的常规监管方式包括微观和宏观审慎监管两类。

微观审慎监管手段主要用于监控单个金融机构的风险。例如,动态资本监管、金融市场业务准入监管等。由于微观审慎监管的政策措施无法消除整个金融业累积的系统风险,这时宏观审慎监管(Macro-prudential Regulation)的重要性就凸显出来了。宏观审慎监管的核心,是从宏观的、逆周期的角度采取措施,防范由金融体系顺周期波动和跨部门传染导致的系统风险,维护货币和金融体系的稳定。宏观审慎监管已经成为2007年美国金融危机后国际金融监管改革的核心内容。从政策工具来讲,宏观审慎监管要求金融机构实施逆周期的最低资本要求和资本缓冲,并采取更为稳健的拨备方法,以增强金融体系抵御风险的能力,平滑跨周期的贷款投放和经济波动。从跨机构监管来看,宏观审慎监管要考虑不同机构间相互影响导致的系统风险,通过加强对系统重要性金融机构的监管、改进对交易对手的风险计量和控制等来维护金融体系的整体稳定。这就对监管者提出了更高的要求,需要进一步拓展监管视野,从系统性、全局性的角度审视金融业面临的各类风险,在加强单体机构监管的同时,不断提高监测、识别、度量以及处理系统风险的宏观审慎监管能力。

(二) 保护金融消费者的利益

金融机构是一种信用中介和风险中介,通过金融中介实现金融资源配置,其结果就是一种经济利益的再分配。现代金融产品具有复杂和高风险的特征,消费者的资金实力、专业知识以及风险辨识能力都十分有限,很难形成与金融机构对等的话语权。在金融机构获得丰厚利润的同时,金融消费者,特别是小额存款者和投资者在利益再分配的过程中很容易遭受损失。因此,从维护市场公平交易的角度出发,监管部门必须承担起保护金融消费者利益的责任,减少社会的不稳定因素。消费者保护作为一种长效机制,其主要政策工具是建立消费者保护法、制定特定的行业要求和标准以及建立消费者对金融服务监管政策的反馈机制等,从而促进金融市场的公平化和透明化。

从"掠夺性贷款"(Predatory Lending)到雷曼"迷你债券"风波,2007年美国金融危机充分暴露出金融产品的不当销售,特别是金融欺诈和滥用对公众投资者利益造成的侵害,也反映出监管当局在保护消费者利益方面存在的缺陷。各国监管当局普遍意识到,只关注金融机构的利益诉求而忽视对消费者利益的切实保护,会破坏金融业赖以发展的基础,影响到金融体系的稳定性。因此,加强对金融消费者和投资者的保护,成为后金融危机时期各国和各地区金融监管当局反思和改革的重要内容。

2016年12月12日,中国证监会发布了《证券期货投资者适当性管理办法》,自2017年7月1日起施行。这是我国资本市场首部统一的适当性管理规定。该办法规定,投资者分为普通投资者与专业投资者,普通投资者在信息告知、风险警示、适当性匹配等方面享有特别保护。经营机构应当按照有效维护投资者合法权益的要求,综合考虑收入来源、资产状况、债务、投资知识和经验、风险偏好、诚信状况等因素,确定普通投资者的风险承受能力,对其进行细化分类和管理。

(三) 促进金融业公平有效竞争

金融业具有明显的规模经济和范围经济的特征。20世纪80年代,发达国家全面放松金融管制之后,金融控股集团迅速发展,金融机构间的并购活动十分频繁。金融控股集团在整合资源、提高综合服务能力方面具有明显的优势,金融市场份额迅速向少数跨国金融集团集中。适度的市场集中对提高金融行业的效率有一定的积极作用,但也存在一些消极因素,如降低市场竞争度、提高服务价格等。2007年美国金融危机还暴露了金融机构"大而不倒"(Too Big to Fail)的监管难题。因此,维持金融机构的适度规模和金融市场的适度竞争,使社会公众能够获取价格合理、质量较高的金融服务,也是各国金融监管的一个主要目标。金融机构的市场准入监管是实现这一目标的主要政策工具。良好的市场准入制度是创造一个高效、富有竞争性的市场环境的关键,它通过增加金融机构的活力从而保证金融资源的配置效率,宏观金融效率也就得以提高。

实行市场准入监管既是预防性管理的需要,也是防止垄断、达到规模经济的保证。当金融市场趋向过度竞争时,市场的分化程度过大,容易造成竞争混乱,这时监管部门可以通过调整进入和退出的相应要求,提高金融行业的进入门槛,达到抑制竞争的目的。当金融市场出现过度集中的情况时,监管部门可以适当放宽进入条件,促使更多金融机构进入,以提高市场竞争程度,保证资源的合理分配。

三、美国金融危机前后主要国家金融监管权配置的变化

20世纪80年代以来,为了适应金融集团化、全球化的国际趋势,发达国家均对金融监管体制进行了转型调整,以使之更适应混业经营条件下的金融监管需要。但是,美国金融危机暴露了在金融业大规模融合的环境下,各国现有的金融监管体系存在着较大不足。危机后,美、英、日、德等发达国家迅速启动了金融监管改革,一轮大规模的国际金融监管改革在全球范围内逐次展开。到2012年年初为止,各国的改革进度不一,大多数改革方案仍未进入实质性操作阶段,但改革的总体目标已较为清晰,从中可以基本掌握未来金融监管的发展趋势。

(一) 美国

危机前,美国采用的是"双线多头式"金融监管体制。"双线"是指监管中有联邦政府和州政府两条主线,两级政府分别设立监管机构,互不干涉;"多头"是指具有多个履行金融监管职能的机构(图11.1)。1999年11月《金融服务现代化法案》出台之前,美国的分业监管主体包括:联邦储备体系(Federal Reserve),负责监管会员银行和一切银行持股公司;联邦存款保险公司(Federal Deposit Insurance Corporation,FDIC),负责监督参加保险的非会员银行和州注册储蓄银行;货币监理署(Office of the Comptroller of the Currency,OCC),负责监管联邦注册银行的审批和检查;储蓄监理署(Office of Thrift Supervision,OTS),负责监管所有属于储蓄机构保险基金的联邦和州注册的储蓄机构;SEC以及各州保险监理署,分别负责监管证券机构和保险机构。这种分业监管的体制曾经为美国从20世纪30年代大危机的沉重打击中恢复提供了保障。

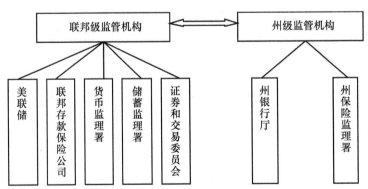

图11.1 美国"双线多头式"监管结构

资料来源:李成.金融监管学[M].北京:科学出版社,2006:71.

《金融服务现代化法案》实施后,金融控股公司大量出现。为了适应监管需要,美国调整形成了"伞式功能监管"模式(图11.2)。联邦储备委员会被指定为主监管人,是监管银行、证券、保险行业的唯一联邦机构,执行对整个金融控股公司的监管,同时规定按业务种类确定具体监管人,具体监管某一个领域。因此,其实质还是一种"混业经营下的分业监管模式"。这一架构容易造成"政出多门",出现监管重叠和监管空白。

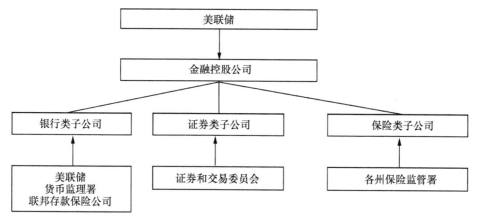

图11.2 美国"伞式功能监管"结构

资料来源:李成.金融监管学[M].北京:科学出版社,2006:72.

2007年金融危机后,美国对金融监管体系实施了自"大萧条"以来最重大的改革。2010年7月21日,奥巴马总统正式签署了《多德-弗兰克华尔街改革与消费者保护法案》(Dodd-Frank Wall Street Reform and Consumer Protection Act)。法案对美国金融监管体系进行了大幅调整和加强,同时也极大地扭转了金融领域去管制化的主流思潮,在政府与市场的关系中重新找到了平衡。法案对金融监管机构的职能进行了重新部署,主要包括以下几个方面:

(1)设立以财政部长为首、美联储及其他联邦金融监管机构组成的"金融稳定监督委员会"(Financial Stability Oversight Council,FSOC),其职责为:识别大型且相互关联的银行控股公司、非银行金融机构以及金融市场以外的影响美国金融稳定的风险;促进市场纪律,消除道德风险;应对美国金融稳定的潜在威胁。委员会可以建议美联储对系统重要性金融机构实施更严格的审慎监管;美联储有权在获得委员会2/3人数批准的情况下,限制或拆分对美国金融稳定构成严重威胁的大型复杂金融机构。

(2)大幅扩大美国联邦储备委员会的监管职权,确立了美联储在美国系统性风险管理和金融监管框架中的核心地位。美联储对所有系统重要性机构(包括非银行金融机构)及其子公司拥有检查权和执行权,并对这些机构的重大收购活动行使批准权。美联储被明确赋予维护金融稳定的宏观审慎监管权,对大型复杂金融机构制定并实施与其潜在风险相适应的更严格的审慎监管标准,并定期举行压力测试。原来分散在各金融监管机构的消费者权益保护职责由美联储下设的消费金融保护局(Consumer Financial Protection Bureau,CFPB)统一行使。

(3)废除储贷监理署(OTS),将其职能分别并入三家机构:美联储接收对储贷控股公司(Savings and Loan Holding Companies)的监管,货币监理署接收对联邦储蓄协会(Federal Savings Association)的监管,联邦存款保险公司则接收对州储蓄协会(State Savings Association)的监管。

(二) 英国

与美国不同,1997年5月英国就对金融监管体制实施了现代化改革,将金融监管职能从英格兰银行分离出来,成立了独立的金融服务监管局(Financial Service Authority,FSA)。2000年,英国颁布《金融服务和市场法》后,金融服务监管局全面接管了对英国证券、投资、保险、期货等金融机构的监管职责(图11.3),形成了权力高度集中的统一监管机构。作为中央银行的英格兰银行主要负责金融稳定,而金融服务监管局则全面管理英国的金融事业。

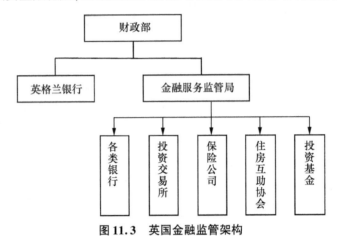

图11.3 英国金融监管架构

金融危机中,英国作为全球金融中心之一,也受到了较大的冲击。危机的警示使英国政府开始重新配置监管职能,其中最重要的一个内容就是恢复中央银行的监管权力,强化金融稳定目标,防范系统性风险。2011年年初,英国财政部发布了金融监管改革的详细方案。该方案将产生三个新的监管主体:英格兰银行下属的金融政策委员会(Financial Policy Committee,FPC)和审慎监管局(Prudential Regulatory Authority,PRA)、独立的市场运营行为监管机构——金融市场行为监管局(Financial Conduct Authority,FCA)。改革完成后,金融服务监管局将会解散,但在过渡期内仍行使其监管职责。

(三) 德国

德国金融体系最大的特点是以综合性银行为主体,其他多种金融机构并存。德国是西方国家中银行监管制度较完善、监管效果较理想的国家之一。1961年《德国银行法》(The German Banking Act)实施之前,中央银行集货币政策与金融监管职能于一身。1961年在《德国银行法》颁布的同时,成立了隶属财政部的银行监管局,负责对银行业的监管。2002年4月,德国《统一金融服务监管法》通过以后,在合并原来银行监管局(BaKred)、保险监管局(BaV)、证券监管局(BaWe)三家机构的基础上,正式组建了联邦金融监管局(BaFin)。作为一个独立的法人机构,联邦金融监管局的经费全部来源于监管对象的缴费,支出仅接受联邦审计院的审计监督,业务工作接受联邦财政部的督导,内设三个专业委员会,分别监管银行、证券和保险业务,另有三个特别委员会负责对金融市场中交叉业务的监管。

按照授权,联邦金融监管局不在各州设立下属机构,各州银行日常经营活动的具体监管,就由中央银行——德意志联邦银行(Bundes Bank)在全国9个地区设立的办事机构和下属的分行承担。这些分支机构代为承担银行监管的日常事务,并负责将监管的情况向联邦金融监管局报告,由其作出最终决定。德国金融监管体系的基本架构如图11.4所示。

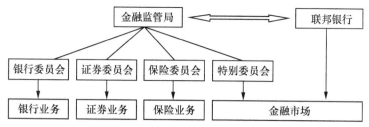

图 11.4 德国金融监管架构

较之美国,德国以及整个欧洲国家的资产证券化程度并不高,但是,包括德国在内的欧洲大型跨国银行集团对美国次投资级别企业的贷款比重很高,这间接引致了巨大的损失。金融危机之后,德国开始反思金融监管漏洞,修正有关监管要求,加强监管力度。和美、英等国相似,其重点是强化中央银行的宏观审慎监管职能。在监管职能划分上,德国中央银行将负责机构监管,联邦金融监管局将负责市场监管。由此,联邦金融监管局的权限将被大大削弱。根据德国财政部的改革计划,从 2011 年开始,联邦银行将成为独家监管商业银行、保险机构和证券买卖的机构。

四、我国金融监管体制的发展

从 20 世纪 80 年代中期到 90 年代初期,我国对金融业的监管统一由中国人民银行负责,这可以视为最初的混业监管模式。随着金融机构种类的多样化和金融业务品种的快速发展,在分业经营格局基本形成之后,1998 年我国对金融监管体制进行了重大改革,将证券机构和保险公司的监管权由中国人民银行移交给中国证监会和中国保监会,形成了中国人民银行、中国证监会、中国保监会分别对银行业、证券业和保险业进行监管的"多头"监管模式。在这种监管模式下,三家机构的监管职能有着明确的具体分工。中国人民银行在国务院的领导下,制定和执行货币政策,并对金融业实施监督管理。中国证监会是在国务院领导下的对全国证券、期货市场实行集中统一监督管理的机构,它依法对证券市场实行监督管理,维护证券市场秩序,保证其合法运行。中国保监会于 1998 年建立,是国务院直属事业单位和全国商业保险的主管机关,依法统一监管保险市场。

随着改革开放的深入和金融业的快速发展,这种模式很快就不能适应新的发展要求了。从外部看,《巴塞尔有效银行监管核心原则》的颁布,对我国银行业实施有效监管的要求提高了;从内部看,《中华人民共和国中国人民银行法》《中华人民共和国商业银行法》的颁布,使中国人民银行作为中央银行的职能更加明晰。而在原有的监管模式下,中央银行监管银行业面临两难选择:一方面,中央银行要负责货币政策的稳定,要密切关注商业银行的贷款规模与通货膨胀指数;另一方面,中央银行又要注意商业银行的证券交易风险,保证商业银行具有充足的流动性,防止商业银行陷入流动性危机。由于中央银行的主要职责在于制定适当的货币政策,以保证币值的稳定,因此,客观上存在着中央银行只注意货币政策而忽视监管银行金融业务的可能,尤其是当货币政策与商业银行的流动性需求之间产生目标冲突时更是如此。

为解决上述问题,十届全国人大一次会议通过《关于国务院机构改革方案的决定》,将中国人民银行对银行、资产管理公司、信托投资公司及其他存款类金融机构的监管职能分离出来,并与中央金融工委的相关职能进行整合,成立中国银行业监督管理委员会(简称

"中国银监会")。中国银监会自2003年4月28日起正式履行职责,是国务院直属事业机构。根据授权,中国银监会统一监督管理银行、金融资产管理公司、信托投资公司以及其他存款类金融机构,维护银行业的合法、稳健运行。由此,我国形成了以"一行三会"为基本格局的金融监管体系。

第二节 投资银行监管

现代投资银行是主营业务为部分或全部资本市场业务的金融机构。由于其业务覆盖面广、创新活跃,因此尽管"投资银行"这一名词已被广泛使用,但世界各国相关法律、行政法规或行业自律性规范中却极少有对投资银行类机构的直接界定,更多的是通过对证券市场行为的规范来间接地实施对从业机构的管制。

国际证券委员会组织在1998年颁布了名为《证券监管的目标和原则》(Objectives and Principles of Securities Regulation)[①]的指导性文件,指出证券监管的三个目标:保护投资者;确保市场的公平、效率和透明;降低系统风险。这与我们在前一节中提到的金融监管的三大目标是完全一致的。此外,文件中还提出了八大类共30项的监管原则,包括监管机构、自律、证券监管的执行、监管合作、发行人、集合投资计划(Collective Investment Scheme)、市场中介和二级市场等。其中,21—24条是针对市场中介的:监管制度应该提供市场中介的最低进入标准;应该对市场中介提出初始和持续运营资本金以及其他谨慎性要求,以反映中介机构所承担的风险;应当要求市场中介遵守旨在保护客户利益、确保合理风险管理的内部组织和运营管理标准,并且,中介机构的管理层对上述事项承担首要责任;应当建立对市场中介经营失败的处置程序,以将其对投资者的损害降到最低并控制系统风险。

一、监管体制

根据国际证券委员会组织的原则,监管机构应该独立运作,具备足够的权力、准确的信息来源以发挥其职能,同时,监管当局应当充分利用自律组织,根据市场的规模和复杂程度使自律组织在各自擅长的领域内负起一线监管的责任。目前,世界各国投资银行的监管体系主要有两种:一是以政府集中统一监管为主,二是以自律型监管为主。各国在不同的文化背景和经济发展水平上形成了适合自身社会特点和商业习惯的监管体制。

(一) 政府集中统一监管体制

政府集中统一监管体制是指通过制定专门的法律,设立隶属于中央或地方政府或直接隶属于立法机关的全国性和地方性证券监管机构对投资银行业进行集中统一监管,而各种自律性组织,如证券业协会、证券交易所等只起协助性作用。这种监管体制以美国、日本、韩国等国为代表。这种监管体制的特点在于拥有一套完整严密的专门性法律来约束投资银行的行为,具有绝对意义上的权威性和控制力,可以防止大范围的、因为金融主体的过度自利行为,尤其是资本市场上最活跃的中介机构——投资银行的行为而引起的经济的巨大波动。

政府集中统一监管体制的优点主要体现在两个方面:

(1) 具有统一的证券法律和专门的法规,使证券交易行为和投资银行业务活动有法可依,

---

① 资料来源:IOSCO网站,http://www.iosco.org/library/pubdocs/pdf/IOSCOPD154.pdf。

提高监管的权威性。以法律为基础和准绳,对市场上参与证券和投资银行业务的主体提供强有力的约束,避免由于资本市场的过度炒作而引起实体经济的频繁波动。

(2) 设有统一的监管机构,能公平、公正、严格地发挥监管作用,防范市场失灵情况出现。政府监管机构以管理和调控市场为主要目的,依照法律法规,采用直接或间接的政策手段来实现稳定市场的预期目标。统一的监管机构超脱于市场活动之外,有足够的权威来维护证券市场的正常运行,有利于保护投资者的利益。

当然,政府集中统一监管也有一些不容忽视的缺陷,主要体现在以下方面:

(1) 政府监管机构超脱于市场,可能会对证券市场过多干预。政府监管者一般以经济安全和稳定为首要目标,因此可能会过多地干预市场主体的行为,从而削弱了市场的调节能力,导致经济效率低下。

(2) 政府监管机构在掌握市场信息上具有一定的时滞,对证券市场的突发行为可能反应较慢、处理不及时。由于监管者不参与市场行为,因此往往只有当市场形势已经发生明显变化时才会采取相应的政策来应对。此外,监管者往往以执法者或救助者的形式出现,容易引发道德风险和逆向选择,增加监管成本。

(二) 自律型监管体制

自律型监管体制是指国家除了某些必要的立法之外,较少干预投资银行业,主要是通过证券市场和投资银行业的自律组织进行自我监管。实行这种监管体制的国家或地区有英国、荷兰、爱尔兰、中国香港特别行政区等。英国是自律型监管模式的典型代表。

这种监管体制的特点是通常没有直接的、专门的证券市场法规,而是通过一些间接的法规来制约证券市场的活动。同时,不设立全国性的证券管理机构,而主要依靠证券市场的参与者,如证券交易所、证券商协会等进行自我监管。自律型监管体制的优点可以概括为两个方面:

(1) 在保护投资者利益的同时,能发挥市场的创新和竞争意识,有利于活跃市场。

(2) 自律组织更贴近市场,在信息资源方面具有更大的优势,在自我管理上具有更大的灵活性和更高的效率。并且,自律组织对市场行为能够作出较为迅速有效的反应。

自律型监管体制也存在不足之处:

(1) 自律型监管的重点通常放在保证市场的有效运转和维护自律组织成员的利益上,对投资者,尤其是中小投资者的利益往往难以提供充分的保障。

(2) 由于缺乏专门的立法,对违法行为缺乏强有力的法律约束,影响了监管的权威性和力度。同时,没有统一的监管机构,也难以实现全国证券市场的协调发展。

目前,世界上大多数实行以集中管理为主或自律管理为主的国家都逐渐向综合型监管体制过渡。以美国为例,虽然以政府集中监管为主,但也具有完善的自律监管组织,包括纽约证券交易所、全国证券商协会等。一国投资银行业监管体制的形式取决于该国的政治与经济体制,并受制于该国投资银行及证券市场的发育成熟程度等因素。我国对投资银行业的监管采取的是政府集中监管体制。

二、市场准入监管

从监管的角度来看,市场准入制度是保证市场平稳发展的预防性手段。为了保障金融体系的安全,世界各国都对金融从业机构设立了资格要求或行为框架。目前,各国对投资银行的市场准入规范主要体现为对相关证券从业机构的市场准入监管,一般可以分为注册制和特许制两类。

(一) 注册制

在以美国为代表的注册制下,从业机构只要符合有关资格规定,在相应的金融监管部门注册并提供全面、真实、可靠的资料,便可以经营法律法规许可的业务。监管机构的权力仅限于确保从业机构提供的资料无任何虚假陈述。

例如,依据美国《1934年证券交易法》成立的SEC是政府的监督管理机构,它是一个集证券交易立法、执法和司法功能于一身的独立政府机构,它的职责是根据证券的法令和规则来管理证券的发行、交易和市场。其市场规则部主要监督检查全国的证券交易,接受经纪人和证券商的注册并对其进行管理。《1934年证券交易法》[①]3(a)(4)(A)规定,经纪人是指任何为他人从事证券交易业务的人;第3条(a)(5)(A)规定,交易商是指通过经纪人和其他方式为自己的账户从事买卖证券业务的任何人。

《1934年证券交易法》15(a)(1)规定,除非按照15(b)规定在SEC处登记,否则,任何经纪人或交易商(指非自然人或与非自然人经纪人交易商无关的自然人)利用州际商业信函或其他任何工具、手段从事证券交易的行为,或者诱使别人买卖证券的行为都是违法行为。如果该经纪人或交易商完全从事州内业务并且没有使用任何全国性证券交易设施,那么可以免除在SEC处注册登记的义务。15(a)(2)规定,SEC可以从保护投资者、维护公众利益的前提出发,来附条件或不附条件地决定哪些经纪人或交易商可以免除上述注册登记义务。15(b)(1)规定,经纪人或交易商要在提交的注册申请表格中提供有关经纪人或交易商或与他们有关的人的信息和文件。这是SEC根据规则制定的,对维护公共利益和保护投资者是必要的。通常,SEC会在接到申请的45天内决定给予注册登记或者启动程序来研究拒绝注册登记申请的具体理由。

(二) 特许制

在特许制下,从业机构在设立之前必须向有关监管机构提出申请,审批权掌握在监管机构手中。除立法依据外,监管机构还会考察从业机构的市场竞争状况、行业发展目标、机构实力等因素,据此批准其经营何种业务。目前,我国实行的是特许制。

我国《证券法》第一百二十二条规定:设立证券公司,必须经国务院证券监督管理机构审查批准。未经国务院证券监督管理机构批准,任何单位和个人不得经营证券业务。第一百二十八条规定:国务院证券监督管理机构应当自受理证券公司设立申请之日起六个月内,依照法定条件和法定程序并根据审慎监管原则进行审查,作出批准或者不予批准的决定,并通知申请人;不予批准的,应当说明理由。证券公司设立申请获得批准的,申请人应当在规定的期限内向公司登记机关申请设立登记,领取营业执照。证券公司应当自领取营业执照之日起十五日内,向国务院证券监督管理机构申请经营证券业务许可证。未取得经营证券业务许可证,证券公司不得经营证券业务。2008年12月1日开始实行的《证券公司业务范围审批暂行规定》第二条规定:证券公司应当在中国证监会依法批准的范围内经营证券业务和其他业务,不得超范围经营。

---

① 2012年1月3日通过修订后的证券交易法。本章以下相关引用均同此。

三、证券交易监管

在一级市场中,投资银行最本源、最基础的业务活动是证券承销;在二级市场中,投资银行身兼经纪商和交易商两职,管理交易着大量的证券资产。同时,随着金融证券化的不断深化,投资银行开展各项业务活动几乎都需要利用各类证券工具。因此,世界各国对证券交易的监管也就构成了对投资银行监管的主要内容。国际证券委员会组织在针对二级市场的监管原则中提到,监管制度的设计应该有利于发现并制止市场操纵或其他不公正的交易行为,有助于实现对重大风险、违约事件和市场混乱情况的有效控制。在市场主体信息不对称、资金规模不等、市场影响力不同的情况下,为维护公开、公平、公正的市场交易原则,各国对证券交易行为的监管重点一般都是防止内幕交易、市场操纵和市场欺诈行为。

(一)对内幕交易的监管

内幕交易是指因地位或职务上的便利而能掌握内幕信息的人,直接或间接地利用该内幕信息进行证券买卖,获取不正当的经济利益,或泄露该内幕信息使他人非法获利的行为。20世纪90年代以来,各国证券市场纷纷完善了禁止内幕交易的立法,并展开更为严格的执法行动。

1930年以前,美国并没有正式的法律来禁止内幕交易。当时的华尔街甚至流行这样一句话:"内幕交易是投资制胜的唯一法宝。"1929年股市大崩盘及经济大萧条的严重影响,迫使美国制定了严格的证券法规。其中,《1934年证券交易法》第10(b)并没有直接地运用"内幕交易"字样,只是规定任何人在买卖证券时,使用或运用"任何操纵的或欺骗的手段或设计"违反了公共利益或者因保护投资者利益而制定的规则和规章都属于违法,但该内容却是关于禁止内幕交易思想的最早反映,这一条款被美国司法机关引用作为处理内幕交易行为的"母法"。1942年,SEC根据证券交易法的授权,制定了10(b)(5)规则,以兜底性条款的形式,发展出了"禁止内幕交易"的含义和基础,使之成为美国内幕交易法律中最重要的规则。

构成美国证券交易法所禁止的内幕交易须具备四个要件:第一,持有不为公众所知悉的信息;第二,该信息具有重大性(Materiality),即投资者合理地认为,该信息一旦公开将对证券市场价格产生重大影响;第三,利用该信息进行交易;第四,信息持有者或交易者事先负有披露义务。上述第四点是美国内幕交易法律制度的基本特征,即除非内幕信息持有者事先负有披露信息或不进行交易的义务,否则其交易不违反10(b)(5)规则,不在禁止之列。换言之,美国证券交易法并不绝对禁止内幕交易,只是禁止负有特定义务的人进行内幕交易(尽管义务主体的范围在不断扩大)。

总的来说,因负有此种义务而被列入内幕交易法律制度管控范围的有四类人:

(1)公司内部人(Corporate Insider),包括公司董事、经理、高级管理人员和控股股东等。他们基于职务或身份而对公司股东(即股票持有者)负有信托义务,不得利用内幕信息买卖公司股票或向他人泄露该信息以牟利;如果想要进行买卖,那么他们必须事先向交易对方披露该信息,以便对方正确决定股票价格。

(2)临时性内部人(Temporary Insider),包括证券承销商、经纪商、律师和会计师等。他们因为工作关系而得以合法地接触和获取公司内幕信息,并对公司股东负有信托义务,不得泄露该信息或将之用于个人交易。临时性内部人负有的义务和承担的责任与公司内部人基本相同。

(3) 接受透露者(Tippee[①]),指的是因他人透露而间接获得内幕信息的人。接受透露者并不当然地负有信托义务,也并不当然地被禁止从事交易,他们的义务和责任取决于泄密者的义务和行为。

(4) 盗用信息者,指的是以不正当(Misappropriate)手段使用内幕信息的人。盗用信息者承担法律责任同样需要以特定义务的存在为前提。

尽管美国成文法中的很多规定与内幕交易有关,但无论是《1934年证券交易法》还是SEC的规则均未对直接"内幕交易"作明确界定。因此,对内幕交易的管制在很大程度上依赖于判例法的发展。

我国《证券法》第七十三条规定,禁止证券交易内幕信息的知情人和非法获取内幕信息的人利用内幕信息从事证券交易活动。第七十四条指出,证券交易内幕信息的知情人包括:发行人的董事、监事、高级管理人员;持有公司百分之五以上股份的股东及其董事、监事、高级管理人员,公司的实际控制人及其董事、监事、高级管理人员;发行人控股的公司及其董事、监事、高级管理人员;由于所任公司职务可以获取公司有关内幕信息的人员;证券监督管理机构工作人员以及由于法定职责对证券的发行、交易进行管理的其他人员;保荐人、承销的证券公司、证券交易所、证券登记结算机构、证券服务机构的有关人员等。

(二) 对市场操纵行为的监管

市场操纵是指机构或个人利用其资金、库存证券、信息等优势,人为制造交易价格的虚假升降,从中获取不正当利益或者转嫁风险的行为。投资银行拥有巨额的资金和证券库存,特别是在金融衍生品市场上作为主要的做市商,存在操纵市场的可能性。证券市场的操纵行为具有极大的危害性,不仅扰乱了证券市场的正常运行秩序,违背了市场的公平原则,而且大大增加了市场的整体风险。例如,美国国会参议院负责调查2007年金融危机起因的委员会在2011年4月发布的报告中就指认高盛在2007年以误导客户和操纵市场的方式牟利。

美国《1934年证券交易法》第9节的标题即为"禁止操纵证券价格"(Prohibition Against Manipulation of Security Prices)。9(a)(2)规定,禁止任何人单独或者与他人一起对在国内证券交易所中登记的证券进行一系列交易,造成该证券的实际交易或表面上的积极交易,或是提高或者降低此种证券的价格,以诱使他人购买或出售此种证券的行为。该条款仅对在证券交易所上市的证券进行监管。针对柜台交易市场,在相关判例中,美国联邦法院还会使用《1933年证券法》17(a)与《1934年证券交易法》规则10(b)(5)和15(c)(1)、15(c)(2)等条款来禁止市场操纵行为。

我国《证券法》第七十七条规定,禁止任何人以下列手段操纵证券市场:单独或者通过合谋,集中资金优势、持股优势或者利用信息优势联合或者连续买卖,操纵证券交易价格或者证券交易量;与他人串通,以事先约定的时间、价格和方式相互进行证券交易,影响证券交易价格或者证券交易量;在自己实际控制的账户之间进行证券交易,影响证券交易价格或者证券交易量;以其他手段操纵证券市场。操纵证券市场行为给投资者造成损失的,行为人应当依法承担赔偿责任。

[①] 与"Tipper"(泄密者)相对而言。

（三）对市场欺诈行为的监管

市场欺诈行为是指证券经营机构、证券登记与清算机构及证券发行人或者发行代理人等在证券发行、交易及其相关活动中诱骗投资者买卖证券以及其他违背客户真实意愿、损害客户利益的行为。典型的市场欺诈行为包括欺诈客户和虚假陈述等。

欺诈客户是指证券经营机构或其雇员在履行职责义务时实施的、故意诱骗投资者买卖证券的行为。在证券市场中，承销商、经纪自营商、投资咨询公司以及这些机构的工作人员在证券发行、交易中充当着不同的中介角色，形成了与投资者的不同利益关系，欺诈客户的动机就隐藏在这些利益关系中。

虚假陈述是指具有信息公开义务的单位或个人，违反证券市场中的信息公开制度，在有关文件中对重要事实作虚假的陈述或者有重大遗漏的行为。由于投资者在进行证券交易时，无法直接观察到所交易证券的投资价值，这就形成了对证券发行人以及协助发行人发行证券的专业服务人员和机构，如承销商等向投资者如实公开与证券有关信息的客观要求，也就可能使这些人员和机构产生为谋求利益而采用谎报、虚构、遗漏、隐瞒、虚假允诺等行为误导投资者的动机。

证券欺诈行为违背诚实信用原则，破坏证券市场运行的公开、公平、公正原则，扭曲证券市场的资源配置机制，严重损害投资者的合法权益，因而为各国立法所禁止。1942年，SEC制定的规则10b-5规定：任何人直接或间接地利用邮寄或任何州际交往手段或工具或者全国证券交易所的任何工具或其他方法进行以下的活动都是违法的：① 使用任何方法、计划或技巧进行欺诈；② 为了使根据陈述作出时的具体情况而作出的陈述不至于具有误导性，对某一重大事实作出不真实的陈述或遗漏陈述必要的事实；③ 参与任何证券的购买或出售有关的任何行动、活动或交易程序，而参与这些行动、活动或交易程序构成或可能构成对于任何人的欺诈或欺骗。

我国《证券法》第七十八条明确禁止国家工作人员、传播媒介从业人员和有关人员编造、传播虚假信息，扰乱证券市场。禁止证券交易所、证券公司、证券登记结算机构、证券服务机构及其从业人员，证券业协会、证券监督管理机构及其工作人员，在证券交易活动中作出虚假陈述或者信息误导。各种传播媒介传播证券市场信息必须真实、客观，禁止误导。第七十九条禁止证券公司及其从业人员从事下列损害客户利益的欺诈行为：违背客户的委托为其买卖证券；不在规定时间内向客户提供交易的书面确认文件；挪用客户所委托买卖的证券或者客户账户上的资金；未经客户的委托，擅自为客户买卖证券，或者假借客户的名义买卖证券；为牟取佣金收入，诱使客户进行不必要的证券买卖；利用传播媒介或者通过其他方式提供、传播虚假或者误导投资者的信息；其他违背客户真实意思表示、损害客户利益的行为。欺诈客户行为给客户造成损失的，行为人应当依法承担赔偿责任。

四、金融衍生品监管

在第八章中，我们介绍了金融衍生品交易具有的复杂性和高风险性。一直以来，对金融衍生品交易，特别是场外衍生品交易的监管几乎是空白的。2007年美国金融危机中，与次贷和次债相关的金融衍生品对危机的传染和扩散起到了推波助澜的作用。尽管如此，金融衍生品已成为金融市场上不可或缺的风险对冲工具，交易量仍然十分巨大，并且集中在大型金融机构身上。根据美国货币监理署银行交易和衍生品活动报告，2011年第四季度，美国所有230.8

万亿美元衍生品未结清余额中,五大银行(J.P.摩根、美国银行美林、花旗、高盛、汇丰)共计占据95.7%的份额。其中,数额最大的是互换产品,全部未结清余额将近150万亿美元。2012年5月,J.P.摩根公布了20亿美元的合成债券衍生品交易损失。除了内部风险管理失误外,这一事件也再度暴露了金融衍生品市场,特别是场外金融衍生品市场上的监管缺失。

应该说,在金融危机暴露出金融衍生品市场和金融衍生品监管制度的缺陷后,各国政府、区域性组织和国际金融监管机构等都对此进行了深刻的反思,并采取了积极的行动,提出了一系列改革措施。这些改革措施体现了全球金融衍生品监管的新方向。

(一) 完善信息披露机制,提高市场透明度

金融危机后,针对金融衍生品的监管改革,各国政府和重要国际机构几乎都强调市场参与者应承担更多的风险披露义务,提高市场透明度,以便于投资者和监管机构能正确评估市场风险。2008年11月,美国几家联邦监管机构(总统工作小组①、财政部、美联储、SEC、商品期货交易委员会(CFTC))针对场外金融衍生品市场联合提出了监管目标和措施,其中很重要的一点就是提高场外市场的效率和透明度。

逐步建立集中登记交易的电子数据库和场外市场的交易登记机构是提升金融衍生品交易透明度的重要手段。为避免数据分散和降低管理成本,更需要在全球范围内为每类衍生品合约建立一个中央数据登记机构。2009年7月,美联储要求对信贷衍生品和股票衍生品进行交易登记,利率衍生品则被要求在2009年年底前完成登记。2009年9月,G20集团匹兹堡峰会公报要求,场外衍生品合约必须向交易登记机构报告。国际支付结算体系委员会(CPSS)和国际证券委员会组织在2010年5月发布了征求意见稿,提出场外衍生品市场中的交易登记机构在设计、运作和监管中需要考虑的因素。不过,当前提升市场透明度的工作还存在一定的困难,除了技术设备问题外,提交交易数据报告的要求在某些国家面临法律障碍,公开信息披露也需要考虑保密要求和对市场流动性的负面影响。

(二) 引入中央对手方清算,管理信用风险

金融衍生品交易中,引入中央对手方清算(CCP)是管理交易对手信用风险和降低系统性风险的重要手段,同时也有助于提高市场流动性和效率。美国总统工作小组于2008年11月宣布发展面向信用违约互换交易的中央对手方服务(CDS-CCP),美联储、SEC和商品期货交易委员会同时就有关监管事宜签署了谅解备忘录。2009年3月,美国财政部长盖特纳提出金融改革方案,要求所有标准化场外交易合约必须经由一个中心机构处理,并鼓励市场参与者更多地使用交易所交易工具。2009年3月18日,英国金融服务局也发布报告支持"信用违约掉期市场的大部分交易进行集中清算"的信贷衍生品行业计划,降低交易对手信用风险的不确定性。2009年9月,G20匹兹堡公报要求,最晚在2012年年底,所有符合条件的标准化衍生品合约必须通过中央对手方进行清算。2010年7月,美国颁布的金融改革法案要求中央结算中心和外汇交易局对金融衍生品交易起到监管和清算的作用。

鉴于场外金融衍生品的集中清算比较复杂,2010年5月,国际支付结算体系委员会和国际证监会组织专门针对场外金融衍生品市场的中央对手方清算发布了相关监管建议适用指引的征求意见稿,提出了中央对手方在资本、风险管理、保证金与操作管理上的标准。

---

① 金融危机后由美国财政部、美国证监会、美国商品期货交易委员会与美联储的负责人组成的工作小组。

（三）推进场外金融衍生品交易的标准化

针对金融危机中场外金融衍生品风险较高且监管薄弱的现状，对场外金融衍生品市场加强监管已基本成为国际广泛共识。推进场外金融衍生品的标准化，不仅有助于监管当局的风险管理，还可以为市场参与者对头寸的交易、结算和管理提供便利。

场外金融衍生品标准化主要包括场外金融衍生品的概念标准化、合约标准化、法律标准化和处理流程标准化等。2010年2月，美国商品期货交易委员会要求标准化金融衍生品（如票据交换）在规范的交易平台上交易，以期提高其交易透明度。2012年7月，商品期货交易委员会又批准了一组针对互换交易的监管规则，这是互换合约市场首次得到明确的监管。新规则包括：哪些金融衍生品将被定义为互换合约产品；主要的互换市场参与者需要在商品期货交易委员会注册；金融机构和互换产品购买者之间交易的新业务标准；交易的汇报和记录规则；新的互换交易数据保存机制等。

（四）加强金融衍生品监管的国际合作

金融衍生品市场是一个全球化程度很高的交易平台，只有加强金融衍生品监管的国际合作，才能有效防范危机，促进金融衍生品市场健康发展。金融危机后新成立的金融稳定委员会（FSB）[①]和国际清算银行、国际货币基金组织、国际证券委员会组织、国际掉期交易协会（ISDA）及国际保险监督官协会（IAIS）等多个国际组织，关于金融衍生品市场问题合作开展了一系列的调查和研究，对现有的金融衍生品业务的国际监管提出了大量改进建议，为金融衍生品监管提供了一些新的工具和手段。2009年3月6日，国际货币基金组织呼吁建立一个新的政府间全球金融监管体系，大幅拓宽金融监管的范围，对大型对冲基金、私人资本和自身失误可能导致全球经济重大风险的金融机构进行监管，并建议各国政府采用"适用于各国的具有约束力的行为准则"，协调各国政府救市的方式、时机以及对跨国运营的主要金融机构的损失的分担。

本章要点

- 金融业在各个国家和地区的经济生活中都扮演着重要的角色，为应对金融市场失灵、抑制金融机构的道德风险、防范金融创新风险，对金融业的监管成为世界各国（地区）政府的重要职能之一。

- 金融监管目标是实现金融有效监管的前提和监管当局采取监管行动的依据。无论各国采用什么样的监管组织体制，其监管的具体目标基本是一致的，通常被称为三大目标体系：第一，维护金融业的安全与稳定；第二，保护存款人、投资者和其他金融消费者的利益；第三，促进金融体系公平、有效竞争，提高金融体系的效率。

- 美国金融危机暴露了在金融业大规模融合的环境下，各国现有的金融监管体系存在着较大不足。危机后，美、英、日、德等发达国家迅速启动了金融监管改革，重点都是强化中央银

---

① 金融稳定委员会的前身为金融稳定论坛，是G7为促进金融体系稳定而成立的合作组织。在中国等新兴市场国家对全球经济增长与金融稳定影响日益显著的背景下，2009年4月2日，在伦敦举行的G20金融峰会决定，将金融委员会成员扩展至包括中国在内的所有G20成员国，并将其更名为金融稳定委员会。金融稳定委员会的成员机构包括20多个国家的中央银行、财政部和监管机构以及主要国际金融机构和专业委员会。中国财政部、中国人民银行、中国银监会以及中国香港金融管理局均为该委员会的成员机构。这是中国2009年3月加入巴塞尔银行监管委员会以来，再次获得主要国际金融组织的席位。

行的宏观审慎监管职能。
- 从20世纪80年代中期到90年代初期,我国实施由中国人民银行统一负责的混业监管模式。1998年后,形成了中国人民银行、中国证监会、中国保监会分别对银行业、证券业和保险业进行监管的"多头"监管模式。2003年,中国银监会成立后,我国形成了以"一行三会"为基本格局的金融监管体系。
- 一国投资银行业监管体制的形式取决于该国的政治与经济体制,并受制于该国投资银行及证券市场的发育成熟程度等因素。目前,世界上大多数实行以集中管理为主或自律管理为主的国家都逐渐向综合型监管体制过渡。
- 对投资银行从事证券及其相关业务的市场准入规范一般可以分为注册制和特许制两类。对投资银行证券交易及其相关业务的监管重点一般是防止内幕交易、市场操纵和市场欺诈行为。

关键概念

- 注册制
- 特许制
- 内幕交易
- 市场操纵
- 欺诈客户
- 金融监管
- 金融市场失灵
- 金融监管目标
- 集中型监管
- 自律型监管

思考题

1. 结合当前各国金融监管改革的新进展,讨论金融监管的发展趋势及其影响。
2. 分析政府监管与自律监管各自的优缺点,探讨如何加强我国证券业的自律管理。
3. 比较注册制和特许制这两种不同的市场准入制度。
4. 借鉴美国的经验和教训,探讨我国证券市场监管的改革发展趋势。
5. 试探讨金融衍生品市场监管的发展趋势。

附录11.1 我国证券业主要监管法律法规

序号	年份	名称	性质	颁布单位
1	2003	基金法(2015年修订)	国家法律	全国人大
2	2005	证券法(2014年修订)	国家法律	全国人大
3	2007	期货交易管理条例(2012年修订)	行政法规	国务院
4	2008	证券公司监督管理条例(2014年修订)	行政法规	国务院
5	2008	证券公司风险处置条例(2016年修订)	行政法规	国务院
6	2006	首次公开发行股票并上市管理办法(2016年修订)	部门规章	中国证监会
7	2006	证券公司董事、监事和高级管理人员任职资格监管办法(2012年修订)	部门规章	中国证监会
8	2006	保荐人尽职调查工作准则	部门规章	中国证监会

(续表)

序号	年份	名称	性质	颁布单位
9	2007	证券公司设立子公司试行规定	部门规章	中国证监会
10	2007	外资参股证券公司设立规则(2012年修订)	部门规章	中国证监会
11	2008	上市公司并购重组财务顾问业务管理办法(2012年修订)	部门规章	中国证监会
12	2008	证券公司风险控制指标管理办法	部门规章	中国证监会
13	2008	证券公司合规管理试行规定(2016年修订)	部门规章	中国证监会
14	2008	证券公司业务范围审批暂行规定	部门规章	中国证监会
15	2009	证券发行上市保荐业务管理办法	部门规章	中国证监会
16	2010	证券发行与承销管理办法	部门规章	中国证监会
17	2010	关于加强证券经纪业务管理的规定(2015年修订)	部门规章	中国证监会
18	2010	证券公司分类监管规定	部门规章	中国证监会
19	2010	关于加强上市证券公司监管的规定	部门规章	中国证监会
20	2010	证券投资顾问业务暂行规定	部门规章	中国证监会
21	2011	关于证券公司证券自营业务投资范围及有关事项的规定(2012年修订)	部门规章	中国证监会
22	2011	证券公司融资融券业务管理办法(2015年修订)	部门规章	中国证监会
23	2012	证券公司客户资产管理业务管理办法(2013年修订)	部门规章	中国证监会
24	2012	证券公司治理准则	部门规章	中国证监会
25	2014	国债承销团组建工作管理暂行办法	部门规章	中国财政部、中国人民银行、中国证监会
26	2014	证券公司及基金管理公司子公司资产证券化业务管理规定	部门规章	中国证监会
27	2014	私募投资基金监督管理暂行办法	部门规章	中国证监会
28	2016	证券期货投资者适当性管理办法	部门规章	中国证监会
29	2010	证券公司企业资产证券化业务试点指引(试行)	规范性文件	中国证监会机构监管部
30	2011	证券公司直接投资业务监管指引	规范性文件	中国证监会机构监管部
31	2011	证券公司业务(产品)创新工作指引(试行)	规范性文件	中国证监会机构监管部
32	2005	证券公司证券自营业务指引	自律规则	证券业协会
33	2009	中国证券业协会证券经纪人执业规范(试行)	自律规则	证券业协会
34	2010	证券公司信息隔离墙制度指引	自律规则	证券业协会
35	2012	证券公司合规管理有效性评估指引	自律规则	证券业协会
36	2016	证券公司私募投资基金子公司管理规范	自律规则	证券业协会

附录11.2 高盛"欺诈门"事件

2010年4月16日,美国SEC就高盛在担保债务凭证买卖中涉嫌欺诈顾客向纽约南区法院提起民事诉讼。案件可溯源到2007年年初。当时,保尔森对冲基金看空次级抵押贷款债券,选出2006年评级全部为BBB的共计123只债券作为预期交易的参考投资组合,由高盛出面帮助其设计并发行了一种紧贴该组证券价值的新债务抵押证券,随后保尔森对冲基金对这一产品进行了做空操作。在所有产品营销材料中,高盛均未披露保尔森对冲基金参与了参考组合的筛选,且存在利益冲突。最后,买入该债务抵押证券的客户蒙受了超过10亿美元的损失,而高盛因设计和销售这一产品从保尔森对冲基金处获利1500万美元,保尔森对冲基金则如愿以偿大赚10亿美元。在该案中,高盛故意从市场上买了劣质的"面粉"(RMBS),做成"面包"出售给客户。而"打赌"这些倒霉的客户吃了面包会上吐下泻的保尔森对冲基金,则通过购买这些客户的"健康险"产品,赚了很多钱。美国SEC认为,这种"左手销售,右手做空"的行为,明显有"欺诈"之嫌。

在此案中,对作为做市商的高盛在其中有没有相关信息披露义务的争议很大。SEC指控高盛将产品同时卖给有利益冲突的多空双方,且没有明确告知客户,保尔森对冲基金正在做空同样一只产品,有可能从这只产品的价格下降中获益。在销售产品时,高盛向客户承诺产品由独立客观的第三方推出,而实际上该产品事先由保尔森对冲基金筛选并在事后故意卖空。SEC认为高盛未向投资者作恰当的说明,没有很好地处理可能存在的利益冲突,应该"说明"而没有"说明",误导了投资者,涉嫌欺诈。从做市商中介的角色来看,其职责在于不断向投资者进行连续买卖双向报价,当投资者卖出该证券时,做市商以自有资金买入,当投资者购买时,做市商再用库存证券卖出。"为卖而买"、"为买而卖",以此循环联结买卖双方。至于在交易中,做市商应该披露什么信息,披露到哪种程度,是否应完全告知对方交易中涉及的资产和风险以及交易对象等,场外衍生品交易的相关规则的确没有明确规定。在此案中,导致客户损失是高盛"蓄意为之",还是客户"不够专业",成为争论的焦点。尽管从法律角度高盛可能没有完全违法,但从道义上讲,高盛挖坑让人跳、赚取不义之财的做法肯定违背道义,其道德操守已受到严重质疑。

在交易中,高盛同时拥有多重身份:经纪商、做市商、自营商。这些角色从事的不同的复杂业务之间存在大量冲突。高盛作为承销人,设计、销售证券并获取承销佣金;作为经纪商接受客户指令,代客户买卖有价证券,赚取无风险的佣金收入;作为做市商,为交易方寻找匹配对手以提供市场流动性,并赚取买卖差价;作为自营商,利用自有资金买卖证券,在二级市场进行套利活动。然而不同的角色所涉及的利益主体不同,存在潜在冲突:一是经纪业务代客买卖,单纯收取佣金,其本身不能参与,也不能决定委托人选择和买卖证券的种类、数量和价格。经纪商在执行客户指令时,必须尽最大努力为客户寻找最有可能的、最优的价格。但若经纪商同时使用做市商模式时,经纪商本应把客户的指令下达到交易系统,当有好的交易机会时交易员会用公司自有资金作为客户交易的对手方完成投资,然后再伺机出手。二是作为自营商,当投资银行本身有证券存货时,可能一边诱惑投资者购买自己都不看好的证券品种,另一边又在自营账户卖出并做空该证券,或挪用客户资金以个人名义以最低价格大量买入将要被操纵的证券,然后用客户资金大肆拉抬股价,在最高价位时,个人账户率先卖出获利,在客户单子前面跑老鼠仓损害客户利益,或利用委托人的未投资余额为公司融资、迟延执行交易或对客户迟延支付等方式牟利。在交易中,一边是衍生产品交易部门的大客户想做空该债务抵押证券,一边是固定收益部门的客户们想购买该债务抵押证券。两大客户的利益截然相反,互相冲突。高盛并没有平等对待大客户和普通中小投资者,反而借用两者间的信息差厚此薄彼,在不遗余力推销有毒资产的同时,为其中绝大部分标的证券购买了赌空头的信用违约掉期合约(CDS),从而赚取巨额利润,损害投资者的利益。

2010年7月20日,SEC与高盛签署和解协议。SEC征收高盛5.5亿美元罚款,这是华尔街历史上金额最大的罚单之一。5.5亿美元中的3亿美元作为罚金,2.5亿美元分配给受害投资者,其中,德国工业银行(IKB Deutsche Industrial Bank)得到1.5亿美元,苏格兰皇家银行得到1亿美元。

资料来源:根据高子凡.从高盛案看做市商的诚信建设[J].企业导报,2011(5)及相关报道整理。

附录11.3　美国证券经纪交易商的净资本监管

在2007年开始的金融危机中,美国最大的五家证券经纪交易商相继出现严重的经营问题,不仅对美国的金融市场造成了巨大冲击,甚至影响了国际金融市场。美国财政部长保尔森就称,即使只有一家证券经纪交易商经营失败,就足以举世哗然,何况是大型投资银行(证券经纪交易商)接二连三地濒临破产?如果说最早出事的贝尔斯登只是因为运气不好,那么随后出现问题的雷曼兄弟、高盛、美林以及摩根士丹利则说明这不仅仅是个别证券经纪交易商的经营问题,而是美国证券业的整体问题。为何证券经纪交易商没有足够的资本维持经营而不得不申请破产或选择被兼并?为何美国SEC未能有效监管证券经营机构经营,防范系统性风险?

美国《1934年证券交易法》对证券经纪交易商的净资本作出了规定,要求注册登记的证券经纪交易商必须保留足够的流动资产以保证其偿付能力。但立法者在制定该法时只是有了净资本的想法,一直未作出具体规定,证券经纪交易商从事证券业务并不需要遵循任何资本充足的规定,这种情况一直延续到20世纪60年代。1963年,美国SEC出版了《证券市场特别报告》,建议把最低资本作为证券经纪交易商从事证券交易业务的基本条件之一。SEC新增了对一般证券经纪交易商的净资本要求:必须有不少于5 000美元的净资本;对不控制客户证券账户的证券经纪交易商(比如只从事共同基金的交易),其净资本不少于2 500美元。1965年,相关交易所和自律机构也修改了相关规则,将SEC的上述建议纳入了对会员的要求之中。该年,SEC也第一次开始要求证券经纪交易商的负债不超过其净资本的20倍。

1967年至1970年间,美国证券市场发生了多起证券经纪交易商财务和运营危机,纽约证券交易所就有约160多家会员证券经纪交易商倒闭。1971年,SEC在对证券经纪交易商不安全和不合理操作的报告中提到证券行业的市场准入问题,特别提到不少证券经纪交易商利用资本金从事非证券业务,存在风险隐患。1975年,SEC采取新的"统一净资本规则",修改了证券经纪交易商负债不超过净资本20倍的规定,改为必须保持不少于25万美元的净资本,或者不低于全部负债的6.67%的净资本(即负债不超过净资本的15倍),并以两者中要求较高的为准("基本标准")。证券经纪交易商也可以选择另外一个标准("可选择标准"):即净资本不得少于25万美元,或不低于应收资产借方余额(债务人或客户对证券经纪交易商的负债)的2%,并以两者中要求较高的为准。上述标准根据证券经纪交易商的证券业务不同也有区别。举例来说,如果证券经纪交易商从事的证券业务包括管理和控制客户的资产或账户,其必须拥有不少于25万美元的净资本;如果证券经纪交易商不管理客户的资产或账户,而仅作为代理人,则仅需拥有不少于5 000美元的净资本。

根据规则,证券经纪交易商的实际净资本数,用公式可表示为:净资本=总资产-不同流动性资产的资本扣减-总负债+次级债-运营费用-其他。净资本规则使得证券经纪交易商必须根据其净资本多少从事相应规模的证券经纪和交易业务,同时证券经纪交易商的业务范围也决定了其净资本的不同标准。"统一净资本规则"仅针对证券经纪交易商本身,不涉及其关联公司或控股公司。

1997年,SEC修改了净资本规则中对上市资产、指数、货币期权及相关对冲敞口的计算方法,允许证券经纪交易商使用理论期权定价模型确定上述金融工具的净资本要求。这次修改是SEC第一次允许利用数学模型进行净资本计算。对于场外衍生品交易商的规范,美国法律的要求并不一致。比如,由于美国的商业银行不属于《1934年证券交易法》定义的证券经纪商或交易商,其可以依据银行监管机关的要求从事各种场外衍生品业务,而不必遵循《1934年证券交易法》对证券经纪交易商的各类要求。此外,对于美国境外的证券业务机构,或虽在美国境内设立,但从事非证券类衍生品交易的机构,SEC也不予监管。为规避管制,美国证券商(投资银行)通常会在境内成立专门从事场外非证券类衍生品业务的分支机构,而将场外证券类衍生品业务转移至境外,这样无论是场外证券类衍生品业务,还是非证券类衍生品业务都不用向SEC进行注册登记。但这样的组织安排会增加制度成本,并潜在地影响美国证券经纪交易商的总体风险控制能力以及综合竞争力。

于是,1998年,SEC同意证券经纪交易商可以在同一机构内从事符合规定的证券类和非证券类的场外衍生品业务,以方便证券经纪交易商对场外衍生品风险进行统一计量,不必为规避监管设立各分支机构。为此,SEC新增了场外衍生品交易商、合格场外衍生品工具等概念,并调整了场外衍生品交易商的净资本规则。另外,由于当时SEC对场外衍生品交易商的净资本要求高于对境外证券公司的净资本要求,也高于银行监管机构对商业银行的净资本要求,出于提供统一的竞争平台等的考虑,美国SEC为场外衍生品交易商提供了另外一个可选择的净资本计算方法。根据该可选择净资本计算方法,场外衍生品交易商可以不扣除在"统一净资本规则"中应扣除的资本。经SEC许可,场外衍生品交易商可以使用VaR模型计算市场风险对净资本的影响。在定性方面,SEC要求场外衍生品交易商必须将VaR模型置入其日常风险管理过程中,并且经过压力测试、内外部的审计和备份测试。在定量方面,要求场外衍生品交易商使用投资期和风险因子等量化风险价值模型,具体包括10天持有期测试和99%置信程度测试等。在信用风险衡量方面,场外衍生品交易商对信用风险进行两步资本准备。第一步,在考虑净额结算、抵押物流动性以及交易对手信用程度的基础上,计算每个交易对手的未到期合约的重置价值;第二步,在考虑具体交易对手信用程度的基础上,当某特定交易对手账户的净重置价值超过初步净资本的25%时,在计算净资本时要增加集中度风险因子。

SEC对场外衍生品交易商的初步净资本(指在扣除市场风险和信用风险因素之前的净资本)要求是至少1亿美元,常规净资本则为2 000万美元。SEC认为这样的净资本要求,特别是初步净资本的要求,可以为场外衍生品交易商提供市场和信用风险之外的资本垫。因为SEC意识到VaR模型可以用于计算正常市场环境下的市场风险,但无法计算剧烈震荡市场环境下的市场风险,以及因杠杆操作所带来的风险,而常规方法会将这些风险计入最终的净资本折扣中。

2004年,SEC增加了一种新的证券经纪交易商净资本计算规则(或称"集团监管规则"),提供了第二种净资本计算方法。该方法是可自愿选择的,而非强制性的。只要证券经纪交易商资金雄厚(如持有50亿美元以上净资本)、风险控制措施得当,他们都可以选择采用第二种净资本计算方法,即通过其内部的数学模型来计算其市场和衍生品相关的信用风险,而不需要再按常规方法计算,也无须再遵循负债与净资本的比例限制要求。作为交换条件,这些证券经纪交易商的最终控股公司必须同意SEC可以对其集团整体进行监管,集团内其他非证券经纪交易部分也将成为合并监管对象。这实际上突破了1975年"统一净资本规则"只能对证券经纪交易商提出监管的要求,使得SEC可以更多地了解证券经纪交易商的控股公司以及其他关联组织的风险敞口情况,从而可以更及时地应对金融系统风险。当时,美国五大投资银行控股公司贝尔斯登、高盛、雷曼兄弟、美林以及摩根士丹利都申请作为合并监管对象,采用了第二种净资本计算方法。

2007年开始的金融危机最终使得美国最大的五家证券经纪交易商或者宣布破产保护,或者被商业银行兼并,或者主动改制为商业银行。2008年9月26日,SEC主席考克斯(Cox)不得不承认2004年的"集团监管规则"失败,不再执行。"集团监管规则"本意是扩大美国SEC的监管范围,可以更好、更快地了解和防范金融集团的财务和经营危机,并最终防范系统性风险。但显然它不仅没有达到这个目标,反而还积聚了金融风险,造成了金融动荡。在宣布终止"集团监管规则"后,SEC宣布其将密切联合美国联邦储备委员会,共同对作为商业银行分支机构的证券经纪交易商进行联合监管。

资料来源:节选改编自朱小川. 净资本规则与美国证券经纪交易商监管[EB/OL]. http://www.ceibs.edu/specials_c/financial_crisis/docs/fc_3.pdf,2012-08-30。

主要参考文献

1. 图书资料

[1] Fleuriet, Michel. *Investment Banking Explained*: *An Insider's Guide to the Industry*. New York: McGraw-Hill, 2008.

[2] Gardener, Edward P. M., Molyneux, Philip. *Investment Banking*: *Theory and Practice* (*Euromoney books*). London: Euromoney Publications, 1996.

[3] Kuhn, Robert L. *Investment Banking Library I-VI*. Illinois: Richard D. Irwin Press, 1990.

[4] Liaw, K. Thomas. *The Business of Investment Banking*: *A Comprehensive Overview*, 3rd Edition. New Jersey: John Wiley & Sons, Inc., 2011.

[5] Tilman, Leo M. *Financial Darwinism*: *Create Value or Self-Destruct in a World of Risk*. New Jersey: John Wiley & Sons, Inc., 2009.

[6] 阿兰·麦克道尔著,钱婵娟译.互换市场[M].上海:上海财经大学出版社,2002.

[7] 阿兰·莫里森,小威廉·维尔勒姆著,何海峰译.投资银行:制度、政治和法律[M].北京:中信出版社,2011.

[8] 巴曙松,杨倞等.2016年中国资产管理行业发展报告[M].北京:中国人民大学出版社,2016.

[9] 保罗·克鲁格曼著,刘波译.萧条经济学的回归和2008年经济危机[M].北京:中信出版社,2009.

[10] 查尔斯·R.盖斯特著,向桢译.华尔街投资银行史:华尔街金融王朝的秘密[M].北京:中国财政经济出版社,2005.

[11] 查理斯·R.吉斯特著,郭浩译.金融体系中的投资银行[M].北京:经济科学出版社,2003.

[12] 陈琦伟,阮青松.投资银行学(第二版)[M].大连:东北财经大学出版社,2007.

[13] 陈湛匀.金融工程学:理论·实务·案例[M].上海:立信会计出版社,2007.

[14] 戴天柱.投资银行运作:理论与实务[M].北京:经济管理出版社,2010.

[15] 窦尔翔,冯科.投资银行理论与实务[M].北京:对外经济贸易大学出版社,2010.

[16] 范学俊.投资银行业务与功能[M].上海:立信会计出版社,2009.

[17] 弗兰克·J.法博齐,弗朗哥·莫迪利亚尼著,汪涛改编.资本市场:机构与工具(第四版)[M].北京:中国人民大学出版社,2010.

[18] 弗雷德里克·S.米什金,斯坦利·G.埃金斯著,李健编审,贾玉革等译校.金融市场与机构(第五版)[M].北京:中国人民大学出版社,2007.

[19] 何小锋,黄嵩.投资银行学(第二版)[M].北京:北京大学出版社,2008.

[20] 胡海峰.美国创业资本制度与市场研究[M].北京:人民出版社,2008.

[21] 黄嵩.资本市场学[M].北京:北京大学出版社.2011.

[22] 克里斯托弗·瓦伊尼著,陈未译.金融机构、金融工具和金融市场(第四版)[M].北京:中国人民大学

出版社,2008.
[23] 李成. 金融监管学[M]. 北京：科学出版社,2006.
[24] 李凤云,崔博. 投资银行理论与案例[M]. 北京：清华大学出版社,2011.
[25] 李曜. 证券投资基金学[M]. 北京：清华大学出版社,2005.
[26] 李子白. 投资银行学[M]. 北京：清华大学出版社,2005.
[27] 梁忠辉. 证券投资基金运行与管理[M]. 大连：东北财经大学出版社,2007.
[28] 罗伯特·A.斯特朗著,王振山等译. 衍生产品概论[M]. 大连：东北财经大学出版社,2005.
[29] 罗伯特·J.希勒著,李心丹等译. 非理性繁荣(第二版)[M]. 北京：中国人民大学出版社,2008.
[30] 罗伯特·J.希勒著,何正云译. 终结次贷危机[M]. 北京：中信出版社,2008.
[31] 栾华. 投资银行学[M]. 北京：高等教育出版社,2011.
[32] 栾华. 投资银行业务[M]. 北京：电子工业出版社,2008.
[33] 马晓军. 投资银行学：理论与案例[M]. 北京：机械工业出版社,2011.
[34] 任淮秀. 投资银行业务与经营(第三版)[M]. 北京：中国人民大学出版社,2009.
[35] 任淮秀. 证券投资案例教程[M]. 北京：北京大学出版社,2004.
[36] 阮青松. 投资银行学精讲[M]. 大连：东北财经大学出版社,2009.
[37] 宋国良. 投资银行概论[M]. 北京：对外经济贸易大学出版社,2006.
[38] 孙国茂. 制度、模式与中国投资银行发展[M]. 北京：中国金融出版社,2011.
[39] 田美玉,鲍静海. 投资银行学[M]. 南京：东南大学出版社,2005.
[40] 王长江. 投资银行学[M]. 南京：南京大学出版社,2010.
[41] 谢剑平. 现代投资银行[M]. 台北：智胜文化事业有限公司,2006.
[42] 阎敏. 投资银行学[M]. 北京：科学出版社,2005.
[43] 叶永刚. 衍生金融工具[M]. 北京：中国金融出版社,2004.
[44] 约翰·C.赫尔著,周春生等译. 期货与期权市场导论(第5版)[M]. 北京：北京大学出版社,2006.
[45] 约翰·S.戈登著,祁斌译. 伟大的博弈[M]. 北京：中信出版社,2005.
[46] 詹姆斯·A.菲茨西蒙斯,莫娜·J.菲茨西蒙斯著,张金成等译. 服务管理——运营、战略和信息技术(第二版)[M]. 北京：机械工业出版社,2000.
[47] 张丽华. 投资银行实务[M]. 大连：东北财经大学出版社,2007.
[48] 张东祥. 投资银行学[M]. 武汉：武汉大学出版社,2004.
[49] 中国证券业协会. 证券交易[M]. 北京：中国财政经济出版社,2001.
[50] 中国证券业协会. 证券投资基金[M]. 北京：中国财政经济出版社,2009.
[51] 中国证券业协会. 基金投资者情况调查分析报告(2010年度)[AB/OL]. http://funds.hexun.com/upload/kfsjjtzzqkfx(2010).pdf.
[52] 郑鸣,王聪. 投资银行学教程[M]. 北京：中国金融出版社,2004.
[53] 郑振龙. 衍生产品[M]. 武汉：武汉大学出版社,2005.
[54] 智信资产管理研究院. 资产管理蓝皮书:中国资产管理行业发展报告(2015)——跨界联动资产重构的丛林时代[M]. 北京：社会科学文献出版社,2015.
[55] 智信资产管理研究院. 资产管理蓝皮书:中国资产管理行业发展报告(2016)——产业链重塑,资管机构的进与守[M]. 北京：社会科学文献出版社,2016.
[56] 朱国华,毛小云. 金融互换交易[M]. 上海：上海财经大学出版社,2006.
[57] 朱键卫. 衍生金融：市场、产品与模型[M]. 天津：南开大学出版社,2009.

2. 网站资源

[1] 国际清算银行统计数据库,http://www.bis.org/statistics/index.htm。

[2] 国际证券委员会组织,http://www.iosco.org/。
[3] 美国联邦储备系统,http://www.federalreserve.gov/。
[4] 美国投资公司协会,http://www.ici.org/。
[5] 美国国家风险投资协会,http://www.nvca.org/。
[6] 美国证券与交易委员会,http://www.sec.gov/。
[7] 美国证券业与金融市场协会,http://www.sifma.org/。
[8] 美国财政部国债网站,http://www.publicdebt.treas.gov。
[9] 清科研究中心,http://www.zero2ipogroup.com/。
[10] 汤森路透 Deals Intelligence 数据中心,http://dmi.thomsonreuters.com/DealsIntelligence。
[11] 中国并购交易网,http://www.mergers-china.com/。
[12] 中国资产证券化网,http://www.chinasecuritization.cn/。
[13] 中国证券业监督管理委员会,http://www.csrc.gov.cn/。
[14] 中国证券业协会,http://www.sac.net.cn。
[15] 中国证券投资基金业协会,http://www.amac.org.cn/。

教辅申请说明

北京大学出版社本着"教材优先、学术为本"的出版宗旨,竭诚为广大高等院校师生服务。为更有针对性地提供服务,请您按照以下步骤通过**微信**提交教辅申请,我们会在 1~2 个工作日内将配套教辅资料发送到您的邮箱。

◎扫描下方二维码,或直接微信搜索公众号"北京大学经管书苑",进行关注;

◎点击菜单栏"在线申请"—"教辅申请",出现如右下界面:

◎将表格上的信息填写准确、完整后,点击提交;

◎信息核对无误后,教辅资源会及时发送给您;
如果填写有问题,工作人员会同您联系。

温馨提示:如果您不使用微信,则可以通过以下联系方式(任选其一),将您的姓名、院校、邮箱及教材使用信息反馈给我们,工作人员会同您进一步联系。

联系方式:

北京大学出版社经济与管理图书事业部
通信地址:北京市海淀区成府路 205 号,100871
电子邮箱:em@pup.cn
电　　话:010-62767312 /62757146
微　　信:北京大学经管书苑(pupembook)
网　　址:www.pup.cn